णाणं
पयासयं
वीर नि.सं. 2470
ई. सन् 1944
भारतीय ज्ञानपीठ

मेरा नाम है गौहर जान!

(एक संगीतकार का जीवन और युग)

मेरा नाम है गौहर जान !

(एक संगीतकार का जीवन और युग)

विक्रम सम्पत

2012 के साहित्य अकादमी युवा पुरस्कार के विजेता

अनुवाद

अंशुमान पाण्डेय व अंशुमान जैन

सम्पादन

प्रो. हरि किशोर पाण्डेय

भारतीय ज्ञानपीठ

पहला संस्करण : 2021
दूसरा संस्करण : 2022

भारतीय ज्ञानपीठ
लोकोदय ग्रन्थमाला : ग्रन्थांक 1450

समनुदेशिती
वाणी प्रकाशन ग्रुप
4695, 21-ए, दरियागंज, नयी दिल्ली-110 002
फोन : 011-23273167, 23275710
ईमेल : sales@vaniprakashan.in

ISBN : 978-93-90659-10-4

मेरा नाम है गौहर जान!
(जीवनी)
विक्रम सम्पत
अनुवाद : अंशुमान पाण्डेय, अंशुमान जैन

MERA NAAM HAI GAUHAR JAAN!
(Biography)
by Vikram Sampath
Translator : Anshuman Pandey, Anshuman Jain

मुद्रक : आर. टेक ऑफ़सेट प्रिंटर्स, दिल्ली-110 032

Second Edition : 2022

Price : INR. 550

मेरे शक्ति–स्तम्भ, मेरे प्यारे माता–पिता के लिए,
जिनके बिना मैं वो नहीं हो पाता, जो आज मैं हूँ!

अनुक्रमणिका

अनुभाग-3 : महिमा से पतन

❖❖❖

बक्शेगा हर गुनाह वो इश्यान श-आर का;
बेहद है रहम बंदों पे परवरदिगार का।
तर दामनी से अपनी नहीं गम मुझे जरा;
बहर-ए-करम है जोश पे आमर्ज़गार का।
है ख़िफ़्ते गुनाह से मीज़ान मिली हुई;
पल्ला गिराँ न होगा मेरे ऐतबार का।
देखा जिसे वो शागिले गफूर है;
नगमा यही चमन में सुना है हज़ार का।
मलका है जिसके विरदे-जबां नाम-ए-किबरिया;
सदमा न होगा उसको लहद के फिशार का।

—बड़ी मलका जान, मख़ज़ान-ए-उल्फत-ए-मल्लिका

मेरे जैसे आदतन अपराधी के हर पाप को माफ़ कर दिया जाएगा; इस ब्रह्मांड के रक्षक की असीम कृपा है।

मैं पाप में डूबी हुई हूँ, मैंने अपने जीवन में सभी पाप किए हैं, जिनसे मुझे बहुत शर्म आती है। लेकिन मेरी हालत मुझे परेशान नहीं करती क्योंकि मुझे पता है कि दया का सागर जो मेरा सर्वशक्तिमान है, मेरे पाप भी धुल जाएँगे।

प्रलय के दिन, मेरे पापों के कारण मेरे ख़िलाफ़ बहुत हद तक अड़चन डाली जाएगी; लेकिन मेरी ईमानदारी से मेरे कृत्यों के प्रति घृणा के कारण पैदा पश्चाताप मुझे सफल करेगा। उसकी दया पर मेरा विश्वास झूठा नहीं रहेगा।

सम्पूर्ण ब्रह्मांड, जो उनकी रचना का एक बगीचा है, उनकी प्रशंसा गाता है। और जब अखिल दयालु निर्माता देखता है कि मेरे सारे जीवन, मेरे पापों के बावजूद, मैंने हमेशा अपने होंठों पर उसकी प्रशंसा की है; वह मुझे निश्चित रूप से क्षमा करेगा।

मलका ने हमेशा अपने जीवन भर उनके नाम का जप किया; यह वह नहीं है जिसे उसकी कब्र में यातना दी जाएगी जब उसकी इस दुनिया के कृत्यों को आँका जाएगा।

सन्देश

मैं गौहर जान पर लेखक की कृति से गुजरा हूँ। लेखक ने उनके जीवन पर आँकड़े एकत्र करने के लिए विभिन्न स्थानों की यात्रा के माध्यम से गहन शोध किया है। यह वास्तव में एक कठिन कार्य सम्पन्न करने जैसा है। गौहर जान पर लेखक की कृति को पढ़कर मुझे बहुत खुशी मिली। यह दिलचस्प है और मुझे लगता है कि किसी भी संगीत प्रेमी के हाथ जब यह किताब लगेगी तो वह इसे एक बैठक में ही पढ़ जाएगा। लेखक का प्रयास वास्तव में सराहनीय है क्योंकि एक ऐतिहासिक सत्य को इस पुस्तक में बहुत अच्छी तरह प्रस्तुत किया गया है।

एक संगीतकार के रूप में मैं खुद उन अधिकांश तथ्यों के बारे में नहीं जानता था जो गौहर जान और उनके युग के बारे में लेखक ने अपनी पुस्तक में प्रस्तुत किए हैं। यद्यपि यह वर्णन करना कठिन है, लेखक ने उनके युग, उनके जीवन और उनके संगीत-पक्ष में प्रचलित समारोहों के लिए पाठकों को एक सदी पहले ले जाने का ईमानदार प्रयास किया है।

लेखक के काम को देखने के बाद मुझे लगता है कि अब कलाकारों को चिन्ता करने की कोई आवश्यकता नहीं क्योंकि इस लेखक जैसे उत्साही संगीत-प्रेमियों और शोधकर्ताओं के द्वारा कालातीत संगीतकारों और उनके युग को मानव जाति के लाभ के लिए समय-समय पर दुनिया के सामने पेश किया जाएगा जैसा कि लेखक ने गौहर जान के मामले में किया है। इसमें कोई सन्देह नहीं है कि लेखक ने गौहर जान के युग के बारे में जो चित्रण किया है वह सच है क्योंकि मैंने स्वयं उसके कुछ पहलुओं को देखा है।

मैं अपनी तरफ से कुछ चीज़ें जोड़ना चाहूँगा। जब भी कोई कलाकार अपने प्यार को खो देता है तो उसका संगीत अधिक गहराई और संवेदनशीलता से खिल उठता है। कलाकारों को अपने जीवन में ऐसी स्थितियों को ईश्वर के प्रच्छन्न वरदान के रूप में देखना चाहिए। इसी तरह गौहर जान को उनके दिलकश संगीत के लिए आज भी याद किया जाता है। वास्तव में गौहर जान द्वारा लिखी ठुमरियाँ जैसे *'कैसे ये धूम मचायी...अरे कन्हैया रे'* और उनके

द्वारा गायी ठुमरियाँ जैसे '*जिया में लागी आन-बान*' आज भी पूरे भारत में बहुतों द्वारा गायी जाती हैं। अब लेखक की पहल से दुनिया गौहर जान की रची ठुमरियों को पहचान सकेगी। लेखक की पुस्तक पढ़ने पर मैंने भी यही अनुभव किया।

हर युग में बड़े संगीतकार हुए जिनके यात्रा करने के अपने साधन थे। गौहर जान उनमें से एक थीं। उदाहरण के लिए 1930-40 के दौरान बड़ौदा के उस्ताद फैयाज़ खाँ साहब के अलावा किसी संगीतकार के पास दोपहिया सवारी (ताँगा) नहीं थी। चूँकि गौहर जान अपने युग में असाधारण रूप में महान थीं, वे विक्टोरिया बग्गी में चला करती थीं, जिसके लिए उन्होंने एक बार जुर्माना भी दिया।

इस पुस्तक को पढ़कर एक चीज़ जो मेरी समझ में आती है वह यह है कि गौहर जान को, निश्चित रूप में, सुन्दरता और महान संगीत-प्रतिभा का वरदान प्राप्त था, और कोई भी कलाकार जिसे गौहर जान की तरह यह दोनों वर प्राप्त हों, उसे उत्कृष्टतम माना जाता है जैसे गौहर जान, जोहराबाई और केसरबाई केरकर।

—पंडित जसराज

गौहर जान से मेरा परिचय मुझे अपने पिता उस्ताद हाफिज़ अली खान साहब के सहारे हुआ, जो उनके समकालीन थे। गौहर जान अपनी ज़िन्दगी में ही एक कालातीत नाम बन गयी थीं और उस युग के संगीत-क्षेत्रों में उन्होंने असीम आदर अर्जित किया था। तत्कालीन कला-संस्कृति के केन्द्र वाराणसी में किशोर वय में ही एक बाईजी के रूप में प्रशिक्षित, उन्होंने शीघ्र ही कला के आश्रय-नगर कलकत्ता में बसकर उन्होंने अपने नाम की शोहरत कमा ली। संगीत-इतिहास में गौहर जान एक महत्त्वपूर्ण क्षण में सुर्खियों में आईं जब ग्रामोफोन के रिकॉर्ड का अविष्कार हुआ। जब रिकॉर्डिंग का विज्ञान पहली बार भारत में उपलब्ध हुआ तो उस समय संगीत के महान दिग्गजों द्वारा इसे आसानी से स्वीकार नहीं किया गया। उन्हें इस बात का संदेह था कि यह रिकार्ड संगीत की शुद्धता और पवित्रता को बरकरार नहीं रख पाएँगे और यदि किसी सुनने वाले द्वारा इसे मनचाहे समय पर बजा दिया जाए तो राग के सुर को सही प्रस्तुत नहीं किया जा सकेगा। मेरे पिता भी इस मंडली में से एक थे जो कभी भी अपने संगीत की रिकार्डिंग के सन्दर्भ माध्यम से बाहर होने की सम्भावना से समझौता नहीं कर सकते थे।

गौहर जान में हालाँकि इस तरह की कठोरता नहीं थी, और ग्रामोफोन की क्षमता को पहचान लेने से वे उस समय के विपुल रिकॉर्डरों में से एक हो गयी थीं। उन्होंने विशेष रूप से उत्कृष्ट प्रदर्शन किया और तीन मिनट में एक ठुमरी के संघनित स्वर की कला पूरी की जिसे रिकॉर्ड समय पर प्रस्तुत कर सकते थे। हिन्दुस्तानी संगीत पर यह प्रभाव अभूतपूर्व रहा होगा क्योंकि उन्होंने अपने द्वारा सीखे गये कई घरानों की संगीत-शैलियों को अमर बना दिया और उन्हें आने वाले कई संगीतकारों और पारखी लोगों को दे दिया।

विक्रम सम्पत जैसे युवा, समर्पित लेखक का हमारे बीच होना वास्तव में खुशी की बात है। इन्होंने हमारे लिए इस सदी के सबसे सफल और ऐतिहासिक रूप से महत्त्वपूर्ण गायकों में से एक की रंगीन जिन्दगी को एक तरह से पुनरुज्जीवित करने के लिए शोध किया है। यह सर्वाधिक विश्वसनीय है कि वे हृदय से शोध करते और लिखते हैं। अपने पाठकों से इतिहास और संगीत के प्रति अपने जुनून को साझा करने के अलावा उनका कोई अन्य उद्देश्य नहीं हैं। कामना है वे हमारे लिए इस तरह की कई और किताबें लिखेंगे।

—उस्ताद अमजद अली खान

प्रसिद्ध संगीत-व्यक्तित्व गौहर जान के बारे में कोई क्या कह सकता है। बहुत कुछ कहा गया है—बहुत सारे उपाख्यान उनके निडर स्वभाव के बारे में और कई उल्लेख इस बारे में बहुत कुछ बताते हैं कि यह महान कलाकार कितनी बहुमुखी, अद्वितीय प्रतिभा और स्वतन्त्र चिन्तन वाली थीं।

अत: विक्रम सम्पत का यह साहसिक प्रयत्न प्रशंसनीय है। गौहर जान पर सरल और प्रभावशाली शैली में लिखी पुस्तक बताती है कि श्री विक्रम सम्पत ने कितने श्रमपूर्ण प्रयत्न, कितनी सावधानी और गहन अध्ययन से पुस्तक को प्रामाणिक और मनोरंजक दोनों बनाया है। निश्चित ही संगीत-प्रेमियों के द्वारा गहरी रूचि से यह पुस्तक स्वीकारी जाएगी। जो अन्तर्दृष्टि प्राप्त होगी वह संगीत के महान गुरुओं के प्रति हमारे ज्ञान में वृद्धि करेगी, विशेषकर हमारे अन्य सांस्कृतिक अतीत की महान नारी संगीतकारों के विषय में।

—पंडित अरविन्द पारिख

यात्रा

अपनी पुस्तक 'स्पलेण्डर्स ऑफ रॉयल मैसूर': 'द अन्टोल्ड स्टोरी ऑफ वाडेयार्स' के शोध के दौरान जब मैं मैसूर राज भवन के धूमिल किन्तु सुव्यवस्थित व सूचीबद्ध अभिलेखागारों को खंगाल रहा था तो मेरी नजर गौहर जान के नाम की ओर आकृष्ट हुई। उस नाम में एक ऐसी अनुगूँज थी जो मुझे गौहर और राजभवन के अधिकारियों के बीच मैसूर में उनके अल्प प्रवास के दौरान हुए विभिन्न पत्राचारों की फाइलों के बक्से तक ले गयी। लेकिन उस समय जो अभियान मैं चला रहा था वह बहुत बड़ा था, मैसूर राज्य के इतिहास के करीब 600 वर्षों को घेरते हुए। मेरे पास सचमुच कोई इन्टरनेट की तरंग पट्टिका नहीं थी न इस नारी संगीतकार, जिसने मैसूर में मुश्किल से दो वर्ष बिताये उसके जीवन की गहन खोज की जरूरत मैंने महसूस की। मुझे उस प्रसंग का हल्का उल्लेख ही काफी लगा। लेकिन किसी तरह, मैंने अनुभव किया कि मैं अपनी परिचित धरती पर पहुँच गया हूँ।

2008 में मेरी पुस्तक के प्रकाशन के कुछ महीने बाद, मैं मैसूर और ऊटी की यात्रा पर गया। मैसूर के राज परिवार की एक सदस्या श्रीमती उर्मिला देवी कोटदासंगानी के कृपापूर्ण परिचय से मैं ऊटी में एक मिलनसार वृद्ध महिला श्रीमती रत्ना चटर्जी से मिला। पहाड़ी के बगल में अपने सुरुचिपूर्ण सुज्जित घर में रत्ना जी एक आदर्श मेजबान की तरह थीं जिन्होंने मुझे और मेरे साथ गये मित्र सिद्धार्थ को स्वादिष्ट भोजन कराया। मैं वहाँ उन बहुत सी कड़ियों को खोजते हुए गया था जो उस युग के बंगाल और राजसी मैसूर को जोड़ती थीं जिन्हें बाद में उस महीने कलकत्ता में अपने दिए जाने वाले भाषण में मैं शामिल करना चाहता था। मुझे बताया गया कि रत्ना जी बहुत उत्सुक पाठक थीं और इस विषय पर बहुत से आश्चर्यजनक प्रसंग और स्मृतियाँ उनके पास थीं। स्वामी विवेकानन्द से सम्बन्धित सामान्य प्रसंगों, जिनकी शिकागो यात्रा का खर्च मैसूर के महाराज और टैगोर की भतीजी सरला देवी चौधरानी, जिन्होंने वहाँ बहुत वर्ष बिताए थे, ने वहन किया था। कहानी एक अन्य परिचित चरित्र तक पहुँचती है जिसे संयोगवश मैंने राजभवन के अभिलेखों में पाया था—गौहर जान। रत्ना जी से आगे गौहर के जीवन के बारे में पूछा तो उन्होंने हम

लोगों को एक बंगला पुस्तक दी जिसमें कुछ पन्ने इस गायिका को समर्पित थे। जब सिद्धार्थ किताब के कुछ उद्धरणों का अनुवाद करने लगे तो मैं शुरू में यह जानकर चकित हुआ कि एक औरत जो साफ-साफ मुसलमान नाम रखती थी वह जन्म से भारतीय भी नहीं थी। उसके जीवन की परिस्थितियाँ और अनेक सुख-दुख जो उसने अपने छोटे फिर भी घटनाओं से भरे जीवन में भोगे, उसने सचमुच मेरा ध्यान अपनी ओर खींच लिया।

रत्ना जी से मिलने के बाद घर लौटते समय, जब ऊँची सड़क पर टेढ़े-मेढ़े रास्ते और घुमावदार मोड़ों से हमारी बस गुजर रही थी, मैं चुपचाप बैठा गौहर जान पर चिन्तन कर रहा था जिनकी कहानी अभी-अभी मैंने सुनी थी। मैंने एकाएक इस युगों से विस्मृत गायिका के विषय में और अधिक जानकारी पता लगाने की यात्रा पर निकलने का निश्चय कर लिया।

इसके बाद कई महीनों तक मेरी रुचि कम हो गयी। गौहर जान के जीवन और उनके युग की गहरी खोज की प्रतिज्ञा मैं भूल चुका था और वास्तव में कर्नाटक शास्त्रीय संगीत के इतिहास और प्रगति से सम्बन्धित पहलुओं के अभियान पर आराम से निकल चुका था। लेकिन आश्चर्यजनक रूप से मेरी रुचि आशातीत रूप से फिर जागृत हो गयी और गौहर ने इसी तरह मेरा ध्यान अपनी ओर खींच लिया। उन पर इंटरनेट में बहुत से निबन्ध हैं और उनके जीवन के साँचे की एक धारणा पाने की यह पहली शुरुआत थी। ज्यादातर निबन्ध एक भद्र पुरुष डॉ. सुरेश चंदवंकर सोसाइटी ऑफ इंडियन रिकॉडर्स (SIRC) के मानद सचिव द्वारा लिखे गये निबन्ध की प्रतिलिपियाँ थी। उनके नाम की याद आयी। बहुत साल पहले मुम्बई में प्रसिद्ध गायिका श्रीमती शुभा मुद्गल की कम्पनी के उद्घाटन पर, जहाँ मैं आमन्त्रित था, उनके द्वारा श्रीमती केसरबाई केरकर के पुराने रिकॉड्र्स के अनावरण के समय मेरा परिचय सौम्य और मृदु-स्वभाव डॉ. चंदवंकर से कराया गया था।

मैंने उन्हें गौहर के बारे में अधिक जानकारी माँगने के लिए लिखा और लगभग तुरन्त एक उत्तर मिला जहाँ उन्होंने महान गायिका के बारे में जो भी जानकारी उनके पास थी उसे साझा करने के लिए तत्परता से सहमति व्यक्त की। संयोग से जब किसी से गौहर जान के बारे में जानकारी माँगी जाती है, तो वे लगभग हमेशा डॉ चंदवंकर रूपी पहले ठहराव का संकेत करते हैं। एस आई आर सी हमारे देश के संगीत के संरक्षण के लिये एक सराहनीय कार्य कर रहा है। हमारी पहली बातचीत के दो दिनों के भीतर ही मुझे गौहर जान के चुनिन्दा गीतों के साथ एक सीडी मिली और उनके जीवन पर एक प्रस्तुति, जिसे डॉ चंदवंकर ने एशियाटिक सोसाइटी में दी थी। प्रभावपूर्ण इस बंडल में उनके कुछ लेख और सोसायटी की पत्रिकाएँ शामिल थीं, जिसमें गायिका की डिस्कोग्राफी के बारे में सूचनाएँ थीं। यह

खोज एक नया सफर शुरू करने के लिए एक अपार खजाना और एक शानदार तरीका थी। जैसे ही उनके मधुर गायन के पहले सुर मेरे डीवीडी प्लेयर से फूटे, मैं इस बात को सोचकर स्तब्ध था कि मैं वह पहला भारतीय स्वर सुन रहा था जिसने शैलैक डिस्क पर अपनी छाप छोड़ी थी। बजाने के आधुनिक उपकरण के होने पर भी संगीत की वह प्राचीनता सुरक्षित रही। इस तरह से एक सजी-धजी गौहर जान ने पहली बार मेरे घर में प्रवेश किया।

तब से पीछे मुड़कर नहीं देखना पड़ा। मुझे उनके जीवन के अंशों को जोड़कर अधिक गहराई तक पहुँचने के अदम्य उत्साह और उर्जा ने जकड़ लिया था। सुरेश जी द्वारा उनके जीवन और युग पर पहले ही की गई पथप्रदर्शक रचना के कारण शुरू में लगा कि मुझे बहुत कम चीज़ें अन्वेषण के लिए मिली थी और इससे बहुत निराशा भी हुई। लेकिन मुझे विश्वास था कि उनके जीवन से सम्बन्धित बहुत कुछ और भी है और मैंने उन भूली कड़ियों का पता लगाने का निश्चय कर लिया। मैं अतीत की इस आत्मा को आधुनिक जनसंवाद के लिए लौटा लाना चाहता था।

मुझे लगा कि मैंने कई रुकावटों के बीच अपना काम शुरू किया है। सबसे पहले तो मैं कोलकाता, उसकी संस्कृति, भाषा और रिवाजों से परिचित नहीं था जिससे अपनी कथा-नायिका के जीवन की ऐतिहासिक पृष्ठभूमि तैयार कर सकूँ। कर्नाटक संगीत में प्रशिक्षित और पूरा जीवन संगीत-छात्र रहने के बावजूद हिन्दुस्तानी संगीत से मैं अपरिचित था। किन्तु कई पुस्तकों, मित्रों और शुभेच्छुओं के मार्ग दर्शन से कुछ हद तक इन दोनों बिन्दुओं पर मेरे अपरिचय को खत्म करने में सहायता मिली।

भारत में कलाओं को लेखबद्ध रूप देना किसी अन्वेषक के लिए कठिन कार्यों में से एक है। निस्सन्देह संगीत पर बहुत से लेख है जो प्राचीन समय से चले आ रहे हैं। लेकिन शुरू के संगीत कार्यक्रमों के रूप विषय और खासकर बीते युग के संगीतकारों के बारे में हम इतना कम जानते हैं कि उनकी व्यक्तिगत जीवनियाँ और चुनौतियाँ, जिनका उन्होंने मुकाबला किया, पूरी तरह गायब हो चुकी है। उस युग के आत्म प्रचार विहीन कलाकारों की दुनिया ने यह बताया कि कला हमेशा कलाकार से बड़ी थी और कलाकार के बारे में विस्तृत विवरण जरूरी नहीं था। यह आज के युग से बिल्कुल उल्टा है जहाँ बहुत सी स्थितियों में गहन जनसम्पर्क के जरिये कलाकार का इतना गहन परिचय दिखाया जाता है कि स्थिति बहुत उल्टी है। अत: संगीत का इतिहास मुश्किल है और यह ज्यादातर प्राचीन संस्मरणों में ही जीवित है। मजेदार बनायी कहानियाँ या चुटकुले, गपशप उन संगीतकारों कें व्यक्तित्व का वर्णन नहीं करते बल्कि मामूली, छिटपुट बातों पर ही केन्द्रित होते हैं। अपने जीवन के संघर्षों और उत्थान-पतन और उस युग में संगीतकार होना क्या मायने रखता था इसका

उल्लेख न करने का दोष उन संगीतकारों पर भी जाता है। यह भारतीय मानस को दिखाता है जो संगीत को जीवन के हर क्षेत्र और पहलू में व्याप्त होता देखता है लेकिन उसके लिखित विवरण को महत्त्वपूर्ण नहीं मानता। संगीत सुनने समझने और आनन्द लेने की चीज़ है: उसके बारे में लिखना क्या है?

स्त्री संगीतकारों के जीवन के बारे में सूचना की कमी शोध करने वालों के लिए और भी गम्भीर समस्या है। जैसा मुझे लगा; गौहर का जीवन भी इससे अलग नहीं था। वह जो एक यशस्वी गायिका थी और जिसके लिए सारा देश दीवाना था, जिसकी तस्वीरें अस्ट्रिया में बनी दिया सलाई के डब्बे पर और पोस्टकार्डों पर छपती थीं, और जिसका स्वर भारत में बनने वाले ग्रामोफोन रिकॉर्ड पर प्रथम भारतीय स्वर था वह आज भारतीय संगीतकारों के द्वारा भी अस्वीकृत और विस्मृत हो चुकी है। हिन्दुस्तानी संगीत और उसके इतिहास की गलियों में आज वह एक धूमिल छाया की तरह घूम रही है। उसके हालाँकि कुछ प्रशंसक हैं, पुराने जमाने वाले और उल्लेखों के संग्रहकर्ता जो उनके कार्यों का मोल समझते हैं और उनके यशस्वी दिनों की बड़ी प्रशंसा करते हैं।

जब मैं मुम्बई में था मैं भी कुछ आचार्यों और लेख संग्रहकर्ताओं से मिला जिन्होंने मुझे गौहर के बारे में महत्त्वपूर्ण सूचनाएँ दी—प्रसिद्ध संगीत शास्त्री और विद्वान डॉ. अशोक राणाडे, प्रसिद्ध लेखक श्री दीपक राजा, संग्रहालय अधिकारी और संगीत प्रेमी श्री कुशल गोपालका और उनके प्रसन्नचित्त मित्र श्री विक्रान्त अजगांवकर। वास्तव में मैं श्री विक्रान्त से गोरेगाँव रेलवे स्टेशन के बगल के एक होटल में मिला, और बिना किसी संकोच के उन्होंने सड़क पर गुजरते यात्रियों को भी खुश करते हुए गौहर-शैली का प्रदर्शन शुरू कर दिया!

ज्यादातर ये वे ही प्रसंग और कहानियाँ थीं जो उनके नाम से जुड़ी थीं और तरह-तरह से फिर प्रचारित होती थीं। अब तक बिल्कुल साफ हो गया था कि मुझे उनके जीवन की आधार भूमि, कोलकाता पहुँचने की जरूरत है। इस नगर ने उन्हें वह सफल सिद्धि दी जो उनकी थी और यही वह जगह थी जहाँ उन्होंने अपने जीवन का अधिकतम भाग बिताया था। श्री दीपक राजा ने कलकत्ता में मुझे एक श्री नीलाक्ष गुप्त तक पहुँचाया। वह प्रसिद्ध सिग्नेट प्रेस के मालिक हैं और संगीत के स्वयं एक आलोचक और लेखक भी हैं।

हम लोगों का आरम्भिक ईमेल पत्राचार बिल्कुल बेकार गया। श्री गुप्त जो एक गम्भीर संभ्रात पुरुष थे जिन्होंने मुझे शायद एक नौसिखिया समझा जिसको अतीत की इस नारी के प्रति जिज्ञासा हो गयी थी। उन्होंने गम्भीरतापूर्वक मुझे राय दी कि मैं पहले इंटरनेट पर क्या है उसे पढ़ूँ और तब उनसे बात करूँ। वे असल में गौहर के जीवनी लेखन के विचार के बिल्कुल विरुद्ध थे। 'उनके संगीत का विश्लेषण करें, उनके बारे में लिखने का क्या फायदा है? किसी भी संगीतकार के जीवन के

बारे में लिखने का क्या फायदा?' वे कड़क आवाज में बोले। यद्यपि यह बहुत हिम्मत दिलाने वाली बात नहीं थी, मैं अड़ गया। शायद मेरा लगातार परिश्रम और निरन्तर प्रश्न करना अन्ततः मेरे इस अभियान के प्रति उनका दृष्टिकोण बदल सका। उसके बाद जो हुआ वह भी एक आश्चर्य था। मुझे एक बिल्कुल बदले हुए गुप्त जी मिले जिन्होंने मेरा आग्रह स्वीकार कर लिया और एक परमार्थ सिद्धि के उत्साह से मेरी सहायता की।

उन्होंने मेरे लिए दुर्लभ पुरानी बंगाली पुस्तकों का पता लगाने की तैयारी की और उनके जरूरी अंशों के अनुवाद की भी। मैं रोज गौहर के जीवन से जुड़े विवादों पर बात करने के लिए और उससे जुड़े रहस्यों को सुलझाने के लिए उन्हें फोन करता था। हम दोनों के लिए बौद्धिक रूप से बातचीत बड़ी उत्तेजक होती थी। अन्त में मैंने कोलकाता जाने का फैसला किया क्योंकि मैं जानता था कि यह लाभदायक होगा। भीषण गर्मी का सामना करते हुए मैं कोलकाता पहुँचा। उन दिनों वहाँ संसदीय चुनाव होने वाला था, एक ऐसी चीज़ जो पश्चिम बंगाल के सामान्य जीवन को अक्सर ध्वस्त कर देती है! किन्तु श्री गुप्ता ने आश्चर्यजनक चतुरता से मेरे भ्रमण की योजना बनायी थी और बिल्कुल कम समय में मैंने सही साधनों तक पहुँचने की व्यवस्था कर ली।

जब आप किसी से बीते युग के संगीतकारों के बारे में पूछते हैं, वे दो नाम लेते हैं, डॉ. सुरेश चंदवंकर और जादवपुर विश्वविद्यालय के डॉ. अम्लान दासगुप्त। इस विश्वविद्यालय के संगीत लेखागार देश के सर्वोत्तम में गिने जाते हैं। संगीत लेखागारों में सूची लेखन और संरक्षण अधिकतर डॉ. दासगुप्त के अथक और उत्साहपूर्ण प्रयत्नों के द्वारा सम्भव हुआ है। उनके साथ लम्बे विचारविमर्श का आनन्द भी मुझे प्राप्त हुआ और उन्होंने अपने एक दूसरे मित्र श्री अनिंद्य बनर्जी के यहाँ जाने को कहा जो एक प्रसिद्ध सरोदवादक थे और स्वर्गीय उस्ताद अली अकबर खाँ के शिष्य।

उस दिन कोलकाता एक सुलगते तवे की तरह तप रहा था और वहाँ मेरे प्रवास के बीच मुझे भयानक लू लग गयी थी और शरीर में पानी की कमी हो गयी थी। अपने घर उड़ान भरने के पहले श्री बनर्जी के घर जाना उस नगर में मेरा अन्तिम पड़ाव था। जब मिलनसार और मित्रवत श्री बनर्जी ने गौहर जान पर अपने अमूल्य दस्तावेज़ों का कोष खोला, जिनमें से बहुत तो उनके आरम्भिक जीवन और माता पिता के बारे में आज तक अज्ञातपूर्ण और महत्त्वपूर्ण जानकारी थी, तभी अचानक मौसम खराब हो गया। एकाएक आंधी चलने लगी और खिड़कियों के पल्ले जोर-जोर से बजने लगे। श्री बनर्जी और मैंने चकित एक दूसरे को देखा। मेरे जैसे किसी के लिए, जिसका दिमाग वैज्ञानिक और बौद्धिक वृति वाला हो, जो भूत-प्रेतों में विश्वास नहीं करता हो, यह घटना बड़ी भयप्रद लगी।

ऐसा इसलिए क्योंकि कुछ इसी प्रकार की घटना थोड़े ही दिन पहले मैसूर में घटी थी जब मैं दोबारा राजभवन के लेखागार में रखे, विशेषकर गौहर पर केन्द्रित, दस्तावेजों को देखने पहुँचा था। वहाँ भी जब मैं उनकी हस्तलिखित चिट्ठी, उनके हस्ताक्षर और उनके अस्पताल की रसीदों को देखकर हतप्रभ बैठा था तो एकाएक जोर की हवाएँ चलीं, लगता था वो हवाएँ सारी फाइल उड़ा ले जाएँगी!

अनजानी, अनसुनी जगहों से सूचनाएँ आती रहीं। मुझे तो बस कुछ खोजना था और मेरी इच्छा मानो विश्व का आदेश हो। मेरी दिल्ली और रामपुर की यात्रा भी बड़ी फलदायी रहीं। रामपुर में एक वृद्धा गायिका महापारा बेगम, जो 110 की उम्र पार कर चुकी थी, के घर की यात्रा कभी भूल नहीं सकता। वह शायद एकमात्र जीवित प्राणी बची हैं जिन्होंने गौहर जान को प्रत्यक्ष देखा है। गौहर के करीब-करीब सभी समकालीन दिवंगत हो गये हैं। एक चारपाई पर बीसियों परपोतों और उनके परपोतों के बीच बैठी महापारा एक गुस्सैल बुढ़िया थी! बीते जमाने की यादें और उसके प्रति वर्तमान की अरुचि ने उन्हें गुस्से से भर दिया था, लेकिन उनकी आत्मा हार मानने वाली नहीं, मैंने सोचा, ठीक मेरी चरित-नायिका की तरह। शुरू में शंकालु भाव से मुझे देखतें, झुर्रियों भरे चेहरे और धीमी सुनाई पड़ने वाली आवाज में महापारा बेगम ने इस महिला के विषय में अद्भुत कहानियाँ सुनाईं, जो कभी रामपुर के जनानखाने की वासिनी थी। बातचीत से उनकी तटस्थता दूर हो गयी। मैंने उनका स्नेह पा लिया था और बहुत आशीर्वादों के साथं, भरे दिल से वहाँ से चला आया। उन्होंने मेरे विनम्र आग्रह पर रामपुर-शैली में एकाध गीत गाने की दया भी दिखाई और मैं सोचता रहा कि अपनी जवानी में उनकी कैसी शोहरत रही होगी, जब दरबारी महफिलों में वे गाती होंगी।

कई स्तरों पर दरभंगा, पटना, लखनऊ, इलाहाबाद, बनारस शहरों के अनेक सम्पर्कों ने, जिन्होंने गौहर के जीवन में महत्त्वपूर्ण भूमिका निभाई थी, किसी न किसी रूप में मेरी मदद की। उदाहरण के लिए पटना के संगीतशास्त्री और लेखक श्री गजेन्द्र नारायण सिंह ने गौहर के जीवन पर आधारित अपने इस विषय के शोध पर मुझे करीब शुद्ध हिन्दी में बीस पन्ने की चिट्ठी लिखने की दया की। यह साख भारत के बाहर भी फैली। बंगलौर के भारतीय विज्ञान संस्थान के मेरे परामर्शदाता और शुभेच्छु प्रो राघवेन्द्र गड़कर के द्वारा मेरे शोध कार्य के बारे में बर्लिन के इंस्टीच्यूट ऑफ ऐडवांस्ड स्टडी की पुस्तकाध्यक्ष श्रीमती गेसिन बॉटमली को सूचित किया गया। उन्होंने सामग्री का पता लगाया, खासकर ग्रामोफोन कम्पनी और इसके जर्मन एजेन्ट विलियम फ्रेडरिक गैसबर्ग का जो उनमें एक थे जिन्होंने गौहर की प्रतिभा को खोजा और उनका रिकॉर्ड बनाया था। फिर भी सबसे बड़ा अचरज तो लंदन से प्राप्त हुआ।

गौहर की माँ, बड़ी मलका जान जिन्होंने कविताओं की रचना की थी, उस संग्रह के कई प्रसंग दिए गए थे। इस दीवान (संग्रह) के बारे में मुझे श्री प्रान नेवील, एक प्रसिद्ध विद्वान और लेखक, के द्वारा बताया गया था, जिनसे मेरी मुलाकात दिल्ली में हुई थी। श्री नेवील ने भारत की नर्तकियों के जीवन पर कई किताबें लिखी हैं। मलका की कवितायें, शास्त्रीय उर्दू में रचित, 1886 में उर्दू कविता के दीवान के रूप में प्रकाशित हुई जिसका शीर्षक था 'मखज़ान ए उल्फत ए मल्लिका' या 'मल्लिका के प्रेम का कोष' इसे अपने समय की सर्वोत्तम कविताओं के रूप में जाना जाता है। ये गहरी दार्शनिक और आत्मचिन्तनात्मक पुस्तक थीं। जबकि विद्वानों को इस तरह की पुस्तक के प्रकाशन की जानकारी थी, यह कृति भारत में प्राप्य नहीं थी। मैंने एक मौका लेने का फैसला किया और लंदन के अपने मित्रों को कहा कि वे पता लगायें कि क्या यह किताब ब्रिटिश म्यूजियम के पुस्तकालय में है। मेरे आनन्द का ठिकाना न रहा जब मुझे ब्रिटिश पुस्तकालय के उर्दू संरक्षक सुश्री लीन मिटफोर्ड से दो महीने बाद एक चिट्ठी मिली, यह बताते हुए कि यह पुस्तक उनके संग्रह में है और वे इसको मेरे साथ साझा कर सकती हैं। संयोग से अगले हफ्ते सुश्री मिट फोर्ड एक कॉन्फ्रेंस के लिए बंगलौर आने वाली थीं और उन्होंने अपने साथ पुस्तक की एक प्रति लाने का आश्वासन दिया। इस दुर्लभ पुस्तक के मेरे हाथ आने पर तो मेरे रोंए खड़े हो गए। हालाँकि घुमावदार लिपि में किसी शब्द का कोई अर्थ मैं समझ नहीं सका। मुखपृष्ठ पर बड़ी मलका जान की एक तस्वीर थी जिनकी दूरी भरी उदास नजरें थीं। सुश्री मिट फोर्ड को कोटिशः धन्यवाद देते हुए मेरी उस तस्वीर पर टकटकी बँध गयी।

बांग्ला भाषा में जो विपुल साहित्य मैंने कोलकाता में इकट्ठा किया था उसके साथ ही नये पाये इस उर्दूकोष के अनुवाद के लिए विद्वानों की खोज की मेरी व्यग्रता आरम्भ हो गयी। बंगलौर के कनिंघम रोड के उनके सुन्दर और सुसज्जित बंगले पर मिलने के पहले मैं श्रीमती राका चौधरी और श्री अनिर्वाण ज्योति चौधरी से परिचित नहीं था। इतिहास, संगीत और साहित्य की हमारी समान अभिरुचियों के कारण तुरन्त हममें सम्बन्ध स्थापित हो गया और अगले कुछ सप्ताहों में श्रमपूर्वक उन अज्ञात पुस्तकों के प्रत्येक शब्द का उन्होंने अनुवाद कर दिया। उनके बिना यह पुस्तक वह न होती जो आज है।

उर्दू का समझना फिर भी उतना आसान नहीं था, लेकिन आखिरकार बिशप कॉटन्स ब्वायज स्कूल के मेरे शिक्षक डॉ. इकबाल अहमद की सदिच्छा और सहायता ने मखजान को समझने में मेरी मदद की। कई शाम की बैठकों में सुस्वादु नाश्ता और मनोरंजक बातचीत के साथ डॉ. इकबाल ने मुझे उर्दू भाषा की सहज

सुन्दरता और खासकर मलका जान की कविताओं के बारे में परिचित कराया। उनकी इस कृपा के लिए धन्यवाद के शब्द मेरे पास नहीं हैं।

लेकिन जो सर्वोत्तम था वो तो अभी आने वाला था। कलकत्ता हाईकोर्ट के दस्तावेज़ों को मैं अपने हाथ में करना चाहता था। कई मुकदमों के ये दस्तावेज़ जो अपने तूफानी जीवन में गौहर ने लड़े थे वे उनके खानदान और जीवन पर मूल्यवान प्रकाश डाल सकते थे। जबकि मैं बंगाली पुस्तकों के अनुवाद के द्वारा उन दस्तावेज़ों को स्वयं पढ़ना चाहता था और यह अपने आप में एक गम्भीर मुश्किल काम था। मैंने अपने वकील मित्र श्री आदित्य सोंड़ी से कोलकाता के राष्ट्रीय पुस्तकालय के ऑल इंडिया रिपोर्टर के कई खंडों से सूचना एकत्र करने की मदद माँगी और अपने मित्र सिद्धार्थ को उन जरूरी चीज़ों को छाँटने के लिए उकसाया, जिससे कुछ प्राप्त हो सके। लेकिन उन दस्तावेज़ों ने मुझे भ्रमित किया और मैं पूरी तरह निराश अनुभव करने लगा। जब मैं कोलकाता में था तो श्री नीलाक्ष गुप्त ने मुझे एक बहुत स्नेही और मददगार व्यक्ति श्री शंकरलाल मेहता से परिचित कराया था। कचहरी के काग़ज़ों के साथ मेरी उलझनें सुनकर मेहता जी ने मुझे अपने मित्र श्री संजय खन्ना के पास भेजा। संजय श्री दामोदर दास खन्ना (1889–1979) के परपोते हैं जिन्हें संगीत-क्षेत्र में प्यार से लाला बाबू कहा जाता था। लाला बाबू, एक प्रसिद्ध व्यापारी, कलाओं और गौहर जान, मलका जान आगरे वाली, सिद्धेश्वरी देवी, विद्याधरीबाई, रसूलन बाई, बड़ी मोतीबाई जैसी गायिकाएँ, जो उनके उद्यान-भवन में बराबर महफिलों में उपस्थित होती थीं, उनके संरक्षक भी थे। अखिल बंगाल संगीत समारोह और अन्य बहुतेरे समारोहों का अस्तित्व उनकी उदारता पर निर्भर था।

पारिवारिक परम्परा से प्रतिबद्ध संजय भी शास्त्रीय संगीत के प्रति भावनात्मक रूप से जुड़े थे। हाल तक पाथरियाघाट के घोषों की जमींदारियों में उनके घरों में आयोजित महफिलों और संगीत-समारोहों में वे उपस्थित होते रहे हैं। किसी तरह मेरी उत्कंठा और स्फूर्ति ने संजय को प्रभावित किया और वे भी इन दस्तावेज़ों का पता लगाने को व्यग्र हो उठे।

चित्रगुप्त नामक एक सज्जन की पुस्तक 'गौहरजान' शीर्षक से बांग्ला में छपी थी जो प्रथम पुस्तक थी जिसमें इन मुकदमों की चर्चा थी। किन्तु किसी कारण से लेखक ने मुकदमों की संख्या या दूसरी तफसीलों का पुस्तक में ज़िक्र नहीं किया था जिससे मेरे वकील-मित्र या अन्य मित्र केस के दस्तावेज़ों का पता कर पाते। संजय ने चित्रगुप्त का पता लगाने की कोशिश की। वे पुस्तक के प्रकाशकों के पास पहुँचे जिनसे पता लगा कि दुर्भाग्य से लेखक की मृत्यु हो चुकी थी। फिर भी उन लोगों ने उनकी पत्नी पूरबी गुप्त का टेलीफोन नम्बर दिया और संजय ने उनसे भेंट करने

का निश्चय किया। स्वाभाविक रूप से श्रीमती गुप्त इस अजनबी आगन्तुक और बंगलोर से आये उनके मित्र के प्रति शंकालु रहीं, जो उन असली काग़ज़ों को खोज रहे थे जिन पर उनके पति की पुस्तक आधारित थी। संजय के अनुरोध को धन्यवाद कि उन्होंने अपनी उपस्थिति में श्रीमती गुप्त से मेरी टेलीफोन पर बातचीत करवाई, मेरी नीयत पर उन्हें शायद विश्वास हो गया और वे असली काग़ज़ों को मुझे देने को तैयार हो गयीं। दो दिनों के भीतर कलकत्ता हाईकोर्ट के सभी दस्तावेज़ों को पाकर जो 120 वर्षों से अधिक पुराने थे जिनकी सूची श्रमपूर्वक संजय ने बनायी थी, मैं उल्लसित हो उठा।

एक दूसरा संयोग घटित हुआ। एक दिन जब मैं श्रीमती राका चौधरी के पास, बंगाली पुस्तकों का अनुवाद करवाने बैठा था, उनके पास इलाहाबाद के एक मित्र आइसाक जॉन का फोन आया। उस समय हम लोग वह अध्याय पढ़ रहे थे जिसमें गौहरजान के बपतिस्मा और उनके माता-पिता के इलाहाबाद के होली ट्रिनिटी चर्च में विवाह का ज़िक्र था। यह अजीब था कि श्री घोष के पिता उसी चर्च में पैस्टर थे और जिस विवाह-रजिस्टर में गौहर जान के माता-पिता के 1872 में विवाह का उल्लेख था उसे हमें उपलब्ध कराकर मदद करने को तैयार हो गये।

प्रसिद्ध लेखक, इतिहासकार और मित्र श्री भी. श्रीराम ने तमिल में टिप्पणियों के साथ 1912 में छपी गौहरजान की रचनाओं की एक फोटोकॉपी मुझे भेजी।

मैसूर वह जगह जहाँ से मैंने यात्रा शुरू की थी मेरे शोध का अन्तिम पड़ाव था। अपने शोध को समाप्त करने के लिए वहाँ मुकदमों के काग़ज़ों का पता लगाने को व्यग्र था। मेरे मित्र और शुभचिन्तक श्री मोहन देशराजे उर्स को धन्यवाद, म्युनिसिपल कॉरपोरेशन की सदस्या उनकी भाभी श्रीमती विद्या उर्स की शुभाशंसा से हमलोगों ने सारी सूचनाएँ और मृत्यु प्रमाण-पत्र प्राप्त कर लिए। रह-रहकर होती वर्षा का मुकाबला करते हुए मेरे मित्र विनय और मैंने मैसूर में गौहर के घर का पता करने की कोशिश की जिसका नाम दिलखुश कॉटेज था। उनकी कब्र का पता लगाने हमलोग मुस्लिम कब्रगाह और कब्रिस्तान समिति भी गये। अफसोस, हम लोगों के हाथ कुछ न लगा।

इस लम्बी और आवेगपूर्ण यात्रा के दौरान, हमारे माता-पिता इस पागलपन के चुप्पीसाधे गवाह बने रहे हैं पर साथ ही शक्ति के बड़े स्रोत भी रहे हैं। अपने युवा और अविवाहित पुत्रों की ऐसी तवायफ या नर्त्तकी की एषणा को ज्यादातर माताएँ अच्छा नहीं मानती। निश्चय ही मेरी माँ ने अपने शुभग्रहों को धन्यवाद दिया कि इस खोज की तवायफ़ मर चुकी थी।

इस खतरनाक, उत्तेजक और कभी-कभी निराश करने वाली कठिन यात्रा के अन्त में मैं आशान्वित हूँ कि भारत के अत्यन्त आकर्षक संगीतकारों में से एक के

जीवन और युग पर प्रकाश डालने और लोगों की जानकारी लाने में मैं समर्थ हो सका हूँ। मैं आज भी उन परिस्थितियों पर चकित हूँ, जिन्होंने मुझे इस यात्रा पर निकलने के लिये प्रेरित किया और उस विचित्र ऊर्जा पर भी जो इसके कार्यान्वयन के दौरान उत्पन्न हुई। संयोग, सहायता के आशातीत अवसर, उत्साह की प्रेरणा लगता है दैवी शक्ति से मिली जिसकी इच्छा हो कि मैं सुश्री गौहरजान की कहानी अपने हाथ से लिखूँ। व्यक्तिगत रूप से यह मेरे लिए एक फलदायी अनुभव रहा है और मेरी सच्ची मनोकामना है कि, इस पुस्तक को पढ़ने के बाद अन्त में, पाठक कहेंगे, वाह! 'कैसी नारी, कैसा युग!'

विक्रम संपत
बंगलुरू, 2009

आभार

ऐसे कई लोग हैं जिन्होंने इस पुस्तक के लेखन में मेरी मदद की है और उन सभी के प्रति मैं अपना गहरा आभार व्यक्त करना चाहता हूँ। मेरी खोज में दी गयी मूल्यवान सूचनाओं के लिए मैं पश्चिम बंगाल के गवर्नर महामहिम श्री गोपाल कृष्ण गाँधी और छत्तीसगढ़ के गवर्नर महामहिम श्री ई.एस.एल. नरसिम्हन के प्रति बहुत ऋणी हूँ। आई.सी.सी.आर. के अध्यक्ष डॉ. करण सिंह को उनके मूल्यवान सुझावों और सूचनाओं के लिए मेरा हार्दिक धन्यवाद।

इस पुस्तक को हमारे देश के संगीत के तीन महारथियों के सन्देशों का आशीर्वाद प्राप्त है और मैं उन सबों के प्रति अत्यन्त ऋणी हूँ। हिन्दुस्तानी संगीत के महागायक पं. जसराज जी, सरोदवादक उस्ताद अमजद अली खान तथा भारतीय संगीतसभा के अध्यक्ष पं. अरविंद पारिख जिन्होंने अपने व्यस्त कार्यक्रमों के बावजूद अपने शास्त्रीय शब्दों तथा स्नेहपूर्ण आशीर्वादों को प्रदान करने की कृपा की। मैं उन लोगों के प्रति भी इतना ही ऋणी हूँ जिन्होंने इन महान कलाकारों के सम्पर्क में मुझे लाने में सहायता की, श्रीमती सुभलक्ष्मी खान, सुश्री दुर्गा जसराज, श्री दीपक राजा, श्री संदीप दास, श्री शशांक सुब्रह्मण्यम, श्री सुब्रह्मण्यम, सुश्री शान्तला सुब्रह्मण्यम तथा श्री आनन्द लालवानी।

निम्नांकित लोगों के प्रति भी मैं बहुत आभारी हूँ जिनके बिना यह अभियान सफल नहीं हो पाता—डॉ. सुरेश चंदवंकर, मुम्बई के सोसाइटी ऑफ इंडियन रिकॉर्डस कलेक्टर्स के माननीय सचिव, श्री नीलाक्ष गुप्त, श्री अनिंद्य बनर्जी, श्री संजय खन्ना, श्री दीपक राजा, ब्रिटिश लाइब्रेरी लंदन की सुश्री लीना मिटफोर्ड, आई.सी.सी.आर. की श्रीमती मीनाक्षी मिश्र, आई.सी.सी.आर. बंगलौर आई.आई.एस.सी. के प्रो. राघवेन्द्र गड़कर, नई दिल्ली डेलनेट की श्रीमती संगीता कौल, मैसूर राज परिवार की राजकुमारी उर्मिला देवी कोटदसंधानी, पटना के श्री गजेन्द्र नारायण सिंह और मेरे मित्र श्री सिद्धार्थ नाथ।

स्वर्गीय चित्रगुप्त और उनकी पत्नी श्रीमती पूरबी गुप्त के प्रति भी मैं गहन ऋणी हूँ। अपने जीवनकाल में इस स्वर्गीय लेखक के अथक प्रयत्नों का मैं धन्यवाद

करता हूँ कि पहली बार लोगों के सामने गौहर से सम्बन्धित दस्तावेज़ उपस्थित किए गए। श्रीमती गुप्त, जिन्होंने एक अजनबी के इरादों पर विश्वास करके इतनी मूल्यवान सूचनाएँ प्रदान कीं, उनकी प्रचुर दया के प्रति मैं आभारी हूँ।

मेरे शोध के विभिन्न स्तरों पर मुझे दी गयी सहायता के लिए मैं निम्नलिखित संगठनों का हृदय से आभारी हूँ। द नैशनल आर्काइब्ज ऑफ इंडिया, नई दिल्ली; संगीत नाटक अकादमी, नयी दिल्ली; मुम्बई और कोलकाता की द एशियाटिक सोसाइटी; मुम्बई के नैशनल सेंटर फॉर परफॉर्मिंग आर्ट्स; कोलकाता की आई.टी.सी. संगीत रिसर्च अकेडमी; कोलकाता की नेशनल लाइब्रेरी; कोलकाता के स्टेट्समैन आर्काइव्ज; मैसूर के डिविजनल आर्काइवज, लंदन की ब्रिटिश लाइब्रेरी; बर्लिन के द ऐडवांस्ड स्टडी इंस्टीच्यूट; इंडियन इंस्टीच्यूट ऑफ साइंस और इसका सेंटर फॉर कांटेम्परारी स्टडीज; बंगलौर के सेंटर फॉर स्टडी ऑफ कल्चर एंड सोसाइटी; चेन्नई की रोजा मुथैया रिसर्च लाइब्रेरी; द रामपुर रज़ा लाइब्रेरी और पुणे के एन एफ ए आई।

कई लोगों द्वारा अनुवाद में दी गयी अमूल्य सहायता के बिना यह पुस्तक असम्भव होती। इस सम्बन्ध में निम्नलिखित नामों के हार्दिक प्रयत्नों के लिए मैं बड़ा ही प्रभावित हूँ—श्रीमती राका चौधरी और श्री अर्नीबान ज्योति चौधरी, डॉ. इकबाल अहमद, सुश्री ताहिरा नूरानी, श्री नीलाक्ष गुप्त और मेरे मित्र सिद्धार्थ नाथ।

इस शोधकार्य के अनेक कठिन स्तरों पर सहायता देने के लिए मैं अनेक लोगों के प्रति कृतज्ञता का ऋणी हूँ।

दिल्ली—श्री रन्तिदेव मैत्रा, श्री प्रान नेविल, नर्तकी श्रीमती शोवना नारायण; हिन्दुस्तानी शैली की गायिका श्रीमती शुभा मुद्गल, स्पिक मैंके के श्री किरण सेठ, मेरे शुभेच्छु और मित्र अंशुमान जैन; मशहूर तबलावादक और मेरे भाई श्री सन्दीप दास; सुश्री सबा दीवान; श्रीमती चारू गुप्त, श्रीमन्ना श्री निवासन, श्रुति पत्रिका के चलंत सम्पादक, डॉ. लक्ष्मी सुब्रमन्यम, प्रो. रीता गांगुली, जॉनवार्लो, कार्त्तिकेय मिश्र और संगीत-नाटक अकादमी की अत्यन्त सहायक पुस्तकाध्यक्ष श्रीमती स्वतन्त्र बगरा।

कोलकाता—आई.टी.सी.एस.आर.ए. की श्रीमती अर्पिता चटर्जी, जादवपुर विश्वविद्यालय के डॉ. अम्लान दासगुप्त, श्री असीम मुखर्जी, श्रीमती बोस और श्री सुनील कुमार देवनाथ-सभी नैशनल लाइब्रेरी के, डॉ. अमित कुमार राय, श्री तैयब खान, श्रीमती इति मिश्र, पंडित विजय किचलू, डॉ. भारती राय, श्री शंकरलाल मेहता और उनका पूरा परिवार, श्रीमती गार्गीनाथ, श्री सरकार और करूर वैश्य बैंक के श्री विश्वेशरन, प्रो. जानकी नायर और मेरे मित्र एवम हिन्दुस्तानी संगीत के प्रतिभाशाली गायक शौनक चट्टोपाध्याय और उनके बड़े अच्छे माता-पिता।

मुम्बई—श्री कुशल गोपालका, श्री विक्रान्त आजगाँवकर, डॉ. अशोक रानाडे, प्रसिद्ध फिल्म-निर्माता श्री श्याम बेनेगल, हिन्दुस्तानी संगीत की गायिका डॉ. प्रभा अत्रे, सुश्री शिवानी गुप्त, सुश्री लता जगतियानी, सुश्री अर्चना आनन्द, श्री किशोर दीक्षित, श्री प्रकाश विरूदे, मेरे प्रोफेसर डॉ. उमा नारायण और श्रीमती सोमा घोष।

बंगलौर—डॉ. यु. आर अनन्तमूर्ति, ऐस्ट्रोफिजिक्स इंस्टीट्यूट के प्रो. सिराज़ हसन, मेजर जरनल (अवकाश प्राप्त) एम. के. पॉल, इंडिया फाउंडेशन फॉर दि आर्ट्स की सुश्री सुमना चन्द्रशेखर, श्री एच. वाई. नारायणदत्त, श्रीमती आरती राव, बंगलौर इंटरनेशनल सेंटर के श्री पी.आर. दासगुप्त, श्रीमती बेला मिश्र, श्री गुरुजोत सिंह, बंगलौर विश्वविद्यालय के प्रो. एम. नूरूद्दीन सईद, जवाहर लाल प्लैनेटेरियम के प्रो. विश्वेश्वर, सुश्री अमृता धर, मेरे वकील मित्र श्री आदित्य सोंढी और सुश्री श्रीवल्ली वेलन, श्री लॉरेंस लियांग, सुश्री राधिका मिश्र, लेखक और मित्र सुश्री शाइनी एंटॉनी, सुश्री एम.बी. रजनी, संगीतशास्त्री श्रीमती प्रमिला लोचन, पत्रकार श्रीमती दीपा गणेश और सुश्री अरूणाचंद्र राजू और मेरे प्रिय मित्र श्रीकृष्ण के. आर. और शीला बजाज। श्रीमती मालिनी राव और श्री प्रभाकर के प्रति इस अभियान के कई स्तरों पर उनकी सहायता के लिए विशेष आभार।

मैसूर—श्री मोहन देशराजे उर्स, कॉरपोरेटर श्रीमती विद्या उर्स, श्री गविसिद्धैया, डिविजनल आर्काइव्ज के कार्यकर्ता, डॉ. जे.वी. गायत्री, डॉ. आर. सत्यनारायण और श्री विनय परमेश्वरप्पा।

चेन्नई—आर एम आर एल के श्री सुन्दर, श्री वी. श्रीराम और प्रसिद्ध विद्वान श्री एस राजम।

रामपुर—नवाब काज़िम अली खान, श्री शाहिद महमूद, साहबज़ादा ज़फर अली खान और उनकी पुत्री सुश्री सनम अली, डॉ. डब्लू. एफ. सिद्दीकी और रजा लाइब्रेरी के खुशनुमा और मददगार कर्मचारीगण और श्रीमती महापारा बेगम, मास्टर इम्तेयाज।

बनारस—राय आनन्द कृष्ण जी और उनके पुत्र श्री नवलकृष्ण शर्मा और श्री काशी संगीत समाज के श्री कृष्णकुमार रस्तोगी।

लखनऊ—श्री योगेश प्रवीण और भातखंडे संगीत विद्यापीठ की रजिस्ट्रार श्रीमती मीरा माथुर।

इलाहाबाद—श्री आइसैक जॉन

दरभंगा—प्रो. हेतुकर झा, एल. एम. यूनिवर्सिटी के इतिहास विभाग के डॉ. एन. के. सिंह तथा प्रो. धमेन्द्र कुमार।

मुज़फ्फरनगर—श्री अमित कुमार वर्मा।

मेरे माता-पिता के सदा प्रेमपूर्ण और प्रोत्साहन भरे समर्थन के बिना मेरा कोई भी प्रयास पूरा नहीं होता। किसी को अपने पुत्र की दमित इच्छा की पूर्ति के मार्ग पर कदम बढ़ाने की अनुमति देने के लिए एक अलग प्रकार के दृढ़ निश्चय और धैर्य की जरूरत होती है। मेरी दूसरी महान छत्रछाया और समर्थक रहीं हैं डॉ. जयन्ती कुमारेश जिन्होंने मेरी सारी निराशाओं को ध्यानपूर्वक सुना और मुझे इस कार्य के मार्ग पर प्रवृत्त किया। वस्तुतः मैं अपने सभी संगीत गुरुओं और पथप्रदर्शकों के प्रति अपनी विनम्र श्रद्धा निवेदित करता हूँ जिन्होंने कई रूपों में मुझे इस कला का सौन्दर्य दिखाया। विद्वान डी.वी. नागराज, विद्वान श्रीवत्स डी.एस, विद्वान आर.के. प्रसन्न कुमार, विदुषी डॉ. बॉम्बे जयश्री, विद्वान अकेल्ला मल्लिकार्जुन शर्मा, विद्वान आर. कुमारेश और विदुषी डॉ. जयन्ती कुमारेश।

पाण्डुलिपियों के सम्पादन के दौरान उनके सुझावों और राय के लिए मैं अपने सम्पादक श्रीमती कीर्त्ति रामचन्द्र के प्रति आभारी हूँ।

गौहर के चुने हुए गीत जो इस किताब के साथ आये हैं उनकी सी.डी. बनाने में मेरी मदद के लिए मैं श्री प्रमथ किरण का धन्यवाद करता हूँ; साथ ही इतने सुन्दर ढंग से सी.डी. निकालने के लिए बंगलौर के प्रोडक्ट रीच प्राइवेट लिमिटेड के श्री दर्शन का भी आभारी हूँ।

रूपा एंड कम्पनी के प्रकाशकों और श्री आर.के.मेहरा की मुझमें आस्था रखने के लिए मैं उनका धन्यवाद करता हूँ। उनकी पूरी सहायता के लिए रूपा एंड कम्पनी की श्रीमती रश्मि मेनन को मेरा विशेष धन्यवाद।

किन्तु मेरी श्रद्धा और मेरा नमन मेरे आध्यात्मिक गुरु श्री शिरडी साईं बाबा और ईश्वरीय कृपा को अर्पित है जिसके बिना एक भी अक्षर या शब्द नहीं लिखा जा सकता था।

लुत्फ है कौन सी कहानी में
आप बीती कहूँ कि जग बीती?

अनुभाग - 1

एक दिव्य गायिका का निर्माण

मैसूर, अगस्त 1928

मैसूर के सुनियोजित और सुन्दर शहर पर दृष्टिपात करती सुरम्य चामुंडी पहाड़ियों की सौम्य उपस्थिति अपने लोगों को निश्चिन्तता प्रदान कर रही थी। पहाड़ियों के रमणीय और शान्त परिवेश में स्थित दिलखुश कॉटेज अपना नाम सार्थक कर रहा था, आनन्द निकेतन। कॉटेज एक विशाल बंगला नहीं था, लेकिन इसका रूप अपने वासी को हर उस चीज़ का आश्वासन देता था जो एक आरामदायक और यहाँ तक कि एक शानदार जीवन जीने के लिए जरूरी था।

दिल खुश की ओर जाने वाली सड़क पर एक घोड़ा-गाड़ी निकली, एक सड़क जिस पर फूलों से लदी बोगनविलिया की झाड़ियों का चँदोवा तना था। कॉटेज के ठीक सामने घोड़ा-गाड़ी रुक गयी। गाड़ी पर लगे दो सिरों वाले मिथकीय पक्षी का गण्डभेरूण्डा प्रतीक, जो मैसूर के शासकीय परिवार का प्रतीक-चिह्न था, बताता था कि गाड़ी एक राजकीय अतिथि को ले जा रही थी। हाँ, यह ले जा रही थी। दो साथियों की मदद से एक तगड़ी, कुछ झुकी, चश्मा लगाये पचास साल के ऊपर की एक महिला गाड़ी से उतरी। एक तो जवान औरत थी और दूसरा सर में सटी टोपी पहने दाढ़ी वाला शरीफ आदमी। आदमी तुरंत काम में लग गया, कॉटेज में असबाब रखने का आदेश देने लगा। उम्रदराज़ औरत ने हुक्म दिया, 'रहमान मियाँ! बक्सों को रखने में सावधानी बरतिये, उनमें टूट जाने वाली चीनी मिट्टी के कीमती बर्तन हैं।'

इस कॉटेज की चारों तरफ के दृश्य की सुन्दरता से हर्षित उस उम्रदराज औरत ने चारों ओर नज़र दौड़ाई और बागीचे की चिड़ियों की चहचहाहट भरे संगीत सुनती, उस जगह की खूबसूरती से प्रसन्न खड़ी रही। आँखें बन्द कर, फूले नथुनों से लम्बी साँस लेते हुए उसने अपने को चमेली के फूलों की सुगन्ध से भर लिया जिसके लिए मैसूर इतना मशहूर था। अनजाने उसके होठ प्रार्थना में बुदबुदाये,'अल्लाह! इसे मेरी आखिरी मंजिल बनाओ। मैं अब ज्यादा सफर नहीं कर सकती। मैं आराम चाहती हूँ, मैं शरण चाहती हूँ, और तुम्हारी कृपा चाहती हूँ।' धीमे, डगमगाते कदमों से उस जवान औरत के सहारे उन्होंने घर में कदम रखा।

कॉटेज के भीतरी भाग को पहले ही ठीक-ठाक कर दिया गया था। छत से लटकते बड़े झाड़फानूसों, कीमती कालीनों, सागवान और लाल सुगन्धित लकड़ी के आइना लगे दराजवाले बक्से, खूबसूरत रंगीन चित्र, सुन्दर फर्नीचर, लिखने के लिए टेबल और एक राजसी विक्टोरिया-टेबल जिस पर चमचमाते भोंपू वाला शानदार ग्रामोफोन रखा था कमरे को सजा रहे थे। एकाएक उन्होंने महसूस किया कि राज-दरबार के बक्शी श्री उर्स द्वारा दिए गये स्मरण-पत्र को उन्होंने नहीं पढ़ा था। उन्होंने अपना बटुआ खोला, स्मरण-पत्र निकाला और इसे पढ़ने के लिए सुनहले फ्रेम वाला चश्मा लगाया। लाइनों में से एक पर उनकी नज़र टिक गयी जो कह रही थी '... पहली अगस्त 1928 से प्रति माह 500/- रुपये की तनख्वाह पर (उनकी, बाजे वालों और संगत देने वालों की तनखवाहें मिलाकर) दरबार की गायिका नियुक्त की जाती हैं।'

उनके चेहरे का भाव बदल गया और वे गुस्से से लाल हो गयीं। स्मरण-पत्र फेंकते हुए वह कड़की —"500 रुपये? मुझे वो लोग समझते क्या हैं? एक रंडी? ओह, शरीफन! क्या तुम जानती हो कि मेरे अच्छे दिनों में मेरी आमदनी क्या होती थी?" उस जवान औरत ने एक झिड़की के साथ कुछ शब्द बड़बड़ाये जिन्हें मुश्किल से सुना जा सकता था। दाढ़ी वाला आदमी सामानों के हिस्से बड़े बक्सों को इकट्ठा करने और यहाँ-वहाँ रखने में इतना व्यस्त था कि वह कुछ सुन नहीं सकता था। वास्तव में दोनों को उस बूढ़ी महिला के ऊपर-नीचे होते भावों की ऐसी आदत पड़ गयी थी कि ऐसी चीज़ों पर वे कान नहीं देते थे। उनकी अन्यमनस्कता पर वह बूढ़ी औरत और गुस्से से भर गयी और चीख पड़ी—"या अल्लाह! क्या में इस बड़े मकान में इन जिन्नों के साथ रहने को मजबूर हूँ जो मुझसे बात करना भी गवारा नहीं समझते?"

एकाएक उनकी नज़रें आइने पर पड़ीं और जो कुछ उसने देखा उससे डरकर वह चौंक पड़ीं। नजदीक आकर वे उसके सामने बैठ गयी और बेतरतीब बालों वाले अपने चेहरे को घूरती हुई करीब से देखा। झुर्री भरे चेहरे, उजले होते बाल, सूनी आँखों के चारों ओर काले निशान, चौड़े सुन्दर ललाट पर धनुष की तरह जुड़ी भौंहें इन सब ने उन्हें आहत किया। "क्या यह सचमुच मैं हूँ? वे खुद अपने को पहचान न पाती थीं। अभी जब वे अपने चेहरे को देख रही थीं एकाएक कुछ चीज़ गिरने की आवाज ने उनके विचारों को रोक दिया।"

"अबे, बेहूदे शैतान, क्या गिरा दिया तुमने?" वे चिल्लायी और कदम ब कदम भीतर गयीं। चीज़ों को तुरन्त ठीक से सजा देने की बेचैनी में उस लौंड़ी ने ग्रामोफोन रिकॉर्ड का एक गत्ता गिरा दिया था जो फ़र्श पर बिखर गए थे। उस उम्रदराज महिला का चेहरा गुस्से से तमतमा गया। "ला हौल विला कुव्वत! नीच,

बेहूदी औरत, क्या तू जानती है तूने क्या गिरा दिया? यह मेरी पूरी ज़िन्दगी में जो कुछ भी कीमती पूँजी थी वह है।" उस बेचारी लौंड़ी पर गालियों की बौछार करती हुई उन्होंने वह बक्सा उठा लिया और उसे एक बच्चे की तरह चूमा। वे खुद अपने को दूसरे कमरे की तरफ यह पता करने को चलीं कि क्या उनके इतने लम्बे सफर में उस लौंड़ी की लापरवाही से वो टूट तो नहीं गये। उन्होंने वैसे ही एक रिकार्ड निकाल लिया और ड्राइंग रूम में बढ़िया से रखे ग्रामोफोन पर चढ़ा दिया। जब रिकार्ड की लाइनों पर सुई दौड़ी तो एक जवान, मस्त मीठी आवाज निकलने लगी :

आन बान जिया में लागी,
प्यारी चित्त क्यों दिया, आन बसी कैसे फँसी
पड़न लागी छाप के पइयाँ, मेहरबान सइयाँ
तुम बिन मोहे कल न पड़े तुम्हरे कारण जागी
आन बान जिया में लागी।

राग गारा में इस मधुर दादरा ने उन्हें दर्द से भर दिया। उनकी आँखें भर आयीं। अमृत केशव नायक की गलबहियाँ और खुशबू और मुम्बई में महालक्ष्मी रेसकोर्स के दिनों की सुर्खियाँ मन की आँखों के सामने तैर गयीं। उन्होंने खुद को आलिंगन में कस लिया।

जब रेकार्ड खत्म होने लगा तो एक बच्चे की खुशी से भरी, तेज़ और चुलबुली आवाज ने गर्वभरी घोषणा की: 'मेरा नाम है गौहर जान!'

उस आवाज की बेतकल्लुफी और बीती यादों के प्रति ईर्ष्या ने उन्हें पूरी तरह झकझोर दिया। वो बाँध जिसने आँसुओं को रोक रखा था टूट गया। बेसब्री से फूटकर रोती हुई, जबकि उनकी लौंड़ी और खानसामाँ अचरज से भरे अपनी जगह काठ हो गये थे, वह घुटनों के बल गिर गयीं, इस पछतावे के स्वर के साथ,' ओह! गौहर, ओह! गौहर, तूने खुद को क्या कर दिया?'

खिलाफ समझा सदा मेरी बातों को,
रकीब झूठ भी बोले तो एतबार किया।
—बड़ी मलका जान, मख़ज़ान-ए-उल्फत-ए-मल्लिका

1.
आरम्भिक वर्ष

आज़मगढ़, 1850

टोंस नदी के तट पर स्थित उपनगर आज़मगढ़ की स्थापना 1665 में मुग़ल सम्राट शाहजहाँ के अधीनस्थ एक शक्तिशाली जमींदार आज़मखान के द्वारा की गयी थी। इलाहाबाद से करीब 86 मील और धार्मिक नगर बनारस से करीब 54 मील दूर संयुक्त प्रान्त के पूर्वी छोर पर स्थित यह मशहूर शहर गोरखपुर, जौनपुर और गाज़ीपुर जिलों की सीमाओं से घिरा है। नगर में क़िला और बाजार आज़मखान के भाई अज़मत के द्वारा बनाये गये थे।

आज़मगढ़ के अनेक ब्रिटिश बाशिन्दों में सेना के एक सच्चरित्र और ईमानदार अफसर हार्डी हेमिंग्स थे। वे एक महल की तरह बने नीलकोठी नाम के बंगले में रहते थे।

शुरू के ब्रिटिश बाशिन्दे एक साहसिक अभियान और शानोशौकत की इच्छा से प्रेरित हो कर भारत आये। जबकि इस देश ने उन्हें साहसिक उत्साह के काफी अवसर दिए, उनका घरेलू और वैवाहिक जीवन दुखद रहा। इंग्लैण्ड से भारत की लम्बी और तकलीफदेह यात्रा ने अनेक अंग्रेज औरतों को अपने पतियों और प्रेमियों का साथ देने से रोक दिया। वे जो आयीं भी वे महानगरों में ही ठहर गयीं जबकि उनके पतियों की नियुक्ति उनके कार्यभार के मुताबिक दूर-दराज के इलाकों में हो गयी। इसके अतिरिक्त ईस्ट इंडिया कम्पनी का मौलिक आदेशपत्र उन्हें पतियों के कार्यस्थल तक जाने से रोकता था। अट्ठारहवीं शताब्दी का एक आँकड़ा इस यौन-सम्बन्ध की बड़ी खाई को दिखाता है—कलकत्ते में यूरोपीय नारियों की संख्या केवल 250 थी जबकि पुरुषों की संख्या 4000 थी। यह स्थिति कमोबेश सारी बड़ी ब्रिटिश छावनियों में एक जैसी थी। इसलिए प्रशासकों या सैनिकों दोनों में ही

भारतीय पत्नियों और प्रेमिकाओं को रखने का सामान्य रिवाज़ था।

इससे हर स्तर पर नियुक्त अंग्रेजों के बीच कानूनन बीबी (पत्नी) या लम्बे समय के लिए रखैल रखने की धारणा बन गयी। यह नियम उन अंग्रेजों के लिए भी काम कर गया जो भारत में कामलायक गृहस्थी बसाने में भी सक्षम नहीं थे। जिन अंग्रेजों ने यूरोपियन पत्नियों को लाने की व्यवस्था की भी वे उन्हें रख पाने में कठिनाई का अनुभव करते थे। जहाँ एक यूरोपीय पत्नी के रखाव में उसके पति को प्रतिमाह 5000 रुपये लगते थे वहाँ एक भारतीय स्त्री को रखने में 40 रुपये महीने पर उन्हें आसानी थी। भारतीय बीवी रखने में यह आर्थिक सुविधा भी उनके फैसले को प्रभावित करती थी। इन देशी सुन्दरियों की अंग्रेजों द्वारा बड़ी माँग थी, उनकी साँवली सुन्दरता, कोमल अंगों की बनावट और नाक-नक्श और घर-गृहस्थी चलाने की योग्यता के लिए। इसके अतिरिक्त वे अपने आश्रयदाता के प्रति अत्यन्त परायणता के लिए मशहूर थीं। इस प्रकार मुख्य घर से अलग अहाते के कोने में बीवीखाना या औरत-घर अनेक यूरोपीय बंगलों की एकमात्र निशानी बन गया। मनोरंजक बात यह कि स्थानीय लोगों के द्वारा ये सम्बन्ध बुरी निगाह से कभी नहीं देखे जाते थे। कोई औरत जो कि ब्रिटिश साहब के 'संरक्षण' में होती थी उसे देशी लोगों द्वारा आदर की दृष्टि से देखा जाता था। ऐसा सम्बन्ध साहब को स्थानीय परम्पराओं, रिवाजों, संस्कृति और भाषा से परिचित कराने में मदद करता था। इसलिए यह सम्बन्ध परस्पर लाभदायक सिद्ध होता था।

दोनों ही दल जानते थे कि इस सम्बन्ध में अस्थायित्व निश्चित था। अक्सर वे एक अनकहा समझौता करते थे जो सैन्य टुकड़ी के इंग्लैण्ड लौटने पर खुद टूट जाता था। उस युग के कलाकारों के द्वारा इनकी बीवियों का बड़ा करुण चित्र उपस्थित किया गया है, समुद्र के किनारे अकेली रोती चिल्लाती उन जहाजों को देख रहीं है जो उनके बच्चों के पिताओं को लिए दूर देश के लिए रवाना हो रहे हैं। लेकिन इस प्रकार के समझौते में आई औरत कुछ दिन बाद की इस अनिवार्यता को जानती थी।

19वीं शताब्दी में स्वेज नहर के खुलने और जहाजों के अधिक इस्तेमाल से स्थिति बदल गई। भारत तक की यात्रा अधिक आसान और कम समय लेने वाली हो गयी और इस मार्ग पर बड़े जहाज भी चलने लगे। इस अवसर का लाभ उठाते हुए आशाभरी आँखों वाली जवान अंग्रेज लड़कियाँ भारत आने वाले जहाजों पर चढ़ने की होड़ में लग गई। जिससे उनके मन का राजकुमार इस 'सपनों के देश' में मिल सके। इस घटना को "Fishing fleet" कहा जाने लगा और हजारों अंग्रेज लड़कियों के उत्तेजित सपनों के विवाह बाजार के रूप में भारत को देखा जाने लगा। ऐसे जहाजों का भारत पहुँचना आशा भरे कुँवारे अंग्रेजों को उत्तेजना प्रदान करता था

और हर जहाज कितनी सम्भावना लेकर आता है इस पर बराबर चर्चा होती रहती थी। जिनको समय था वह जहाज के कप्तानों के द्वारा और जानी पहचानी स्थानीय औरतों को साथ लेकर उन सुन्दरियों के स्वागत में जहाज के कप्तानों द्वारा आयोजित पार्टियों में पहुँच जाते थे। ये पार्टियाँ लगातार तीन से चार रातों तक चलती थी और हर जहाज के आने के बाद हँसी मजाक और मनोरंजन का यह सिलसिला चलता था। सभी कुँआरे चाहे जवान चाहे बूढ़े इन पार्टियों में आते थे आखिरी आवाई का पता लगाने और अपनी किस्मत आजमाने। लड़कियों के हर अंग, हर रूप और तौर तरीके को परखा जाता था। जहाँ तक लड़कियों का सवाल है वे सबसे धनी और सबसे गुणवान दूल्हे को खोजती थीं। बहुत बार लालच उन्हें स्वयं से दो या तीन गुना उम्र में बड़े मर्दों से शादी करने को मजबूर कर देता था जिसका नतीजा होता था ज़िन्दगी भर दुख भोगना। ये जोड़े तुरन्त बना लिए जाते थे और एक पादरी को जितनी जल्दी हो सके यह विवाह संस्कार करा लेने को बुला लिया जाता था। वे अभागी लड़कियाँ जिन्हें मन लायक दूल्हा नहीं मिलता था उदास, निराश इंग्लैण्ड लौट जाती थीं। उन लोगों को लेकर लौट आने वाले जहाज को ''returning empties'' कहा जाता था।

हार्डी हेमिंग्स के युग में Fishing fleets ने अभी भारत में प्रवेश नहीं किया था। उसने इसलिए जवान शरीफ और समझदार भारतीय औरत रुक्मिणी को अपनी बीवी के रूप में चुना था। रुक्मिणी ने इसाई धर्म स्वीकार कर लिया और बपतिस्मा के बाद उसका नाम श्रीमती एलिजा हेमिंग्स हुआ। बड़ी कुशलतापूर्वक व शान्ति से घर चलाती थी और हेमिंग्स भी उसके प्रति समर्पित था। दोनों एक दूसरे को आदर और प्रशंसा देते थे। दो वर्षों के बाद उन्हें दो सुन्दर बेटियाँ हुई। बड़ी वाली जिसका ईसाई नाम ऐडलिन विक्टोरिया हेमिंग्स था और पुकार का नाम विकी था, 1857 में पैदा हुई थी। छोटी वाली का नाम बेला था। पिता दोनों को जी-जान से प्यार करता था।

हर चीज़ ठीक चल रही थी कि अचानक हार्डी की मृत्यु हो गयी। असमय की इस मृत्यु ने रुक्मिणी को तोड़ दिया। इस सम्बन्ध के अस्थायी रूप का अर्थ था कि रुक्मिणी और उनकी बेटियों को उनकी सम्पत्ति का कोई अधिकार नहीं था और अपना खर्च उन्हें खुद देखना था। रुक्मिणी अपनी और अपनी दो छोटी बेटियों के लिए नगर के बर्फ मिल में मजदूरी करने को मजबूर हो गयी। एक आरामदेह और उच्चवर्गीय जीवन जीने के बाद यह रुक्मिणी के लिए भयानक संघर्ष का समय था।

अपनी आर्थिक स्थिति की वजह से लड़कियाँ नियमित शिक्षा से वंचित रहीं। लेकिन विकी स्वभाव से तेज़ थी और कविता के प्रति उसका रुझान था। वह स्वतः प्रेरित छोटी-छोटी कविताएँ रचती जिनसे उसकी माँ और आसपास के लोग चकित,

प्रसन्न हो जाते थे। यद्यपि वह अभी प्रशिक्षित न थी उसकी आवाज बड़ी मीठी और सुरीली थी।

साल गुजरते गये और रुक्मिणी की छोटी आमदनी में परिवार मुश्किल से गुजारा कर रहा था। एक शुभ दिन आर्मीनियन वंश का एक जवान, सुन्दर और सुशील इंजीनियर जो बीस साल की उम्र पा चुका था, राबर्ट विलियम येवोवार्ड ड्राई आइस-फैक्टरी का सुपरवाइजर बहाल हुआ जहाँ रुक्मिणी काम करती थी। रुक्मिणी के स्नेहिल, मातृत्वपूर्ण व्यवहार और कार्य-दक्षता ने उसका ध्यान खींचा और दोनों के बीच एक निकटता स्थापित हो गयी।

एक दिन रुक्मिणी ने रॉबर्ट को अपने घर निमन्त्रित किया और अपनी दोनों बेटियों से परिचय कराया। विक्टोरिया को अपने बाप से सुन्दर चेहरा, गोरापन, तीखे नाक-नक्श और खुशनुमा मोहकता के गुण मिले थे। वह एक अत्यन्त शिष्ट और सद्व्यवहार युक्त युवती थी। रॉबर्ट शीघ्र उसकी ओर आकृष्ट हो गया और घर छोड़ते समय ऐसा मोहित हुआ कि उसको अपनी पत्नी बनाने के विचार उसके मन में आने लगे। कुछ दिनों के बाद बड़े संकोच से वह रुक्मिणी के पास पहुँचा और विवाह के लिए उसकी बेटी का हाथ माँगा। अच्छे पद पर नियुक्त एक सुन्दर युवक से उसकी बेटी का विवाह हो इस भावी आशा ने रुक्मिणी को खुशी से भर दिया। विक्टोरिया में भी इस आगन्तुक के लिए छिपे रूप से पसन्द बढ़ गयी थी और इसलिए उसने तुरन्त विवाह के लिए सहमति दे दी।

1872 के 10 सितम्बर को इलाहाबाद में होली ट्रिनिटी चर्च के आदरणीय जे. स्टीवेंसन ने बीस वर्षीय रॉबर्ट विलियम येवॉर्ड और पन्द्रह वर्षीय विक्टोरिया हेमिंग्स को पति-पत्नी घोषित कर दिया। इलाहाबाद के होली ट्रिनिटी चर्च के विवाह-रजिस्टर में इस विवाह का तफसील निम्नलिखित रूप में अंकित है :

'रॉबर्ट विलियम येवॉर्ड : उम्र बीस साल, कुँआरे, विलियम हेनरी येवॉर्ड के पुत्र। रॉबर्ट विलियम येवोवॉर्ड का पेशा: आइस एंजिन के प्रभारी, रॉबर्ट विलियम येवॉर्ड का विवाह एलिजा हेमिंग्स की पन्द्रह साल की बेटी विक्टोरिया हेमिंग्स के साथ सम्पन्न हुआ। बैन्स के द्वारा विवाह। विवाह द्वारा जे. स्टीफेन्सन, ऑफ्स सिविल चेपलेन, 10 सितम्बर, 1872 दोनों के विवाह के समय घर—इलाहाबाद (गवाहों के हस्ताक्षर अधिकतर अपठ्य)।

पादरी के विवाह सम्पन्न कराने पर रुक्मिणी ने खुशी के आँसू रोये। उन्हें कुछ उम्मीद थी कि हेमिंग्स की मृत्यु से उनकी जो किस्मत फूट गयी थी, वह बदलेगी और चीज़ें अब बेहतर होंगी। विवाह के तुरन्त बाद रॉबर्ट ने रुक्मिणी और बेला से आग्रह किया वे उसके आज़मगढ़ के शानदार महल में चलें।

विक्टोरिया और रॉबर्ट की कहानी ठीक एक परी-कथा की तरह थी।

विक्टोरिया उस युवक से बेहद प्यार करती थी और वह युवक भी उससे। उनके प्रेम के पुरस्कारस्वरूप उन्हें एक बेटी हुई। उनकी इस खुशी का जन्म आज़मगढ़ में 1873 के 26 जून को हुआ। दो वर्ष बाद 3 जून 1875 को इलाहाबाद मेथोडिस्ट एपिस्कोपल चर्च में बपतिस्मा पढ़कर उसका नाम एलीन येवोवार्ड रखा गया। खूबसूरत नन्ही बच्ची ने अपने माता-पिता से उत्तराधिकार में सुन्दर रूप पाया था। जीवन धन्य लगा। चीज़ें इससे ज्यादा क्या अच्छी होतीं!

ऐंजेलिना के जन्म के मुश्किल से एक साल बाद सफुज्जिल हुसैन नामक आदमी ने रॉबर्ट को आज़मगढ़ से चार मील दूर अफीम-खेती के व्यापार में ऊँची आमदनी वाले सीनियर सुपरवाइजर का पद देने का प्रस्ताव दिया। इस काम के लिए उन्हें अपना स्थान बदलने की जरूरत पड़ी। शुरू में रॉबर्ट अपनी पत्नी और बच्चे को छोड़कर इतनी दूर जाने में संकोच करने लगे लेकिन इस बात ने कि रुक्मिणी उनकी पत्नी और बच्ची की देखभाल करेंगी उन्हें आश्वस्त कर दिया। हर पन्द्रह दिन पर आज़मगढ़ लौटने के आश्वासन के साथ अपने कार्यभार के लिए वे निकल गये। विक्टोरिया ने उन्हें अश्रुपूर्ण विदाई दी।

दो साल गुजर गये। विक्टोरिया ज्यादा बेचैन रहने लगी थी। वह अकेली थी। उसकी माँ पूरे दिन ड्राइ-आइस फैक्टरी पर काम के कारण दूर रहती थी। मातृत्व का दबाव और प्रेमी से दुखद दूरी उसके दिल को बड़ा दुखी करता था। वह रॉबर्ट के थोड़े समय के आगमन की उत्सुकता से प्रतीक्षा करती थी और जब कभी-कभी वह आ पाते काम के बोझ से तो वह बड़ी दुखी हो जाती थी। धीरे-धीरे उसने कविता की शरण लेनी शुरू की जिसकी स्वाभाविक प्रतिभा उसे प्राप्त थी और उसने अपना दर्द कविता में व्यक्त करना शुरू किया। बड़े सौभाग्य से उनके पड़ोसी योगेश्वर भारती एक विद्वान थे और संगीत में पारंगत थे। विक्टोरिया ने अपना समय साथ कविताओं पर विमर्श में बिताना शुरू किया और शीघ्र ही रुक्मिणी की अनुमति से उनसे संगीत की मौलिक शिक्षा भी लेनी शुरू की।

जोगेश्वर से मित्रता और कला की साधना विक्टोरिया के दिल को सुकून देती थी। उसके मन से कोई अशान्ति नहीं रही। उसके व्यवहार में यह परिवर्तन रॉबर्ट को साफ दिखाई पड़ने लगा। जहाँ रॉबर्ट ने जीवन की जरूरतों को पूरा करने की उसमें प्रतिभा की तारीफ की वहीं जोगेश्वर से उनकी निकटता उन्हें अच्छी न लगने की बात भी कही। कई-कई मौकों पर वे उसे डाँटते और जोगेश्वर से इतना मिलने से बचने की हिदायत देते। जब वे आस-पास रहते विक्टोरिया उनकी आज्ञा मानती थी, लेकिन रॉबर्ट के जाते ही अलगाव और अकेलापन का दुख दूर करने अपने पड़ोसी के घर निकल पड़ती थी।

पर विक्टोरिया के दुर्भाग्य से उसके ख़िलाफ़ शिकायतों का दौर तेज़ी से

चलने लगा। रॉबर्ट ने अपने कार्यस्थल पर भी पत्नी की विश्वसनीयता की शिकायतें सुनीं। इससे वह गुस्से में आ गये, उन्होंने नौकरी छोड़ दी और एक दूसरा काम ले लिया। फिर भी पत्नी के ख़िलाफ़ शक का बीज उनके मन में बो दिया गया था और वह इससे मुक्त न हुए। वह विक्टोरिया के बारे में जाँचने को बिना सूचना के एकाएक आज़मगढ़ आने लगे।

ऐसे एक अचानक दौरे पर रॉबर्ट ने अपने घर में जोगेश्वर को अपनी पत्नी के संग पाया। रॉबर्ट क्रोधित हो गया। एक कड़ी बहस शुरू हो गयी। क्रोध में मारी गयी बुद्धि के साथ वह चीखा—"एक रखैल की बेटी से मुझे ज्यादा उम्मीद भी नहीं करनी चाहिए थी।" उसने घोषित किया कि अपनी पत्नी से वह अविश्वास और बर्दाश्त नहीं कर सकता था और इसलिए शादी तोड़ रहा है।

ये शब्द विक्टोरिया को मौत की घंटी की तरह लगे। वह इतनी बदहवास थी कि कुछ बोल न सकी। उसने कभी यह उम्मीद न की थी कि जो आदमी जिसे उसने दिलो जान से इतना प्यार किया एक मामूली बात पर इतनी दूर जा सकता है। हक्के-बक्के चेहरे से उसने कहा कि जो भी वह ठीक समझता है उसे बोलने के लिए वह आजाद है। रुक्मिणी के आग्रहों और बीच-बचाव के बावजूद रॉबर्ट के सिर पर तो शैतान सवार था और बेवफाई के आधार पर उसने तलाक की दरख़्वास्त दे दी। विक्टोरिया ने मुकदमा नहीं लड़ा और विवाह-सुख के सिर्फ़ सात वर्ष बाद कानूनी रूप से 1879 में दोनों अलग हो गये। रॉबर्ट ने तो बच्ची ऐन्जेलिना को भी अपना मानने से इनकार कर दिया और कठोर हृदय से विक्टोरिया, रुक्मिणी और बच्ची को अपने घर से निकाल दिया।

तलाक लागू होने के साथ ही परिवार जहाँ से आया था वहीं वापस चला गया। बदकिस्मती ऐसी बढ़ी कि ड्राइ-आइस फैक्टरी जहाँ रुक्मिणी काम करती थी बन्द हो गयी। आजीविका का उनके लिए कोई साधन न रहा और वे दीनहीन हो गये। घर चलाने में अपनी बूढ़ी माँ का हाथ बँटाने के लिए, विक्टोरिया ने इलाके की दो किशोरियों को संगीत सीखना शुरू किया। इससे, फिर भी, ज्यादा सहायता न हुई और दो जून का रोज खान-पान एक संघर्ष हो गया। बेबी ऐन्जेलिना सूखकर काँटा हो गयी और जब उसे बुरी बीमारी ने जकड़ लिया तो बच्ची की दवा-दारू के लिए उन्हें एक स्थानीय हकीम पर भरोसा करना पड़ा। उसने बच्ची की ज़िन्दगी की उम्मीद छोड़ दी थी। यह वही संकटमय समय था जब शहर के एक शरीफ मुसलमान खुर्शीद का उनके जीवन में आना हुआ। खुर्शीद एक परिष्कृत रुचि का व्यक्ति था और उर्दू कविता तथा गीत कव्वाली का शौकीन था। वे खुद भी कुछ-कुछ एसराज बजा सकते थे। उसने विक्टोरिया को एक संगीत महफिल में देखा था और उसे यह आभास हुआ कि उन्हें किसी का सहारा नहीं था। खुर्शीद ने परिवार के

सबसे संकटपूर्ण क्षण में सहायता के लिए अपने कदम बढ़ाने का फैसला किया।

किन्तु यह कोई परोपकार की भावना न थी जिसके कारण परिवार और विक्टोरिया के लिए जिम्मेदारी लेने को खुर्शीद प्रेरित हुआ था। विक्टोरिया के अभूतपूर्व सौन्दर्य ने उन्हें आकर्षित किया था जब से उन्होंने उसे देखा था। उसने मदद और सहारा देने के लिए विक्टोरिया से यौन सम्बन्ध की माँग की। विक्टोरिया जीवन के दोराहे पर थी। उसके फैसले शीघ्रता की माँग करते थे यद्यपि वे ज़िन्दगी बदल देने वाले हो सकते थे। उसकी पुत्री बहुत बीमार थी और एकमात्र वह आदमी जिसे उसने प्रेम किया था, उसे छोड़ चुका था। सच्चरित्रता पर अपने पति के लौटने की उम्मीद रखना और पेट पालने से इनकार बेमानी था। इसके अलावा उन्हें किसी पुरुष की सख्त जरूरत भी थी। अत: विक्टोरिया कोई और उपाय न पाकर जानबूझकर, खुर्शीद की चाल में फँस गई। ऊपर से तो खुर्शीद का व्यक्तित्व रॉबर्ट के ठीक विपरीत लगता था काला, संवेदनहीन और कठोर। फिर भी उसने पूरे परिवार का जिम्मा पूरे तौर पर ले लिया। छोटी बच्ची को समय पर उचित डाक्टरी मदद दी गयी और वह जी गयी। यह एक छोटी कीमत थी जो विक्टोरिया को अदा करनी पड़ी।

शीघ्र ही दोनों का यह सम्बन्ध शहर के खबर फैलाने वालों के लिए गपबाज़ी का विषय हो गया। वे ही लोग जो परिवार की मदद को बमुश्किल आते जब छोटी बच्ची मौत से जूझ रही थी अब सरेआम उसके खुर्शीद के साथ सम्बन्ध की शिकायत करने लगे थे। उन्होंने इसे विक्टोरिया का दोष बताया जिसके चलते, उसने रॉबर्ट जैसे भद्र और उत्तम आमीनीयाई पति को खो दिया। शर्मशारी अलोचनाएँ चलने लगीं कि कैसे एक अंग्रेज की बीवी की बेटी अब एक रंडी हो गयी थी—पहले एक हिन्दू पड़ोसी की और अब एक शरीफ मुसलमान की। उपहास और व्यंग्य को सहना शीघ्र ही बहुत मुश्किल हो गया। खुर्शीद ने फैसला किया कि उन लोगों के लिए सबसे अच्छा होगा सबसे नज़दीक के बड़े नगर बनारस चले जाना जहाँ इन नफरतों और उलाहनाओं से मुक्त वे गुमनाम रह सकेंगे।

इस प्रकार 1879 में विक्टोरिया, उनकी बेटी, छ: साल की ऐन्जिलिना, रुक्मिणी और खुर्शीद ने हमेशा के लिए आज़मगढ़ छोड़ दिया। रुक्मिणी और विक्टोरिया ने जाते-जाते एक आखिरी नज़र शहर पर डाली। उस शहर से उनकी यादें गहरे ढंग से जुड़ी थीं और जिसने उन्हें सबसे बड़ी खुशियाँ और बड़े गहरे दुख दिए थे। अब आगे बढ़ने का समय था इस उम्मीद के साथ कि यह नया शहर, जहाँ वे जा रहे थे, उनकी ज़िन्दगी में एक नयी रोशनी लाएगा।

सदमे से धड़कने लगा क़ातिल का कलेजा
देखा न गया उससे उछलना मेरे दिल का

—बड़ी मलका जान, मख़ज़ान-ए-उल्फत-ए-मल्लिका

एक न एक शमा अँधेरे में जलाये रखिये
सुबह होने को है, माहौल बनाये रखिये
—तारिक़ बदायूँनी

2.
प्रकाश का शहर

बनारस, 1879

बनारस का भव्य नगर गंगा नदी के पश्चिमी किनारे से ऐसी जगह शुरू होता है जहाँ से नदी अर्द्धचन्द्राकार रूप में उत्तर की तरफ मुड़ जाती है। प्रातः काल में नदी अद्भुत दृश्य उपस्थित करती है जो मनुष्य की आँखें ही देख सकती हैं। जब सूर्य की किरणें नदी में नहाने लगती हैं तो इसके तट सजीव हो उठते हैं और मन्दिर, आश्रम, सोपान जो किनारे पर फैले हुए हैं उनमें जीवन्तता आ जाती है। पत्थर की लम्बी चढ़ाई वाली सीढ़ियाँ जिन्हें घाट कहा जाता है नदी के जल तक पहुँचती हैं और लाखों भक्त तीर्थ यात्रियों को वहाँ लाती है जिनके लिए पवित्र गंगा में एक डुबकी लगाना कई जन्मों के पापों से मुक्ति देने के बराबर होता है। आज भी पौ फटते ही गंगा में स्नान और उगते सूरज की पूजा इस नगर के वासियों के दैनिक जीवन का हिस्सा है।

स्थानीय लोगों के विश्वास के अनुसार अधिष्ठात्री देवी अन्नपूर्णा सारे नगर वासियों को भोजन प्रदान करती है। इस नगर के स्वामी विश्वनाथ (शिव का दूसरा नाम) उन्हें मृत्यु के बाद मुक्ति प्रदान करते हैं। इसलिए बिना किसी चिन्ता के, वर्तमान चाहे बाद के जीवन की, भक्त सुखी और चिन्तामुक्त जीवन जीते थे। नदी के तट पर श्मशान वाले हरिशचन्द्र घाट और मणिकर्णिका घाट ठीक नगर के बीच में पड़ते हैं क्योंकि बनारस के लोग विश्वास करते थे कि जीवन और मृत्यु अनन्त चक्र के भाग हैं और इस पवित्र नगर में मरना कल्याणप्रद ओर मुक्ति का मार्ग माना जाता था। शताब्दियों से यह नगर बुद्ध, महावीर और आदिशंकर जैसे तीर्थ यात्रियों, भक्तों, आराधकों, संतों और विद्वानों को आकर्षित करता रहा है। बनारस (या वाराणसी या काशी जैसा इसे कहा जाता है) एक प्रकाशमान नगर है, अनन्त प्रकाश

का नगर।

यह प्रकाश और आशा ही थी जिसे बनारस ने विक्टोरिया को देने का वादा किया था जिसने, इसके आलिंगन में विक्टोरिया और उसके परिवार को बाँध लिया था जब आज़मगढ़ में अन्धकार और दुख के घुटन से उन्होंने मुक्त होना चाहा था। खुर्शीद ने एक साधारण सा मकान परिवार के लिए खोजा।

बनारस अपने कवियों और ठगों, अपने पहलवानों और पुजारियों, अपनी मिठाइयों पान और बहुत से नशों जैसे भाँग के लिए मशहूर था। बनारस मोहक विरोधों का सिलसिला प्रस्तुत करता था। यह शहर न केवल धार्मिक संस्कारों और दार्शनिक अन्वेषणों में डूबा था बल्कि यह दोआब क्षेत्र का व्यापारिक केन्द्र भी था। पीतल के बर्तन, जरी के सुन्दर काम और अपने लाजवाब कशीदाकारी वाली मशहूर साड़ियों के लिए बनारस प्रसिद्ध है। बनारस में संगीत और नृत्य और तवायफ़ों की समृद्ध परम्परा रही थीं। बनारस की प्रसिद्ध तवायफ़ों के अभियानों की अनेक कथाएँ आज भी कही जाती हैं।

कहा जाता है कि ऐसी किसी प्रसिद्ध तवायफ़ की एक रात की फीस काशी के राजा के एक दिन की मालगुजारी के वसूली के बराबर होती थी। कश्मीर के 18वीं शदी के कवि दामोदर गुप्त ने अपनी लम्बी कविता 'कुट्टनीमत' नामक कविता में इन औरतों की तारीफ की है। यह उन दिनों की बनारस की एक झलक दिखाता है और समाज में एक तवायफ़ के प्रसिद्ध स्थान की चर्चा करता है।

जिस समय खुर्शीद और उनके सहयात्री बनारस पहुँचे, नगर धार्मिक व्यापारिक और संगीत का जीवन्त केन्द्र बन चुका था। बनारस पहुँचने पर विक्टोरिया ने जो पहला कदम उठाया वह था अपने अतीत की पहचान खत्म कर देना। बनारस में वह एक दूसरे आज़मगढ़ की स्थिति नहीं चाहती थी और उसने न सिर्फ़ अपना नाम बदलने बल्कि अपने परोपकारी खुर्शीद का धर्म भी अपनाने का फैसला किया। इसके अनुसार विक्टोरिया और उनकी पुत्री ऐन्जेलिना ने इस्लाम धर्म कबूल कर अपने नाम भी नये कर लिए। विक्टोरिया अब मलका हो गयी और उनकी बेटी का नाम 'गौहर' पड़ा जिसका फ़ारसी में अर्थ था सबसे कीमती रत्न। अपनी माँ के दुखी जीवन में गौहर सचमुच एकमात्र उज्ज्वल रंग थी। स्नेह से उसे 'गौरा' कहा जाता था।

इस बीच खुर्शीद ने वहाँ एक छोटा कपड़े का व्यापार शुरू किया और मशहूर बनारसी साड़ियाँ तत्कालीन ब्रिटिश भारत की राजधानी कलकत्ता भेजना शुरू किया। इससे परिवार को एक आरामदेह ज़िन्दगी जीने में मदद मिली। समाज की नज़र में खुर्शीद और मलका पति-पत्नी थे और गौहर उनकी छोटी बच्ची। विक्टोरिया और ऐन्जेलिना पर आज़मगढ़ की गलियों का गहरा असर पड़ चुका था।

खुर्शीद ने मलका को उनकी उदासी से निकालने का जी-तोड़ प्रयत्न किया, और उसको खुश रखने के लिए उसकी इच्छाओं को खुली छूट दी। उसने मलका को शास्त्रीय फ़ारसी पढ़ाने और इस प्रक्रिया में उसके साहित्यिक दक्षता को बढ़ाने के लिए हुसैन अहमद असगर और कादर हुसैन को बहाल किया। हकीम बन्नो साहिब 'हिलाल' ने उसे उर्दू पढ़ाई। बनारस की एक मशहूर नर्तकी-गायिका जीनत बीवी को मलका को शास्त्रीय संगीत की शिक्षा के लिए नियुक्त किया गया। उसने बाद में कल्लू उस्ताद से भी संगीत सीखा और अली बक्श से नृत्य, जो अंग्रेजों द्वारा अवध पर अधिकार कर लेने के बाद आश्रय के लिए बनारस चले आये थे। संगीत और साहित्य के अनुसरण ने मलका के दुखी हृदय पर मरहम का काम किया और धीरे-धीरे वह आज़मगढ़ के अपने हंगामे भरे जीवन से बाहर निकल आयीं। क्रमशः इलाके में मलका एक जाने-माने नाम के रूप में उभरने लगीं और धनी वर्ग वाले उनकी कविता और मधुर संगीत सुनने के लिए उन्हें खोजने लगे।

वैभवपूर्ण अवध राज्य से जो 18वीं सदी के आरम्भिक दशकों में स्थापित हुआ था, बनारस बहुत प्रभावित था। इसके शासक जो इरान के खुरासान प्रान्त से आये थे, शुरू में दिल्ली के मुगल सम्राट के अधीन थे। उनकी शक्ति का केन्द्र फैज़ाबाद था और उनकी उपाधि 'नवाब' थी। औरंगजेब की मृत्यु के साथ मुगल सम्राज्य जिस राजनीतिक बिखराव में पड़ गया था, उस युग की राजनीति में दिल्ली का महत्त्वपूर्ण पद धीरे-धीरे मगर निरन्तर कमजोर होता गया। किन्तु इसके दक्षिण-पूर्व 200 मील दूर शक्ति, राजनीति और संस्कृति का एक नया केन्द्र उभर रहा था। यह लखनऊ था, अवध के नवाबों की नयी राजधानी जो आज तक के अपने मुगल स्वामियों से अलग हो गये थे और अपनी स्वायत्तता घोषित कर दी थी। 1775 में नवाब आसफउद्दौला (1775-1797) के द्वारा शक्ति के केन्द्र फैजाबाद को लखनऊ स्थानांतरित कर देने ने यह सुनिश्चित कर दिया कि अब तक के इस निद्रालु, महत्त्वहीन प्रान्तीय नगर ने बड़ा महत्त्व प्राप्त कर लिया है और उत्तर के मोर्चेबन्दी की दृष्टि से महत्त्वपूर्ण नगरों में से एक हो गया है। उत्तरी भारत की नदियों से सिंचित इस उपजाऊ दोआब की कृषि की पर्याप्त उपज अब दिल्ली नहीं लखनऊ भेजी जाने लगी। इन परिवर्तनों ने सरकारी अफसरों के एक नये वर्ग को जन्म दिया, मालगुजारी वसूलने वालों, व्यापारियों और सौदागरों को जो एक नये कुलीन वर्ग के रूप में उभरे। इस परिवर्तन ने अनेक तवायफ़ों, कलाकारों, संगीतकारों और नर्तकियों को आकर्षित किया जो दिल्ली से लखनऊ चली गयीं। यह नगर कलाओं और उर्दू कविता का केन्द्र बन गया और शराफ़त और तहजीब का सर्वश्रेष्ठ केन्द्र माना जाने लगा।

मुगलों से स्वतन्त्रता की प्राप्ति अवध के नवाबों के लिए पूर्ण स्वायत्तता नहीं

थी। अंग्रेज भी एक जमाने से अवध की दौलत के प्रति ईष्यालु रहे थे। दिल्ली के शिकंजे से जब नवाब मुक्त हुए उस समय से इस क्षेत्र पर ईस्ट इंडिया कम्पनी का प्रभाव बढ़ने लगा था। उन्हें कम्पनी के संरक्षितों के रूप में नामवरी मिली। इस तरह नवाबों के लिए यह केवल मालिकों की अदला-बदली थी। असाफउद्दौला ने क्षेत्रीय अधिकार और सैनिक सहायता की स्वीकृति देते ईस्ट इंडिया कम्पनी को कई संधि-पत्र लिखे। 1775 में बनारस का इलाका और ग़ाजीपुर का राजस्व भी कम्पनी को दे दिया गया; 1797 में इलाहाबाद और उसके चारो ओर का इलाका कम्पनी द्वारा अधिकृत हो गये और 1801 तक निचला दोआब, गोरखपुर और रूहेलखंड औपचारिक रूप से नवाब द्वारा दे दिए गये। इस तरह जहाँ अवध की ताकतें घटती गयीं; ब्रिटिश रेजिडेंट की नाटकीय ढंग से बढ़ती गयीं। 1819 तक यद्यपि गाज़ीउद्दीन हैदर लड़खड़ाते और निष्क्रिय मुगल साम्राज्य से अलग हो गये और स्वयं अवध भी राजनीतिक पतन की राह पर आ गया था। कुख्यात डॉक्ट्रिन ऑफ लैप्स का इस्तेमाल करते हुए भारत के गवर्नर जरनल लॉर्ड डलहौजी ने 1856 में अवध को पूरी तरह अधीन कर लिया। उस समय के नवाब वाज़िदअली शाह को कलकत्ते का वनवास दे दिया गया। वर्ष 1857 ने सिपाही विद्रोह के रूप में आशातीत रूप से देश के आर-पार उपद्रव का विस्फोट आरम्भ कर दिया। लखनऊ में भी सैनिक छावनी में गोमती नदी के कुछ मील उत्तर विद्रोह फूट पड़ा। वाजिदअली शाह की बेगमों में एक बेगम हज़रत महल ने जो लखनऊ में रुक गयीं थी आन्दोलन का नेतृत्व किया। 140 दिनों की खूनी घेराबन्दी ने दोनों तरफ बड़े पैमाने पर सामूहिक हत्या और मौत को अंजाम दिया। घटनाक्रम से 1858 में यह अंग्रेजों के लिए एक जादुई जीत और अवध के सैनिकों की हार में बदल गयी।

अवध के दुखद पतन से लखनऊ दरबार के सांस्कृतिक उत्तराधिकारयों ने बनारस और कलकत्ता जैसी जगहों में आश्रय के नये केन्द्र पाये। 1858 के बाद अवध-क्षेत्र में अंग्रेजों की उपस्थिति बढ़ने लगी। भावी-विद्रोह रोकने के लिए लखनऊ शहर की पूरी तरह किलाबन्दी और हथियारबन्दी कर दी गयी और नयी सैनिक छावनियाँ खड़ी हो गयीं। इन छावनियों के सैनिकों को काफी हद तक उन्ही समस्याओं से जूझना पड़ता था जो देश की अन्य जगहों में उनके साथियों को। जैसा कि पहले कहा गया है यूरोपीय पुरुष-नारी अनुपात की विसंगति हमेशा रही और नतीजन अनेक सैनिकों ने या तो समलैंगिकता का सहारा लिया या शहरों की मशहूर तवायफ़ों के घरों का रास्ता लिया। इसके परिणाम स्वरूप अंग्रेज सैनिकों में गर्मी-सूजाक जैसे संक्रामक रोगों का विस्तार हो गया। बेचैन सरकार ने 1864 में व्यापक कानून नम्बर या सैन्य-छावनी कानून बनाया जिसमें सारे देश की अंग्रेज छावनियों में कार्य-व्यापार करती सारी तवायफ़ों के निबन्धन और डॉक्टरी जाँच की अनिवार्यता

रखी गयी। 1869 तक गर्मी-सूजाक की नई बीमारियों में लगातार गिरावट से सरकार खुश हुई। 'फिशिंग फ्लीट' के आगमन से भी समस्या का आंशिक हल सम्भव हुआ।

बदलते राजनीतिक हालतों से नये उलझे संसार ने नर्तकियों और तवायफ़ों के लिय परेशानी बढ़ा दी, खासकर क्योंकि इसने उनके पेशे पर बुरा असर डाला। उत्तरी भारत के सन्दर्भ में दरबारी नर्तकी को तवायफ़ या बाई जी कहा जाता था। एक विचारधारा के अनुसार तवायफ़ शब्द की उत्पत्ति संस्कृत शब्द से हुई जिसका अर्थ है देवस्थान के गर्भ-गृह की चारों तरफ नर्तकीमण्डली का नर्तन-गायन। दूसरा विचार-सम्प्रदाय कहता है यह अरबी शब्द 'तैफा' का बहुवचन है जिसका अर्थ है झुंड। शब्द की जो भी व्युत्पत्ति हो, यह निश्चित है कि समाज में तवायफ़ का एक स्थान था जो उन साधारण रंडियों से बिल्कुल अलग था जिन्हें वेश्या या गणिका कहा जाता था। प्राचीन भारतीय धर्मग्रन्थों में देवताओं के लिए यज्ञ की आहुति तब तक अपूर्ण मानी जाती थी जब तक पेशेवर नारी-गायिकाओं के द्वारा वह विधि सम्पन्न न की जाती हो। यह उच्च पद इन नारियों को केवल इसलिए दिया जाता था क्योंकि वे एक पुरातन और दैवी कला की प्रदर्शिका मानी जाती थीं।

नवाबों के काल में, अवध और उसके आसपास के इलाकों में, लखनऊ की समृद्धि ने इन तवायफ़ों के लिए एक स्वर्ण-युग का आरम्भ कर दिया। वे संगीत, नृत्य, कविता और गद्य में पारंगत थीं और शराफत में बेदाग। यह ऐसा था कि उच्चवर्गीयों के लिए यह सामान्य रिवाज़ था कि अपने युवा पुत्रों को तवायफ़ों के यहाँ भाषा और दरबारी शिष्टाचार सीखने को भेजते थे, अवध में जिसे अदब कहा जाता था। परिवार के सामाजिक बन्धनों से मुक्त, तवायफ़ें कलाओं में वह निपुणता प्राप्त करती थीं जिन्हें परम्परागत मर्यादाओं में बन्धे परिवारों की औरतें सपने में भी नहीं पा सकती थीं।

तवायफ़ अलिखित किन्तु कठोर व्यावहारिक मर्यादा का पालन करती थी। वह अक्सर वैसे घर की सदस्य होती थी जिसकी स्वामिनी एक मुख्य तवायफ़ या चौधरायन होती थी। घर को कोठा कहा जाता था जिसमें प्रदर्शन का मुख्य हॉल ऊपरी तल्ले पर होता था जिसमें आईनों की कतार लगी होती थी। अक्सर प्रदर्शन के कमरे के बीच में सुग्गे का पिंजड़ा लगा रहता था। प्रदर्शन कक्ष के चारों ओर आईना का लगा होना एक अर्थ रखता था। इससे हमेशा लोगों पर नज़र रहती थी और हर किसी से शिष्ट और अच्छे व्यवहार की उम्मीद की जाती थी। अगर चारों तरफ शीशे नहीं लगे होते तो यह तवायफ़ का कोठा न होकर रंडीखाना हो सकता था।

पूरे देश में तवायफ़ वर्ग की तेरह बड़ी टुकड़ियाँ थीं और प्रत्येक की अपनी चौधराइन होती थी। ये टुकड़ियाँ लाहौर, कराँची, लखनऊ, पटना, छपरा, कलकत्ता,

हैदराबाद, ढाका, भोपाल, कर्नाटक, पूना और मुम्बई में थीं।

अक्सर चौधराइन काफी सम्पन्न किस्म की महिला होती थी, क्योंकि कई घरों की सम्पत्ति उन्हें मिली होती थी। उन दिनों कोई राजा या जमींदार उनके घर को अपने आश्रय में जैसा वह चाहता था वैसी शैली देता था। जो प्रदर्शन होता था उसे मुजरा कहा जाता था जिसमें गाना और नाचना या दोनों होते थे। मुजरा एक राजस्थानी शब्द है जिसका अर्थ है सलाम करना। इसलिए मुजरा उसके लिए किया जाता था जिसका आदर करना था। बाईजी या तवायफ़ लोगों को भी बराबर आदर दिया जाता था।

इन प्रदर्शनों के लिए जो लोग आते थे, उनके व्यवहार का भी अनलिखा कानून होता था। रईस आश्रयदाता लोग संध्या के समय संगीत, नृत्य और कविता का आनन्द लेते थे, जब दाइयाँ उन्हें शीतल पेय या शरबत, भाँग, शराब और दूसरे नशे बीच-बीच में देती थीं। किसी को अपनी शराब नही लाने दी जाती थी। हर कोठे का अभिन्न अंग होता था चाँदी का पानदान जिसमें पान के पत्ते, सुपारी, इलाइची और सूखे फलों की एक बड़ी तश्तरी होती थी। श्रोताओं में कोई गलत स्पर्द्धा न हो इसलिए कलाकार को सबके सामने पैसे का ईनाम देना वर्जित था। संगीत समाप्त हो जाने के बाद नौकरानियाँ कमरा साफ करती थीं और कालीनों के नीचे श्रोताओं द्वारा छोड़े पैसे इकट्ठे कर लेती थीं। उस पैसे को तवायफ़, उसके उस्ताद और संगत करने वाले कलाकारों के बीच बाँटा जाता था। यह भी उस खास कोठे की चौधराइन के निर्देशित नियमों के अधीन किया जाता था।

अगली पुश्त की कलाकारों को प्रशिक्षित करने का भार भी चौधराइन पर होता था। हर मशहूर कोठे के पास कुशल पुरुष संगीतकारों का एक दल होता था जो अक्सर पुराने संगीत घरानों से जुड़े रहते थे। ये शिक्षक अक्सर ढाड़ी या कथक घराने के होते थे। वे खुद संगीत में भाग नहीं लेते थे किन्तु जीवनभर अपने प्रतिभाशाली छात्रों को प्रशिक्षित करते थे। कोठे के और दूसरे पुरुष कर्मचारी जैसे दरबान, दलाल, अक्सर मुख्य तवायफ़ के सम्बन्धी होते थे और मर्द के रूप में जरूरी सहायता और सुरक्षा प्रदान करते थे। अगर किसी बच्चे में प्रतिभा का अन्देशा होता था तो उसे संगतकार के रूप में प्रशिक्षित किया जाता था। लड़कियों को सारी कलाओं की शिक्षा दी जाती थी और उनमें बहुत कम उम्र से ही शास्त्रीय फ़ारसी अरबी और उर्दू की मजबूत आधारशिला रखी जाती थी।

इस समुदाय में कठोर सामाजिक श्रेणी भी थी। तवायफ़ माने जाने के लिए किसी को तवायफ़ के घराने में पैदा होने का आधार होता था। लड़कियाँ जिनका अपहरण होता था तवायफ़ उसे नृत्य संगीत में कभी घुसने नहीं देती थी। उनसे देह व्यापार करवाया जाता था। इस प्रकार तवायफ़ों और वेश्याओं के बीच समाज के

द्वारा एक स्पष्ट भेद किया जाता था।

पेशेवर स्त्री गायिकाओं के समाज की रचना पिरामिड की तरह होती थी। सामाजिक संरचना के शिखर पर तवायफ़ें होती थीं। उनमें भी बाई, जो केवल गाती थीं, 'जान' से ऊपर होती थी जो गाती और नाचती भी थी। तवायफ़ों के नीचे पेशेवर औरतों का एक बड़ा वर्ग होता था जिन्हें मिरासन कहा जाता था, जिनका तरह-तरह से नाम लिया जाता था जैसे—डोमिनी या ढोली या कश्मीरा या गन्धर्व और कंचन। ये मिरासन समाज के निचले वर्ग की होती थीं और उनमें भी कितनी ही उपजातियाँ होती थीं। इसमें सबसे ऊपर कनीजें होती थीं जिन्हें मनोरंजन देने वाला कहा जा सकता है और उसके बाद रवानगी होती थी जो मनोरंजन देने में यौन सम्बन्धों का निर्वाह भी कर सकती थी। सबसे नीचे वाली श्रेणी को थकही और रंडी कहा जाता था जो केवल देह व्यापार करती थी किन्तु कलाओं तक उनकी पहुँच नहीं थी।

इन स्त्रियों के प्रदर्शन के कार्यक्रम भी नियमों के अधीन होते थे। उदाहरण के लिए डोमिनी और ढोली अक्सर शरीफ घर की औरतों के लिए धार्मिक कार्यक्रमों और विधि विधानों के लिए काम करती थीं और पारम्परिक गीत गाती थीं शास्त्रीय नहीं। दूसरी ओर तवायफ़ गम्भीर शास्त्रीय संगीत गाती थीं और वह भी शाम की महफिलों में शरीफ लोगों के लिए।

तवायफ़ या बाईजी को अपनी वंश परम्परा का अभिमान होता था जिसकी वह कई पुश्तों की बात करती थीं। कुछ तो अपनी उत्पत्ति भगवान इन्द्र के स्वर्गिक दरबार से बताती थीं और अपने को उर्वशी या गन्धर्व कहती थीं। वास्तव में इस समुदाय की वंश परम्परा या गोत्र थे गन्धर्व, किन्नर और राजमणि—ये नाम अपनी जड़ें संस्कृत, प्राचीन पुराण में पाते हैं। तवायफ़ें इस प्रकार अपने को दैवी कला को देने वाली मानती हैं जो कला बाद में धर्म निरपेक्ष दरबारों में प्रतिष्ठित हो गयी।

बीसवीं सदी की एक दरबारी गायिका के सामाजिक स्तर पर टिप्पणी करते हुए ब्रिटिश भारत के अवकाशप्राप्त एक सेना अधिकारी मैकमन कहता है:

''इनमें से बहुसंख्यक सबसे निचले और शोषित वर्गों और अछूतों और समाज बहिष्कृत जनजातियों से आती थी... नर्तकियाँ बहुत पुश्तों से अपनी माताओं से अपना सम्बन्ध जोड़ती हैं, क्योंकि यद्यपि सारी नर्तकियाँ तवायफ़ें है, सभी तवायफ़ें नर्तकियाँ नहीं हैं। नाचने वाले वर्ग का एक और स्रोत है; अनचाही लड़की। अनचाही लड़की को बेचा जा सकता था, किसी को दे दिया जा सकता था या नट जाति के द्वारा ये चुरा ली जाती थी या नाचने वाली लड़कियों की स्वामिनी को बेच दी जाती थी जो स्वयं इन बदनाम घरों के चलाने से अवकाश ग्रहण कर चुकी थी।''

सारे प्रदर्शनों में संगीत और नृत्य के मेल से एक सम्मोहक प्रभाव उत्पन्न होता था। ऐसी महफिलों के लिए पाश्चात्य आकर्षण जो परदेसीपन, स्वप्निल प्रणय, और

कामुकता से युक्त होता था मैकमान की अन्य टिप्पणी में स्पष्ट होता है, जो कोठे की एक महफिल के प्रत्यक्ष साक्षी थे :

'अँधेरे जालीदार झरोखों के भीतर बड़े कमरे से तबले की आकर्षक ध्वनि आती है। भीतरी कमरों में से एक के भीतर जहाँ मखमली गद्दे और भी मखमली हैं नर्तकी अजीजन पुट्ठों की नज़ाकत दिखाने के लिए अपने कसीदाकरी वाले लाल-हरे जूते से फ़र्श पर ताल देती है... आप नंगे पेट के साँवले कोमल चमड़े के नीचे भी हर मांसपेशी को देख सकते हैं और नर्तकियों के पारदर्शी मलमल... वंशी के धुन पर एड़ी और छाती की थिरकन कभी धीमी, कभी तेज़।'

तवायफ़ को कई प्रकार की छूटें समाज में मिलती थीं, जिनमें से कोई भी पारम्परिक 'प्रतिष्ठित परिवारों' की औरतों को प्राप्त नहीं थी। परम्परागत परिवारों की औरतों को सामाजिक स्तर पर किसी कला का सीखना मना था। किन्तु तवायफ़ों के लिए तो ललित कलाओं पर उनका एकाधिकार था और वे जो सफलता की चोटी पर पहुँचना चाहती थीं, ऐसा कर भी सकती थीं। वे तवायफ़ें जो जीवन में परिवार बसा कर रहना चाहती थीं उन्हें शादी की खुली छूट भी थी। फिर भी जो स्वतन्त्र जीवन बिताना चाहती थीं उन्हें इसकी आजादी थी। वेश्याओं को, फिर भी, यह छूट नहीं थी। ज्यादातर वे तवायफ़ें जो शादी की राह पर जाना चाहती थीं वे समाज के सबसे धनी और सर्वसम्पन्न घरों को चुनती थीं। अपनी सुन्दरता और शिष्टाचार के चलते उनकी माँग भी थी। प्रतिष्ठित परिवारों की स्त्रियों को शिक्षा मुश्किल से प्राप्त होती थी, बाकी छूटों की बात छोड़िये। यह जानना मनोरंजक है कि उस युग में टैक्स देने वाली औरतों में केवल तवायफ़ें होती थीं। अतः उस समय जब भारत में ज्यादातर औरतें निरक्षर होती थीं, तवायफ़ें ललित कलाओं की उच्च श्रेणियों में भी पारंगत होती थीं और स्वयं कुशल कवयित्रियाँ, लेखिकाएँ, गायिकाएँ और नृत्यांगनाएँ होती थीं।

जब मलका बनारस आयीं उस समय तक उन्हें काव्य रचना और संगीत का आरम्भिक प्रशिक्षण मिल चुका था। उस समय तक उनके दिमाग में तवायफ़ होने की बात भी नहीं थी। फिर भी बनारस का वातावरण, संगीत की वह व्यापकता और इज्जत जो समाज में तवायफ़ों को मिलती थी, इस सबने उनका दृष्टिकोण बदल दिया। कला में अपनी उपलब्धियों के कारण लोगों का ध्यान उनकी ओर खिंचने लगा। मलका लगातार उस नगर की मुख्य दरबारी वारांगना होने की ओर बढ़ चलीं। यह जानना सही है कि समुदाय की कठोर सामाजिक संरचना बाहरी लोगों को आसानी से अपने में जगह नहीं देती। चूँकि मलका जान ने अन्ततः तवायफ़ के रूप में अपनी ख्याति और स्वीकृति प्राप्त कर ली थी कोई अनुमान भी नहीं लगा सकता था कि रुक्मिणी स्वयं तवायफ़ समुदाय से सम्बन्धित रही होगी। कई तवायफ़ों की

तरह जिन्होंने अपने धनी आश्रयदाताओं से विवाह कर लिया था, उन्होंने भी आज़मगढ़ में हार्डी हेमिंग्स से शादी कर ली थी। यह तथ्य कि इन बड़े परिवर्तनों के बीच भी वह परिवार के साथ थी उनकी बेटी के धर्मांतरण पर कोई उल्टा असर न कर सका। लोगों के बीच उनके कला प्रदर्शन ने यह विश्वास दिलाया कि वह स्वयं एक तवायफ़ थीं। काग़ज़ी प्रमाण के अभाव में कोई इसके बारे में अनुमान ही लगा सकता है।

जब मलका ने बनारस के धनी रईसों के समक्ष लगातार प्रदर्शन करना शुरू किया तो उनका नाम 'मलका जान' हुआ। उनके नाम में 'जान' का जुड़ना बताता है कि वे उस शहर की सजग तवायफ़ समुदाय की एक सदस्या के रूप में स्वीकृत हो गयीं (संयोगवश उन्हें बड़ी मलका जान कहा जाने लगा यह बताने के लिए कि अपने समय की तीन मशहूर मलका जानों से वे अलग हैं—आगरे की आगरावाली मलका जान, मलका जान मुल्क पुखराज की और चुलबुली वाली मलका जान) उन्होंने शीघ्र ही बनारस के तवायफ़ समाज में अपनी जगह बना ली और बनारस की बहुत सी बाईजी जैसे हीरा, सरस्वती, मुनिया और वैजयन्ती उनकी नजदीकी दोस्त बन गयीं। एक ऐसी मित्रता जिसके साथ निस्सन्देह प्रतिस्पर्द्धा और ईर्ष्या होगी।

और इस प्रकार एक लम्बी और कष्टप्रद यात्रा के बाद विक्टोरिया हेमिंग्स मलका जान बन गई।

निकल आये दैर ओ हरम से मलका
करे ज़िक्र शेख ओ बरहमन किसी का
—बड़ी मलका जान, मख़ज़ान-ए-उल्फत-ए-मल्लिका

3.
शिक्षा के वर्ष

बनारस, 1880

जन्म-मृत्यु से अन्तिम मुक्ति के रूप में जिस बनारस नगर को अन्तिम पड़ाव माना जाता था उसने जवान औरत के इस परिवार को आज़मगढ़ के दुखमय जीवन से मुक्ति दिला दी। इसके साथ ही इसने मलका को एक बिल्कुल अलग जीवन के चकोह में फेंक दिया। एक साधारण मकान जो खुर्शीद और मलका ने लिया था बड़े-बड़े शीशों से सजा एक तवायफ़ का कमरा हो गया। खुर्शीद ने इस काम में पूरी तरह सहायता की क्योंकि उनका व्यापार अब ठीक से नहीं चल रहा था और वे मलका जान की आमदनी अपनी जीविका के लिए चाहते थे।

बनारस का व्यापक रूप उत्सवों, त्योहारों और इन्द्रियसुख देने वाले समारोहों में था। इसने स्वभावतः प्रदर्शन की कलाओं खासकर संगीत को स्वाभाविक रूप से प्रेरित किया। सालभर यह नगर अनेक प्रकार के मेलों और उत्सवों से जगमगाता रहता था। इन कलाओं के मुख्य आश्रयदाता धनी उच्चवर्गीय जमींदार और वे व्यापारी थे जो ज्यादातर अग्रवाल जाति के थे। ये लोग कलाओं के उदार आश्रयदाता ही नहीं बल्कि अजीबोगरीब बातों में अपने धन का प्रदर्शन करने के लिए जाने जाते थे। कहा जाता था कि उनमें से बहुत अपने चबूतरों पर बोरे के बोरे अशर्फियों को सुखाने के लिए उझलते थे ठीक उसी तरह जैसे गर्मी में वे शायद पापड़ सुखाते थे। यह उनके धनी होने का दिखावा करने का एक तरीका था और अपने स्पर्द्धियों को धन के प्रदर्शन की चुनौती देने का भी।

बनारस के रईस परिवार के उज्ज्वल नक्षत्र थे प्रसिद्ध नाटककार भारतेन्दु हरिशचन्द्र (1850-1885) जिन्हें आधुनिक हिन्दी साहित्य का पिता कहा जाता है।

वे संगीत और तवायफ़ संस्कृति के बड़े आश्रयदाता थे। फिर भी उस युग की पेशेवर गानेवालियों से उनके सम्पर्क ने उनकी इज्जत भी घटायी। किन्तु ये सम्पर्क ही थे जिनसे भारतेन्दु ने मनुष्य जीवन की अन्तर्दृष्टि पायी, उसके दुखों और सुखों को अपने साहित्य में इसे हमेशा विषय बनाया।

बनारस के मुख्य परिवार जो व्यापार और कलाओं के संरक्षण में एक-दूसरे के स्पर्द्धी थे वे थे शाह परिवार और राय परिवार। शाह लोग फिर भी एक उटपटाँग (विलक्षण) परिवार माने जाते थे और स्थानीय लोग उन्हें झकड़ खानदान कहते थे। इस घर के मालिक एक वयस्क आदमी बाबू अद्वैत प्रसाद शाह बड़े प्रसिद्ध विद्वान थे और एक जमे हुए वक्ता की तरह अंग्रेज़ी बोल सकते थे किन्तु विद्वत्ता के बावजूद इस आदमी में कुछ अजीबोगरीब आदतें थीं। वे अपने आलीशान मकान के ऊपरी छज्जे के किनारे पान चबाते हुए बैठते थे और अच्छी पोशाक में किसी गुजरते मुसाफिर की प्रतीक्षा करते थे। ऐसे आदमी को देखकर जो बेचारा निश्शंक जा रहा था उसके सर पर पिचकारी की तरह पीक फेंकते थे। इस गन्दे व्यवहार के लिए उन्हें चुन-चुन कर गालियाँ मिलती थीं। शाह साहेब इन गालियों का मजा लेते थे और बाद में क्षतिपूर्ति के रूप में जिस आदमी पर उन्होंने थूका होता उसे उदारतापूर्वक दान करते थे।

दूसरी ओर जो रईस थे वे शान्त और शरीफ और अच्छा व्यवहार करते थे। राय कृष्णदास को भूगर्भशास्त्र और मुद्राशास्त्र का अधिकारी विद्वान माना जाता था। वे हिन्दी के एक प्रसिद्ध कवि और लेखक भी थे। उनके मकान में ऐसे कार्य बराबर होते थे जैसे मुशायरा और बैठक जिसमें कवि और विद्वान अपनी प्रतिभा दिखाते थे। रायसाहेब के मुशायरों और बैठकों में बुलाया जाना इज्जत की बात मानी जाती था। राय साहेब संगीत और नृत्य के भी बड़े संरक्षक थे और नियमत: बनारस की बड़ी बाइयों और आगंतुक संगीतकारों की महफिलों का प्रबन्ध करते थे। उनके तीन बेटे थे—लल्लन, छग्गन, और कृषण जिनमें से प्रत्येक को गौहर के जीवन में महत्त्वपूर्ण भूमिका अदा करनी थी।

मोतीचन्द और किशोरी रमण जैसे दूसरे धनी लोग भी संगीत के बड़े पारखी थे। जो समारोह ये सभी संगीत संरक्षक करते थे उसकी शहर में कई-कई दिनों तक चर्चा होती थी। उनकी महफिलों पर तत्कालीन मुग़ल दरबार की शान-ओ-शौकत का स्पष्ट प्रभाव था। ऐसी घटनाएँ व्यक्तिगत प्रतिष्ठा को बढ़ाने के बड़े अवसर होते थे। ऐसे परिवारों में बढ़िया समारोहकर्त्ता बनने की परस्पर स्पर्द्धा होती थी। अत: वे इसका ख्याल रखते थे कि सबसे नामचीन और प्रतिभावान संगीतकार उनके समारोह की शोभा बढ़ायें। समारोह की छोटी-से-छोटी चीज़ों की सुव्यवस्था के लिए विशेषज्ञों को भाड़े पर रखा जाता था—सजावट, चुनिन्दा कालीनें और पर्दे, गुलदस्ते

और चहकती चिड़ियाँ जो बाई जी के समानान्तर गाती थीं। अक्सर तवायफ़ें ऐसे प्रतिनिधि रखती थीं जिन्हें टाल या दारोगा कहा जाता था जो सबसे अच्छी जगहों पर उनके प्रदर्शन का अवसर तलाशते थे। जानकार और संगीतमर्मज्ञ उच्चकुलीन श्रोताओं के बीच रात-रात भर ये बैठकें चलती थीं। बैठी स्थिति में बाई जी लोग सुन्दर नृत्य प्रस्तुत करती थीं और अपने स्वर, इशारों और चेहरे की भंगिमाओं के द्वारा विभिन्न भावों को व्यक्त करती थीं। किनारे की तरफ साधारण वेश्याओं और उनके दलालों को खड़ा रहने दिया जाता था जिन्हें पीछे से हँसी-मज़ाक भरे सवाल-जवाब करने की छूट दी जाती थी। कभी-कभी एक से अधिक तवायफ़ को गाने को बुलाया जाता था और वे गजरा, झूमर और दंगल जैसे गीतों में एक दूसरे को हराने का प्रयास करती थीं। एक गजरा में दो तवायफ़ें खड़ी होकर स्पर्द्धा करती थीं। झूमर में चार या पाँच नृत्य करती और गाती थीं जबकि संगीत से सवाल-जवाब और शब्दों के युद्ध को दो के बीच दंगल (नोक-झोंक, लडंत-भिड़ंत और सवाल-जवाब) कहा जाता था।

मशहूर बुढ़वा मंगल और गुलाब बारी के उत्सव आनन्दातिरेक और मस्ती को दर्शाते थे जिसके लिए बनारस इतना मशहूर था। बुढ़वा मंगल अक्सर होली के बाद पहले मंगलवार को मनाया जाता था। उत्फुल्लता का भाव जो होली अपने साथ लाती है, वह बुढ़वा मंगल तक चलता था। प्रसिद्ध संरक्षकों के घर मशहूर बाईजी लोगों द्वारा दिन-भर चलने वाला प्रदर्शन इन उत्सवों की पहचान था और यह दूसरे दिन की भोर तक चलता था। इस समय गाये गये गीतों को चैती कहा जाता था क्योंकि ऋतु चैत की होती थी, हिन्दू पंचाग का पहला महीना। रंगीन कपड़ों का पहनना और रबड़ी-मलाई, मालपुआ, कुल्फी और पूड़ी-कचौड़ी जैसे स्वादिष्ट व्यंजनों का महाभोज साथ-साथ चलते थे।

बुढ़वा मंगल मनाने का रिवाज नावों पर भी था जो गंगा के तट पर बँधी होती थीं। संध्या को चलने वाली लम्बी पूजा या नदी की आरती खत्म होने पर ये नौकाएँ सुन्दर सजावट, रोशनी और आनन्ददायक संगीत से जीवन्त हो उठती थीं। नावों को रंगीन शामियानों, गुलदस्तों, पर्दों और लैम्पों से सजाकर अस्थायी महफिल के कमरों की तरह बना दिया जाता था। रईस परिवारों के बीच इसकी जबर्दस्त स्पर्द्धा होती थी कि उन्हें उत्सव का सर्वोत्तम कर्त्ता घोषित किया जाय।

यही उत्साह वर्षा ऋतु में एक बार फिर दिखाई पड़ता था जब औरतें गीत गातीं, नाचतीं और स्वादिष्ट मिठाइयों और ताजे पके आमों का भोज करती। जब पेड़ों में झूले लग जाते थे और औरतें उन पर खुशी से झूलती, कजरी के गीत गाती थीं। उन महफिलों को झूमर का टेक कहा जाता था। बनारस का मशहूर नशीला पेय जिसे ठंडाई कहा जाता है वह उस ऋतु की पसन्दीदा चीज़ होती थी। एक प्रकार से

उत्सवों और साथ के संगीत इस तरीके को रेखांकित करता है कि भारतीय शास्त्रीय संगीत प्रकृति से बहुत प्रभावित है और बदलती ऋतुओं, दिन के भिन्न घंटों ओर लोगों के सुखों और दुखों से प्रेरित है।

इसी वातावरण में जहाँ संगीत की प्रवीणता हर आदमी के जीवन का हिस्सा होती थी एक अग्रणी तवायफ़ के रूप में मलका जान ने बनारस में अपना नाम रोशन किया। उनके दलाल या टाल बलदेव थे जो नगर के रईसों के पास से लाभप्रद प्रस्ताव लाते थे। थोड़े ही दिनों में बनारस के धनी संगीत प्रेमी उनके कोठे पर आने लगे। उनकी प्रसिद्धि उस समय के संयुक्त प्रान्त आज के उत्तरप्रदेश में दूर-दूर तक फैल गयी। इससे उनके अतीत जीवन के कुछ व्यक्तियों को उनकी खोज में आना पड़ा। इनमें से एक थी आशिया, आज़मगढ़ में उनकी नौकरानी और संगिनी। उसने अनुमान लगाया कि वह औरत जो सूबे (प्रान्त) के संगीत संसार में धूम मचा रही थी, वह शायद उसकी पुरानी मालकिन, विक्टोरिया थी। आशिया को उसके पति ने छोड़ दिया था और उसने बनारस में विक्टोरिया को खोजने का फैसला किया। वह अपने छोटे बच्चे भगलू जो शायद गौहर से कुछ वर्ष बड़ा था, के साथ पहुँची। दोनों औरतों का अश्रुपूर्ण मिलन हुआ। मलका ने जो अब आर्थिक दृष्टि से सम्पन्न थी, आशिया और उसके बेटे को शरण दी और वे उनके परिवार के सदस्य हो गये।

इस बीच गौहर प्रशस्त मुख, घुँघराले बालों और एंग्लो इंडियन नाक नक्श वाली सुन्दर लड़की के रूप में सयानी हो रही थी। संगीत और कविता की प्रतिभा उसे उसकी माँ से मिली थी। मलका जान ने अपनी बेटी की जन्मजात प्रतिभा और मीठे सुर को पहचान लिया था, इसलिए उन्होंने उसे गायिका के रूप में सिखाना शुरू किया। आरम्भिक प्रशिक्षण के बाद मलका जान ने उसे बनारस के किसी नामी गुरु के अधीन रखना चाहा। नगर में संगीतकारों की कोई कमी नही थी। लेकिन मलका जान अपनी बेटी को सर्वोत्तम व्यक्ति द्वारा शिक्षा दिलाना चाहती थी। उन्होंने शास्त्रीय संगीत के दिग्गजों में से एक पं. बेचू महाराज, जो कई कलाओं में दक्ष थे, और जिन्होंने उत्तर भारतीय शास्त्रीय संगीत जैसे खयाल, ठुमरी, टप्पा और तराना जैसे विषयों में प्रवीणता हासिल की थी, से सम्पर्क किया। वे सारंगी भी बजाते थे। बेचू मिश्रा संगीतज्ञों के परिवार से थे। उनके पिता पं. बुद्धो मिश्रा और छोटे भाई ठाकुर प्रसाद भी संगीतकार थे। जब उन्होंने जवान गौहर का स्वर सुना, वे उसकी प्रतिभा पहचान गये और उसे शिक्षा देने को तुरन्त सहमत हो गये। वे कठोर अनुशासक थे और यह निश्चित करना चाहते थे कि आधारभूत चीज़ों को गौहर अच्छी तरह सीख लें। वह धीरे-धीरे प्रदर्शन की कला की योग्यता प्राप्त करती गयीं। मलका जान जैसी प्रसिद्ध माँ होने से उन्हें किसी अन्य आदर्श व्यक्ति की जरूरत नहीं थी।

जैसे-जैसे गौहर की शिक्षा बढ़ती गयी मलका कुछ मुजरों में उन्हें अपने साथ ले जाने के लिए आश्वस्त अनुभव करने लगी। श्रोताओं को मुख्य गायिका के साथ एक सुन्दर यूरोपीय नाक नक्श वाली सहज नारी और सुन्दर जवान लड़की देखकर बड़ा आनन्द आता था। माँ बेटी दोनों शहर की माँग बन गयीं। पं. मिश्र बहुत दिनों तक गौहर को पढ़ाते रहे और वही थे जिन्होंने उसके संगीत व्यक्तित्व का निर्माण किया।

परिवार का भाग्य भी अब अच्छा होने लगा। शीघ्र ही उन्हें बनारस के सम्पन्न परिवारों में गिना जाने लगा। मलका जान ने अपने लिए एक फिटन खरीदा, और माँ-बेटी दोनों उस गाड़ी पर खुशी मनाने के लिए निकलती थीं। खुर्शीद हमेशा एक निष्ठ सहायक बने रहे और मलका जान और गौहर के सुख के लिए वह सब कुछ करते रहे जिसकी जरूरत थी। उन लोगों की सफलताओं से वे खुश होते थे और उनके दुख से दुखी। आशिया मलका की विश्वास पात्र संगिनी बनी रही। भगलू मलका के प्यार से सिर चढ़ गया जिन्हें वह बड़ी माँ कहता था।

जैसे ही घर की हालात स्थिर होती जा रही थी और चीज़ें अच्छी हो रही थीं मलका को अपने जीवन में एक बड़े दुख का सामना करना पड़ा। उनकी माँ रुक्मिणी अचानक मर गयी। माँ की मृत्यु ने मलका के जीवन में एक बड़ा सूनापन उत्पन्न कर दिया। लेकिन तुरन्त ही उन्हें इस दुख से उबरना पड़ा और धनियों के मनोरंजन और उनके लिए संगीत की ओर लौटना पड़ा।

करीब-करीब इसी समय संगीतकारों, नर्तकियों और क्षेत्र के कलाकारों को अपनी बाँह में भरने के लिए एक नया केन्द्र उन्हें बुलाने लगा। यह कलकत्ता का नगर था, ब्रिटिश भारत की राजधानी। इस नगर का व्यापारिक और राजनीतिक महत्त्व स्वभावत: कलाओं और कलाकारों को अपनी ओर खींचता था। इसके अतिरिक्त यह गद्दी से उतारे गये अवध के नवाब वाजिदअली शाह (1822 से 1887) का कल्याणकारी प्रभाव भी था, जिसने कलाकारों के लिए कलकत्ता को एक आकर्षक केन्द्र बना दिया। वाजिदअली शाह 1847 में अवध की गद्दी पर बैठे, लेकिन प्रशासन और राजतन्त्र में उनका मन नहीं लगता था। वे पूरी तरह कलाओं और गुप्त विद्याओं में रुचि रखते थे और राजकाज की तरफ सबसे कम ध्यान देते थे। जब अंग्रेजों ने नवाब की शक्तियाँ छीन लेने का फैसला किया तो वे रोए, सिसके किन्तु उन्हें चुपचाप दूर कलकत्ता भेज दिया गया। कलकत्ता के दक्षिण में तीन-चार मील पर हुगली नदी के किनारे एक स्थान था जिसका नाम गार्डेन रीच था। इस क्षेत्र की भौगोलिक बनावट पठार के रूप में होने से लोग इसे मटिया बुर्ज कहते थे। कुछ अच्छे मकान भी थे जिनकी जमीन दो-तीन मील नदी के किनारे फैली हुई थी। जब अपदस्थ नवाब कलकत्ता पहुँचे तो अंग्रेजों ने उन्हें तीन मकान दिए, दो उनके लिए

(सुल्तान खाना और असद मंज़िल नाम से) और एक उनकी मुख्य संगिनी के लिए (मुरास्सा मंजिल नाम से) उनके व्यक्तिगत इस्तेमाल के लिए एक बहुत बड़े मैदान की व्यवस्था भी की गई थी।

नवाब ने फिर भी अंग्रेजों द्वारा दिए गये भत्ते को लेने से इनकार कर दिया और फिर से शाही ताज की वापसी पर जोर दिया जिसे अन्यायपूर्वक अंग्रेजों ने उनसे छीन लिया था। राजसी परिवार वाज़िदअली शाह के केस का अथक समर्थन करता रहा कि उनका राज्य उन्हें वापिस कर दिया जाय। इस उद्देश्य से नवाब के पुत्र, उनकी माँ और भाई ने लंदन तक की लम्बी यात्रा भी की। किन्तु 1857 के सिपाही विद्रोह और लखनऊ से बेगम हजरत महल द्वारा इस विद्रोह का नेतृत्व किये जाने से अलग हुए शाही परिवार और ईस्ट इंडिया कम्पनी के सम्बन्ध को और खराब कर दिया। इसने वाज़िदअली का काम बहुत बिगाड़ दिया और अवध को फिर से पाने के उनके अधिकार की उम्मीद दिन-ब-दिन कम होती गयी।

वाजिदअली शाह के कलकत्ता आने के तुरन्त बाद एक दूसरा लखनऊ उसकी बगल में उभरने लगा। वही काम और आपाधापी, वही दरबारी भाषा, कविता पढ़ने की वही शैली, बातचीत और सवाल जवाब, पतंग उड़ाना, मुर्गों की लड़ाई, तीतरों की लड़ाई, अफीम का नशा और शिया मुसलमानों के धर्म-कर्म जैसे मुहर्रम के मातमी जुलूस यहाँ वैसे ही दिखाई पड़ने लगे जैसे कि लखनऊ में। कलकत्ते के आस-पास के स्थानीय चरित्र पर धीरे-धीरे मगर निश्चित रूप से मरते लखनऊ का प्रभाव पड़ने लगा।

जैसे ही वाज़िदअली शाह को साफ दिखाई पड़ने लगा कि अंग्रेज उनका राज्य उन्हें नहीं लौटाएँगे तो उन्होंने अपनी किस्मत से समझौता कर लिया और जो उनका सबसे प्रिय था, ललित कला, उसकी ओर कदम बढ़ाया। बहुत बड़ी संख्या में संगीतकार, नर्तकियाँ, कवि, चित्रकार, और कलाकार लखनऊ से कलकत्ता चले गये। सारे भारत से उस्ताद उनका आश्रय लेने के लिए कलकत्ता आने लगे क्योंकि राष्ट्रीय स्तर पर प्रसिद्धि प्राप्त करने का यह निश्चित तरीका था। खुद नवाब कविता के उत्तम लेखक थे और ठुमरी जैसे राग उन्होंने दिए, नृत्य सीखा और दरबार में बहुत से कलाकारों को प्रश्रय दिया।

उत्तर भारत में संगीत के केन्द्र के रूप में कलकत्ता की प्रतिष्ठा ने दूसरे प्रान्तों से भी कलाकारों को आकर्षित किया। कलकत्ता के साड़ी निर्यात के व्यापार से खुर्शीद के सम्बन्धियों ने भी उन्हें राय दी कि वे अपने परिवार को कलकत्ता ले जाएँ। आखिकार उन लोगों ने कहा कि उनकी पत्नी में बड़ी प्रतिभा थी और उन्हें उस महत्त्वपूर्ण शहर में अपनी किस्मत आजमानी चाहिए। मलका जान के प्रतिनिधि बलदेव ने भी परिवार से कहा कि अगर वे कलकत्ता में बसते हैं तो उनका जीवन

पूरा-पूरा बदल जाएगा। यह गौहर को संगीत और नृत्य सिखाने वाले के चुनाव का और प्रदर्शन करने के अवसर भी देगा। अन्त में काफी सोच विचार के बाद, डर और चिन्ता के बाद मलका जान ने कलकत्ता जाने का फैसला किया। उनकी माँ की मृत्यु ने उन्हें पूरा झकझोर दिया था और उन्होंने महसूस किया कि जगह बदलने से उन सबका भला होगा।

इस प्रकार वर्ष 1883 में चार लम्बे वर्ष बनारस में बिताने के बाद, जिसने उन्हें शरण दी, उनकी रक्षा की और उनको और उनके संगीत जीवन को पोसा, मलका जान और उनकी बेटी ने अपने झोले सँभाले और कलकत्ता के लिए रवाना हो गयीं।

इक हाल में इंसान की बसर हो नहीं सकती
अब रंग तबीयत का बदल जाए तो अच्छा।

4.
एक तारिका का जन्म

कलकत्ता, 1883

करीब 425 मील दूरी तय करने के बाद बनारस से आने वाली गाड़ी ने कलकत्ता नगर में प्रवेश किया। यह उत्तरी कलकत्ता के चितपुर इलाके में कालू टोला नामक जगह पर रुकी। कुछ लोगों का मानना था कि चितपुर का नाम शानदार नवरत्न गुम्बद वाले प्रसिद्ध चित्रेश्वरी मन्दिर और उसकी नर बलि की परम्परा से सम्बन्धित है। फिर भी दूसरे लोग सोचते थे कि यह नाम कुख्यात डाकू चिते डकैत से लिया गया है जो इस मन्दिर में मनुष्यों की बलि का प्रबन्ध करता था।

चितपुर एक प्रकार से नगर के भीतर एक नगर था। इसके विभाग खुद ही अपना परिचय देते थे, और पेशों अथवा महत्त्व के आधार पर उनके नाम थे। उदाहरण के लिए मुर्गीघाटा में मुर्गी के मांस का व्यापार होता था; कसाई टोला कसाइयों का इलाका था और कुमारटोली कुम्हारों का। कालू टोला इस्ट इंडिया कम्पनी के कलुओं या तेलियों का घर था जो पास के बड़ा बाजार के व्यापारियों को सरसों के तेल या दूसरे तेलों को बेचते थे।

एक प्रकार से चितपुर कलकत्ते का एक छोटा रूप था—विभिन्न भागों का और भिन्नताओं का एक सुन्दर मिश्रण। अंग्रेजों ने पूरे नगर को White Town, Intermediate Town और Black Town में बाँट दिया था। White Town कलकत्ते का दक्षिण मध्य हिस्सा था जिसमें सुन्दर मकान थे और ज्यादातर अंग्रेजों की एक छोटी जनसंख्या रहती थी। उत्तरी कलकत्ता अपनी घनी देशी जनसंख्या के कारण Black town कहलाता था। Black Town जिसमें चितपुर भी था, गरीब बस्तियों का समुद्र-सा था जिसमें कारीगर और मजदूर रहते थे, जिनके मध्य ईंट और पत्थर के धनी बंगालियों के सुन्दर मकान या पक्का बाड़ी टापुओं की तरह खड़े थे।

भिन्न-भिन्न समुदायों के लोग, सामाजिक वर्गों व पृष्ठभूमियों के पेशों के लोग चितपुर की धनी गलियों और कूचों में पाए जाते थे। यहूदी, आर्मीनियन और पुर्तगाली कालूटोला के फल की दुकानों पर आते थे जहाँ उन्हें कुल्लु और काश्मीर, मालदा और मुजफ्फरपुर के बागीचों के चुनिन्दा फल मिलते थे। लोअर चितपुर रोड के तिरेत्ता बाजार में आर्मीनियन और पुर्तगाली चिड़िया खरीदते थे और यह बाजार उन्हें सबसे बढ़िया खाने की चीज़ें, सिगार और जूते भी बेचता था। चितपुर रोड संकरा और भीड़ वाला बाजार था जहाँ हुक्कों की नली में चाँदी के तार गढ़े रहते थे और काबुलीवाले अपनी मशहूर चप्पलें बेचा करते थे। विशिष्ट बंगाली पंजिका या पंचांग की यहाँ छपाई होती थी।

शोरगुल भरे चितपुर के ठीक बीच में एक बड़ी प्रभावशाली नाखोदा मस्जिद थी। शिया बहुल यह इलाका हर मुहर्रम में सजीव हो उठता था। मुहर्रम के पूरे दस दिनों तक बिक्री के लिए लखनवी कुरते, बुर्के, जड़ीदार मखमली टोपियाँ और बंडियाँ पसरी रहती थीं।

अगर मन्दिर और मस्जिद बड़ी संख्या में तीर्थयात्रियों को आकर्षित करते थे तो बगल के बहू बाजार में उस नगर के रइसों के द्वारा तवायफ़ों के घर जाना होता था। गपशप वाले अड्डों, यात्रा नाटक और पीतल के बैण्ड बाजे जो विवाह समारोहों में यह गाना (वह बड़ा बढ़िया आदमी है) बजाते थे इनसे चितपुर जीवन्त हो उठता था। ऐसे काम बंगाली संस्कृति की खास पहचान होते थे।

इस हँसी मजाक के साथ वह इलाका अपनी गम्भीरता के लिए जाना जाता था। हँसी मजाक के बिल्कुल विपरीत जोड़ा सांको का भद्र पढ़ा लिखा इलाका भी था जिसका नाम दो काठ और बांस के पुलों पर पड़ा था जो उस पतली नदी के आर पार थे। जोड़ा सांको प्रतिष्ठित ठाकुरों (टैगोर) का स्थान था। यह और भी बहुत प्रतिष्ठित परिवारों का स्थान था जैसे काली प्रसन्न सिन्हा, कृष्णदास पाल, दीवान बनारसी घोष और चन्द्रमोहन चटर्जी। इन उच्चवर्गीय शिक्षितों की उपस्थिति के कारण कई संस्थाएँ पैदा हो गयी थीं जैसे आदि ब्रह्मो समाज, जोड़ा सांको भारती नाट्य समाज, कालिकाता हरिभक्ति प्रदायनी सभा, मिनर्वा लाइब्रेरी और ओरिएन्टल सेमिनरी। इस प्रकार जोड़ा सांको बंगाली पुनर्जागरण का पालना बन गया।

कलकत्ते का यह भीड़ भरा इलाका ही था जिसमें दस साल की गौहर ने अपना पहला प्रवेश सपनों के इस नगर में पाया। उस समय नहीं मालूम हुआ कि जिस नगर को उसकी माँ और वह अपनी गाड़ी की खिड़की से निहार रही थीं वह, लम्बे समय के लिए उनका घर बन जाएगा, उन्हें पाल-पोस कर पेशेवर सफलता के शिखर पर पहुँचा देगा।

खुर्शीद और मलका जान ने कालू टोला में तीन कमरों और पतली दालान

वाला एक छोटा मकान किराये पर लिया। शीघ्र ही उन कमरों में से एक को खूबसूरत आईनों, झाड़फानूसों, मुरादाबादी सुराहियों, चाँदी के पानदानों और सूखे फलों की थालों से एक स्वागत कक्ष में बदल दिया गया। इस बात ने कि मलका जान पहले से ही बनारस की एक जमी-जमाई बाईजी थी उन लोगों के लिए चीज़ें आसान बना दी। स्थानीय तवायफ़ें और धनी संगीत-प्रेमी बनारस की इस जवान और मशहूर गायिका और कवयित्री के विषय में उत्सुक थे जिसके बारे में उन लोगों ने बहुत सुना था और जो अब उनके शहर आ गयी थी। शीघ्र ही मलका को कलकत्ते के बहुत से बाबुओं के घर संगीत आयोजनों के लिए निमन्त्रित किया जाने लगा।

बनारस के धनी जमींदारों और महाजनों की ही तरह कलाओं का संरक्षण कलकत्ते के बाबुओं के हाथों में था जो खेती वाले बड़े रईस थे। शोभा बाज़ार का परिवार सबसे शक्तिशाली और प्रभावशाली रईसों में से एक था। पर धीरे-धीरे उनका स्थान पाश्चात्य शिक्षा प्राप्त नौकरी पेशा शहरी मध्यवर्ग ने ले लिया था जिन्हें अब भद्रलोक कहा जाता था। अंग्रेज़ी शिक्षा के कारण भद्रलोक ने प्रशासन में अच्छे पद प्राप्त कर लिये थे। पूरी उन्नीसवीं शताब्दी भर वे अंग्रेजों के सहकर्मी रहे। सरकार से उनके सम्बन्ध ने थोड़े ही समय में अकूत सम्पत्ति अर्जित करने में उनकी सहायता की और वे नगर के नये बाबू हो गये।

कई भिन्न कारक थे जिन्होंने इन नवधनाढ्यों और नव-शिक्षितों के भद्रलोक की नयी बाबू-संस्कृति को जन्म दिया। अड्डे की इनकी पसन्द जहाँ गपशप के साथ ही समसामयिक प्रश्नों पर इनके जोशीले भाषण और वाद-विवाद चलते थे, ये बाबू उच्चशिक्षाप्राप्त, साहित्यिक और ज्ञान में धार्मिक भी होते थे। यद्यपि ये बाबू अधिकतर हिन्दू थे, वे फ़ारसी, नवाबी संस्कृति और मुग़ल दरबार से गहरे प्रभावित थे। संगीत का संरक्षण और बाईजी लोगों का नृत्य उनके बाबू होने का अभिन्न अंग था। नाच की महफिलें शक्ति और प्रभाव की प्रतीक थीं। दुर्गापूजा, होली और नामकरण संस्कार के समय अपने भवनों में प्रदर्शन के लिए सबसे मशहूर बाईजी को निमन्त्रित करने की उनमें होड़ रहती थी। इन मुज़रों के लिए लम्बा चौड़ा और खर्चीला इन्तजाम किया जाता था और इसमें अनेक खाद्यपदार्थ और विदेशी शराब होती थी।

मलका जान इन मुज़रों में छोटी गौहर को अपने साथ ले जाती थीं और थोड़े ही समय में उनकी शोहरत पूरे शहर में फैल गई। काफी समय के बाद गद्दी से उतारे गये अवध के नवाब वाज़िदअली शाह के दरबार से मलका जान को निमन्त्रण मिला। आनन्द से भरी मलका ने कड़ी मेहनत कर उस अवसर के लिए अपने को तैयार किया जब अपनी प्रतिभा को वह नवाब के समक्ष प्रदर्शित कर सकेगी। उन्होंने उस शाम नवाब की दो मनपसन्द रचनाओं, 'जब छोड़ चले लखनऊ' और 'बाबुल

मोरा नैहर छूटो जाय' को गाने का फैसला किया। जब वह नवाब के भव्य सुल्तानखाना पहुँची तो उन्होंने समझा कि उनके पहले दरबार की सबसे अच्छी गायिका ताहिरा बीबी गाना पेश करेंगी। जब ताहिरा बीवी ने वही दो गाने गा दिए जिनकी उन्होंने योजना की थी तो वे चकित हो गयीं। फिर भी वे घबरायीं नहीं, अपनी योजना पर अड़ी रहीं, उन्हीं रचनाओं को गाया, मगर मर्मस्पर्शी भाव से, क्योंकि घर छोड़ने के दर्द को वह जानती थीं। उनके गायन-सुरों से कैदी नवाब की आँखों में आँसू आ गये क्योंकि उन गीतों में उस अतीत का प्रेम गूँजने लगा जो अपनी खोई बादशाहत के कारण वे महसूस कर रहे थे। उन्होंने मलका को खूब ईनाम दिया और उन्होंने तुरन्त दरबारी संगीतकार के रूप में उनकी नियुक्ति कर दी। उन्होंने छोटी गौहर को आशीर्वाद दिए और उनके लिए एक प्रसिद्ध संगीत-जीवन की कामना की।

उस दिन दरबार में बिंदादीन महाराज, नवाब के दरबारी नर्तक के पुत्र हाज़िर थे। बिंदादीन (1836-1917) को हिन्दुस्तानी संगीत की ठुमरी शैली और उत्तर भारतीय शास्त्रीय नृत्य कथक के विकास में योगदान करने वाले सभी महत्त्वपूर्ण व्यक्तियों में से एक माना जाता है। उन्होंने एक विशेष शैली स्थापित की जिसे लखनऊ घराना कहा जाता है। उनके पिता दुर्गाप्रसाद और चाचा ठाकुर प्रसाद ने वाज़िदअली शाह के दरबार में नर्तक रूप में ख्याति अर्जित की थी। वस्तुतः स्वयं नवाब ठाकुर प्रसाद के शिष्य हुए और उन्होंने दरबार में अपनी बग़ल में बैठने की इजाजत से साथ भाइयों पर बहुत सम्मानों की बारिश भी की। बिंदादीन और उनके भाई कालिका प्रसाद ने कथक में एक पुनर्जागरण किया और उसे कलात्मक उच्चता प्रदान की। बिंदादीन ने नौ वर्ष की उम्र से अपने पिता और चाचा से नृत्य सीखना शुरू किया था। बारह वर्ष के लड़के के रूप में ताल-लय में तबले के जादूगर और कुशल पखावज-वादक पंडित कुदाउ सिंह को चुनौती दी थी। इस झगड़े का निबटारा नवाब वाज़िदअली शाह के दरबार में हुआ था जिन्होंने इस कला के सैद्धान्तिक और व्यावहारिक पक्ष में इस छोटे लड़के का कौशल आश्चर्यचकित होकर देखा। उसके बाद बिंदादीन महाराज ने पीछे मुड़कर न देखा और वे नवाब के दरबार के सबसे प्रतिष्ठित सदस्यों में से एक हो गये।

जवान गौहर की प्रतिभा ने बिंदादीन महाराज का ध्यान आकर्षित किया और उसके उस प्रदर्शन के बाद उन्होंने मलका जान से छोटी बच्ची को पढाने की बात की। माँ और बेटी की खुशी की सीमा न रही। उन लोगों के कलकत्ता आने का उद्देश्य ही था कि नवाब के दरबार में अपनी पहचान बनाना और गौहर को विद्वान शिक्षकों के सामने रखना। शहर आने के थोड़े ही समय बाद ये दोनों लक्ष्य प्राप्त कर लिए गए। उन लोगों ने कथक और उस युग की ठुमरी गायन में अधिकारी विद्वानों

द्वारा प्रशिक्षित होने को ईश्वरीय कृपा माना। इस प्रकार छोटी गौहर के लिए सफलता की खुली यात्रा आरम्भ हो गयी।

गंडाबन्धन के विस्तृत संस्कार के साथ गौहर का बिंदादीन के विद्यालय में प्रवेश हुआ। उत्तर भारत में संगीत सीखने और पढ़ाने का यह परम्परागत संस्कार था। शिक्षक अपने छात्रा की कलाई में पवित्र धागा बाँधता था। यह धागा इस प्रतिज्ञा का प्रतीक था कि शिक्षक और छात्रा कला की साधना कर रहे हैं। विद्यार्थी को इस संस्कार के बाद खाने के लिए काला चना और गुड़ दिया जाता था। यह इस बात का छात्रा को सन्देश देना था कि कला ऐसी चीज़ है जिसे आसानी से प्राप्त नहीं किया जा सकता और उन सूखे काले चनों की तरह यह एक कठिन कार्य है। किन्तु उत्साह के चिह्न की तरह गुड़ यह बताने के लिए दिया जाता था कि कठोर रियाज का परिणाम मीठी सफलता होगी।

एक कठोर शिक्षक के रूप में जाने जाते बिंदादीन ने उस 11 वर्ष की लड़की की दिनचर्या कठोर बना दी। चूँकि वह ज्यादा समय के लिए कलकत्ते में नहीं रुकते थे, अपना पाठ उनके साथ-साथ चालू रखने के लिए गौहर को उनके साथ कभी-कभी उनके गृह नगर लखनऊ जाना पड़ता था। उनकी लयदार ठुमरियों को सुनना और उन्हें नृत्य करते हुए देखना, सीखने का एक बड़ा अनुभव था जो भाव अभिनय की गहरी जानकारी से अलग चीज़ थी। एक और छोटी लड़की जो बाद में चलकर मशहूर गायिका हुई वह थी आगरे की जोहराबाई जो बिंदादीन महाराज की छात्रा थी और सीखने के लिए अक्सर लखनऊ जाया करती थी। बिंदादीन की अपनी अभ्यास कक्षाएँ बहुत प्रसिद्ध थीं। कहा जाता है कि अपनी लयकारी की गतों में से एक "धिग धा धिग धिग" का एक दिन में 12 घंटे और दक्षता के लिए पूरे तीन वर्ष अभ्यास किया। गौहर में कला के लिए उन्होंने वही अनुशासन और लगाव पैदा किया। और उसे इस सारे प्रशिक्षण को आत्मगत करने की सहज दक्षता थी।

मलका जान चाहती थी कि उनकी बेटी की जानकारी की सूची का विस्तार हो। इसलिए उन्होंने बंगाली गीतों को सीखने के लिए गौहर को प्रसिद्ध वामाचरण भट्टाचार्य के पास भेजा जो पंचकोट के महाराज के दरबारी गायक थे और नवाब वाज़िदअली शाह के दरबार के प्रतिष्ठित मेहमान भी थे। रमेश चन्द्र दास बाबा जी ने गौहर को भक्ति के बंगाली कीर्तन सिखाए जो चैतन्य महाप्रभु के द्वारा स्थापित वैष्णव परम्परा का आवश्यक भाग था। सृजन बाई ने उसे और ध्रुपद धमार का गूढ़, ध्यानपरायण रूप सिखाया। उन दिनों पुराने हिन्दुस्तानी संगीत के रूपों में से एक ध्रुपद धमार का गहरा ज्ञान ख्याल और ठुमरी के गायकों के लिए बहुत जरूरी माना जाता था। इसके अलावे मलका जान ने कुछ अंग्रेज़ी सुरों में गौहर को गाना सिखाने के लिए श्रीमती डी. सिल्वा को नियुक्त किया। उन्होंने खुद अपनी बेटी को उर्दू

और फ़ारसी पढ़ाई, और कविता लिखने की कला भी सिखाई। थोड़े ही दिनों में गौहर कई भाषाओं जैसे हिन्दुस्तानी, बंगाली, अंग्रेज़ी, अरबी, फ़ारसी, उर्दू में लिखने और गाने के योग्य हो गयी और अंग्रेज़ी और फ्रेंच भी बोल लेती थी।

इस प्रकार मलका जान ने अपनी बेटी के लिए संगीत और साहित्य में उत्तम शिक्षा दिलवाई। वह जानती थी कि उनके समाज के लोगों की यही एकमात्र पूँजी थी और उनकी सफलता के लिए इस कला के सभी पक्षों में दक्षता परम आश्वयक थी। गौहर की संगीत और नृत्य के लिए जन्मजात प्रतिभा और प्रेम, साथ ही समझ और तेज़ यादगार ने यह सुनिश्चित किया कि शिक्षकों के अनेक प्रकार के वर्ग उनपर कोई बोझ न बनें बल्कि उसी कला के विभिन्न पक्षों को जानने का आनन्दपूर्ण अभ्यास बने।

इसी बीच मलका जान ने उर्दू में कविताएँ लिखना जारी रखा। उनकी कविताएँ परम्परागत उर्दू कविता की शैली और नियमों के अनुसार होती थीं और उर्दू भाषा पर उनके अधिकार को बताती थीं। इसके लिए उस प्रशिक्षण को साधुवाद जो उन्होंने बनारस में पाया था, फिर भी उनकी रचनाओं मे निराशावाद और दुख का भाव उनके प्रारम्भिक जीवन के संघर्षों को व्यक्त करता है। चूँकि वे खूब लिखने वाली थीं उनके मित्रों और शुभचिन्तको ने मलका जान को 'मखजाने उलफते मलका' या 'मलका का प्रेम-कोष' शीर्षक से काव्य संग्रह प्रकाशित करने की राय दी। गौहर ने इस पुस्तक के लिए प्रशंसात्मक सन्देशों में से एक लिखा। यह दीवान 22 अक्टूबर 1886 को मुहम्मद वजीर द्वारा रिपन प्रेस नम्बर 6, रामप्रसाद साहा लेन, कलकत्ता ने प्रकाशित किया। इसने एक स्वीकृत कवयित्री के रूप में मलका को प्रतिष्ठित कर दिया।

शिक्षित उच्च वर्ग में मुशायरा एक नियमित चीज़ था। अपनी कविताओं के पाठ के लिए और गज़ल के लिए, प्रसिद्ध कवियों को निमन्त्रित किया जाता था। गज़ल का लोकप्रिय विषय था प्रेम में वियोग। शराब की सुराही और बुलबुल, टयूलिप और गुलाब ह्दयहीन प्रेमी के काले लहराते बाल, वियुक्त प्रेमिका के बहते आँसू और खून के रूपक मध्ययुग के फारस तक जाते है जहाँ कहा जाता है कि यह शैली जन्मी। निस्सन्देह अन्य विषयों पर भी गजलें लिखीं गयी। तरन्नुम ऐसी गजलें थीं जिनका आसानी से सुर लग जाता था और मुख्यतः गाने के लिए लिखी जाती थीं। मुशायरे जबकि मित्रों की अनौपचारिक बैठकें थे, बड़े पैमाने पर अवध, लखनऊ और कलकत्ते में संगठित मुशायरे सुन्दर उत्सव होते थे और रात भर चला करते थे। वे युगों से चलते नियमों और शिष्टाचार से संचालित होते थे। जो कवि पाठ करने वाला होता था उसके सामने एक मोमबत्ती रखी जाती थी। पाठ करने वाले कवि के लिए कविता की जानकारी न होने की विनम्रता को कार्यक्रम का हिस्सा

माना जाता था। तब उसे साथी कवियों के द्वारा मनाया, खुश किया जाता था जिससे वह अपने काव्यकोष से नये रत्न निकाले। कैसे शिष्टाचार नवाबी दरबारों में पाखंड तक पहुँच जाता था यह इसका एक उदाहरण है।

सामान्यत: मुशायरा छोटे और हास्यरस के कवियों से शुरू होता था और बड़े काबिल कवि अपने श्रोताओं को बैठक के अन्त में आनन्दित करते थे। श्रोताओं में यह रिवाज था कि पाठ के बीच में वे कई बार प्रशंसा में और कवियों और काव्यपाठ की प्रेरणा देने को 'वाह-वाह' और 'सुबहान अल्लाह' बोलते थे। फिर भी बुरी तरह रची कविताओं की आलोचना भी करते और उनकी जोर की हँसी उड़ाने में भी नहीं हिचकते थे।

कविता धार्मिक कामों का भी एक महत्त्वपूर्ण हिस्सा होती थी। मुहर्रम पवित्र पैगम्बर के घर के इमाम हुसैन की ईस्वी सन् 680 के कर्बला-युद्ध में हुई शहादत की याद दिलाता है। मुहर्रम के दस दिनों में शिया मुसलमान अपने इमाम की मृत्यु का शोक मनाने और उनकी हार और मृत्यु की दुखभरी कहानी कहने के लिए सभा में इकट्ठे होते हैं जिसे मज़लिस कहा जाता है। शोक मनाने के बाद उसी विषय पर कवियों द्वारा लम्बा काव्य-पाठ होता है। श्रोता दर्द और सहानुभूति में रोते बिलखते छाती पीटते और ज़ोर से 'या हुसैन या हुसैन' चिल्लाते थे। दसवें दिन हुसैन की कब्र के प्रतीक रूप में गलियों में ताज़ियों का जुलूस निकालते थे। जुलूस के साथ अपने को चाबुक से पीटना और नंगे पाँव अंगारों पर चलना भी होता था। शोकगीत जिसे उर्दू कविता में मर्सिया कहते हैं उसे 19वीं सदी के कवियों मीर बाबर बली अनीस और मिर्जा दबिर के द्वारा एक विशेष शैली प्रदान की गयी थी। वही कविताएँ जिन्हें करुण स्वर दिया जाता था उन्हें सोज़ कहते थे। इस प्रकार संगीत, और काव्य वह माध्यम हो गये जिनके द्वारा खुशी, दुख, अतृप्त प्रेम और धार्मिक पहचान व्यक्त होती थी।

अब मलका जान का पैर एक संगीतकार के रूप में वाज़िदअली शाह के दरबार में जम गया, उनकी प्रसिद्धि फैल गयी और किस्मत बदल गयी। तीन वर्षों के भीतर 1886 में कलकत्ते के उसी चितपुर रोड में जहाँ वे पहले रहती थीं एक पूरा भवन खरीद लिया गया। नं. 49, चितपुर रोड का विशाल तीन मंजिला महल किसी हाजी मुहम्मद करीम सिराजी से 40,000/- रुपये में खरीदा गया था। तीनों मंजिलों की रजिस्ट्री तीन अलग घरों 49, 49/1 और 49/2 के रूप में हुई थी। मलका ने इसके एक हिस्से को आशिया और उसके बेटे भगलू को दान कर दिया। वे दोनों परिवार से एक हो जाने के लिए मुसलमान हो गये। तदनुसार ईद के अवसर पर एक मौलवी को बुलाया गया और शहर के धर्मतला मस्ज़िद में दोनों ने इस्लाम कबूल कर लिया।

नं. 49, चितपुर रोड महफिलों और मुज़रों के लिए मशहूर जगह हो गया, और अपनी पुस्तक की सफलता के कारण बड़े कवि भी उनकी खोज करने लगे। प्रसिद्ध उर्दू कवि दाग़ देहलवी अपनी प्रेमिका हजब से भेंट करने कलकत्ता आये और कहा जाता है कि उनके काव्य की सुन्दरता की गहरी तारीफ व्यक्त करने को वे मलका जान के यहाँ गये। अकबर इलाहाबादी मलका के समकालीन थे और उनके लिए बड़ा आदर रखते थे।

जब वह अधिक सफल और सम्पन्न होती गयीं तब मलका ने उदारता से नाखोदा और धर्मतला मस्जिदों और इलाके के मदरसों को भी दान देना आरम्भ किया। उन्होंने कलकत्ता इम्प्रूवमेण्ट ट्रस्ट को भी दान दिया जिसे कलकत्ते के विकास के लिए सृजित किया गया था। मलका के लिए गरीबी से सम्पन्नता तक की सचमुच एक कठिन यात्रा थी और जहाँ वह पहुँची थीं उसके लिए उन्होंने कठिन परिश्रम किया था। लगातार उनका साथ खुर्शीद ने दिया, ऐसा आदमी जिसने उनके साथ यात्रा तो आसक्ति के कारण शुरू की थी, किन्तु कहीं उस यात्रा से उनके भीतर आदर स्नेह का भाव विकसित हो गया था। अपनी तरफ से खुर्शीद से मिलनेवाली सहायता के कारण वे भी खुर्शीद के प्रति ऋणी थी। स्थिति हालाँकि बिल्कुल बदल गयी थी। अब यह मलका थीं जो खुर्शीद और उनके गिरते व्यापार की सहायता कर रही थीं।

फिर भी ज्यादा समय न बीता कि खुर्शीद के पुरुषत्व का अभिमान मलका पर अपनी निर्भरता को बुरा मानने लगा। उन्होंने मलका से दूरी बनानी शुरू की। अमीरों के साथ उनके लगाव ने खुर्शीद को और दूर करना शुरू किया और उन्हें असुरक्षित बना दिया। कलकत्ते की प्रसिद्ध बाईजी के सामने वे अब अपने को छोटा और महत्त्वहीन अनुभव करने लगे। मलका ने उन्हें अपना पहला रूप लौटाने का आग्रह किया लेकिन खुर्शीद को तो कीड़े ने काट लिया था। वे घर से लम्बे समय तक दूर रहने लगे थे।

1885 की एक सुहानी सुबह पुलिस के एक सिपाही ने 49, चितपुर रोड का दरवाज़ा खटखटाया। चौकन्नी मलका अपने दरवाज़े पर एक पुलिस अधिकारी को देखकर बदहवास हो गयी। भयभीत, त्रस्त मलका को बताया गया कि पिछली रात खुर्शीद की हत्या कर दी गई थी और उनका मृत शरीर तिरेत्ता बाजार के नजदीक नाले में पाया गया था। जोर-जोर से रोने और शोक मनाने के बीच उस शरीर को 49 चितपुर रोड के रहने वालों ने पाया। अपने मित्र और शुभचिन्तक की अचानक मृत्यु के बाद मलका गहरी निराशा में चली गई। गौहर अपने पिता को खोकर जार-जार रोई। उसे इस तरह पाला गया था कि वह विश्वास करे कि खुर्शीद ही उसका अपना पिता था। जब कई दिनों के बाद भी वह बेचैन थी तो मलका ने उसे दुख से बाहर

निकालने के लिए रॉबर्ट विलियम येवॉर्ड के बारे में सच्चाई बताई। उनके जीवन की उसके साथ दुख भरी कहानी ने गौहर को और चोट पहुँचाई। अब तक उसने खुर्शीद को आदर और प्रेम किया था। उसकी मृत्यु के बाद उसको यह कहा जाना कि उसके पिता एक आर्मीनियन सज्जन थे जिन्होंने उसे छोड़ दिया था जब वह मात्र छः साल की थी, उसके लिये एक बहुत बड़ा धक्का था। इसने गौहर को तोड़ दिया। उसके भीतर एक गहरी इच्छा ने उस आदमी का सामना करने के लिए जन्म लिया जो उसका असली पिता था और उसे सवाल करना था कि उसने परिवार को क्यों छोड़ दिया। किन्तु मलका ने कहा कि वह रॉबर्ट का पता नहीं जानती। वास्तव में राबर्ट से कोई सम्बन्ध न रहा जब तलाक की कठोर प्रेमहीन घोषणा के बाद उसने उन लोगों को छोड़ दिया था। अपने जन्मदाता के बारे में इस निर्मम सत्य से समझौता करने में गौहर को बड़ा लम्बा समय लगा। इसने बहुत दिनों तक उसके दिल को दुखाया।

दिन बीतते गये। अब गौहर औरत बनने के किनारे एक जवान लड़की हो गयी थी। 1886 में जब वह तेरह साल की थी उसके जवान होने पर चितपुर के घर में बड़ा उत्सव मनाया गया! गौहर की नजदीकी दोस्त बदरे मुनीब चौधराइन जो करीब-करीब उन्हीं की उमर की थी, ने भी उस उत्सव में भाग लिया। कलकत्ते के सभी बड़े रईस और मशहूर बाई जी लोगों को उत्सव में बुलाया गया था। खैरागढ़ के बूढ़े राजा भी उस अवसर पर उपस्थित थे। एक धनी और ऐय्याश आदमी के रूप में बहुत तवायफ़ों के कोठों पर उनकी उपस्थिति रहती थी।

तवायफ़ के जीवन में उम्र पार कर जवान होने का उत्सव बहुत महत्त्व रखता था। कौमार्य भंग के इस संस्कार को नथ उतारना, नथ उतरायी या केवल नथी कहा जाता था जो यह संकेत करता था कि अब लड़की प्रदर्शन करने वाली कलाकार के पेशे में प्रवेश करने के लिए नियमत: तैयार थी। इस क्षण के बाद से लड़की नाक का यह गहना बदलकर मोती की मामूली नथुनी या हीरे जड़ी कील धारण करती थी जो सयानी औरत पहनती थी। तवायफ़ के घरों में चौधराईन विज्ञापन करती थी एक 'नथ बाबू' के लिए, वह आदमी जो उस लड़की से विवाह करने के लिए काफी दहेज देने को तैयार होता था या आर्थिक रूप से और नजदीकी साथी के रूप में उसकी मदद के लिये तैयार होता था। यह एक प्रकार का ठेके पर आधरित सम्बन्ध होता था। नथ उतारायी के साथ खूब खुशी, संगीत, नृत्य और मजे किए जाते थे। 'नार्थ इंडियन विमेन म्यूजिशियन्स ओर उनकी बातें' नामक तवायफ़ों पर अपने लेख में अमिलिया मैसिसजेब्स कहतीं हैं कि तवायफ़ों के द्वारा गाये गए अनेक गानों में नथ उतराई संस्कार के सूक्ष्म संकेत होते थे।

वह बनारस की मशहूर तवायफ़ रसूलनबाई के चइती रेकॉर्ड का उदाहरण देती हैं—

एही ठईयाँ मोतिया हेराई गइले राम
ना कोई आयेला ना कोई जायेला
चोर बटाऊ घर से बाहर ना जायेला
ऐही ठईयां मोतिया हेराई गइले राम।

ये गीत एक किशोरी तवायफ़ के कौमार्य-भंग और उस स्थिति को जिसे वह मुश्किल से सँभाल पाती है बड़े महीन ढंग से व्यक्त करते हैं। उस विधि के समय तवायफ़ की जो भी उम्र हो, ये संसार को बताने का तरीका था कि उसे अपने उपकारकर्त्ता के साथ सम्बन्ध बनाने और उसे विषय-सुख देने की स्वीकृति मिल गयी है।

चितपुर रोड पर यह संस्कार भोर तक चलता रहा। संगीत के साथ शराब की धारा बहती रही। कुछ मेहमान आधी रात होने पर निकल गये, जबकि दूसरे जमे रहे। मलका जान खुशी में इतनी डूबीं कि वह शराब पीकर सो गयी।

जब वह भोर होते चौंक कर उठीं तो अपनी बेटी को बगल के कमरे में खैरागढ़ के बूढ़े राजा के साथ सोयी देखकर आहत हो गयीं। गौहर ने खुद पिछली रात पी लिया था और समझ न पाई कि उसे समझौता कर लेना और उस बूढ़े की कामवासना का शिकार हो जाना पड़ा। उसकी बेटी का नाजायज फायदा उठाने के लिए गुस्से से भरी मलका उस बूढ़े पर चीख पड़ी और यह उस वक्त जब बूढ़े को मुश्किल से पता था कि वह बेटी के साथ क्या कर रहा था। आहत गौहर माँ को चिल्लाती सुन उठी और मलका के निन्दक स्वर के बीच और आँसुओं से भरी कमरे से बाहर छिपने को भागी।

यह बहुत बुरा हुआ कि गौहर का नाज़ायज फायदा उठाया गया। उसे यह जानकर कि वह गर्भवती है बड़ी चोट लगी। मलका जान ने तुरन्त उसे अपनी एक औरत सम्बन्धी के यहाँ बरूईपुर के घुटियारी शरीफ भेज दिया। पूरे कलकत्ते को उसकी अनुपस्थिति का पता चला और तरह-तरह के सवाल खड़े होने लगे कि अपनी तेरहवीं वर्षगाँठ के बाद ही कहाँ यह उगता नक्षत्र गायब हो गया। सच्चाई को छिपाने के लिए विश्वास दिलाने वाली कहानियाँ गढ़ने में बड़ी दिक्क त का सामना करना पड़ा। घुटियारी शरीफ में गौहर बड़ी दुखद स्थिति में थी। उसने समय से पहले एक मरे बच्चे को जन्म दिया। शारीरिक और मानसिक दुख असह्य था। अन्त में जब वह कलकत्ता लौटी तो वह इस आघातपूर्ण अनुभव से टूट चुकी थी और विषाद की अवस्था से ग्रस्त हो गयी थी।

निरुत्साह से बाहर निकालने के लिए मलका उसे अपने साथ महफिलों में ले जाने लगीं। यद्यपि शुरू में उनका साथ देने में वह हिचकिचाई पर छोटी और नम्र होने के कारण शीघ्र ही वह माँ का संगीत में साथ देने पहुँच गयी। ऐसी एक घटना

दरभंगा दरबार में जहाँ मलका प्रदर्शन के लिए निमन्त्रित थीं, गौहर के पेशेवर जीवन में, एक मोड़ साबित हुई। स्वयं जाने के बजाय मलका ने गौहर को वहाँ भेजने का फैसला किया। उन्होंने सोचा कि यह गौहर के लिए एक अच्छा कार्यारम्भ होगा और संगीत में उसकी संलग्नता उसके जीवन में कुछ खुशी लायेगी।

दरभंगा राज्य के मुख्यालय की उत्पत्ति महेश ठाकुर जी के कारण हुई जिन्हें सम्राट अकबर ने मिथिला क्षेत्र (आज का बिहार राज्य) का टैक्स अधिकारी नियुक्त किया था। धीरे-धीरे इस परिवार ने दरभंगा में जड़ें जमायीं और यह भारत की सबसे बड़ी जमींदारी बन गयी। जमींदारी उन्मूलन के समय यह सबसे अच्छी तरह प्रबन्धित जमींदारी भी मानी गयी। 'महाराजा' की पदवी ग्रहण कर, ये जमींदार राजा की तरह रहते थे और शिक्षा, स्थापत्य, संगीत और साहित्य के बड़े संरक्षक भी थे। 19वीं शताब्दी तक उत्तर में दरभंगा हिन्दुस्तानी शास्त्रीय संगीत का महत्त्वपूर्ण स्थान बन गया। ध्रुपद के उनके संरक्षण से एक अलग दरभंगा घराने की सृष्टि हुई जिसे दरभंगा के मल्लिकों ने प्रसारित किया। महाराज लक्ष्मीश्वर सिंह बहादुर (1860-1898) एक जाने-माने दानकर्त्ता और संगीतप्रेमी और स्वयं एक दक्ष सितारवादक थे। ऐसे विद्वान कलाप्रेमी और संगीतकार के सामने प्रदर्शन करना गौहर के लिए बड़ी प्रतिष्ठा की बात थी।

बड़ी हिचकिचाहट से गौहर ने दरभंगा की यात्रा की। अभी तक उसने केवल अपनी माँ के साथ गाया था, लेकिन अब उसे माँ की सुरक्षित गोद से बाहर निकलने का अवसर दिया गया था। स्वभावतः वह थोड़ी घबरायी थी। अपने गुरुओं से सालों तक पाये कठोर प्रशिक्षण की परीक्षा होने वाली थी और उसे सफल होकर निकलना था।

महाराजा लक्ष्मीश्वर सिंह का बड़ा और प्रभावशाली व्यक्तित्व तत्काल आदर की माँग करता था। विशाल लक्ष्मीविलास (जिसे आनन्दबाग भी कहा जाता था) महल में इस युवा कलाकार का ज़ोरदार स्वागत किया गया। गौहर ने शीघ्र ही आरम्भिक भय को दबा लिया और यौवनपूर्ण मधुर आवाज में लगभग प्रारम्भिक सुरों से ही श्रोताओं को मुग्ध कर दिया। उसकी सधी आवाज और मोहक रूप ने उसके प्रथम प्रदर्शन को बड़ी सफलता प्रदान की। उसने भावों से गीतों को भर दिया और बड़ी सहजता से सुरों के संश्लिष्ट उतार-चढ़ावों को प्रस्तुत किया। सारा वातावरण 'वाह-वाह' की प्रशंसा से गूँज उठा। हर व्यक्ति ने इस नये नक्षत्र को स्वीकार किया और उचित स्थान पर उसको स्वीकृति दी। महाराजा ने उसकी प्रस्तुति पर अत्यन्त संतोष व्यक्त किया और गौहर को खूब पुरस्कृत किया। उसी दिन से उसे दरभंगा राज के दरबारी संगीतकार के रूप में नियुक्त किया गया। गौहर को यह महान सफलता और बड़े पुरस्कार एक परी-कथा की तरह लगे। पेशे से उसने

सफलता की पहली सीढ़ी पार कर ली थी, लेकिन अपने व्यक्तिगत जीवन में वह अभी भी दानवों से युद्ध कर रही थी।

दरभंगा समारोह में उसकी सफलता ने इस योग्य बना दिया कि वह अपने नाम में एक प्रत्यय जोड़ ले और अब से 'गौहर जान' पुकारी जाय।

गौहर एक प्रिय जवान स्त्री थी। उसका सुन्दर रूप, गोरा रंग, उन्नत ललाट, बीच में जुड़ी धनुषाकार भौंहें, मोहक आँखें, मंझोले कद, सुन्दर कद-काठी, लम्बे, काले और घुँघराले बाल और उसका चुम्बकीय व्यक्तित्व श्रोताओं को स्वभावत: उसकी ओर आकर्षित करता था। गौहर न केवल बड़ी प्रवीणता से गाती थी बल्कि उसने अपनी माँ की तरह अनेक उपनामों जैसे 'हमदम' और 'गौहर पिया' से गीत-रचना भी शुरू कर दिया था। दरभंगा में अपनी सफलता के बाद कलकत्ते में विभिन्न घरों और बाहर से भी उसके पास महफिल के अवसरों की बाढ़ आ गयी। उसकी उपस्थिति के बिना किसी सम्माननीय मानी जाने वाली महफिल को अधूरा माना जाता था। उन दिनों की एक मशहूर कहावत थी 'गौहर के बिना महफिल, जैसे शौहर के बिना दुल्हन'।

पेशेवर सफलता ने जो सारी खुशी उसे दी थी, उसके बावजूद गौहर खिन्न और अन्तर्मुखी बनी रही। वह उस आदमी को खोज रही थी जो अपने सच्चे और अटूट प्रेम में उसे बहा ले जाये।

ज्यादा दिन नहीं बीते थे कि वह उसके दरवाज़े पर दस्तक देने आ गया।

ऐ मुहब्बत तेरे अंजाम पे रोना आया
जाने क्यों आज तेरे नाम पे रोना आया

—शकील

5.
प्रेम का पुष्पित होना

1887 का जाड़ा गौहर के लिए खास कष्टदायक था। घुटियारी शरीफ की उसकी यात्रा उसके जीवन के बहुत दुखद अनुभवों में से एक थी और बहुत वर्षों तक उसके दिमाग में घूमती रही। जब वह कलकत्ते के ठंडक भरी और कुहासे वाली सुबहों में लौटी तो उसे लगा कि ये उसके मन की अभिव्यक्तियाँ ही हैं। उदासी की स्थिति से गौहर को बाहर निकालने के लिए मलका ने सभी प्रयत्न किए और गौहर ने भी एकाग्रचित से अपने संगीत जीवन पर स्वयं को केन्द्रित कर उनका साथ दिया। उन्होंने अपने मार्मिक धुनों के द्वारा अपने अतीत की स्मृतियों को दूर करना चाहा। जिस दर्द से गौहर गुजरी थी वह उसके स्वर में गूँजता था और उसका संगीत श्रोताओं को और भी प्रभावित करता था। एक शाम उनके नये दलाल युसुफ ने जिसने मुजरे के लिए ग्राहकों से नफे के सौदे की बात की दो जवान लोगों को भीतर लाया। जब वे मुख्य हॉल में मलका के पास जा रहे थे, तब पर्दे के पीछे से गौहर ने उन्हें देखा। उनमें से एक चौड़े कन्धे और तीखे नाक नक्श, ऊँचे ललाट, चमकती आँखों वाला आदमी था। उसकी नयी निकली मूछों से उसकी उम्र का पता लग जाता था। मलका जान को प्रशंसात्मक और रईसी तरीके से अभिवादन के बावजूद उसमें एक प्रकार की घबराहट भी थी। दूसरा भला आदमी उससे उम्र में ज्यादा था और अपने को पीछे रख रहा था। युसुफ ने मलका के कान में कुछ फुसफुसाया और वह तुरन्त खड़ी हो गयी, और उन लोगों का स्वागत किया और हँसी-मजाक की बात करने लगी। जैसे ही मलका जान ने उन्हें आराम से बैठने को कहा, नौकरानी ने उन लोगों के सामने शर्बत पेश की। माफी माँगते हुए मलका गौहर को सूचित करने भीतर गयी कि बनारस के प्रसिद्ध राय परिवार के मुखिया राय छग्गन दूर बनारस से उसे सुनने के लिए कलकत्ता आए हैं। उसने कहा कि उनके दोस्त मनोहर उनके साथ हैं। छग्गन में कुछ ऐसा था जिसने गौहर को उसी क्षण उसकी ओर आकर्षित किया

जब वे भीतर आ रहे थे।

उस शाम बनारस के रईस मेहमानों के लिए गौहर ने अपना एक सर्वोत्तम प्रदर्शन प्रस्तुत किया। 'बोल बनाओ' ठुमरी जिसमें वह प्रशिक्षित थी इस नजदीकी गिरोह के लिए विशेषकर उपयुक्त था। जैसा कि रिवाज था गौहर ने बैठकर गायन किया और चेहरे के भावों और हाथ के इशारों से नृत्य की गतियों से रचना के भाव-विस्तार के साथ आशु संकेतों से राग की सुन्दरता को प्रकट किया। छग्गन इस प्रदर्शन से मन्त्रमुग्ध हो गये, गौहर के अप्रतिम सौन्दर्य ने उन पर पूरा जादू कर दिया था। उपहार के रूप में उन्होंने गौहर को एक कीमती मोतियों का हार दिया। उसके बाद वे कई शाम आये और हर बार गौहर के द्वारा प्रदर्शन के बेजोड़ और खास शैली पर झूम उठते। कामदेव ने बाण मार दिया था।

एक शाम छग्गन ने अपने साथ गौहर को ले जाने के लिए मलका से आग्रह किया। कलकत्ते के लिए वे नये थे और शहर की चारों ओर किसी के साथ सैर करना चाहते थे जो उस जगह को अच्छी तरह जानता हो। मलका सहमत हो गयी मगर उनके जाने के पहले गौहर को चौकन्ना और होशियार रहने को कहा। घोड़े जुटे फीटन में चित्तपुर से मैदान और वायसराय भवन होकर वे शहर में निकले। यह बड़े दिन का समय था और कलकत्ता एक दुल्हन की तरह सजा था। दोनों युवा गाते और बात करते चले जा रहे थे। छग्गन खुद एक कवि था और उसने गौहर की सुन्दरता की प्रशंसा में आशु कविताएँ बनायीं और गौहर की खुशी का ठिकाना नही रहा।

बहुत खुशी भरी शाम के बाद जब वे लौटे तो छग्गन ने गौहर से कहा कि यह कलकत्ते में उसकी आखिरी शाम थी क्योंकि उसने बनारस लौटने की योजना कर ली थी। गौहर की आँखों में आँसू आ गये। उसने उसका हाथ थामा और बोली 'अगर मैं तुम्हें नहीं जाने दूँ तो क्या होगा? क्या तुम रुक जाओगे? क्या मैं कुछ ही दिनों की कला श्री थी?' छग्गन तुरन्त घुटनों के बल झुक गया और उसको अपने साथ बनारस चलने के लिए कहा। 'तुम वहाँ मेरे साथ एक रानी की तरह रहोगी' उसने वचन दिया। गौहर तो उसकी इस देन को स्वीकारने की बड़ी इच्छुक थी, लेकिन उसे अपनी माँ की आज्ञा लेने की जरूरत थी।

जब मलका ने इस बेतुके प्रस्ताव को सुना तो पहले तो वह गुस्से से लाल हो गयी। गौहर ने अपने लिए प्रतिष्ठा अर्जित कर ली थी और उसका कला-जीवन प्रगति करने लगा था। बनारस लौट जाना और एक धनी आदमी की रखैल बन जाने का अपने आप अर्थ होता उसके संगीत जीवन का अन्त। फिर भी मलका जानती थी कि उसकी बेटी सच्चे प्रेम के लिए बेचैन थी और अगर वह जबरदस्ती उसे रोकने का प्रयास करेगी तो वह भाग जायेगी। उसने अपनी बेटी की आँखों में प्रेम की गहराई देख ली थी और जान गई थी कि सबसे अच्छा उपाय था बेटी को जाने देना।

इस प्रकार 1887 के जाड़े में गौहर ने अपना बोरिया बस्ता बाँधा और वह जिस व्यक्ति से प्रेम करती थी उसके साथ चली गयी। बेटी की अनुपस्थिति में छग्गन ने मलका को पाँच सौ रुपये भेजने का वादा किया। गौहर के लिए यह एक अतीत प्रेम के शहर को लौटना था जो उसके बचपन का घर रहा था—वही घाट, नदी गंगा और तवायफ़ों की बैठकें। छग्गन ने एक घोड़े के अस्तबल को केवल अपने दोनों के लिए एक सुन्दर आवास में बदल दिया था। उस बंगले के चारों तरफ एक सुन्दर बगीचा था। बागीचे के बीच में शेफिल्ड से खास कर मँगवाया गया लोहे का एक झरना खड़ा था—गौहर के लिए नजारा देखने के लिए एक बुर्ज भी था। ये वे दिन थे जब गौहर को दुनिया में किसी की चिन्ता नहीं थी। गायन के कोई कार्यक्रम नहीं थे जिनकी वह फ़िक्र करे। केवल एक आदमी था जिसकी उसको प्रतीक्षा रहती थी। वह उस सुन्दर बंगले में सारा दिन बिताती थी जहाँ उसकी हर चाहत पूरी करने को तैयार नौकर चाकरों के साथ सुख के साधनों की कोई कमी नहीं थी। सारा समय संगीत और नृत्य के रियाज करने के लिए उसके पास था। जब शाम आती थी तो छग्गन के आने की उम्मीद में उसका मन बेचैन हो जाता था। वह अपने को सजा लेती थी, हर शाम उसके आलिंगन में बँध जाने को। बनारस की जाड़े की उन कँपकँपाती रातों में, खासकर जब पूर्णिमा का चन्द्रमा आकाश में उठ रहा होता था, जब बागीचे में कालीन बिछे होते थे जहाँ वे आगोश में लेटे हों, खिलते फूलों की सुगन्ध, हुक्कों के गुड़गुड़ाने और पान की मीठी महक के बीच छग्गन की स्नेहपूर्ण उपस्थिति गौहर के लिए एक अविश्वसनीय सपना-सा था। 'छग्गन पिया' उपनाम से गौहर ने कविताएँ रचनी शुरू कीं और कुछ अपने उपनाम 'गौहर पिया' से। छग्गन भी अपनी प्रेमिका की खुशामद में कुछ नयी शौकिया कविताएँ अंग्रेज़ी में लिखता था जैसे 'व्हेअर हैव यू गॉन माई बिलवेड जान, लीविंग माई हार्ट असंडर'।

चाँदनी भरी बहुत सी रातों में कॉफी राग में रची गौहर की मधुर रचना गूँजती थी। एक गीत जो होली उत्सव के लिए कृष्ण और राधा के अनन्त प्रेम के रूपक पर उसने रचा था आज भी अत्यन्त मशहूर है।

कैसी ये धूम मचायी कन्हैया रे
अरे कन्हैया रे, गारी हमें तुम देत
रंग छिड़कत हो, बाँह गहत हो
देत हूँ राम दुहाई, कैसी ये धूम मचाई
देखो श्याम तोरे हाथ न आऊँ
इत लाखों करों चतुराई, कैसी ये धूम मचाई
अरे कन्हैया रे गारी हमें तुम देत

इत गौहर प्यारी से नेहिया लगा के देखत हो नार पराई?
खेलन लागे संग नार पराई, कैसी ये धूम मचाई?

जब गौहर अपने सपनों की दुनिया में तैर रही थी, उसके घर कलकत्ते में मलका जान अपने कष्टों का मुकाबला कर रही थी। उनका विश्वासी मित्र आशिया लम्बी बीमारी के बाद मर गयी। आशिया का बेटा भगलू जिस पर मलका ने अपने स्नेह की वर्षा की थी और उसे अपने बेटे की तरह माना था बुरी संगत में पड़ गया था और रास्ता भटक रहा था। वह बुरी आदतों पर पैसे बहाने लगा था और हर बार पैसा खत्म हो जाने पर गरीब अनाथ होने और दूसरी कहानियाँ गढ कर मलका की सहानुभूति अर्जित कर उनसे पैसा ऐंठना चाहता था। खुर्शीद की मौत के बाद वह ज्यादा शोख हो गया था।

कुछ शुभेच्छुओं की राय पर मलका ने चीनी बर्तन की दुकान खोलने का एक छोटा व्यापार उसके लिए शुरू करने का फैसला लिया। मगर भगलू वैसा आदमी था जिसके लिए काम नफरत की चीज़ था और खाली घूमना ही असली चीज़। उसने अपने व्यापार पर ध्यान नहीं दिया और शीघ्र ही कर्ज में फँस गया। एक बार फिर डूबते हुए व्यापार से उसे निकालने के लिए उसने मलका से अनुरोध किया।

शादी को सारी बुराइयों की अन्तिम दवा मानकर मलका ने भगलू के विवाह का फैसला लिया। उन्होंने सोचा कि इससे उनमें थोड़ी जिम्मेवारी आयेगी। उनके रसोइयादार नजिबा ने रेहाना का नाम लिया जिसके पिता नूरअली का तिलजला बस्ती में चमड़े का एक छोटा व्यापार था। नूरअली अपनी बेटी को एक तवायफ़ के परिवार में ब्याहना नहीं चाहता था। और वह भी इतनी धनी और मशहूर, मगर आखिर में वह मान गया। मलका जान ने बड़े धूमधाम से भगलू और रेहाना का निकाह सम्पन्न किया। वह मन से मानती थी कि यह उस लड़के के जीवन को अच्छा बना देगा और वह अपने कामों को करने में मेहनत लगायेगा। वह, फिर भी गलतफहमी में थी। भगलू अपने नाश के रास्ते पर चलता रहा।

इस बीच जबसे गौहर ने बनारस के लिए प्रस्थान किया था, करीब दो साल बीत गये थे। वह पत्रों द्वारा अपनी माँ के सम्पर्क में रहा करती थी। छग्गन भी माहवारी भत्ता जो मलका के लिए उन्होंने तय किया था, भेजते रहे। लेकिन मलका धीरे-धीरे ज्यादा अकेली और उदास अनुभव करने लगी थी। उसे गौहर की बहुत याद आती थी। अशिया और खुर्शीद की मौत और भगलू का उत्तरदायित्वहीन व्यवहार ऐसा था जिसे वह बरदाश्त नहीं कर सकती थी। उन्होंने अपने दुखों को भुलाने के लिए बहुत शराब पीना शुरू किया। आखिरकार उन्होंने गौहर को घर कलकत्ता कम से कम थोड़े समय के लिए आने को लिखा।

तुरन्त ही गौहर ने छग्गन से आदेश लिया और कलकत्ते के लिए रवाना हुई।

माँ और बेटी का यह अश्रुपूर्ण मिलन था। अपनी आँखों में चमक भरकर गौहर ने बनारस में घटित बेजोड़ अवसरों का वर्णन किया। उसने अपनी माँ से कहा कि छग्गन कितना लाड़-प्यार करता था और उसे खुश रखने के लिए सब कुछ करता था। लेकिन गौहर की खुशी थोड़े दिनों के लिए रही और बनारस व्यवहार न्यायालय से मिले एक नोटिस ने उसे सपनों से जगा दिया। यह एक स्थानीय व्यापारी मक्खनलाल की शिकायत पर आधारित एक कचहरी का समन था। गौहर घबरा गयी। वह इस आदमी के बारे में कुछ नहीं जानती थी। मलका ने उसके साथ बनारस जाने का फैसला किया। यह मुकदमा बिल्कुल झूठा साबित हुआ। मक्खनलाल ने आरोप लगाया था कि गौहर ने बिना पैसे दिए बनारसी साड़ियाँ खरीदी थीं। जब उसने सुना कि वह कलकत्ता चली गयी थी तब उसने कचहरी का नोटिस भेजने का ऐसा कदम उठाया।

मलका जान ने अपने को मजिस्ट्रेट के सामने प्रस्तुत किया और इस बात की जानकारी दी कि वह कलकत्ते की सबसे धनी तवायफ़ों में एक है और किसी की नहीं बल्कि नवाब वाज़िदअली शाह की दरबारी नर्तकी है। गौहर खुद प्रसिद्ध दरभंगा राज की दरबारी गायिका थी और अब शहर के धनी जमींदार की रखैल थी। क्या ऐसी पृष्ठभूमि से आनेवाला कोई एक जोड़ी साड़ियों के लिए एक मामूली व्यापारी को ठग सकता है, उसने पूछा।

29 जुलाई 1889 को मुंसिफ पं. राजनाथ साहेब के सामने वक्तव्य में मलका ने घोषणा की कि उनके पति रॉबर्ट योवर्ड थे और कि वे अभी भी जीवित थे, कि गौहर का जन्म 1873 में हुआ था और कि उन लोगों का विवाह दस वर्ष पहले खत्म हो चुका था। गौहर के जन्म की रजिस्ट्री इलाहाबाद के प्रोटेस्टेन्ट चर्च में हुई है और वह दस साल की उम्र से गाना और नाचना सीखती रही है, मलका ने विस्तार से कहा। उन्होंने यह भी घोषित किया कि गौहर को एक बेटी भी पैदा हुई हालाँकि दुर्भाग्य से मरी हुई। गौहर अभी छग्गन जी की रखैल थी और गाने और नाचने के लिए बाहर नहीं जाती थी।

बनारस के न्यायालय के अपने विस्तृत बयान में मलका ने नीचे लिखी बातों को स्वीकार किया। "बनारस के मुंसिफ के इस न्यायालय में (545 साल 1889) मक्खनलाल बनाम गौहर जान। मुद्दालह मलका एक गवाह का बयान छब्बीस जून 1890 कसम के साथ एक्ट 10, 1873 के अधीन कोर्ट के चपरासी गौरी शंकर के द्वारा प्रस्तुत। उपस्थित स्वयं बाबू विपिन बिहारी मुखर्जी। मुद्दालह का नाम—मलका जान, वर्ग तवायफ़, वास-स्थान मुहल्ला-लोअर चितपुर रोड कलकत्ता, उम्र-32 साल, पेशा-अपने वर्ग का। वह साक्षर है और नीचे दिया गया बयान उसका है।" :

मैंने मुद्दई से कपड़ा नहीं खरीदा। मैं नवम्बर या दिसम्बर 1888 में कलकत्ता

आयी। गौहर मेरी बेटी है। राय छग्गन जी ने उसे रखा है। उनके द्वारा जब से वह रखी गई है तीन बार बनारस आयी हूँ। यह तीन बरस से थोड़ा कम हुआ जब से वह रखी गयी है। यह ढाई बरस से ज्यादा नहीं होगा। मैं पहली बार तब आयी जब गौहर का लगाव हुआ। उस समय मैं तीस दिनों तक ठहरी और तब कलकत्ता लौट गयी। उसके बाद दूसरी बार यहाँ मैं इस मुकदमे का समन पाने के बाद आयी। यह तीसरी बार है जब मैं आयी हूँ। जब मैं बनारस आयी, मैंने कभी कपड़ा नहीं खरीदा न मुझे कपड़े की जरूरत थी। पहली बार मैं 1888 की जनवरी में बनारस आयी। जब कभी कपड़े की जरूरत होती है, राय छग्गन जी गौहर को देते हैं। उसे छग्गन जी ने इस शर्त पर रखा है कि वे मुझे पाँच सौ रुपये कलकत्ता भेजेंगे, या जब मैं यहाँ आऊँ उसे खुद ले लूँ। इसी मुताबिक छग्गन जी गौहर और उसके नौकर के कपड़े और खाने (जैसी जरूरत हो) के खर्च देते थे। मैं दरबारीमल मिल, कलकत्ता से कपड़े खरीदती हूँ।

आज गौहर ने अपना 17वाँ साल पूरा कर लिया है। पहले मैं ईसाई थी और अब मैं एक आर्मीनीयन हूँ, और जब मैं ईसाई थी तब मेरा नाम था एडलिन विक्टोरिया हेमिंग्स। गौहर जब पैदा हुई तो उस समय मैं ईसाई थी; और उसका नाम था एंजिलीना योवार्ड।

हमारे ख़िलाफ़ झूठा मुकदमा करने के दो कारण लगते हैं। पहला है कि गौहर को रखने के पहले हीरा तवायफ़ राय छग्गन जी की रखैल थी; और मोतीलाल उस जगह (हीरा के) जाया करते थे। यह औरत हीरा मेरी दोस्त सरस्वती से बोली कि मलका ने मुझे हटवाकर अपनी बेटी को राय छग्गन जी के यहाँ रखवाया है, मैं उसकी इज्जत ले लूँगी। दूसरा कारण है कि छग्गन जी उम्र में छोटे है और कानूनी ढंग से उनके ख़िलाफ़ कोई केस नहीं कर सकता; इसलिए मुकदमा हम लागों के ख़िलाफ़ किया गया है क्योंकि छग्गन जी हम लोगों का न्यायालय जाना पसन्द नहीं करेंगे। दूसरी पार्टी के वकील के द्वारा पूछे गये सवाल के जबाव में कहती है मैं मोती लाल और मक्खनलाल को नहीं जानती। मैंने इस मुकदमे के पहले कभी उनका नाम भी नहीं सुना था। जब मैं यहाँ ठहरी कोई कपड़ा बेचने वाला छग्गन जी के पास कपड़ा बेचने नहीं आया और न मैंने किसी को देखा। जब मैं पहली बार कलकत्ता से गौहर के साथ बनारस आयी तो मैं उस गार्डेन हाउस में ठहरी जिसमें छग्गन जी के बड़े भाई ललन जी रह रहे हैं। उन दिनों ललन जी उस बागीचे में नहीं रहते थे। यह नहीं मालूम कि कहाँ चले गये थे, मगर उस बागीचे में मैं 20 दिनों तक रुकी। मेरी उंगलियों में जो अँगूठियाँ हैं उनमें कीमती पत्थर जड़े हुए हैं, और यह मैंने उन लोगों से पाया है; मैंने इन्हें खुद नहीं खरीदा है। इसीलिए मैं इनकी कीमत नहीं बता सकती। मुझे एक हाथ में चार अँगूठियाँ हैं और दूसरे में दो, कुल मिलाकर छह। जब

कभी मैं बाहर जाती हूँ मैं ये अँगूठियाँ पहनती हूँ। मैं उन्हें घर पर नहीं पहनती हूँ और जो मेरे हाथ में कंगने है ये सोने के हैं और मैंने उन्हें बनवाया है। कुल मिलाकर मेरे हाथ पर करीब दो हजार के गहने है। सात वर्ष पहले मैं बनारस में चार साल ठहरी। तीन साल तक मैं राय पवन दास के द्वारा रखी गयी। उस समय उन्होंने मुझे नाचने और गाने की अनुमति दी। जब मैं दूसरी बार मुकदमा दायर होने के बाद आयी मैंने पता किया उस वजह को कि क्यों ये मुकदमा दायर किया गया और सरस्वती से इसके दायर होने का पता मुझे चला। मुझे उन लोगों का नाम याद नहीं हैं जिनसे मैंने पूछताछ की थी। उस समय हीरा तवायफ़ ने सरस्वती को (ऊपर की तरह) उस समय बताया जब गौहर राय छग्गन जी द्वारा रखी गयी थी। मैं नहीं जानती हूँ कि हीरा नाचने और गाने का पेशा जारी रखे हुए है या नहीं। किसी ने जरूर उसे रखा होगा। मैंने हीरा को छग्गन जी के यहाँ रखा जाना नहीं देखा है। मैं कभी हीरा से परिचित नहीं रही हूँ ना कभी मैंने उसे देखा था। मैं कभी गणेश लाल के बागीचे में नहीं गयी हूँ। उसके पहले छग्गन जी के कर्ज के कारण कोई मुकदमा हम लोगों के ख़िलाफ़ नहीं हुआ था। लेकिन लोग मुकदमे का नतीजा जानने के लिए प्रतीक्षा कर रहे है। मैं नहीं जानती हूँ कि कौन लोग मुकदमा करने जा रहे हैं। बहुत लोगों ने मेरे नौकरों को कहा। मैं नहीं जानती कि छग्गन जी पर किसका कर्ज है। मेरी शादी इलाहाबाद में हुई जब में पन्द्रह साल की थी। मेरी शादी में चालीस हजार रुपये का एक मकान है। छग्गन जी द्वारा गौहर को रखने के पहले वह खैरागढ़ के राजा द्वारा रखी गयी। इस तरह वह दो महीनों तक रही। उसके पहले वह पेशा नहीं करती थी।

मुकदमा करीब-करीब एक वर्ष तक जारी रहा और उसके परिणाम की चिन्ता माँ और बेटी दोनों को सताती रही। अन्त में हरेक पक्ष की जिरह के गुण देखकर मजिस्ट्रेट ने गौहर के पक्ष में मुकदमा खारिज कर दिया।

हालाँकि वह मुकदमा जीत गयी थी लेकिन उस घटना ने बहुत दिनों तक उसके मन को भयग्रस्त रखा। वह जानती थी कि मक्खन लाल तो किसी दूसरे के हाथ का केवल मोहरा है। साफ-साफ यह नीयत थी कि उसकी इज्जत को बर्बाद किया जाए और सम्भव हो तो उसके और छग्गन के बीच दीवार खड़ी की जाए। वह हीरा बाई के साथ, बनारस की बाई जी लोग पर शक करती थी, जो उसकी शोहरत से जलती थीं। लेकिन वह इस बात से चकित थी कि वह कैसे उन लोगों के लिए एक खतरा बन गई जब बनारस आने के बाद उसने बाहर प्रदर्शन करना ही छोड़ दिया था। उसे तब लगा कि यह छग्गन के परिवार का कोई आदमी होगा जो उससे और उसके छग्गन के साथ से नफरत करता होगा। मलका अपनी बेटी के लिए बड़ी चिन्तित थी और कलकत्ता रवाना होने से पहले उसके साथ दो महीना ठहरी।

पूरे शहर में इस मुकदमे और एक सुन्दर धनी जमींनदार के बेटे और चालाक

लेकिन खूबसूरत तवायफ़ के प्रेम सम्बन्ध की खूब चर्चा होने लगी। अपनी प्रेमिका को खुश करने के लिए छग्गन पर अनेक प्रकार का कर्जा हो गया, ये चर्चायें चलती रहीं। एक दिन जब छग्गन शहर से बाहर था, उसका बड़ा भाई ललन राय गौहर के महल में आया और अपने निर्दोष भाई को बर्बाद करने के लिए उसे फटकारें लगाई और यह कहा कि वह जो भी पैसा चाहती थी वह उसे देने को तैयार था अगर वह प्रतिज्ञा करे कि वह उसे भूल जायेगी और हमेशा के लिए शहर छोड़ देगी। सम्पत्ति का बँटवारा होने को था और ललन राय चिन्तित था कि उसका छोटा और आसक्त भाई अपनी सम्पत्ति का हिस्सा अपनी रखैल पर बर्बाद कर देगा। गौहर हक्की-बक्की कुछ न बोली। कुछ क्षणों के बाद उसने क्या कहा था जब समझ में आया तो गौहर ने जवाब दिया कि यह परिवार का भीतरी मामला है और वह अपने भाई से इस पर बात कर सकता है। जब तक वह चाहेगा वह वहाँ रहेगी और जिस दिन उसकी इच्छा हुई कि वह चली जाए तो वह अपना झोला सँभालने से पहले दुबारा नहीं सोचेगी। क्रोधित ललन राय ने उस पर गालियों की वर्षा कर दी और वहाँ से चला गया।

जिस रात छग्गन लौटा बैचेन गौहर ने सारी घटना का वर्णन किया। उसने उसे आगोश में भर लिया और उसने उसका विश्वास करने को कहा। गौहर से उसके सम्बन्ध होने की बात पर और सम्पत्ति के बँटवारे को लेकर उसके भाइयों से जो मतभेद हो गया था इस बात को उसने स्वीकार किया। उसने प्रतिज्ञा की अगर जरूरत हुई तो वह गौहर के लिए परिवार का बलिदान कर देगा। आश्वस्त गौहर ने खुशी के आँसू बहाते हुए उसे चूम लिया।

इस तरह दो महीने बीत गये। लेकिन शीघ्र ही गौहर ने छग्गन के व्यवहार में एक बदलाव देखा। वह अब ज्यादा समय उसके साथ नहीं बिताता था। उनका रात का मिलन भी धीरे-धीरे कम हो गया। गौहर चिन्तित थी लेकिन उसके डर और असुरक्षा में सहायता करने वाला कोई नहीं था। छग्गन के व्यवहार में एकाएक इस परिवर्तन को जानकर डर से उसने अपनी माँ को लम्बी चिट्ठियाँ लिखीं। बार-बार उसका कहना था कि क्या हम सारी तवायफ़ों की यही आखिरी और निश्चित किस्मत है।

नौकरों में से एक से उसने जाना कि छग्गन के परिवार ने एक ऐसा चतुर समाधान निकाला है जिससे गौहर का अनचाहा और बुरा साथ खत्म हो जाए। वे जानते थे कि छग्गन विचित्र पसन्दों का आदमी था और बौद्धिक मित्रता में आनन्दित होता था। उन लोगों ने एक बहुत सुन्दर और तेज़ पंजाबी सारस्वत ब्राह्मण लड़की को खोजा जो तेज़ अंग्रेज़ी बोल सकती थी और विनोदपूर्ण जवाब देने में माहिर थी। पर्दे में बिना पढ़ी लिखी परिवार की परम्परागत स्त्रियों से वह बिल्कुल अलग थी। इस औरत ने तुरन्त छग्गन को प्रभावित कर दिया। वह एकदम उससे विवाह कर लेने और घर बसा लेने के लिए तैयार हो गया था। अब उसे आनन्द देने के लिए गौहर

की कोई आवश्यकता नहीं थी।

गौहर को इस समाचार से धक्का लगा। उसने उम्मीद नहीं की थी कि छग्गन कानूनी रूप से शादी कर उसे अपनी पत्नी बनायेगा। लेकिन उसने नहीं सोचा था कि इतने महत्त्वपूर्ण परिवर्तन को वह उससे छिपायेगा और इसके बदले अलग रहेगा। छग्गन जब अन्त में आया तो उन दोनों का मिलन गर्मागर्मी में हुआ। लेकिन छग्गन अड़ा हुआ था। उसने गौहर को कहा कि पहले की तरह वह बनारस में रह सकती है और उसके रखरखाव में कोई कमी नहीं होगी। लेकिन निश्चित ही उसका आना-जाना कम हो जाएगा और उसकी पत्नी ने आपत्ति की तो पूरी तरह आना-जाना बन्द हो जाएगा। गौहर का दिल टूट गया। वह उसकी दया और उसका पैसा नहीं चाहती थी। अब वह एक बहुत अच्छी गायिका के रूप में प्रतिष्ठित हो चुकी थी और अपनी देखभाल खुद कर सकती थीं। उसने यह सब कुछ छग्गन के लिए छोड़ दिया था। अब रखने और निकाल दिए जाने के बाद बनारस में ठहरना उसने जरूरी नहीं समझती थी।

उसने अपने सामान बाँधे, छग्गन को अन्तिम विदा दी उसकी दयाशीलता के लिए उसको धन्यवाद दिया और हजारों सवाल से लड़ती और आंसुओं को रोकती हुई 30 जुलाई 1891 को कलकत्ता लौट गयी। शायद इस घटना ने उसके पेशे में औरत की क्या दशा है इसका विश्वास दिला दिया था। वे उन पुरुषों के द्वारा गद्दियों पर बैठायी जाती है जो बहुत तरह की प्रतिज्ञाएँ करते हैं। लेकिन उन्हें आसानी से हटाया भी जा सकता है और कोई भी इस पर सवाल नहीं उठाता। तवायफ़ की भूमिका केवल अपने को सजाना है और दूसरे धनी आदमी, जो थोड़ी देर के लिए आनन्द उठाना चाहता है उसका स्वागत करना है।

मलका जानती थी इस सम्बन्ध का ऐसा ही अन्त होगा लेकिन वह चाहती थी कि उपदेश और राय के बदले गौहर इसे अपने अनुभव से सीखे। जब गौहर लगातार रोती हुई कलकत्ता पहुँची, मलका ने बिना एक शब्द बोले अपनी बेटी को छाती से लगा लिया। कुछ हफ्तों तक गौहर संसार से कटी रही। कुछ समय तक मलका ने उसे ऐसे ही छोड़ दिया, लेकिन बाद में अपने अनुभव को भूल जाने और संगीत और प्रदर्शन की ओर लौट आने की राय दी। उसने आश्वस्त किया कि वह उसकी भरोसेमंद साथी रहेगी और उसकी दुखी आत्मा का मरहम बनेगी। अपने आँसुओं को पोंछकर गौहर ने कई महीनों तक बेकार पड़े अपने तानपुरे को झंकृत किया और राग भैरवी के दर्द भरे स्वरों से कमरा भर गया।

मोरा नाहक लाये गवनवा रे
जब से गयी, मोरी सुध-बुध न लीनी
बीती जाय जोबनवा रे,
नाहक लाये गवनवा रे।

हसरत नहीं होती है कि नाला नहीं होता
जब तुम नहीं होते हो तो क्या-क्या नहीं होता

(यह आपकी उपस्थिति है जो मेरे जीवन को जीने लायक बनाती है,
तुम्हारे बिना न तो आशा और न ही पीड़ा मेरे शून्य हृदय को परेशान करती है
मैं यह भी कैसे समझाऊँ कि आपकी अनुपस्थिति का मेरे लिए क्या
मतलब है?)

—बड़ी मलका जान, मख़ज़ान-ए-उल्फत-ए-मल्लिका

6.
संगीत का अभिसार

उन दिनों कलकत्ता में सेठ धुलीचंद संगीत के सबसे बड़े संरक्षकों में से एक थे। धुलीचन्द शहर के एक धनी मारवाड़ी व्यापारी थे, और संगीत से गहरा प्रेम होने के कारण वे बहुत से बड़े संगीतकारों को पूरे देश से अपनी महफिल में बुलाते थे। उनके राजमहल जैसे घर से संगीत की बैठकों में भाग लेने के लिए निमन्त्रित होना बड़ी प्रतिष्ठा की बात मानी जाती थी। ये बैठकें रात-रात भर चलती थीं और बहुत से परस्पर प्रदर्शन हुआ करते थे।

उस समय गौहर जान के समकालीन बहुत सी बाई थीं जो अपना नाम रौशन कर रही थीं। उनमें एक थी मलका जान आगरे वाली। उसकी कहानी गौहर की तरह थी। वह भी आज़मगढ़ में पैदा हुई थी और उसके बाद आगरा के कई उस्तादों से शिक्षा ली थी। बाद में वह कलकत्ते में नवाव बाज़िद अली शाह के दरबार में आ गयी। इस प्रकार गौहर से उसका सीधा मुकाबला था। लेकिन दोनों में बड़ा मेलजोल और दोस्ताना था हालाँकि उसमें पेशेवर स्पर्द्धा और डाह भी थी। मलका और गौहर दोनों सेठ धुलीचन्द के चहेतों में से थीं जिन्होंने इन्हें अपनी प्रत्येक महफिल में बुलाने का मौका कभी नहीं छोड़ा। श्यामलाल खत्री कलकत्ते के दूसरे प्रसिद्ध संगीत संरक्षक थे जिनका घर हमेशा संगीत और संगीतकारों से गूँजता रहता था। ज्यादातर संरक्षकों की तरह दोनों धुलीचन्द और श्यामलाल खुद भी संगीत में शिक्षित थे और उस समय के कुछ बड़े संगीतकारों को उन्होंने एकाध रचनाएँ सिखाई

भी थीं। लेकिन जनता के सामने प्रदर्शित करना उस समय बेइज्जती माने जाने से उन्होंने कभी मंच पर प्रदर्शित नहीं किया।

आगरे वाली मलका जान अपने खुले स्वर की ठुमरी गायन शैली के लिए प्रसिद्ध थी। गौहर की तरह उसके पास भी बड़ा खजाना था जो ध्रुपद, खयाल और ठुमरी से लेकर हल्के लोकगीतों जैसे होरी, चैती, कजरी, टप्पा और गजल से भरा था। उसके "बीती जात बरखा ऋतु सजन नहीं आये" देश राग में और "पपीहरा पियू पियू करे" सावन राग में दर्शकों के बीच बहुत प्रसिद्ध हो गए थे। बाद के जीवन में मलका जान आगरे वाली का गहरा प्रेम सम्बन्ध आगरा घराने के प्रसिद्ध उस्ताद फय्याज खाँ के साथ हुआ जो उनसे बहुत छोटे थे।

आगरे की जोहराबाई (1868-1913) बड़ी प्रसिद्ध एक दूसरी समकालीन बड़ी कलाकार थी। अपने पिता बेजोड़ सारंगीवादक अहमद खाँ से आरम्भिक शिक्षा लेने के बाद जोहरा की आगरा घराने, जिसे गीत माधुर्य और राग विभिन्नता के लिए जाना जाता है, उसके मशहूर उस्तादों महबूब खाँ और काले खाँ से शिक्षा ली। ज़ोहरा खयाल गायकी उस समय का सर्वोत्तम रूप मानी जाती थी और वह एक राग का घंटों तक सांगीतिक आरोह अवरोह दिखा सकती थी।

बनारस के दिनों से ही गौहर जान की एक दोस्त इलाहाबाद की जानकीबाई थी (1880-1934)। उनकी संगीत शिक्षा के लिए जानकीबाई का परिवार इलाहाबाद चला गया जहाँ उन्होंने लखनऊ के उस्ताद हस्सू खाँ से गहरी शिक्षा ली। जानकीबाई का एक अजीब रोचक उपनाम था, छप्पनछुरी। 'एक डाही प्रेमी जो उसके प्रेम में पागल था उसने उसके चेहरे पर छप्पन छुरी मारी जब उसने उसे डाँटा था।' उसी के बाद उसे यह उपनाम मिल गया। गौहर की तरह जानकी भी गाने और गीत रचने में माहिर थी और संस्कृत, फ़ारसी, उर्दू और अंग्रेज़ी जानती थी। जानकीबाई को अपना साधारण और दागभरा चेहरा बहुत कष्ट देता था और इसलिए वह हमेशा एक पर्दे या घूंघट के पीछे से गाती थी। कहा जाता है एक बार जब वह रीवा के महाराज के लिए गा रही थी, उसकी चेहरे पर पर्दा था। किन्तु महाराज ने उसकी मधुर और बेजोड़ आवाज को सुनकर आदेश दिया कि पर्दा हटाया जाए। उन्होंने कहा कि कलाकार की प्रतिभा का महत्त्व होता है रूप का नहीं।

चिलबिला की मलका जान, कलकत्ते की किस्टोभामिनी और बड़ी मैना, बनारस की हुस्नाबाई, वज़ीरजान, सुगनबाई, मंगूबाई जैसी तवायफ़ें भी धीरे-धीरे संगीत और नृत्य की दुनिया में अपना स्थान बना रही थीं। निसन्देह उनमें अच्छी प्रतियोगिता और स्पर्द्धा थी, लेकिन हमेशा उनके लिए आश्रय के अनेक अवसर थे जिससे वह असुरक्षित अनुभव नहीं करती थीं। वास्तव में उनमें आपस में बातचीत होती थी और बिना नागा किए यह देखने के लिए वे कैसा गाती हैं उनकी गायकी के

कौन से गुण को अपनाया जा सकता है इसके लिए वे हरेक के प्रदर्शनों में भाग लेती थीं। वे दूसरे गायकों के द्वारा की गयी गलतियों से सबक लेती थीं। सेठ धुलीचन्द और श्यामलाल खत्री के अपने प्रिय गायक थे लेकिन वे अपने संगीत की बैठकों में शहर के सभी प्रमुख संगीतकारों को बुलाना जरूरी समझते थे। यह संगीत के अनुभव और उसकी शिक्षा की संयुक्त यात्रा होती थी जहाँ पक्षधरता और एक की बड़ाई करना सम्भव नहीं था।

सेठ धुलीचन्द के प्रस्तावित महफिलों में से एक में प्रसिद्ध संगीतकार भइया गनपत राव आने वाले थे। गनपत राव ने उस शाम एक आश्चर्यजनक घोषणा की और इस घोषणा ने मेहमानों के बीच बहुत आशा और उत्तेजना उत्पन्न की।

गनपत राव या भइया साहेब ने जैसा कि लोग उन्हें कहते थे हिन्दुस्तानी संगीत का एक नया दृष्टिकोण विकसित किया था। वे ग्वालियर के महाराज जीवाजी राव सिंधिया और ग्वालियर दरबार की तवायफ़ चन्द्रभागा देवी के लड़के थे। गनपत और उनके भाई बलवन्त दोनों ने अपनी माँ की संगीत प्रतिभा उत्तराधिकार में पायी थी। कुछ समय बाद वे लोग भावनगर चले गये जहाँ गनपत राव ने उस्ताद बन्दे अलीखान से ध्रुपद और सितार सीखा। तब गनपत राव ने ठुमरी सीखने के लिए इसके मार्गदर्शक और इस शैली में भागीदारी वाले उस्ताद सादिक अली खान से सीखने के लिए कुछ समय के लिए लखनऊ जाने का फैसला किया। उस समय ठुमरी को घटिया शैली माना जाता था और उसे गम्भीर और शास्त्रीय ध्रुपद और खयाल की तुलना में एक सतही और मामूली शैली के रूप में नीची निगाह से देखा जाता था। गनपत राव ने ठुमरी को इस अपमान से बाहर निकालने की जिम्मेवारी ली। इसके गायन में उन्होंने शैली का वह स्तर दिया कि इसने सब जगह लोगों का दिल जीत लिया। इसके अतिरिक्त शास्त्रीय संगीत प्रदर्शन में उन्होंने हारमोनियम के प्रवेश की एक मात्र जिम्मेवारी ली। उन दिनों स्वर संगीत को मधुर संगत मुख्यत: सारंगी द्वारा दी जाती थी। हारमोनियम को नीची निगाह से देखा जाता था क्योंकि सूक्ष्म स्वर भेदों को पैदा करने में इसे अक्षम माना जाता था, यह एक बेजान और कड़े रीड वाला अभारतीय साज माना जाता था। यह श्रेय पूरी तरह भैया साहब की संगीत प्रतिभा और नवीनीकरण को जाता है कि उन्होंने हारमोनियम को भारतीय संगीत के इतना अनुकूल बनाया कि इसने एक समय के प्रमुख साज सारंगी को अपदस्थ कर दिया। राज परिवार के होने के बावजूद भैया साहब संगीत के संत थे, और वे अपना प्रदर्शन और अनेक विद्यार्थियों को ठुमरी और हारमोनियम में प्रशिक्षित कर दरबार से दरबार तक गये।

धुलीचन्द के घर बहुप्रतीक्षित उनके प्रदर्शन का दिन आ गया और हिन्दुस्तानी संगीत संसार के बहुत से बड़े नक्षत्र सेठ जी के सजे-सजाये भवन की महफिल में

पहुँच गये। आमन्त्रित लोगों में श्याम लाल खत्री, गया के सोनी जी, ग्वालियर के बशीर खाँ, पंजाब के गफूर खान, गिरिजा शंकर चक्रवर्ती, उस्ताद बादल खान और बहादुर खान और उस युग की तारिकाएँ गौहर जान, आगरे की मलका जान, चिलबिला की मलका जान, किस्टोभामिनी और अन्य भी थे।

जब गौहर प्रवेश कर रही थीं तो उन्होंने रंगीन पगड़ी और लम्बी नीची मूँछों वाले आदमी को देखा और अन्दाज लगाया कि वे जरूर भैया साहब होंगे। उनके साथ एक शर्मीला संकोची लेकिन एक बहुत सुन्दर युवक को देखा जिसके नाक नक्श एक नवाब जैसे थे और ठीक भैया साहब के पीछे खड़ा वह हर उस आदमी का स्वागत कर रहा था जिसे उसको कहा जाता था। वह बड़े सुन्दर विदेशी कपड़े के पंजाबी कुर्ता पायजामे में था और सुन्दर गया वाली टोपी पहने हुए था जिस पर सोने की कशीदाकारी थी।

गौहर ने उन्हें तुरन्त पहचान लिया। अपने बनारस के दिनों में वह मौज़ु नाम से उन्हें पहचानती थी। उस युवक का परिवार मुहल्ला शेख सलीम के फाटक में रहता था और बाद में मुहल्ला छोटा ताला चला गया था। उन्हें कहानियाँ याद आयीं जो उन्होंने तब एक सुन्दर युवक के बारे में सुनी थीं जिनको उसकी माँ बेगम जेबुन्निसा ने सिखाया था और जिसकी मनपसन्द भैरवी ठुमरी। 'बाजू बन्द खुल खुल जाए' शहर की मनपसन्द चीज़ थी। यह इतनी पंसद थी कि आठ वर्ष के उसके बच्चे को दुकानदार रोक लेते थे और मिठाई खिलाने के बदले वह गाना गाने का आग्रह करते थे। जब वह मुँह खोलता और मधुर स्वर में गाने लगता तो राहगीरों की एक छोटी भीड़ इकट्ठी हो जाती थी। गौहर ने जाना कि बहुत बाद में मौज़ु ने बनारस अंग की उस ठुमरी गायन शैली को गुरु जगदीप जी से सीखना शुरू किया था।

बहुत वर्ष बाद बनारस में फिर गौहर ने उसी लड़के के बारे में सुना राय छग्गन जी के घर पर। छग्गन ने एक युवक की कहानी उनसे कही थी जो राय परिवार के संरक्षण में रहे संगीतकारों में अपना नाम दर्ज कराना चाहता था। चूँकि वह जानता था कि उन लोगों के घर में प्रवेश पाना एक कठिन काम था, उसने राय महल के अहाते की बाहरी दीवाल के पास घनी झाड़ियों में अपने को छिपाकर अपनी साफ ऊँची और मधुर आवाज में गाने का फैसला किया। जब घर वालों ने उसकी आवाज सुनी तो ललन राय ने उसको बुलवाया और उसे तुरन्त राय परिवार का गायक नियुक्त कर दिया। गौहर को याद था कि कैसे उन लोगों ने इसके बारे में ठहाके लगाये जब छग्गन ने उससे उस घटना का वर्णन किया, हालाँकि जितने दिन वह वहाँ थी उसने उस युवक की झलक पाने की कोशिश नहीं की। तब तक उसके बनारस से विदा लेने का समय आ गया था। वह सोचने लगी कि भैया जी के साथ वह क्या कर रहा था या क्या बनारस के उसके आश्रयदाताओं ने उसे धोखा दिया था।

महफिल शुरू हो गई और गौहर जान के साथ ही कई स्थानीय लोगों ने शानदार प्रदर्शन किया।

भैया साहब तब बोलने को खड़े हुए। उन्होंने अपने पास बैठे हुए अपने शागिर्द या छात्र मौजुद्दीन का परिचय कराया। वे बनारस के एक धनी संगीत संरक्षक राजामुंशी मदन लाल के फूलनपुर वाले घर पर आयोजित प्रसिद्ध संगीत कार्यक्रम में उससे मिले थे। भैया साहब ने पहली बार नज्जू खाँ को सारंगी और श्याम लाल और बशीर खाँ को हारमोनियम पर संगत करने के साथ मौजुद्दीन को गाते सुना था। उस युवक की प्रतिभा पर इतने मोहित हुए थे कि उन्होंने हारमोनियम वादक को एक तरफ कर दिया और खुद ही गायक के लिए बजाने लगे। मौजुद्दीन अपनी दुनिया में खो गये थे और आँखें बन्द कर गा रहे थे। एकाएक जब उसने अपनी आँखें खोलीं तो ख्याति प्राप्त भैया साहब को हारमोनियम पर देख चकित हो उठा। उस दिन से वह शिष्य बन गया और भैया साहब उससे स्नेहपूर्ण व्यवहार करने लगे। अचम्भित श्रोताओं से इस घटना का वर्णन करते हुए भैया साहब ने मौजु को स्टेज पर आने को कहा।

स्वभाव से शर्मीला और बहुत संकोची मौजुद्दीन भैया साहब की इस प्रशंसात्मक भूमिका से अभिभूत हो गया। जिन गायकों ने उसके पहले प्रतिभा दिखायी थी उससे उसका डर बढ़ गया। वह बेचैन और भयभीत अनुभव करने लगा कि वह खेल खराब कर देगा और अपने गुरु को कलंकित। फिर भी उसके सदा सहायक गुरु और मित्र भैया साहब ने उसे आशीर्वाद दिया कि वह भयभीत न हो और वे उस शाम उसके साथ संगत देंगे। सारी विनम्रता से मौजुद्दीन ने अपने गुरु का आशीर्वाद लिया ओर एक खयाल बन्दिश से शुरू कर बनारसी अंग की ठुमरी के शिखर पर धीरे-धीरे पहुँच गया। 'पिया बिना नहीं आवत चैन' राग बिहारी में शुरू कर मौजुद्दीन ने भावना की जिस गहराई से गाया कि कला पारखी और संगीतकार स्तब्ध रह गये। इसके पहले सारे प्रदर्शनों का प्रभाव खत्म हो गया और उसका गीत एकमात्र सच्चा और असली संगीत बनकर उभरा। श्रोतागण ने उसे रुकने को नहीं कहा और भोर की वेला तक वह गाता रहा। एक ही प्रदर्शन में मौजुद्दीन ने कलकत्ते के संगीत संसार को जीत लिया।

इस घटना की याद में स्वर्गीय प्रो. डी.पी. मुखर्जी ने लिखा 'हमारे कॉलेज के दिनों में ठुमरी के एक बिल्कुल नये सम्प्रदाय की नींव हैरिसन रोड के मकान के तीसरे तल्ले पर रखी जा रही थी। भैया गनपतराव मौजुद्दीन खाँ को लाए, उस समय का अनजाना गायक। कोई उसका घराना नहीं जानता था। लोग फुसफुसाते थे कि उसे कोई प्रशिक्षण नहीं मिला था। ...लेकिन तब जब गनपतराव या मिर्जा साहेब हारमोनियम पर हों और वह एक ठुमरी आरम्भ करता तो शेष किसी चीज़ की

जरूरत नहीं होती थी। सबसे अच्छे ध्रुपदिया और खयालिया मन्त्रमुग्ध उसे सुनते थे। मेरे विचार में भारत ने उसके जैसा कोई ठुमरी गायक नहीं पैदा किया है। जब मौजुद्दीन एक सामान्य भैरवीपर सुर लगाता था तो मैंने देखा है कि गौहरजान, मलका जान, श्यामलाल खत्री, गिरिजा बाबू और बहुत दूसरों की आँखों में आँसू आ जाते थे...।''

गौहर संगीत की उस प्रतिभा पर जो उसने अभी-अभी देखी थी रात भर रोयी और अपने उस अज्ञान और बर्बाद करने वाले कामों और झूठे प्रेमियों पर भी। यहाँ था एक संगीत उतना पवित्र और महान जैसे वह समुद्र जिसके सामने किसी चीज़ का मोल नहीं था। उस प्रदर्शन के अन्त में वह भैया साहेब और मौजुद्दीन दोनों के पैरों पर गिर पड़ी। वह युवक इतना सरल था कि जब उसने देखा कि कलकत्ते की सबसे मशहूर बाई जी उसका पैर छू रही थी तो वह बैचैन अनुभव करने लगा। पिछली रात के प्रदर्शन में मौजुद्दीन ने कहा कि राग परज बहार में उसका आखिरी गीत 'डाल, फूल, फल' ऐसी चीज़ थी जिसे गौहर जान को सुनकर उसने पाया। यह एक संश्लिष्ट चीज़ थी इसमें कई संलिप्त और असंलिप्त राग जुड़े थे। गौहर ने भैया साहब और मौजुद्दीन के सामने स्वीकार किया कि मौजुद्दीन ने उसके गाने में इतनी तहें लगाई थीं कि वह महसूस करती थी कि इसे गाने का उसे कोई हक नहीं है। गौहर ने वह गीत उसके बाद कभी नहीं गाया। उसने भैया साहब और मौजुद्दीन दोनों से आग्रह किया कि उसे अपने आश्रय में लें और अपना संगीत ज्ञान उसे दें। वे तुरन्त तैयार हो गये और गौहर की संगीत यात्रा में एक नया अध्याय शुरू हुआ।

जैसा कि प्रो. डी.पी. मुखर्जी के द्वारा कहा गया था, ठुमरी के प्रति भैया साहब की पद्धति ने ठुमरी गायकों की एक शाखा खड़ी कर दी थी। उनके शिष्यों में उस जमाने के सबसे बड़े गायकों में से कुछ थे मौजुद्दीन और गौहर जान के अलावा रामपुर के नवाब साहेब चम्मन, रामपुर के नवाब हामिल हुसैन, लखनऊ के ठाकुर नवाब अली, लखनऊ के सेठ धुलीचन्द, बब्बन साहेब, सोनी बाबू, बशीर खान, मीर साहेब, पं. गिरिजा शंकर चक्रवर्ती, जंगी खान और अन्य उनके प्रसिद्ध शिष्यों में थे। बिंदादीन महाराज और अब भैया साहब ने गौहर के लिए एक अद्वितीय और विशिष्ट पहचान दी थी खासकर उसके ठुमरी गायन में जिसके कारण वह इतनी प्रसिद्ध हो गई।

गौहर के संगीत जीवन का एक महत्त्वपूर्ण पहलू था उसका खुलापन और संगीत से सम्बन्धित किसी नये विचार या सोच को अपनाना। वह उसे पचाकर और अनुकूल बनाकर अपनी शैली बना लेती थी। शुरू के अपने सीखने के दिनों से हिन्दुस्तानी संगीत के शिखर पर साम्राज्ञी के रूप में पहुँचने तक, गौहर हमेशा विनम्र और सीखने को आतुर रही। वह हर बड़े उस्ताद जो कोलकता आते थे उनके प्रदर्शन

में उपस्थित होती थी। अगर वह देखती कि उनके संगीत में कुछ अनुकरण करने के लायक है तो वह खुशी-खुशी उसे अपना लेती थी। अन्यथा वह उनसे खुद को उनका शिष्या बना लेने का आग्रह करती थी। इस तरह उसके उस्तादों की सूची अन्तहीन थी। ऐसे समय जब अधिकतर पुराने संगीतकार घराना-पद्धति, जो उस समय हिन्दुस्तानी संगीत में प्रचलित थी, उसकी सारी कठोरताओं के साथ स्वीकार करते थे, गौहर और उसके युग की बहुत सी गायिकाएँ यह विचार कर मुक्त थीं कि संगीत को संकुचित भौगोलिक और शैली की सीमाओं में नहीं बाँधा जा सकता और एक स्वस्थ आदान-प्रदान और शैलियों का मिश्रण किसी के व्यक्तिगत शैली के निर्धारण में महत्त्वपूर्ण था।

गौहर को अपने समकालीनों से भी शिक्षा लेने में कोई संकोच न था। मौजुद्दीन से अलग उसने प्यारा साहब (1870-1945) से भी कुछ सीखा। संगीतकारों के परिवार से सम्बन्धित प्यारा साहब अपने समय के वरिष्ठ संगीतकारों में एक थे। उनके पिता ने मटियाबुर्ज में नवाब वाज़िदअली शाह के दरबार में अपनी जगह बनायी थी। उन्होंने बहुत प्रकार की शैलियाँ और हल्का शास्त्रीय संगीत भी सीखीं और गौहर की तरह अपने समय के सबसे चहेते और कीमती कलाकारों में माने जाते थे।

सर्वांगीण प्रशिक्षण जो गौहर ने अपने लिए प्राप्त किया इसने लम्बे समय तक देश के संगीत-मंच पर उसका अधिकार जमाये रखा। लखनऊ के प्रसिद्ध लेखक अब्दुल हलीम शरार जिन्होंने 1896 में कलकत्ते में गौहर जान का प्रदर्शन देखा, अभिभूत हो गये। वे इस प्रदर्शन की याद इस प्रकार व्यक्त करते हैं :

'यह गैरमुमकिन है कि लखनऊ की तवायफ़ों को छोड़कर नृत्य के सर्वोत्तम प्रदर्शन कहीं हुए हों.... एक प्रदर्शन में मैंने एक ही मूल विषय पर 'बताना' के उसकी (गौहर की) दक्षता को पूरे तीन घंटे तक देखा। उस जमाने में उपस्थित सभी, कुशलतम नर्तकियों और मटियाबुर्ज के प्रतिष्ठित लोगों को मन्त्रमुग्ध देखा। एक बच्चा भी नहीं था जो प्रदर्शन से प्रभावित न हुआ हो।'

गौहर की प्रसिद्धि कलकत्ते और उत्तर के संगीत मंच से सुदूर दक्षिण भारत तक फैल गयी। मैसूर के महाराज चामराजेन्द्र वाडियार 10 एक रंगीन तबीयत के आदमी थे जो भारत के वायसराय, जो कलकत्ता में रहते थे उनसे अक्सर भेंट करने आया करते थे। नियमित भेंट के बाद महाराज कलकत्ते के सांस्कृतिक वातावरण का काफी आनन्द लेने को अपना समय बिताते थे। भारतीय संगीत की नयी तारिका गौहर जान के बारे में बहुत कुछ सुनने के बाद उन्होंने उसकी एक महफिल में उपस्थिति दी और बड़े प्रभावित हुए। सुदूर दक्षिण के मैसूर प्रान्त के अपने राज्य में उन्होंने उसे आमन्त्रित किया। गौहर के आनन्द की सीमा न रही। उसने मैसूर की

यात्रा की और वहाँ श्रोताओं को अभिभूत कर दिया। उसे 'वर्द्धन्ती' या महाराज के जन्म-दिवस और नगर के प्रसिद्ध दशहरा पूजनोत्सव में नियमित रूप से आने के लिए नामित किया गया। उसे मैसूर में राजसी सम्मान और पुरस्कार प्रदान किये गये। वह तब यह जानती भी नहीं थी कि मैसूर नगर जो उसे इतना प्रिय था वह बाद में उसके जीवन का महत्त्वपूर्ण भाग हो जाएगा।

जब गौहर के जीवन का यह समय अनेक कलाकारों के अधीन अपने आन्तरिक कौशल की वृद्धि से जुड़ी पेशेवर सफलता और उनकी शैलियों को आत्मसात कर अपनी बेजोड़ सांगीतिक पहचान बनाने का था यह ध्यान बँटाने वाली चीज़ों से हमेशा खाली नहीं था। बेहरामपुर के धनी जमींदार निमाई सेन के साथ प्रणय के अन्तराल का भी यहाँ ज़िक्र करना आवश्यक है। मुर्शिदाबाद के हजारद्वारी राजमहल में एक संगीत कार्यक्रम में उसकी उनसे भेंट हुई थी और वह तत्क्षण उनके प्रेम में पड़ गयी थी। निमाई सेन संगीत के एक बड़े प्रेमी थे और उन्होंने गौहर को अपने गृह नगर आमन्त्रित किया। वह जाने को तुरन्त तैयार हो गयी और बेहरामपुर में अद्‌भुत समय बिताया। निमाई सेन बहुत खर्च करने में माहिर थे। उसको हाथी दांत और सोने के कीमती उपहार दिए गए और उस शहर में रानी की तरह रखा गया। इसके बदले गौहर ने सम्भवत: नथ उतराई के रूप में उन्हें चिह्न के रूप में हीरे की नाक की कील दी।

उनके खर्चीले प्रेम की कई कहानियाँ प्रचलित हैं। एक सबसे ज्यादा चर्चित कहानी उस दिन की है जब गौहर भयानक सरदर्द से बेहाल थी और पानी की केटली गर्म करने और चाय बनाने के लिए कोई जलावन नहीं था। जब उत्कृष्ट प्रेमी निमाई ने उसका हाल सुना वे तुरन्त वहाँ पहुँचे और पानी गर्म करने और चाय तैयार करने के लिए सौ-सौ के नोट जलाए।

निमाई सेन गौहर के साथ ही कलकत्ता लौटे। सुन्दर घोड़ों की गौहर की चाह के कारण उसे अर्मीनियन कालोनी ले गये जहाँ लोग दौड़ के लिए बहुत घोड़े रखते थे। निमाई इतने प्रभावशाली थे कि उन्होंने अपनी प्रेमिका को इन घोड़ों पर सवारी करने के लिए इजाजत दी और इस प्रकार उनके प्रेम की निशानी घुड़सवारी बनी। कहा जाता है कि गौहर उनकी पत्नी के रूप में प्रसिद्ध गायक मुकुन्द दास का कीर्तन सुनने के लिए दूसरे शहर गई किन्तु छग्गन राय के साथ उसके प्रेम ने जो दुखद रास्ता बनाया था इससे वह बहुत चौकन्नी थी। इसके अलावा उसने निमाई सेन से सचमुच प्रेम करना शुरू किया था और उन्हें खोना नहीं चाहती थी जैसे उसने छग्गन को खो दिया था। गौहर ने इसलिए जोर दिया कि वे उससे शादी कर लें और अपने सम्बन्ध को कानूनी रूप दे दें। गौहर को इसका पता नहीं था कि उसकी तरह की औरतें धनी लोगों के हाथों में सुन्दर खिलौने की तरह हैं जो अपने कमजोर क्षणों में उन्हें

बहुमूल्य उपहारों से लाद देते हैं किन्तु कानूनी रूप से स्वीकार करने में हिचकिचाते हैं। इस प्रकार का काम उसी समाज में बड़ा हंगामा खड़ा कर सकता था जो सचमुच गैर कानूनी सम्बन्ध पर ध्यान नहीं देता था। इसके अतिरिक्त बहुत से धनी जमींदारों और राजकुमारों के सामने माता-पिता से क्रोध का खतरा मंडराता था जिससे सम्पत्ति पर उनका उत्तराधिकार खो सकता था। गरीब आदमी को कोई कोठा आकर्षित नहीं कर सकता था।

निमाई सेन भी अलग किस्म के नहीं थे। यद्यपि वे गौहर को सचमुच प्यार करते थे उन्होंने उसे कानूनी पत्नी के रूप में स्वीकार करने से इनकार कर दिया। गौहर का दिल टूट गया किन्तु अब दूसरे पुरुष के हाथों में पहले की तरह आना अस्वीकार कर दिया और निमाई सेन से कन्नी काटने लगी। धीरे-धीरे ये सम्बन्ध टूट गया और निमाई ने आना छोड़ दिया।

कहा जाता है कि बहुत साल बाद निमाई सेन की मृत्यु शैया पर पड़े होने की खबर सुनकर गौहर उन्हें देखने बेहरामपुर चली गयी। अपने दिल के किसी कोने में उसे उनके लिए अभी भी गहरा प्यार था। किन्तु दुख की बात थी कि जब वह वहाँ पहुँची निमाई सेन मर चुके थे। निमाई सेन ने गौहर की नाक की कील को सावधानी पूर्वक रखा था और अपने एक नौकर को कहा था कि जब वह आवे उसे लौटा दे। निमाई सेन निश्चित थे कि वो आयेंगी। गौहर बहुत मर्माहत हुई और कई महीनों तक दुख और दर्द में डूबी रही।

इन सभी व्यक्तिगत उतार चढ़ावों के बावजूद शताब्दी के मोड़ पर संगीत की दुनिया में गौहर आशातीत महिमा तक पहुँच चुकी थी। भारतीय शास्त्रीय संगीत खुद ही अपने इतिहास के निर्णायक समय से गुज़र रहा था, ऐसा जो अध्ययन के, देखने के, प्रस्तुत करने के, मूल्यांकन के आधार पर बदल सकता था। पुराने संरक्षकों के गायब होने और नये और प्रजातान्त्रिक लोगों के आने के साथ भारतीय शास्त्रीय संगीत में आमूल परिवर्तन आ चुका था। गौहर नहीं जानती थी न महसूस करती थी कि शताब्दी का दूसरा पहलू उसके लिए अकल्पनीय उत्तेजक चीज़ें लायेगा और उसके सबसे अच्छे दिन आने वाले थे। बहुत दूसरे संगीतकारों का और उसका जीवन भारत और विदेश में भी नाटकीय रूप से बदलने वाला था। कुछ दशक पूर्व अमेरिका में हुए एक विशेष आविष्कार को इसका श्रेय जाता है।

अनुभाग – 2
महिमा के वर्ष

7.

‘यह स्वयं बोलेगी’

29 नवम्बर, 1877, मेनलो पार्क, न्यूयार्क के निकट

जॉन क्रूज के लिए जो एक कुशल तकनीशियन थे और टॉमस अल्वा एडिसन की मेनलो पार्क स्थित ‘इन्वेंशन फैक्टरी’ जो न्यूयार्क सिटी से करीब पचीस मील दूर थी, में सहायक थे, यह उनके लिये सही-गलत प्रयत्न का दूसरा दिन था। 1877 के नवम्बर के शुरू में एडिसन ने क्रूज को एक विस्तृत तकनीक का रेखांकन देकर कहा था, “इसे बात करनी चाहिये।” क्रूज का काम था अपने मालिक के निर्देशानुसार उपायों को इकट्ठा करना। यह एक विधि थी जिसमें वह लोटे और पीतल के बेलनों पर हीरे की शलाका के साथ दूसरी यान्त्रिक चीज़ों को जोड़कर ऐसा उपाय कर रहे थे कि वह उन बेलनों को गोल-गोल घुमा सकें। क्रूज के साथी शंकालु और चकित मन से देख रहे थे कि कैसे एक अजीब सींगनुमा धातु के किनारे एक छोटी सुई लगायी जा रही थी।

काम हो गया, ऐसा कहे जाने पर एडिसन प्रयोगशाला की प्रशंसा में मुस्कराये। एक फुट लम्बे बेलन की झुकी सतह पर उन्होंने टिन की एक पन्नी लपेटी। तब उन्होंने पन्नी के एक किनारे सावधानी से हीरे की शलाका लगाई और बक्से की गोल सतह के दाहिने लगे हैंडिल का उपयोग कर बेलन को धीमी और एक समान गति से घुमाने लगे। हमेशा वे यह निश्चित करते रहे कि टिन की उस पन्नी में वह सुई एक समान गहरी रेखा बनाये। इसके बाद एक प्रसिद्ध शिशु-गीत का उस भोंपू में उन्होंने जोर से पाठ किया,

‘मेरी हैड ए लिटिल लैंब इट्स फ्लीस वाज व्हाइट ऐज स्नो,
एंड एवरी व्हेअर दैट मेरी वेंट, द लैंब वाज़ श्योर टु गो’

उनकी आवाज ने सुई में कम्पन पैदा किये और इस तरह टिन की पन्नी पर टेढ़ी-मेढ़ी आकृतियाँ उत्पन्न कीं। उन्होंने भोंपू और सुई को शुरू की जगह पर रखा

और सिलिंडर को पहले की तरह घुमाने लगे। चारों तरफ इकट्ठे लोगों की टकटकी बँध गयी थी, साँसे रुक गयी थीं और बहुत दिलों ने धड़कना बन्द कर दिया होगा। जब यह अजीब संयन्त्र घूमने लगा और भोंपू से गहरी आवाज निकलने लगी तो देखने वालों की हँसी छूट गयी। एकाएक जब सुई उन वक्र गहराइयों से गुजरने लगी जिसे एडिसन की चिल्लाहट ने बनाया था तो वह शिशु-गीत उस उपाय से ज़रा धीमी मगर साफ आवाज में प्रतिध्वनित हो उठा। जैसे ही जमात ताली पीटते हुए वाह-वाह करने लगी, एडिसन भी उत्तेजना में स्तब्ध रह गये।

अपने प्रयोग की सफलता से प्रसन्न दोनों ने बड़ी हिम्मत दिखाते हुए, उस संयन्त्र में बदलाव किये और उसे नया और बेहतर रूप दिया। अन्त में 6 दिसम्बर, 1877 को अपने नये आविष्कार के पेटेन्ट के लिए दरख़्वास्त के साथ वे न्यूयार्क के पेटेन्ट आफिस पहुँचे। 22 दिसम्बर, 1877 को एडिसन ने साइंटिफिक अमेरिकन के ऑफिस में अपने यन्त्र का सगर्व प्रदर्शन किया और उसने शेष दुनिया को 'फोनोग्राफ' के अविष्कार की घोषणा की। एडिसन को मेनलो पार्क के जादूगर के रूप में घोषित किया गया। अन्त में 19 जनवरी, 1878 को एडिसन ने सिलिंडर फोनोग्राफ के आविष्कार के लिए पेटेंट हासिल की।

फिर भी एडिसन ने महसूस किया कि यद्यपि यह उपाय रिकॉर्डिंग और आवाज पैदा करने के क्षेत्र में एक क्रान्तिकारी कदम था लेकिन बात करते हुए एक खिलौने से उसका मोल ज्यादा न था। अतः दस वर्षों से अधिक समय तक उन्होंने उस पर काम रोक दिया और उसे अधिक अच्छा और लाभदायक बनाने के विषय में सोचते और कठिन परिश्रम करते रहे। कहा जाता है कि एक समय काम में इतने डूबे थे कि बिना खाये और सोये लगातार 72 घंटों तक उस काम में लगे रहे।

1888 के जून तक बैटरी से चलने वाले मोटर के साथ फोनोग्राफ का एक नया ढाँचा उन्होंने तैयार कर लिया, जिससे गति को नियन्त्रित किया जा सके। फिर भी 1911 तक एडिसन फोनोग्राफ कम्पनी के अधीन प्रयोग और सुधार का काम चलता रहा। किन्तु बात साफ थी कि एडिसन के साथ किसी और को भी इस आविष्कार की व्यापारिक क्षमता की उम्मीद नहीं थी कि कैसे यह मनोरंजन-उद्योग में क्रान्ति उत्पन्न कर देगा। उन लोगों ने इसे मात्र एक वैज्ञानिक प्रयोग के रूप में देखा जो कभी सफल और कभी असफल होता था।

एडिसन ने युवा वैज्ञानिकों की एक पूरी पीढ़ी को साउंड रिकॉर्डिंग में प्रयोग के लिए प्रेरित कर दिया था। उन दिनों टिन की पन्नी पर किसी प्रयोगशाला में झुके हुए कुछ करना एक सनक हो गया था। हर कोई चाहता था कि वह कोई खोज दिखाये जैसी एडिसन ने की थी। वाशिंगटन के इक्कीस वर्षीय एमिल बर्लिनर उससे अलग नहीं थे। वह जर्मनी के हैनोवर से आये थे और एक बजाज के यहाँ एक

किरानी के रूप में नौकरी कर रहे थे। टेलीफोन और फोनोग्राफ की बिजली सम्बन्धी समस्याओं के समाधान का जुनून उन पर सवार था। संघर्ष के आरम्भिक दिनों में बर्लिनर एक विधवा और उसके तीन बच्चों वाले एक गन्दे मकान के तीसरे तले पर एक कमरा किराया पर लेकर रहते थे। वे रह रहकर लम्बी दूरी की बातचीत को उत्प्रेरित करते थे, बच्चे इससे बड़े उत्साहित होते थे। वह साबुन के एक बक्से को ट्रांसमीटर सर्किट में बदलकर सबसे निचले तल्ले के फ़र्श पर रखते थे जहाँ मकान मालकिन और बच्चों को कुछ बोलने के लिए कहा जाता था। वह तब इन सन्देशों को अपने तीसरे तल्ले की कोठरी में सुनते थे जहाँ डोरी, तार और बैटरी के टुकड़े बिखरे रहते थे।

करीब इसी समय टेलीफोन के अविष्कार के लिए वोल्टा पुरस्कार जीतने वाले अलेक्जेण्डर ग्राहमबेल और चार्ल्स समनर टेण्टर वाशिंगटन आये। पुरस्कार के पैसे से उन्होंने वोल्टा प्रयोगशाला स्थापित की थी जहाँ से 'एक ठोस पदार्थ में ध्वनि की रेखा काटने के लिए विशिष्ट स्वत्वाधिकार (मास्टर-पेटेण्ट) प्रदान किया गया। इस प्रयोगशाला में बेल और टेंटर ने ग्रामोफोन विकसित किया।

इस बीच बर्लिनर के प्रयोग जारी रहे। जो प्रोत्साहन बेल-टेलीफोन कम्पनी विशिष्ट वैज्ञानिकों को दे रही थी उसके बारे में सुनकर बर्लिनर ने अपने टेलीफोन ट्रांसमीटर के विचार को कम्पनी को भेजने का फैसला किया। उन्होंने इसके स्वत्वाधिकार (पेटेंट) की व्यवस्था की और कम्पनी से 75000 डॉलर का नकद पुरस्कार प्राप्त किया। उन्होंने न्यूयॉर्क एवेन्यु में एक चलन्त प्रयोगशाला स्थापित करने पर पैसा खर्च किया जहाँ आगे चलकर एडिसन ने फोनोग्राफ के साथ अधिक प्रयोग किये।

एक सुहानी सुबह एक सोलह वर्षीय युवक फ्रेडरिक विलियम गैसबर्ग अपने साथी बिली गोल्डन के साथ इस प्रयोगशाला में आया। गैसबर्ग एक पियानो वादक था और अपने कुशल संगीत से कुछ पैसे कमा लेता था। उन दिनों फुटपाथ पर एडिसन के फोनोग्राफ के साथ पियानो वादकों की संगत में शौकिया गाने वालों का काम जन सामान्य का मनोरंजन होता था। सुनने वाले से केवल पाँच सेंट लेकर मनुष्य की उपलब्धि का यह जादू दिखलाया जाता था—वह यन्त्र जो गाने वाले के संगीत को हू-ब-हू फिर से प्रस्तुत कर देता था। बच्चे खुशी से तालियाँ बजाते और विश्वास करते कि गाने वालों में से एक ने अपने को उस सिलिंडर में घुसा लिया है। इन शौकिया प्रदर्शनों से अलग गैसबर्ग को वोल्टा प्रयोगशाला में ध्वनि-उत्पादन का कुछ प्रशिक्षण भी मिला था तथा कनेक्टीकट के ब्रिजपोर्ट में अमरीकी ग्रामोफोन कम्पनी से भी प्रशिक्षण मिला था।

जिस दिन गैसबर्ग ने बर्लिनर की प्रयोगशाला में प्रवेश लिया उसके मित्र

बिली ने उसे मनाया और एक विदूषक दिखलाने का वचन दिया। वर्लिनर के बेढंगे कपड़े पहनने और अजीबो-गरीब तौर-तरीकों ने बहुत लोगों द्वारा उसे विदूषक की पहचान दे दी थी। उस दिन भी बर्लिनर ने एक सन्यासी का चोला पहन लिया था और कमरे में ऊटपटाँग डेग भर रहा था। वह एक डायफ्राम पर जाँच के शब्द 'हेलो, हेलो' बड़बड़ा रहा था और अंग्रेज़ी के मशहूर छन्द को अपने जर्मन के खास उच्चारण में 'टिविंकिल, टिविंकिल लिटिल स्टार/ हाउ आइ वण्डर वॉट यू आर' दुहरा रहा था। अपनी हँसी रोके हुए गैसबर्ग देखता रहा। औपचारिक परिचय खत्म हो जाने के बाद बर्लिनर ने पूछा कि क्या दोनों आगंतुक खुद शौकिया गानेवाले होने के कारण उस प्रयोग में शामिल हो सकते हैं? बिना किसी उत्तर की प्रतीक्षा करते हुए बर्लिनर ने जल्दी से बिली के मुँह पर एक जाब रखा और एक रबड़ की नली से उसे डायफ्राम से जोड़ दिया। उसने गैसबर्ग को एक पियानो की तरफ धकेला और बजाने को कहा। पियानो का ध्वनिबोर्ड भी हाथी के सूँड़ से लगने वाले पाइप से डायफ्राम से जुड़ा था। 'क्या तुम तैयार हो?' उसने पूछा और स्वीकृति मिलने पर उसने रिकार्डिंग करने के यन्त्र को घुमाया जैसे कोई बैटल आर्गन घुमाता हो और बोला— 'शुरू करो।' बिली को गैसबर्ग के पियानो बजाने के साथ एक छोटा गीत भी गाना था। कुछ मिनटों में गाना खत्म हो गया। बर्लिनर ने घुमाना बन्द कर दिया, एक चमकीले जिंक के तवे को मशीन से लिया और कुछ देर के लिए उसे एसिड में डुबो दिया। बाहर निकाल कर उसने तवे को पोंछा और फिर से चालू करने वाली मशीन पर रखा जो कॉफी पीसने वाली मशीन की तरह हाथ से चलती थी। देखने वालों को आश्चर्य हुआ कि बिली का गीत ओर गैसबर्ग का पियानो उन गहरी रेखाओं से ध्वनित हो उठे। बर्लिनर आनन्द से उन्मत्त हो उठे। उन्होंने 'ग्रामोफोन का पहला रिकॉर्ड' बनाया था। उन्होंने दावा किया कि उनकी तकनीक एडिसन के सिलिंडर से कहीं ज्यादा अच्छी थी। यह इसलिए कि जब रिकॉर्ड करने वाला स्टाइलस सीधे चिपटी सतह पर गुंजित होता था वह समान रुकावट पैदा करता था जो सिलिंडर वाली सतह की तरह नहीं था और इस वजह से उसका स्वर साफ निकलता था। इस प्रकार 1891 में ग्रामोफोन का जिंक-डिस्क 'रेकार्ड' पहली बार बनाया गया।

गैसबर्ग का आरम्भिक मनोरंजन उस मजाकिया आदमी के लिए आदर और अचम्भे में बदल गया। उन्होंने बर्लिनर से उनकी प्रयोगशाला में उनके साथ काम करने की अनुमति माँगी। अगले कुछ महीनों में बर्लिनर और गैसबर्ग ने इस नई आश्चर्यजनक चीज़ पर कई प्रकार के स्वरों को रिकॉर्ड करने के कई प्रयोग किये। 1897 तक बर्लिनर इस सात इंच वाले जिंक-तवे का उपयोग गहरी लाइनें खींचने की प्रक्रिया में करते थे। इन जिंक-रेकॉर्डों को दबाने के लिए एबोनाइट का प्रयोग होता था। एबोनाइट काफी दबाव झेल सकता था और उस पर पड़े प्रभाव को हमेशा

के लिए नहीं रखता था।

शीघ्र ही 'शेलैक' नाम की एक नयी चीज़ ने तवे (डिस्क) बनाने के काम में पूर्व के जिंक की जगह ले ली। लाह (शेलैक) जमा हुआ एक रस था जो लाह के कीड़ों के द्वारा पैदा किया जाता था, जो टहनियों पर रह कर उसका रस चूसते थे। इन कीड़ों को टहनियों से छीलकर हटा लिया जाता था, पीसकर, सुखाकर, चालकर और ओसा कर और धोकर फिर सुखा लिया जाता था। इस राशि को गर्म पिघलाने वाले यन्त्र से गुजारा जाता था, छानकर पतले तवों में फैलाकर रखा जाता था जिन्हें 'शेलैक' कहते थे। यह एक अविषाक्त चीज़ थी और ग्रामोफोन रेकॉर्ड बनाने की मूल सामग्री के रूप में इसका इस्तेमाल होने लगा।

ग्रामोफोन के आरम्भिक ढाँचे में, सारे सुधारों के बावजूद इसकी बिक्री धीमी थी। बर्लिनर और गैसबर्ग ने महसूस किया कि अगर ग्रामोफोन घड़ी जैसे यन्त्र को मोटर से जोड़कर चलाया न जाये तो इसका कभी व्यापारिक महत्त्व न होगा और यह केवल जिज्ञासुओं के लिए एक खिलौना मात्र बन कर रह जाएगा। क्लॉक-मोटर का काम था भारी साउंड-बॉक्स के दबाव के बावजूद दो मिनट तक एक ही गति से चारों ओर गोल-गोल घूमना और इस प्रकार स्वर को समान रखना। संयोग से गैसबर्ग की नज़र समाचार पत्र में सिलाई मशीन कम्पनी के विज्ञापन पर पड़ी जिसने अपनी मशीनों के लिए क्लॉक यन्त्र का स्वदेशी आविष्कार किया था। इसने उस समस्या का निदान दे दिया जिसे वे लोग खोज रहे थे। गैसबर्ग ने ग्रामोफोन के क्लॉक-मोटर पर काम करने के लिए जो बड़ा सरल, व्यावहारिक और सस्ता था, न्युजर्सी के एक युवा मिस्त्री एलड्रिज आर जॉनसन की सेवाएँ लीं।

ग्रामोफोन की प्रसिद्धि बढ़ने लगी। सामान्य ज्ञान और हँसी-ठिठोली वाले गीतों से यह सैनिक परेड-संगीत और कथोपकथन की ओर बढ़ने लगी और यह डेढ़ से दो मिनट तक 5 से 7 इंच व्यास के अनेक गोल रिकॉर्ड बजाने लगा जो लोग सुनना चाहते थे। हर गाने के लिए गाने वाले को 3 डालर की फीस दी जाती थी। एडिसन का फोनोग्राफ अपने रिकॉर्डिंग के गुण के बावजूद रिकॉर्ड सिलिंडर का अन्य रूप देने की कठिनाई के कारण लगातार लोकप्रियता खो रहा था। ग्रामोफोन के सम्बन्ध में अगर एक बार वैक्स मास्टर रेकॉर्ड बन गया तो उसकी कई प्रतियाँ बनायी जा सकती थीं। इसने पुराने सिलिंडर से आगे बढ़ जाने के लिए ग्रामोफोन रेकॉर्ड को ताकत दी।

सफलता से प्रसन्न एमिल बर्लिनर ने लंदन में रहने वाले सॉलिसिटर ट्रेवर लॉयड विलियम्स के साथ होटल सेसिल में 23 फरवरी, 1898 को लाइसेंस के सहमति-पत्र पर हस्ताक्षर किया। बर्लिनर के प्रतिनिधि विलियम बैरी ओवेन ने लॉयड के साथ इस समझौते के तरीकों पर काम किया। इसी के अनुसार अप्रैल,

1898 में एक सिंडिकेट के रूप में ग्रामोफोन कम्पनी की नींव पड़ी। जबकि ग्रामोफोन के यन्त्र अमेरिका में बनाये जाते और बाद में उन्हें इंग्लैंड में जोड़ा जाता, कम्पनी रिकॉर्डिंग को वहाँ ले जाना चाहती थी जहाँ अपने 'रिकॉर्डिंग विशेषज्ञ' पाये जाते थे। बर्लिनर के भाई जोसेफ ने हैनोवर में टेलीफान फैब्रिक नामक फैक्टरी बनायीं जहाँ मास्टर-रेकॉर्ड (मुख्य रेकॉर्ड) से उसकी अन्य प्रतियों का निर्माण किया जाता था। लंदन का 31 मेडेन लेन, स्ट्रैंड उस साल मई महीने से इस कम्पनी का सम्मिलित मुख्यालय हो गया।

बिना समय खोये ग्रामोफोन कम्पनी ने जुलाई, 1898 में अपना काम शुरू कर दिया। गैसबर्ग प्रथम रिकॉर्डिंग विशेषज्ञ हुए जो अम्ब्रिया पर सवार होकर अपने प्रथम रिकॉर्डिंग अभियान के लिए लंदन निकल गये। अभियान शब्द इस उत्साह का प्रतीक था जो इन पथ-प्रदर्शकों ने उस इतिहास के प्रति दिखाया जिसका वे निर्माण कर रहे थे। एक नवम्बर, 1898 से गैसबर्ग ने मुख्य तवों या मैट्रिसों को प्रथम रिकॉर्डिंग बैठक से 1 से आरम्भ कर नम्बर देना शुरू किया। हैनोवर में तब उन मैट्रिसों से पहले 7 इंच वाले और एक ही तरफ से चलने वाले तवे (डिस्क) बनाये गये जिन पर कोई छपा सूचक नहीं था। केवल बीच में एक चिह्न खींच दिया गया था जिस पर बर्लिनर का ग्रामोफोन तवा (डिस्क) लिखा रहता था। 1898 में 'रिकार्डिंग एंजिल' जो कम्पनी का प्रसिद्ध व्यापारिक चिह्न होने वाला था, पहली बार इस्तेमाल किया गया। इस वर्गीकरण के नाम रखने के विभिन्न तरीके निकाले गये, जो तारीख, भाषा, भूगोल इत्यादि पर आधारित थे। तकनीकी रूप से लंदन में ही पहली बार शेलॉक के इन तवों पर भारतीय स्वर डाला गया। कैप्टेन भोलानाथ, डॉ. हरनाम दास और अहमद ने अपना गायन अथवा पाठ रिकॉर्ड किया और उनके 47 रिकॉर्ड अंकित किये गये। फ़ारसी में बीस, हिन्दी में पन्द्रह, उर्दू हिन्दुस्तानी में पाँच, सिख गुरुमुखी में पाँच और अरबी में दो रिकॉर्ड बनाये गये। कम्पनी के लिए संगीत का उतना महत्त्व नहीं था जितना बहुजातीय और बहुभाषीय कोष तैयार करना था।

15 अगस्त को इस सिंडिकेट को सीमित उत्तरदायित्व वाली कम्पनी के रूप में ग्रामोफोन कम्पनी लिमिटेड के रूप में बदल दिया गया। नामकरण की प्रक्रिया को और मानक बनाया गया। युनाइटेड किंगडम, रूस और यूरोप में इसके अभियान बड़े सफल हुए और कम्पनी ने व्यापार और बिक्री में खूब तेज़ी पायी। ग्रामोफोन के निर्यात अफ्रीका, चीन, भारत और ऑस्ट्रेलिया में तेज़ी से बढ़े और यूरोपीय और पूर्वी देशों की भाषाओं में 500 रिकॉर्डिंग की सूची बनायी गयी। किन्तु सफलता के बावजूद नये व्यवस्था निदेशक विलियम बैरी ओवेन ने महसूस किया कि अपने उत्पादों को और विस्तारित करने और बाँधने की जरूरत थी। एकल भागीदार के रूप में लैम्बर्ट टाइपराइटर को चुना गया। इस प्रकार न्यूयॉर्क के ब्रॉडवे में स्थित लैम्बर्ट

टाइपराइटर कम्पनी और ग्रामोफोन कम्पनी लिमिटेड का असामान्य सम्बन्ध 10 दिसम्बर, 1900 में बना जिसका नाम ग्रामोफोन और टाइपराइटर लिमिटेड या जीटीएल पड़ा। संयोग से वर्षों बाद यह टाइपराइटर कम्पनी थी जहाँ खरीदार आना बन्द हो गया। अंततः 1905 तक व्यापार का टाइपराइटर वाला हिस्सा फ्रांस के सिडनी हर्बर्ट को बिक गया हालाँकि 1907 तक कम्पनी का जीटीएल नाम चलता रहा। 'हिज मास्टर्स वॉयस' या एच.एम. की (यह लेवल 1916 में दिखाई पड़ा) जो कम्पनी के लोकप्रिय व्यापारिक चिह्न जिसमें एक कुत्ता रेकॉर्ड सुनता दिखाया गया, के साथ नीचे लिखा आता था। इसने कम्पनी के आरम्भिक कार्यों का प्रतिनिधित्व किया जिसका उद्देश्य था सांस्कृतिक वस्तुओं का वैश्वीकरण।

संसार के संगीत परिदृश्य पर अद्भुत ग्रामोफोन आ चुका था और अब यह रुकने वाला नहीं था।

8.
ग्रामोफोन का भारत में आगमन

कलकत्ता 1900

ग्रामोफोन और टाइपराइटर लिमिटेड (जी टी एल) के भारतीय बाजार में कदम रखने के पहले कई अंग्रेज और भारतीय कम्पनियाँ खाली सिलिंडर, फोनोग्राफ और रेकॉर्डों का आयात अमेरिका और यूरोप दोनों जगहों से कर रही थीं। सिलिंडर फोनोग्राफ का पहला प्रदर्शन कलकत्ते में दिसम्बर, 1878 में हुआ। महाराज लाल एंड कम्पनी की नींव 1895 में पड़ी और दिल्ली में यह एच. एम. वी का सबसे पुराना व्यापारी था। उन दिनों सिलिंडर वाले रेकॉर्ड चूड़ियों के गुच्छे की तरह लगते थे और इसलिए उन्हें 'चूड़ी' कहा जाने लगा। कलकत्ते के एक नामी व्यापारी प्रोफेसर एच. बोस ने 'एच.बोस रेकार्ड्स' नाम से इस व्यापार में प्रवेश किया, लेकिन 1908 में पेरिस के पाथे फ्रेरिस की भागीदारी के साथ इसे 'पाथे एच. बोस रेकॉर्ड्स' कहा जाने लगा। उनकी 1906 की सूची में अनेक सिलिंडर रेकॉर्ड दर्ज हैं जिनमें प्रसिद्ध कवि और विचारक रवीन्द्र नाथ टैगोर के रेकॉर्ड्स भी दर्ज हैं। दुख की बात है कि काम करने वाले सिलिंडर मशीनों के साथ इनमें से बहुत खो गये।

कलकत्ते में अंग्रेज़ी फर्मों में 13 ओल्ड कोर्ट हाउस स्ट्रीट का टी.ई. बीभन एंड कम्पनी, 3 डलहौजी स्ट्रीट का हेरॉल्ड एंड कम्पनी और 17 चौरंगी लेन की वेस्टर्न ट्रेडिंग कम्पनी मुख्य थीं जबकि 23/5 धर्मत्तला स्ट्रीट की एम.एल. शॉ और 267 बहूबाजार स्ट्रीट की ड्वार्किन एंड सन भारतीय कम्पनियाँ थीं। वे नियमित रूप से एडिसन, कोलम्बिया और पाथे नाम के फोनोग्राफ और सिलिंडर का विज्ञापन करती रहीं। जीटीएल को रिकॉर्डिंग के यन्त्रों की भारत की बढ़ती माँग की जानकारी थी। वह अपने व्यापारिक लाभ को भी एशिया में मजबूत करना चाहती थी। इसका मतलब था कि स्पर्द्धा के पहले उन्हें भारतीय बाजार में जरूरी कदम रखने की सख्त जरूरत थी। जैसा कि पहले कहा गया है वे भारत के संगीत और उसकी मोहकता के

बारे में बहुत कम जानते थे। जो वे जानना चाहते थे वह यह था कि यह देश उनके व्यापार-विस्तार की कितनी क्षमता रखता है। उन्होंने म्युटोस्कोप एंड बायोग्राफ कम्पनी लिमिटेड को 1900 के आरम्भ से किराये पर लिया। किन्तु यह मेल कम टिकाऊ रहा और 1901 तक जीटीएल ने अपने बड़े एजेन्ट को बाजार के मूल्यांकन का भारत में पता करने के लिए और व्यापारिक अवसरों को अपने मालिकों को इंग्लैण्ड में सूचित करने को कहा।

7 जुलाई, 1901 में जीटीएल के पहले एजेंट जॉन वॉटसन हौड कलकत्ता पहुँचे। उन्होंने देश का दूर तक भ्रमण किया और औसत भारतीय के जीवन में संगीत की व्यापकता को देखते हुए देशी संगीत की रिकॉर्डिंग की व्यापारिक क्षमता का अनुभव किया। उन्होंने लंदन में अपने उच्च अधिकारियों से समय नष्ट न करने और जितनी जल्दी हो सके एक अभियान-दल भारत भेजने का आग्रह किया क्योंकि बहुत सी कम्पनियाँ पहले से ही भारत में अपने हिस्से के लिए स्पर्द्धा कर रही थीं। 10 अक्टूबर, 1901 तक हौड ने 6/1 चौरंगी में अपना एक ऑफिस खोल लिया था और अगले ही महीने उसी जगह एक भण्डार घर तैयार कर लिया था।

फिर भी लगा कि लंदन में उनके निवेदन का कोई असर नहीं हुआ। 1902 में शुरू में हौड ने बड़ी व्यग्रता से अपने मालिकों को लिखा :

'अगर हमारे पास काफी माल हो तो यहाँ एक बड़ा व्यापार हो सकता है और इस क्षेत्र को अपनाना सबसे अच्छा होगा। तब हम जानेंगे कि यह अच्छा काम करता है.... यह देश इतना बड़ा है कि इसे व्याप्त करने में बहुत समय लगेगा और हमें अभी तक कोई इसका कारोबारी नहीं मिला।'

सन्देश साफ था कि तेज़ काम कीजिए नहीं तो बाज़ार की क्षमता से हाथ धोइए।

लंदन ऑफिस ने हौड को जवाब दिया :

'मैं पहली फरवरी से आपके पास रेकॉर्ड बनाने के लिए गैसबर्ग को भेजने की योजना बना रहा हूँ... मैं वहाँ जल्दी जाने और पूरी तरह काम करने की तैयारी कर रहा हूँ और इसके फलस्वरूप एक बड़ा व्यापार पाने की भविष्यवाणी करता हूँ। अब हम लोग भारतीय व्यापार को पूरी तरह व्यापारिक ढंग से चलाएँगे और इसे पक्की और अच्छी नींव प्रदान करेंगे।'

किन्तु यह खोखली प्रतिज्ञा साबित हुई। किसी कारण से लंदन ऑफिस ने भारतीय अभियान को प्राथमिकता नहीं दी। इसलिए जब 1902 के जून तक गैसबर्ग नहीं पहुँच सके तो व्यग्र हौड ने पलट कर लिखा...

क्या वह सचमुच आ रहे हैं?... निश्चित ही मैं चिन्ता नहीं करता, मैंने कुछ कलाकारों के साथ कुछ आयोजन किया था जिसे बन्द कर दिया गया है और अब मैं

फिर तकलीफ देने तब तक नहीं जाऊँगा जब तक वे सचमुच यहाँ न आ जायें क्योंकि जिस समय तक वे यहाँ पहुँचते हैं पूजा (धार्मिक भोज, भक्ति) आरम्भ हो चुकी होगी और दिसम्बर के बाद तक कुछ नहीं किया जा सकता है।

अन्त में कम्पनी ने 'दूर पूर्व के अभियान' पर गैसबर्ग को भेजा और लंदन में शुक्रवार, 28 सितम्बर, 1902 को यह गुट टेम्स नदी में टिलबरी डॉक से जहाज पर रवाना हो गया। 'द कारोमण्डल' नाम का जहाज जो उस ग्रुप को ले जा रहा था उसमें वजन से चलाये मोटर भी थी जिन्हें गैसबर्ग ने माल के रूप में लम्बी यात्रा के लिए खासकर बनाया था। इन मोटरों ने भारी बैटरियों के रखने और कमजोर घड़ी के स्प्रिंग जो ग्रामोफोन चलाने के काम आते थे उनसे भी मुक्त होने का उन्हें अवसर दिया। इसके साथ 600 नये वैक्स मास्टर, पहले इस्तेमाल हुए जिंक-तवों को छोड़कर, असबाब के अंग थे। खास नामकरण के अनुसार उनका संकेत-चिह्न बनाया गया, 1000 की संख्या में सात इंच के मैट्रिस और 10 इंच के मैट्रिस के लिए 100 संख्या का क्रम बनाया। गैसबर्ग के साथी-यात्री कई तरह के थे—चाय रोपने वालों से लेकर रेलवे और खान के इंजीनियर, विभागीय व्यवस्थापक से लेकर 'फिशिंग फ्लीट' की लड़कियाँ।

सोमवार, 27 अक्टूबर, 1902 में जहाज धीरे-धीरे हुगली नदी में चलता हुआ अगले दिन कलकत्ता के भीतरी बन्दरगाह पर रुका। हौड और उसके स्थानीय साथियों के द्वारा गैसबर्ग का जोरदार स्वागत किया गया। भारत में अपने शुरू के दिनों के बारे में बताते हुए गैसबर्ग लिखते हैं :

'अपने तीस भारी बक्सों को उतारने और सीमा शुल्क अधिकारियों से गुजरने में तीन दिन लगे। हमारे जैक हौड ने एक जगह की व्यवस्था की थी और कुछ कलाकारों को इकट्ठा किया था जो हमें उत्सुकता से देख रहे थे जब हम लोग रिकॉर्डिंग के लिए अपना स्टूडियो तैयार कर रहे थे। यह पहला मौका था कि उनके जीवन में बात करने वाली मशीन आयी थी और वे लोग भय और आश्चर्य से उसे देख रहे थे। बरसात बीत गयी थी और भारत की सुन्दर और सूखी ऋतु हमारे सामने थी। हम लोगों ने संगीतात्मक और कलात्मक मूल्यों के नये संसार में प्रवेश किया। किसी को यूरोप के नाटककारों और संगीत-भवनों की यादों को खत्म कर देना था:... मेरे संगीत प्रशिक्षण की नींव तक मूल्यहीन हो गयी थी। मैंने शीघ्र ही पाया कि एंग्लो इंडियन जिनसे हमने सम्पर्क किया और जो हमारे एजेंट प्रतिभागी का काम कर रहे थे, जहाँ तक भारतीय संगीत में रुचि का सवाल है उससे बिल्कुल दूर वह किसी दूसरे ग्रह पर रह रहे थे। वे भारत से अलग अपने बनाये हुए एंग्लो सैक्सन अहातों में रहते थे। उनके अपने क्रिकेट और टेनिस के क्लब थे, चाय पार्टियाँ और ब्रिज के खेल थे... देशी बाजारों ने उन्हें कभी नहीं देखा और यूरेशियनों ने भी समूचे

भारतीय समाज से अलग रहने में उनकी नकल की।'

हौड जिन्होंने अभी तक भारतीय यात्रा की सफलता में अपना विश्वास व्यक्त किया था, अब एक नयी शंका व्यक्त की जो 16 नवम्बर, 1902 लंदन कार्यालय भेजे गये उनके पत्र से प्रकट होती है :

"हमलोग फिर भी रेकार्ड बनाने के लिए एक कमरे की व्यवस्था कर रहे हैं और अगर यह सम्भव हुआ तो हम लोग कुछ देशी गायकों को बुलाएँगे, लेकिन चूँकि यह पूजा दो महीनों तक चलती है हम लोग निश्चित नहीं हैं कि सफल हो पाएंगे। हम लोगों के पास बहुत से धनी राजा हैं जो ग्रामोफोन में रुचि रखते हैं और जिन्होंने हर सम्भव तरीकों से हमारी मदद करने को कहा है।"

उनके पहले वाले पत्रों में दिए गए विश्वास का स्वर खत्म हो गया और अब 'अगर सम्भव हो तो' देशी गायकों को लगाने के झूठे बहाने और दुर्गापूजा योजनाओं को रोक रही है, ये बहाने लगाए जाने लगे। गैसबर्ग और हौड के बीच कई बातों में मौलिक मतभेद थे और भारत का यह महान अभियान दोनों के बीच इस तनाव की अन्तर्धारा के साथ शुरू हुआ।

भारत में अपनी पहली चढ़ाई के लिए जी टी एल को किसी स्थानीय सम्पर्क की जरूरत थी। उन लोगों ने यह सूत्र अमरेन्द्रनाथ दत्त में पाया, एक भद्र आदमी जो एक धनी जमींदार परिवार के भी थे। दत्त ने 1893 में इंडियन ड्रामेटिक क्लब में प्रवेश लिया और एक वर्ष बाद कोरीन्थियन थिएटर में 'बैट्ल ऑफ प्लासी' नामक नाटक से अपनी नाटकीय यात्रा का आरम्भ किया। यह नाटक बड़ा सफल हुआ क्योंकि स्थानीय लोगों के 18वीं शती के प्रसिद्ध युद्ध के अतीत-प्रेम को प्रभावित करता था। इसे फिर मिनर्वा थिएटर में खेला गया।

बंगाल का आधुनिक नाटक अनेक देशी और लोक-प्रभावों, खासकर जात्रा से प्रभावित हुआ था। जात्रा एक लोक नाट्य था जिसने नाटक का रूप पाया था और 18वीं शताब्दी के अन्त तक यह मंचीय और धर्मनिरपेक्ष रूप ले चुका था। इसकी लोकप्रियता के कारण बंगला नाट्य मंच की पश्चिमी शैली पर इसका प्रभाव पड़ना ही था। 19वीं शताब्दी के प्रथम भाग में कलकत्ता में नाटकों की एक श्रृंखला शुरू हो गयी। उनमें सबसे प्रसिद्ध था चौरंगी नाट्यमंच (1813-39) जिसके कारण थिएटर रोड प्रसिद्ध हुआ (आजकल इसे शेक्सपीयर सरणी कहा जाता है) इन नाटकघरों की हर चीज़ का रूप ब्रिटिश था। ये लंदन से एक्टरों को लाते थे, यहाँ तक कि इनके प्रवेशक और द्वारपाल भी ब्रिटिश थे।

19वीं शताब्दी के मध्य तक नाटक ने नए पढ़े लिखे बंगालियों में रुचि पैदा की और धीरे-धीरे वे भारतीय नाटक के संसार में प्रवेश पाने लगे। निजी मंच बनाए गए और कुछ प्रदर्शनों में 900 की बड़ी संख्या तक श्रोताओं को आकर्षित किया।

प्रथम बंगाली नाट्य निर्माण 'विद्यासुन्दर' को नवीनचन्द्र वसु के निजी रंगमंच पर 1835 में खेला गया। पैकपारा के राजा लोग, जोरासाँको के टैगोर और अन्य धनी संरक्षकों ने नाटक की प्रस्तुति को कई निजी रंगमंचों का निर्माण कर प्रोत्साहित किया जहाँ कुछ सर्वोत्कृष्ट बंगाली पुस्तकों का मंचन हुआ।

धीरे-धीरे कुछ समर्थ लोगों के हाथों से रंगमंच को बाहर निकालने का काम तेज़ हो गया। इसने कई शौकिया रंगमंचों को बनाया जो प्रभावित मध्यवर्ग के द्वारा स्थापित किए गए। कुछ उत्साहित लोगों ने एक गिरोह बनाया और राष्ट्रीय रंगमंच नाम से इस गिरोह का नामकरण हुआ। इन लोगों ने जोरासाँकों में धनी मधुसूदन सान्याल के भवन के आँगन को चालीस रुपये महीने के किराए पर लिया और अपना प्रथम प्रदर्शन 1872 में किया। रामनारायण तर्करत्न (1822-64), कवि माइकेल मधुसूदन दत्त (1824-73), दीनबन्धु मित्र (1830-73), मनमोहन बसु (1831-1912), ज्योतिरीन्द्र नाथ ठाकुर (1845-1925), अमृत लाल बसु (1853-1929), गिरीशचन्द्र घोष (1844-1912) और नोबेल पुरस्कार विजेता रवीन्द्र नाथ टैगोर (1861-1941) जैसे अनेक प्रमुख हस्तियों ने 19वीं शताब्दी की दूसरी अर्द्धाली में बंगाल में रंगमंचीय क्रान्ति लाने में अग्रणी भूमिकाएँ निभायीं।

नगर के पहले ही से स्थापित रंगमंचीय परिदृश्य ने 1897 में अमरेन्द्रनाथ दत्त के क्लासिक थियेटर का प्रवेश देखा। उन्होंने बीडन स्ट्रीट में एमराल्ड थियेटर (पहला नाम स्टार) को अपने नाटकों के मंचन के लिए पट्टे पर लिया। चलचित्रों के प्रति दत्त के आकर्षण ने उन्हें हीरालाल सेन और उनके भाई मोतीलाल सेन को मुख्य संरक्षक बनाया। मोतीलाल ने सिनेमा के बाइस्कोप यन्त्र को लंदन से खरीदा था और उनके अधीन दत्त ने चलचित्र बनाने की कला को सीखना शुरू किया।

जॉन हौड ने इस जीवन्त नगर में क्लासिक थिएटर और उसके कलाकारों द्वारा सांस्कृतिक और मनोरंजन के वातावरण में जीवन्त भूमिका निभाते तुरन्त देख लिया था। ये कलाकार और गायक गा सकते थे या कथोपकथन प्रस्तुत कर सकते थे जिसे जी टी एल रिकॉर्ड कर सकता था और हॉड ने इसका लाभ उठाने का फैसला किया। अत: जब गैसबर्ग कलकत्ता पहुँचे, हॉड उन्हें कलकत्ता पुलिस के अधीक्षक के पास ले गये जिन्होंने एक अफसर, जो उस नगर और भाषा से परिचित था, उनके जिम्मे कर दिया। इस अफसर को उन लोगों के साथ विभिन्न मनोरंजन केन्द्रों ओर रंगमंचों पर जाना था। क्लासिक थियेटर जो उस समय इतना लोकप्रिय था उन लोगों का पहला गंतव्य था। उस शाम वहाँ 'रोमियो और जूलियट' का मंचन हो रहा था। इस एक प्रसिद्ध अंग्रेज़ी नाटक के देशी रूपान्तरण ने गैसबर्ग की औपनिवेशिक चेतना को चौकन्ना कर दिया। उन्होंने नाचने वाली लड़कियों को जिनको मनमाने ढंग से नाटक में रख दिया गया था उनके अभिनय के गुणों और गाने और नाचने की योग्यताओं

को बहुत हल्के ढंग से लिया। वे कहते हैं कि उन्हें 'बहुत ज्यादा पिसे चावल से गोरी बना दिया जाता था और पारदर्शी कपड़े पहनाये जाते थे।' उन लोगों को गाते सुनना 'और उनके सुनहरे बाल उनकी पीठ पर लटक रहे थे' से लेकर पीतल के चौदह वाद्य यन्त्र जो साथ-साथ बज रहे थे नाराज करने से कम नहीं थे। गैसबर्ग बहुत नफरत से भर गये थे। उस शाम अपने उस नाटक के अनुभव के बारे में लिखते हुए गैसबर्ग कहते हैं :

'मुझे अभी जानना था कि पूरब का कान कॉड और हारमोनिक तरीके को अच्छा नहीं समझता था और ढोलों की लयात्मक थपकियों की ही माँग करता था। इस जगह हम लोग वहाँ से चल दिए।'

यह पूरब के पूरब होने और पश्चिम के पश्चिम होने का परम्परागत रूप था और दोनों मुश्किल से मेल खा सकते थे। यहाँ था एक बुरी तरह सजाया अतिउत्साही भारतीय वाद्यवृंद था जो यूरोपीय श्रोताओं के सामने ये दिखाने का प्रयत्न कर रहा था जिसे वे पश्चिमी संगीत समझते थे। वे जानते थे कि कम्पनी के साथ उनका सम्बन्ध उनकी किस्मत बदल देगा और इसलिए कम्पनी के अफसरों को प्रभावित करने का अवसर वे नहीं खोना चाहते थे। गैसबर्ग स्वयं भारतीय संगीत के बारे में बिल्कुल जानकारी नहीं रखते थे, जो वे खोज रहे थे उसके बारे में तो बहुत कम। हर स्तर पर संस्कृतियों का बेमेल प्रदर्शन था और गैसबर्ग सोचने लगे कि संगीत की दृष्टि से क्या उन्होंने एक मूढ़ देश में आने का फैसला किया था।

और फिर भी क्लासिक थियेटर की रंगमंडली के बारे में शुरू की गलतफहमियों के बावजूद ये अभिनेताओं, अभिनेत्रियों, नर्तकियों और वाद्यवृंद (जो कई विभिन्न मिलावटों में रिकॉर्ड किये गये थे) उनकी आवाजें थीं जिनकी गैसबर्ग द्वारा नवम्बर और दिसम्बर, 1902 में की गई पाँच सौ रिकॉर्डिंग की आधी संख्या थी।

क्लासिक थियेटर के प्रदर्शन की प्रथम संध्या को लौटकर गैसबर्ग और हॉड नगर के एक धनी बाबू के दिए गये भोज में गये। नाच के द्वारा उनका मनोरंजन होना था। उस शाम के बारे में गैसबर्ग का वर्णन मनोरंजक है और इन नाच पार्टियों के बारे में बहुत गहरी बातें बताती हैं जो उन दिनों आयोजित की जाती थीं। हर वाक्य में यूरोपीय घृणा स्पन्दित हो रहा है :

'हम लोग एक गन्दी गली से, जो फकीरों और दुबली-पतली गायों से भरी थी, किसी तरह निकल कर एक दिखावटी प्रवेश द्वार पर पहुँचे। मेजबान और उसके देशी मेहमानों ने उत्सुकतापूर्वक हम जैसे पक्के एंग्लो सैक्सनों के झुंड का स्वागत किया जिन्होंने उसके घर को प्रतिष्ठा दी। नाचने वाली लड़कियों जिनकी जाति खत्म हो गयी थी, उनको छोड़कर कोई देशी महिला वहाँ उपस्थित नहीं थी। हम यूरोपियन लोग एक अलग टेबल पर बैठे। हमारा मेजबान भी हमारे साथ नहीं बैठा।

एकदम यूरोपियन भोजन के बाद हमलोग एक बड़े कक्ष में पहुँचे और नाचवाली लड़कियों ने हमारा मनोरंजन किया। कमरे में बड़ा मनोरंजक दृश्य था। एक किनारे देशी शरीफ लोग थे अपने उजले वस्त्रों में : कुछ मोतियों और हीरों की मालाएँ और कीमती अँगूठियाँ पहने हुए थे। दूसरे किनारे शाम के वस्त्रों में हम यूरोपियनों का छोटा समुदाय था। गाने वाली लड़की गाती हुई धीरे-धीरे कमरे में चारों ओर घूमती थी। उसके पीछे चार वादकों का झुंड था जिसमें दो इसराज, एक तंबूरा और दो झाल बजाने वाला था। पीछे की तरफ पान सुपारी तैयार करने के लिए नौकर थे और दूसरा एक चाँदी का पीकदान लिए हुए था। गाने वाली सोने के गहनों से लदी थी, ब्रेसलेट, पायल और मोतियों के हार और सबके ऊपर नाक में एक बड़े हीरे की कील। वह एक मुसलमान थी और बहुत लोकप्रिय। वह प्रत्येक गाने के बाद चतुरतापूर्वक नृत्य प्रस्तुत करती थी। मैंने इस प्रदर्शन को लम्बा और उबाऊ पाया और पान से उसके लाल मुँह को मैंने बुरा माना।'

कुछ दिन बाद पूरी तरह निराश गैसबर्ग को एक और धनी बंगाली संरक्षक के मकान पर ले जाया गया। वे पूर्वधारणा के अनुसार एक और बुरी शाम की उम्मीद में वहाँ गये। यह महफिल हालाँकि पहले वाली से इंतजाम में बिल्कुल अलग थी और आये हुए श्रोताओं के कारण भी। गैसबर्ग को यह गोष्ठी साधारण नाच की लडकियों जिन्हें उन्होंने पिछली शाम देखा था उनसे अधिक ऊँचे कलाकार की लगी। जैसे ही कलाकार आगमन की घोषणा हुई भीड़ में खलबली मच गयी। घर के दरवाज़े पर दो घोड़ों के द्वारा खींचने वाली राजसी गाड़ी आकर रुकी और एक जवान और आश्चर्यजनक रूप से सुन्दर गठीले शरीर वाली मूरत जो बहुमूल्य वस्त्रों में थी गाड़ी से उतरी। गहने जो उसने पहने थे वे भी सुन्दर थे, उन कृत्रिम गहनों की तरह भद्दे नहीं जिन्हें गैसबर्ग ने पहले देखा था। उसका व्यवहार राजसी और रूप भव्य था। जब उसने मेजबान और उनके मित्रों का प्रवेशद्वार पर अभिवादन किया और ऊपर तल्ले की ओर चली जहाँ महफिल का इंतजाम था, गैसबर्ग ने जो बालकनी से उन्हें ध्यानपूर्वक देख रहे थे महसूस किया कि सम्भवतः उन्होंने आखिरकार वह प्राप्त कर लिया जिसकी उन्हें तलाश थी। श्रोताओं में यूरोपियनों को देखकर वह युवती उनके नजदीक आयी और प्रवाहपूर्ण भाषा में 'गुड इवनिंग जेनटिलमेन' कहती हुई उसने अपना हाथ बढ़ाया जिसने गैसबर्ग और उनके एजेंटों को स्तब्ध कर दिया। नजदीक से वह उनकी तरह लगती थी क्योंकि उसका रूप और चर्म ऐंग्लो-इंडियन जैसा था। वह नगर की सबसे प्रशंसित गायिका थी, गौहरजान।

हॉल में बैठने के लिए अलग इंतजाम था जैसा कि पहले वाली महफिल में एक तरफ अंग्रेजों के लिए और दूसरी तरफ मेजबान के घर की महिलाओं के लिए।

एक पर्दा था जो लोगों की दृष्टि से महिलाओं को अलग रखता था। अपने गायन को आरम्भ करने की तैयारी में जब सुन्दर ढंग से गौहर मंच पर चढ़ी तो सम्मोहित गैसबर्ग देखते रहें। उसके साथ संगत करने वाले अपने वाद्य यन्त्रों का स्वर मिलाते हुए चारों ओर खड़े थे।

कार्यक्रम शुरू होने की प्रतीक्षा करते करते गैसबर्ग और बिक्री प्रबन्धक ऐडिस उनकी उम्र का अनुमान लगाने लगे। गैसबर्ग ने उन्हें बाइस वर्ष का माना और ऐडिस ने महसूस किया कि वे 25 से ज्यादा नहीं हो सकती। गैसबर्ग कहते हैं :

'हम लोग गलत थे यद्यपि वह किशोरी की तरह लगती थी वह 45 की थी...वह एक आर्मीनियन यहूदी थी जो बीस भाषाओं और लोकभाषाओं में गा सकती थी।' किन्तु गैसबर्ग बिल्कुल गलत थे और गौहर जान कुल 29 साल की थी जब वे उससे पहली बार मिले थे। गैसबर्ग उनका नाम भी गलत समझते थे और उसे 'गौराजान' कहते थे।

गौहरजान जो भी गाती थी गैसबर्ग बहुत कम समझ पाते थे, लेकिन उसके स्वर में कुछ ऐसा था कि जो उन्हें मुग्ध कर देता था। वे लिखते हैं :

'वह ऊँची, मोहक आवाज में बेजोड़ गा सकती थी। वह कुछ आराम से ऐसे चढ़ते हुए कठिन स्वरों को कंठ के कम्पन के साथ गा सकती थी जिसने हमलोगों का ध्यान उसकी ओर खींचा।' यह कम्पन शायद प्रसिद्ध हिन्दुस्तानी संगीत के तान थे जिसमें भिन्न गतियों से स्वर को बदला जा सकता था। श्रोताओं में यूरोपियनों के प्रति शिष्टाचार के रूप में उस शाम गौहर ने एक अंग्रेज़ी गीत गाया 'सिल्वर थ्रेड्स एमंग द गोल्ड' जो बड़ा प्रभावकारी रहा और जिसने यूरोपीय श्रोताओं से जोरदार प्रशंसा प्राप्त की।

प्रदर्शन के दौरान जब गैसबर्ग छज्जे पर ताजा हवा के लिए गए तो वह देखकर चकित थे कि घर की चारों तरफ की सड़कें लोगों से भरी थीं, जो जहाँ खड़े, कुछ तो कठिनाई से सँभाल पा रहे थे जिससे कि वे उसका गीत सुन सकें। वे समारोह के बारे में जानते थे लेकिन उस समाज में नहीं होने के कारण यह साफ था कि जमींदार की महफिल में, खासकर जब यूरोपियन विशिष्ट मेहमान हों, उन्हें प्रवेश नहीं मिल सकता था। इसलिए उनलोगों ने गौहर जान के संगीत का आनन्द लेने का ऐसा उपाय किया था। इस बात से गैसबर्ग ने महसूस किया कि स्थानीय लोगों में गायिका कितनी लोकप्रिय थी और उसके गानों की रिकॉर्डिंग करना व्यापारिक रूप से बेजोड़ प्रस्ताव होता। इस प्रकार उन नफरत वाली गलियों और निराशाजनक वाली नाच पार्टी और नाटक प्रदर्शन के बाद गैसबर्ग अन्ततः एक महान खोज से मुखातिब हो गए थे, गौहर जान। वह बीसवीं शताब्दी में भारतीय संगीत के व्यापारिक रिकॉर्डिंग के लिए मुख्य स्रोत होने वाली थी।

कलाकारों की खोज में गैसबर्ग हॉड के साथ कई थियेटरों, सभाओं और उत्सवों में गये किन्तु भारतीय संगीत के लिए नफरत उनमें बनी रही।

'फिर कभी भारतीय संगीत के लिए मुझमें वैसी उत्सुकता नहीं बनी रहेगी, क्योंकि सभी गीतों में संगत करने के लिए एक साधारण हारमोनियम के बिना काम नहीं होता था। एक हाथ से रीड चलाये जाते थे और दूसरे हाथ से भांथी चलायी जाती थी। मैंने पाया कि यह एक मन्द ओर प्रभावहीन आवाज उत्पन्न करता था और जल्दी ही मैं उस वाद्य यन्त्र से नफरत करने लगा। केवल एक या दो मर्द गायक हमें दिए जाते थे और इनकी आवाज ऊँची और औरतानी होती थी। पुरुष के भारी और मन्द्र स्वर की न प्रशंसा थी और न मान और इस श्रेणी के पूरब देश के गाने वाले तो भूखों मर जाते।'

किन्तु उस मशहूर महफिल में जिस औरत से उनकी मुलाकात हुई वह उनके हिसाब से बाकी गाने वालों से ऊपर थी। सौभाग्य से भारत के अभियान में पहुँचने के दो महीने पहले गैसबर्ग और हॉड ही गौहरजान से बात कर चुके थे और वह इस नई कम्पनी के साथ काम करने को राजी हो गयी थी।

8 नवम्बर, 1902 का शनिवार एक महत्त्वपूर्ण दिन था क्योंकि उस दिन पहली बार 'देशी' रिकॉर्ड तैयार किये गये। कलकत्ते के एक बड़े होटल के दो बड़े कमरों में तात्कालिक और कामचलाऊ रिकॉर्डिंग स्टूडियो बनाये गये। जाँच के रूप में एक स्थानीय अंग्रेज वाल्टर स्टैनली बर्क के द्वारा एक रिकॉर्डिंग की गयी। उसके बाद अमरेन्द्रनाथ दत्त के क्लासिक थियेटर और जमशेद जी फ्रामजी मदन के कोरिंथियन थियेटर के कलाकारों को रिकॉर्ड किया जाना था। रिकॉर्डिंगों में से दो थे 'खराब आवाज वाली चौदह और सोलह साल की छोटी नाच वाली लड़कियों के'। ये थीं सुश्री शशिमुखी और सुश्री फनीबाला, दोनों क्लासिक थियेटर से जुड़ी नाचने वाली लड़कियाँ। थियेटर के कलाकारों की रिकॉर्डिंग 10 नवम्बर, सोमवार तक चली। गैसबर्ग 11 नवम्बर, की सुबह की उत्सुकतापूर्वक प्रतीक्षा कर रहे थे जब वह औरत जिस पर वे मुग्ध थे उस कामचलाऊ स्टूडियो में आने वाली थी।

कलकत्ते में मंगलवार की सुबह उस स्टूडियो में गौहर का प्रवेश संसार के संगीत इतिहास में उसे सदा के लिए स्थापित कर देने वाला था। इसका प्रभावशाली व्यक्तित्व, कपड़ों का शौक और तौर-तरीके ने गैसबर्ग को पूरी तरह मुग्ध कर दिया था। अपने संस्मरणों में उन्होंने उसके लिए भूरि-भूरि प्रशंसा व्यक्त की है :

'जब रिकॉर्ड कराने के लिए वह आई तो उसके संगीत वादकों और नौकरों का प्रभाव उनसे भी ज्यादा या जो मेलबा और कालमें के साथ आते थे। पुरातन लोक संगीत परम्पराओं की गौरवशाली उत्तराधिकारिणी के रूप में वह व्यवहार की शिष्टता से भरीपूरी थी। वह बाजार में अपने मूल्य को समझती थी जैसा कि उससे

बातचीत करने में हम लोगों पर वह भारी पड़ता था।'

जैसा कि गैसबर्ग ऊपर बयान करते हैं उसने अपने को चतुर व्यापारी औरत साबित किया था। रिकॉर्डिंग की बैठक के लिए उसने 3000 रुपये की अच्छी रकम माँगी थी और जीटीएल तैयार हो गया था। जितनी देर संगत करने वाले अपनी सारंगी, तबला और हारमोनियम के सुर मिला रहे थे आत्मविश्वासपूर्ण कमरे में गौहर चारों ओर टहल रही थी और वह एक बड़े भोंपू लगे उस विचित्र उपकरण की जाँच कर रही थी जो दीवार पर लगा था। इस जुगाड़ से प्रसन्न गौहर ने रिकॉर्डिंग विशेषज्ञ से पूछा 'मिस्टर गैसबर्ग, क्या मैं इसमें गाऊँगी?' गैसबर्ग का संक्षिप्त उत्तर था 'हाँ मैडम।' रिकॉर्डिंग वाली चीज़ को वे जोड़ रहे थे। लम्बे भोंपू के पतले किनारे सुई लगा एक डायफ्राम रिकॉर्डिंग से जोड़ दिया गया था जिसमें एक नाचने वाले तवे पर सुई मोटे वैक्स मास्टर पर लगी थी। अन्त में जब सब कुछ अपनी जगह पर लग गया गैसबर्ग गौहर जान के पास गये और बोले, 'हमारा काम हो गया। क्या आप भी तैयार हैं?' वह मुस्करायी हाँ में सर झुकाया और भोंपू के पास पहुँची। गैसबर्ग ने उसे सतर्क किया, 'उम्मीद है आपको जो मैंने कहा याद होगा। जितनी जोर से हो सके उस भोंपू में गाइये। अपना सर और अपने हाथ मत हिलाइए। यह रिकॉर्डिंग की अच्छाई को खराब कर देगा। समय भी... मुझे उम्मीद है आपको याद होगा? यह आपकी महफिलों में से एक नहीं है जहाँ आप घंटों अपने सुरों का विस्तार कर सकती हैं। हमारे पास केवल तीन मिनट हैं। आह, तीन मिनट से एकाध सेकेण्ड कम। घोषणा जो अन्त में है उसे याद रखिये।...' गौहर ने नम्रतापूर्वक टोका, 'मिस्टर गैसबर्ग क्या हम शुरू करें?' लगता था गैसबर्ग ने सोचा कि इस महिला को अपनी आवाज उन तवों पर रिकॉर्ड करने की जन्मजात प्रतिभा थी। जिस प्रक्रिया ने उससे पहले कई मशहूर संगीतकारों को डरा दिया था, उसमें उसने जो शान्त आत्मविश्वास दिखाया उस पर गैसबर्ग चकित थे।

जैसे उसके ऊँचे स्वर की शिष्ट और मुग्ध करने वाली आवाज की पहली तानें गैसबर्ग के शेलैक की गहरी रेखाओं पर खिंच गईं, भारतीय शास्त्रीय संगीत ने पहली ऊँची छलांग आगे की ओर बढ़ायी। तवायफ़ों के घरों और धनियों की महफिलों से बाहर सामान्य जनों के घरों में यह कूद कर पहुँची। इस प्रक्रिया में इसके विषय, बनावट और प्रस्तुत करने की शैली में बड़ा परिवर्तन हुआ।

उसी शाम गैसबर्ग ने सुश्री शैला बाई (मिस शीला बाई के रूप में भी लिखित) को रिकॉर्ड किया। लेकिन गैसबर्ग दूसरी बैठक गौहर के साथ करने के इच्छुक थे। वह प्रत्येक बैठक में अपनी प्रतिभा और अपने रूप के साथ उन्हें प्रभावित करने में कभी असफल नहीं रहीं।

'हर बार जब वह रिकॉर्ड के लिए आयी तो पहले से ज्यादा भड़कीले वस्त्रों में

उसने हम सब को चकित कर दिया। उसने कभी उन्हीं रत्नों को दुबारा नहीं पहना। असली सोने के जड़ीदार रेशमी काले कपड़े में सजी जिससे नंगी नाभि और नंगे पैर के आकर्षक दृश्य से वह बहुत प्रभावित करती थी। वह हमेशा वस्त्रालंकृत रहती थी।'

गैसबर्ग को विश्वास हो गया कि गौहर देश के ग्रामोफोन की पहली शख्सियत होगी और भारत में कम्पनी की मजबूती का मुख्य आधार होगी। वे जानते थे कि वह बड़ी प्रतिभाशालिनी है और उन्होंने जहाँ तक हो सका उसकी तरह-तरह की रिकार्डिंग का प्रयास किया। एक दिन सुज़ान एडम्स के गाये फाउस्ट के 'द जेवेल सांग' को बजाया। गौहर और उसके नौकर ऊँचे स्वरों के तीव्र कम्पन पर आश्चर्यचकित थे। ऊँचे स्वर का यह गीत करीब एक ही साँस में गाया गया। गैसबर्ग ने गौहर से मज़ाक में पूछा, 'क्या आप कुछ इस तरह गा सकती हैं? वह चुप रही और उस दिन जाने तक भी उसने कोई जवाब नहीं दिया। जब वह दूसरी सुबह आई तो उसने गैसबर्ग से कहा कि उसने उनकी चुनौती स्वीकार कर ली और कुछ नया करने की कोशिश करेगी। उसने एक चीज़ राग सुर मल्हार में गायी। गैसबर्ग हक्का-बक्का हो गये। वे तो विश्वास भी नहीं कर सके कि वे क्या सुन रहे थे। यह उसी प्रकार का एक साँस में चढ़ते हुए सुर का गीत था जिसमें चढ़ती आवाज़ में अनेक सुर लगते गये, ऐसे एक राग में जो मानसून के बादलों की कड़क और बिजली की चमक का प्रतीक था। गीत जो बेशक गैसबर्ग की समझ से बाहर था, वह यह था :

घूर घूर बरसत मेहरवा, बिजुरिया चमकी अनेक बार
गुण गाओ मोरे पिहरवा, आप जागे और मोहे जगावे
भर भर सुरवा, भूर भूर बरसत मेहरवा

जैसे उसने खत्म किया रिकॉर्डिंग का दल आवाक् रह गया और तब आनन्द प्रशंसा में फूट पड़ा।

जैसा कि पहले कहा गया था रिकॉर्डिंग का अनुभव एक संगीतकार के लिए सबसे बड़ा दुःस्वप्न था। गाने वाले को अपनी गरदन दीवार पर लगे पतले भोंपू में ऊँचा कर लगाना पड़ता था और जितना हो सके चिल्लाना पड़ता था। आवाज की तेज़ी निश्चित करती थी कि सुई कितना नाचती है और तवे पर लाइन काटती है। अचरज होता है कि इस प्रक्रिया में संगीत का मूल्य कितना नष्ट होता है खास करके उन सूक्ष्म स्वर परिवर्तनों का जो भारतीय शास्त्रीय संगीत की विशेषताएँ हैं। क्योंकि बहुत से भारतीय गायकों को सर हिलाने और गाते समय उंगलियों से इशारे करने की आदत थी रिकॉर्ड कराने वाला उनका सर पकड़ लेता था या बेचारे गायक का स्वर भोंपू में सटा देता था और उनसे गवाता था जबकि दो आदमी उसके हाथ पकड़ लेते थे। उन दिनों से लेकर संगीत रिकॉर्डिंग के उद्योग ने कितनी लम्बी यात्रा की है।

उस आरम्भिक युग की अधिकतर रिकॉर्डिंग में दूसरी मजेदार बात थी कि हर रिकॉर्डिंग के अन्त में गायक अपना नाम जोर से बोलता था। गौहर को भी यह करना था। यह घोषणा जरूरी थी क्योंकि वैक्स मास्टर को रिकॉर्डों को दबाने के लिए हैनोवर भेजा जाता था और वहाँ लेबल लगाने के पहले कारीगर गायकों को पहचान नहीं पाते थे। इसलिए हस्ताक्षर रूपी इन घोषणाओं को तीन मिनट के गायन के अन्त में वे ध्यान से सुनते थे और रिकॉर्ड पर लेबल लगाते थे। गौहर की पतली, बच्चे की तरह खुशी से भरी अपने नाम की घोषणा, 'माइ नेम इज गौहर जान' प्रवाहपूर्ण अंग्रेज़ी में आरम्भिक रिकॉर्डिंग में निकलती थी। इस पूरी थकान भरी प्रक्रिया में बड़ा हुलास और खुशी थी जो वह महसूस करती थी। कुछ रेकॉर्डों में लम्बी घोषणाएँ भी हैं एक मधुर सोहिनी ठुमरी के अन्त में गौहर ने यह भी कहा 'यह उसके गुरु भैया गणपत राव की रचना थी।' मलका जान आगरेवाली की तरह कुछ गायक प्रस्तुति के अन्त में अपना पूरा पता बोलते थे! गौहर राग जोगिया में एक अपने अरबी गीत 'आलिया हबीबु आना गरीबन' के अन्त में तीन लाइन की घोषणा करती है : 'यह एक अरबी गीत है; मेरा नाम गौहर जान है; आपको गीत अच्छा लगा है' —यह बात 'आपको गीत अच्छा लगा है' सवाल से ज्यादा हुक्म की तरह लगती थी!

उसके 1902 के रिकॉर्डिंग में एक अंग्रेज़ी गीत है, 'माइ लव इज ए लिटिल बर्ड दैट फ्लाइज फ्राम ट्री टू ट्री।' यह बड़ी धीमी गति से रिकॉर्ड हुआ जिसने गौहर की आवाज को अजीब तरह से स्वर की उठान दे दी। मजे की बात है कि संगत करने वाले अपनी गतिलय में बजाते हुए कहरवा ताल के आठ सुर को शिशु गीत जैसे उच्च स्वर के इस गीत की बराबरी करना चाहते थे लेकिन ज्यादा सफल नहीं हुए। इस बीच लगता है कि गौहर गीत भूल जाती है और कमी पूरी करती है लेकिन इससे कोई बेचैन नहीं होता, न संगत करने वाले, न रिकॉर्ड करने वाले। वह समताल से फिर से शुरू करती है और आगे बढ़ जाती है मानो कुछ हुआ ही नहीं।

14 नवम्बर को गैसबर्ग ने सुश्री हरिमोती और सुश्री सुशीला को जो बंगाली रंगमंच की लोकप्रिय काम करने वाली थीं रिकॉर्ड किया। क्लासिक थियेटर वाला दल रविवार वाली बैठक में 16 नवम्बर को शामिल होने वाला था जबकि 18 नवम्बर को कोरिन्थियन नाटक समूह के लिए सुरक्षित किया गया था। दो पुरुष गायकों में से जिन्हें गैसबर्ग ने रिकॉर्ड किया और बहुत ज्यादा प्रभावित नहीं हुए, लालचन्द बोराल थे। गौहर की तरह बोराल स्थानीय लोकप्रिय गायक थे और कम्पनी के सर्वोत्तम बिक्री वाले कलाकार रहे। मजे की बात है की ज्यादा रिकॉर्डिंग स्त्री कलाकारों की होती थी और सभी के नामों के पहले 'सुश्री' लगा हुआ था। इस प्रकार सुश्री गौहर, सुश्री सुशीला, सुश्री बिनोदनी, सुश्री अचेरिया, सुश्री किरण, सुश्री रानी ओर अन्य जी टी एल के प्रथम प्रसिद्ध कलाकार हो गये। वास्तव में यह

स्त्री गायकों, खासकर तवायफ़ों की लोकप्रियता थी जिससे बहुत से पुरुष गायकों को भी कृत्रिम ऊँचे स्वर को अपनाना पड़ा जिसकी चर्चा गैसबर्ग करते थे। उन लोगों ने शायद यह मान लिया कि तीखी और औरतानी आवाज एक मात्रा रास्ता था जिसमें वे लोग उन्हीं गायिकाओं की तरह प्रसिद्धि प्राप्त कर सकते थे, हॉलाकि उन लोगों ने इन गायिकाओं में कभी बड़ी संगीत प्रतिभा के होने को स्वीकार नहीं किया।

अगले कुछ सप्ताहों में उन्हीं नाटक और शौकिया दलों के साथ कई बैठकें हुईं, किन्तु गैसबर्ग सन्तुष्ट थे कि उन्होंने वह प्राप्त कर लिया था जिसके लिए वे भारत आये थे। गौहर में उन्होंने भारत की आवाज पा ली थी जो दुनिया भर में बेची जा सकती थी। दिसम्बर 1902 के पहले कुछ दिन उन्होंने आराम करते दार्जीलिंग के पहाड़ी स्थान पर बिताये और 10 दिसम्बर 1902 को 'चुसन' नामक जहाज पर टॉमस ऐडिस, अपनी पत्नी और जॉर्ज डिलनट के साथ चीन और जापान के लिए भारत छोड़ दीया।

गैसबर्ग का भारत में छः हफ्ते के प्रवास का नतीजा था करीब दो सौ सोलह 7 इंच के मैट्रिस और करीब तीन सौ छत्तीस 10 इंच के मैट्रिस का बनना जिन्हें जहाज से हैनोवर भेजा गया। इनमें से केवल आधे व्यापारिक बिक्री के लायक माने गये और बाकी को शायद नष्ट कर दिया गया क्योंकि उन्हें संगीतहीन या गलत रिकॉर्डिंग वाला माना गया।

अप्रैल, 1903 तक आखिरी व्यापारिक बनावटों के पहले भंडार को जहाज से कलकत्ता भेज दिया गया। सभी रिकॉर्ड एक तरफ बने थे 7 इंच वाले जिन्हें 'ग्रामोफोन रेकॉर्ड' कहा जाता था और 10 इंच वाले को 'ग्रामोफोन कान्सर्ट रेकॉर्ड' कहा जाता था। भेजे गये माल और इसके उचित वितरण और बिक्री का प्रभार हॉड को दिया गया था। उन्होंने घबराहट में पाया कि बहुत से रेकॉर्डों को ठीक से बाँधा नहीं गया था और रास्ते में वे टूट गये थे। उन्होंने कड़वाहट से लंदन ऑफिस को इसकी शिकायत की।

इस बीच रेकॉर्डों की तेज़ बिक्री हुई। खासकर गौहर के रेकॉर्ड तो देश के बड़े शहरों में हाथों-हाथ बिक गये। रेकॉर्डों के साथ ग्रामोफोन की मशीनें भी बहुत बिकीं। मध्यवर्ग के भारतीयों के लिए जो इसे खरीद सकते थे यह प्रतिष्ठा की एक चीज़ बन गई। इस विचार का ग्रामोफोन बनाने वाली और बेचने वाली कम्पनियों ने अपनी बेचने की नीतियों में भरपूर उपयोग किया। यह प्रचार सामग्रियों और विज्ञापनों में दिखाई देता है जिन्हें उस समय के मशहूर समाचारपत्रों में इन कम्पनियों ने भेजना शुरू किया। इन्होंने कई प्रकार के सामाजिक सांस्कृतिक सन्देश दिए जो उन दिनों के समाज के आकर्षक वर्णन हैं। विज्ञापनों में से एक ने एक धनी जमींदार के खर्चीली सजावट वाले ड्राइंग रूम को दिखाया (उसकी पोशाक और शैली जिससे

कीमती कपड़ों, एक कीमती घड़ी और कालीनों का अनुमान लग सके)। वह शान से ग्रामोफोन के पास बैठा है जो कमरे के ठीक बीच में है और उसका सुनहरा भोंपू उस आदमी की ओर है। जमींदार की पत्नी आश्चर्य से इस चीज़ को देखती हुई टेबल की बगल में खड़ी है। हैरानी की बात यह है कि वह पर्दे में भी नहीं दिखायी गयी है खासकर उस उम्रदराज आदमी की उपस्थिति में जो उस चित्र में भी उपस्थित है। उसके दो छोटे बच्चे, एक छोटे स्टूल पर बैठे नजर डालने के लिए आगे की ओर झुका है, एक वृद्ध व्यक्ति, सम्भवत: उस धनी जमींदार का पिता, अपनी टहलने वाली छड़ी के साथ दूसरे किनारे बैठता हैं और खुशी से उस यन्त्र को देखता है। मनोरंजक बात यह है कि एक नौकर फ़र्श पर बैठता है और वह भी आश्चर्य में डूबा है। चित्र में उसका काला चमड़ा अन्य गोरे चमड़े वाले व्यक्तियों से अलग दिखता है। अन्त में कुछ चित्रों का नायक, वह छोटा कुत्ता, ग्रामोफोन कम्पनी लिमिटेड का व्यापारिक चिह्न, उसे भी ध्यानपूर्वक सुनते हुये दिखाया गया है जो प्रसन्न होने की मुद्रा में है। इस चित्र का सन्देश था कि एक ग्रामोफोन परिवार के प्रत्येक व्यक्ति को कुछ न कुछ देने वाला था, जवान या वृद्ध, मालिक या नौकर, मर्द या औरत। इस प्रकार के चित्र का इस्तेमाल व्यापारिक दृष्टि से कम्पनी का जबर्दस्त उपाय था।

कम्पनी ने धार्मिक भावनाओं और प्रेम का इतिहास भी रचा जो भारतीय पसन्द करते थे। एक विज्ञापन विद्या, संगीत और कलाओं की हिन्दू प्रतीक देवी सरस्वती को अपने पालतू हंस के साथ नदी के किनारे बैठी दिखाता है। देवी के सारे परम्परागत चित्र पुरातन और उत्कृष्ट भारतीय वाद्ययन्त्र वीणा बजाती हुई दिखाते हैं। यहाँ भी वह वीणा बजाती हुई दिखायी गयी है लेकिन कम्पनी की वीणा की बनावट दूसरी है। कद्दू में से एक जो वीणा को झंकृत करता है उसकी जगह एक बड़ा ग्रामोफोन ले लेता है। भक्तों को यह स्पष्ट सन्देश था कि ज्ञान और विद्या की स्वयं मूर्ति ने ही स्वर और संगीत उत्पन्न करने वाले इस नये माध्यम को स्वीकार कर लिया था। बंगाली श्रोताओं का ध्यान रखने के लिए स्थानीय लोकप्रिय देवी दुर्गा भी बहुतेरे विज्ञापनों में दिखायी गई, एक नदी के किनारे अपने प्रिय बाघ पर आनन्दपूर्वक बैठी, जबकि दूसरे पशु झुंड में भौचक संगीत सुनते दिखाये गये।

दूसरे मनोरंजक विज्ञापन ने मुगल सम्राट जहाँगीर (1605-27) का शानदार दरबार दिखाया। वे अपने दरबारियों और परिचारकों से घिरे शाही शान में दिखाये गये हैं। वे सभी ग्रामोफोन सुन रहे हैं और ऊपर शीर्षक कहता है, 'महिमामय जहाँगीर के दरबार में ग्रामोफोन'। बात साफ थी, यह चीज़ तो आविष्कृत भी नहीं थी जब सम्राट ने राज किया, लेकिन सन्देश था कि अगर यह उनके समय के आस-पास भी होता तो सम्राट ने भी इसे खरीदा होता। जी टी एल के द्वारा विज्ञापन के इस धमाके ने ग्रामोफोन रेकॉर्डों और उसके कारण कलाकारों को जिन्होंने इसके लिए

गाया, सबको अत्यन्त लोकप्रिय बना दिया। इस एक मशीन को करीब दो सौ पचास रुपये में भारत के हाथों बेचने का प्रयास था।

जिस समय व्यापार बढ़ता रहा उसी समय हॉड और कम्पनी के अफसरों के बीच सम्बन्ध खराब होने लगे। उनके बीच अलगाव खड़ा हो गया। हॉड ने टॉमस एडिस पर अपने काम में अनावश्यक हस्तक्षेप का दोष लगाया। इसके अलावा जवाब देने में लन्दन ऑफिस बिल्कुल धीमा था। इस बात ने हॉड को पूरी तरह नफरत से भर दिया और एकदम निराशा में 1903 की जुलाई के बीच में उन्होंने कम्पनी का काम छोड़ दिया। स्थिति और खराब करने के लिए उन्होंने एक प्रतियोगी कम्पनी द निकोल रेकॉर्ड कम्पनी लिमिटेड में नौकरी कर ली। ऐडिस जो गैसबर्ग के साथ सुदूरपूर्व की शेष यात्रा में थे उन्हें उस साल अगस्त तक हॉड की जगह कलकत्ता भेजा गया। कम्पनी 7 एस्प्लेनेड ईस्ट में वायसराय भवन के विस्तृत मैदान के पास अपने बड़े कार्यालय में चली गई।

इस बीच जी टी एल के द्वारा उनके प्रति किए गए बुरे बर्ताव का बदला लेने के लिए हॉड ने निर्णय किया। उन्होंने 1904 की जुलाई में अमेरिका से रेकॉर्डिंग विशेषज्ञ स्टीफेन कार्ल पोर्टर के साथ निकोल रेकॉर्ड कम्पनी के रिकॉर्डिंग अभियान की व्यवस्था की। ऐडिस ने इस बात के बारे में लंदन में बड़े अधिकारियों को तुरन्त लिखा और इस प्रतिस्पर्द्धा में बदला लेने के लिए एक दूसरे भारतीय अभियान को चलाने का आग्रह किया। उस समय के बाजार की हालत का मूल्यांकन करते हुए वे 1903 के 23 दिसम्बर को लिखते हैं...

'भाषा के सम्बन्ध में भारत एक अजीब देश है क्योंकि अगर आप कलकत्ता से तीन सौ मील बाहर जाएँ तो आप एक बिल्कुल अलग भाषा पाएँगे जो यहाँ नहीं समझी जायेगी और इस तरह यह हर राज्य और प्रेसिडेंसी में है। हर खास जिले को अपने स्थानीय और लोकप्रिय पुरुष या नारी गाने वाले हैं जिनके अलावे कुछ शौकिया गायक भी हैं जिनके रेकॉर्डस खुलेआम बिकेंगे। अब यह इसी तरह का काम है जिसके बारे में ज्यादा अच्छे और मध्यवर्ग के देशी लोग जिनके पास पैसा है जानना चाहते हैं और हम लोगों को अच्छी तरह सूचित किया जाता है कि वर्तमान की बिक्री मशीन से प्राप्त सुन्दर परिणामों के कारण है और ये केवल रेकॉर्ड नहीं हैं जो लोगों को ये मशीनें खरीदने के लिए आकर्षित कर रहे हैं।'

ऐडिस यह भी जानते थे कि इस अभियान ने केवल उत्तरी भारत में काम किया है और दक्षिणी भारत की धनी संगीत की भरी रियासत को बिल्कुल छोड़ दिया गया था। लंदन ऑफिस ने उनका विभिन्न प्रान्तों और श्रेत्रीय दलों की जनसंख्या के अनुमान की तैयारी करने को कहा। बाजार को समझने के लिए आधुनिक बाजार सर्वेक्षण से वे विजय प्राप्त करने की कोशिश कर रहे थे। ऐडिस ने

1901 की जनगणना पंजी के अनुसार भारत और उसकी जनसंख्या की अलग सूची बनायी। 287,000,000 लोगों में जो 147 विभिन्न देशी भाषा बोलते थे, 60,000,000 हिन्दी बोलते थे, 44,000,000 बंगाली, 47,000,000 बिहारी, 20,000,000 तेलुगु और करीब 18,000,000 मराठी बोलते थे। इसके बाद वे वर्ग आते थे जो राजस्थानी, कैनरी (कन्नड़), गुजराती, उड़िया, बर्मी, तमिल, मलयालम, पश्तू, उर्दू इत्यादि बोलते थे। ऐडिस की यह सूचना लंदन के अधिकारियों को प्रभावित करने का उनका प्रयास था कि भारत विभिन्न भाषाओं की मिलावट था। उनका उद्देश्य पूरा हुआ और लंदन कार्यालय ने उन्हें इस सूची को बढ़ाने का निर्देश दिया जिसे भाषा के अनुसार अलग-अलग बनाना था। अत: यह 300 बंगाली, 500 हिन्दुस्तानी, 300 गुजराती, 150 मराठी, 300 तमिल, 250 तेलुगू, 200 कन्नड़, 200 सिंघली, 120 भूटिया, नेपाली और तिब्बती मिलाकर 120 संस्कृत, 120 फ़ारसी और 60 बलूची रेकॉर्ड बनाना था।

किन्तु हॉड की तरह ऐडिस को भी लगातार अपने बड़े अधिकारियों को लम्बे समय से प्रतीक्षित दूसरे अभियान के लिए भेजने का आग्रह करना पड़ा। समय तेज़ी से बीत रहा था। कई समस्याएँ थीं जिससे उन्हें निपटना था। स्थानीय भारतीय व्यापारियों के द्वारा जी टी एल के ट्रेडमार्क की चोरी का भय बराबर था। कलकत्ता के धर्मतल्ला स्ट्रीट का 'इन्टरनेशनल ग्रामोफोन डिपो' कम्पनी के 'सुनते हुए कुत्ते' का प्रसिद्ध ट्रेडमार्क अपने विज्ञापनों में उसका उग्र रूप चित्रित करके आसानी से इस्तेमाल करता था। ये और इसकी तरह दूसरे गैर कानूनी क्रियाकलापों ने कम्पनी को अन्तहीन मुकदमों में फँसा दिया। अपने 1903 और 1904 के पत्राचार में ऐडिस दूसरी समस्याओं को भी रखते हैं जिनका कम्पनी को मुकाबला करना था :-

'देशी रेकॉर्डों के इतनी धीमी गति से आने पर हम बल्कि निराश हैं खासकर जब आप सोचते हैं कि जनवरी 1 के आरम्भ से ही यहाँ बनाए गए मूल रिकॉर्ड आपके पास हैं... हमलोगों के पास केवल थोड़े से बंगाली रेकॉर्ड हैं और लोग यह कहते हए उम्मीद खोना शुरू कर चुके हैं कि उन्हें विश्वास नहीं है कि अब वे एकदम यहा पहुचेंगे... हमलोग जब तक 'ईस्टर्न ट्रेड' में एक बड़े कदम उठाने की स्थिति में होंगे, तब तक एक पूरा साल बीत जाएगा (सितम्बर 1903)

'यह अक्सर होता है कि हम एक विश्वसनीय आदमी को शुद्ध अनुवाद के लिए सूची बनाने को सामग्री देते हैं; जब यही सामग्री दूसरे को देते हैं तो वह बहुत गलतियाँ निकालता है। यह बेशक उस भिन्नता के कारण है जो विभिन्न देशी भाषाओं के लिखने के तरीके में हैं। (7 मई 1904)।

प्रतिस्पर्द्धा भी तेज़ी से बढ़ रही थी क्योंकि प्रतिद्वन्द्वी कम्पनियों ने भारतीय बाजार में असीम सम्भावनाएँ देखीं जैसा कि पहले कहा गया है कि पाथे फ्रेरिस

पेरिस वाले एच. बोस के साथ जी टी एल के ग्रामोफोन गायकों में से बहुतों के सिलिंडर रेकॉर्ड जहाज से भेज रहे थे। निकोल रेकॉर्ड कम्पनी लिमिटेड जिसने 1904 के बाद वाले महीनों में रिकॉर्डिंग का काम शुरू किया, वे अपने तैयार तवे जो लाल सेलुलाएड लाह के लेप वाले कार्डबोर्ड से बने थे उनको भेजने वाले थे।

अन्त में दिसम्बर, 1904 में मार्च तक जी टी एल के दूसरे अभियान पर विलियम सिंक्लर डार्बी को सहायक मैंक्स हेम्पी के साथ 1904 से 1905 तक भेजा गया। उनकी शक्तियों पर आधारित और पुरानी गलतियों से सीखते हुए इस अभियान को विस्तार देने और रेकॉर्डों की अच्छाई पर ज़ोर दिया। कलकत्ते में रिकॉर्डिंग से लेकर डार्बी ने इलाहाबाद, लखनऊ, दिल्ली, लाहौर, मुम्बई और मद्रास तक रेल से देश की यात्रा की और तब जहाज से कोलम्बो और रंगून तक की। कलाकार जो इनमें से किसी एक केन्द्र के नजदीक रहते थे उन्हें सबसे नजदीक की रिकॉर्डिंग वाली जगह पर कम्पनी के खर्चे से लाया जाता था और उन्हें एकमुश्त कुछ और पैसा दिया जाता था। गौहर जान, प्यारा साहेब, लालचन्द बोराल, सुश्री काली जान और अन्य ग्रामोफोन कम्पनी के भारतीय प्रयास के मुख्य आधार बने रहे। इस प्रयास के अन्त में 7 इंच के करीब चार सौ मैट्रिस, 10 इंच के आठ सौ बीस मैट्रिस और नये 12 इंच के पैंसठ मैट्रिस रेकॉर्ड किए गये। 7, 10, 12 इंच को गैसबर्ग के इ-सिरीज की तरह 'जी', 'एच', 'आई' का एक नया नामकरण किया गया। तकनीकी रूप से अभियान अधिक ठोस, सुनियोजित और ज्यादा अच्छी तरह कार्यान्वित था और यह कम्पनी के भावी अभियान के लिए अन्तिम रूपरेखा बना।

इस समय भी रिकॉर्डिंग की सूची में मर्दों से ज्यादा औरतें थीं। दक्षिण की तरफ ये देवदासियाँ थीं जो संगीत और नृत्य का भंडार थी। किशोरवय में इनका विवाह कर दिया जाता था या इन्हें मन्दिर के देवता को समर्पित कर दिया जाता था जिनको इन्हें अपनी सेवायें प्रदर्शनों के द्वारा देनी होती थीं। फिर भी पुरोहितों के द्वारा इनका यौन-शोषण किया जाता था। अपने समय की प्रसिद्ध देवदासी मद्रास की सलेम गोदावरी थी जो कमोबेश प्रसिद्धि और रेकॉर्ड बनाने की संख्या में गौहर जान के बराबर थी। उसके द्वारा गायी गई संत त्यागराज की रचनाएँ संक्षिप्त अलापना से शुरू होती थीं। कुछ तमिल गीत और रागमलिका या कई रागों के मिश्रण भी उसके द्वारा गाये गये। भवानी, अम्माकन्नू, सलेमपापा और बडाम्बल दक्षिण के अन्य ग्रामोफोन कलाकार थे, यद्यपि बाद में धनकोटि अम्मल, और बंग्लोर नागरत्नम्मा ने बहुत से डिस्क काटे और प्रसिद्धि अर्जित की।

पुरुष कलाकारों से ज्यादा स्त्रियों की खोज होती थी और कम्पनी के लिए वे इच्छापूर्वक प्रदर्शन करती थीं। 1906-07 की यात्रा में करीब पैंतीस शास्त्रीय गायिकाएँ ग्रामोफोन कम्पनी के द्वारा रेकॉर्ड की गयीं जिनमें करीब तीस पहली बार

वाली थीं। फिर भी धीरे-धीरे संख्या गिरती गई और अन्ततः 1908-10 की बैठकों में केवल करीब ग्यारह नई गायिकाएँ थीं। उत्तर और दक्षिण दोनों में पुरुष संगीतकारों में उन दिनों कई मनोरंजक दृष्टिकोण की समानताएँ पायी जाती हैं। वे इस नई तकनीक के प्रति सन्देहशील थे और उनमें से बहुत कम ने प्रयोग करने और परिवर्तन को अनुकूल बनाने की हिम्मत जुटायी। अनेक अफवाहें उड़ाई जाती थीं कि इस बुरे अंग्रेज़ी यन्त्र के द्वारा अपनी आवाज रेकॉर्ड कराने से आवाज खत्म हो जाएगी; यह कि दैवी आज्ञा के प्रतिकूल था, इत्यादि। किन्तु सचमुच शुरू की गायिकाओं जैसे गौहर जान और कई दूसरी के धैर्य, भावना और संकल्प के प्रतिश्रद्धा कही जायेगी जिन्होंने इन चेतावनियों की परवाह नहीं की, प्राप्त अवसर का, जो उन्हें मिला, लाभ उठाया और उसका उपयोग किया। वे तीव्र गति से भारतीय संगीत के मर्दों के गढ़ में घुसीं और अपने आरम्भिक रिकॉर्डिंग से सुनने वालों के दिल को जीत लिया। जब केवल गायिकाओं की व्यापारिक सफलता स्पष्ट रूप से आरम्भ हो गई तो मर्द लोग उठ बैठे, ध्यान दिया और अंधविश्वासों को छोड़ कर नम्रता से अनुसरण किया। इन गायिकाओं के रेकॉर्ड बहुत से पुरुष गायकों के द्वारा समझने, मूल्यांकन करने और उनके तत्त्व और शैली की बराबरी करने के लिए ध्यानपूर्वक सुने जाने लगे। कृत्रिम उच्च स्वर में गाने से अलग बहुत से पुरुष गायकों ने इन गायिकाओं के लोकप्रिय प्रस्तुतीकरण को सीखा और अपनी महफिलों में उन्हें गाया या उनकी रिकॉर्डिंग की। उदाहरण के लिए पंडित मल्लिकार्जुन मंसूर की कद वाला आदमी ने दशकों पूर्व जानकी बाई के द्वारा गाये लोकप्रिय गीत 'बिन बदरा बिजुरी कहाँ चमके' को सीखा और इस गीत को एच एम वी के लिए रेकॉर्ड किया। लेकिन 1919 तक भी जब ग्रामोफोन कम्पनी ने देश में करीब दो सफल दशक पूरे कर लिए थे, पुरुष गायकों की शंका बनी रही। यह शंका इस मनोरंजक कहानी में दिखाई पड़ती है जो मास्टर कृष्ण राव ने प्रसिद्ध गायक रहमत खान हद्दू खान (1860-1922) के बारे में कही जिन्हें इस पृथ्वी पर भू-गन्धर्व या स्वर्गिक गायक के रूप में प्रशंसित किया गया।

'रिकॉर्डिंग वाली बैठक दो दिन चली। जैसा कि ध्वनि के हिसाब से किया गया उनके सामने माइक्रोफोन की तरह दो भोंपू लगाए गये। रिकॉर्डिंग के वातावरण से वे बहुत बेचैन थे और गायन के अन्तराल में बहुत बात करते थे। एच एम वी चिह्न जिसमें भोंपू में कुत्ता देख और गा रहा था उनका ध्यान खींचने के लिए रखा गया। फिर भी इसने उन्हें और ज्यादा चिड़चिड़ा कर दिया और उन्होंने उस कुत्ते की तस्वीर को उनके सामने से हटाने के लिए उन लोगों से कहा। जब इस तरह की चीज़ फिर बजाकर उन्हें सुनाई गई तो वे इसलिए क्रोधित हो गये कि उनकी तरह का कोई आदमी भोंपू में गा रहा है। वे तुरन्त कमरा छोड़ने के लिए खड़े हो गये। बड़ी कठिनाई से उन्हें रुकने के लिए मनाया गया और रिकॉर्डिंग लिए गये।'

गायिकाओं को बड़ी सफलता और लोकप्रियता देने के अलावा, इस नयी तकनीक ने कला के स्वरूप के लिए भी कुछ विस्मयकारी काम किया। तवायफ़ों के बैठक-घरों का संगीत कोठों और मनमाने बाबुओं की महफिल से उछलकर जनता के बाज़ार में आ गया। प्रजातन्त्रीकरण की ओर यह संगीत का पहला कदम था क्योंकि संगीत अब केवल धनियों और विशेष अधिकार वालों के लिए ही संरक्षित नहीं रहा। कोई व्यक्ति गौहर जान जैसी तारिका को उसके निजी, प्रत्यक्ष प्रदर्शनों में तो नहीं सुन पाता किन्तु अब चाय पर किसी शाम झुंड में साथियों के साथ किसी 'भद्र' स्थान पर एक यन्त्र पर एक साथ उसके दिव्य स्वर को सुन सकता था अगर उसके शौकिया साथी खर्च कर पाते तो। गैसबर्ग ने इस प्रकार भारतीय शास्त्रीय संगीत के क्षेत्र में अनजाने ही एक क्रान्ति शुरू कर दी। संरक्षण के बन्द कमरों की दुनिया से वैश्विक जन-संचार की यह आकर्षक यात्रा थी।

कलाकारों के लिए यह चुनोती ज्यादा उलझन भरी थी क्योंकि पहली बार वे एक नये प्रकार के श्रोताओं का सामना कर रहे थे। एक ऐसे श्रोता जिन्हें देखा नहीं जा सकता था और इससे जिनकी रुचियों को ठीक से जाना नहीं जा सकता था। इसलिए गौहरजान जैसी गुणवत्ता और प्रतिभा की तरह की एक गायक ने भी विभिन्न प्रकार की गीत-विद्याओं के साथ एक विस्तृत अधिसूची रेकॉर्ड करने की इच्छा व्यक्त की। समय बीतने के साथ जब वे बाज़ार की कुछ जानकारी पाने में समर्थ हुए कि क्या बिक रहा है और क्या नहीं, जनता की माँग के अनुसार रिकॉर्डिंग की व्यवस्था की जा सकी, हालाँकि कुछ ही हद तक। कुछ विधाएँ और शैलियाँ 'कीमती' होने के कारण स्पष्टत: काली सूची में गयीं। शुरू में इसे अनौपचारिक किन्तु बाद में विद्याओं का ठोस वर्गीकरण 'शास्त्रीय', 'हल्के' या 'अर्द्धशास्त्रीय' रूप में किया गया। वही कलाकार असली शास्त्रीय कहलाने वाला गीत एक घंटे तक गा सकता था, लेकिन रिकॉर्ड पर हल्की शास्त्रीय चीज़ तीन मिनिट में। हालाँकि हल्का कहकर टाले गये ये गीत ज्यादा प्रभावी थे। रेकॉर्डों का भला हो, और इन्होंने वह व्यापारिक सफलता प्राप्त की जो उस युग में असली शास्त्रीय गीतों को बहुत कम मिली। इस प्रकार तकनीक के आगमन ने उस युग के न केवल शास्त्रीय गायकों के जीवन को गम्भीर रूप से आन्दोलित किया बल्कि अपने विषय, प्रस्तुति और पूर्णरूप से शास्त्रीय संगीत के वर्गीकरण को भी।

इस बीच 1906 तक जी टी एल ने एशिया में इस बात करने वाली मशीन और डिस्क रेकॉर्ड के व्यापार में मुख्य स्थान प्राप्त कर लिया था और उनकी भारतीय सूची में करीब 1500 नाम थे। एडिस, जी. गिलपिन और परसी रोज ने 1907 में जेम्स मूइर के पद ग्रहण के थोड़े समय के लिए भारतवर्ष में उनका स्थान रखा था। इन रेकॉर्डों की बढ़ती लोकप्रियता और इनकी भारी माँग के चलते जी टी एल ने

1906 और 1907 के बीच अपने भारतीय तीसरे रेकॉर्डिंग दौर की घोषणा की जिसकी अगुआई फ्रेड गैसबर्ग के छोटे भाई विलियम कॉनरैड गैसबर्ग करने वाले थे (1878–1918)। इस अभियान के लिए केवल 10 इंच और 12 इंच के मैट्रिस इस्तेमाल किए गये और पुराने 7 इंच वाले हटा दिए गये। इनको नाम दिया गया इ और एफ क्रम। 1906 में मई में कलकत्ता से यह यात्रा लखनऊ, दिल्ली, लाहौर हैदराबाद और मद्रास को हुई, मौनसून के कारण मुम्बई को छोड़ कर। इस अभियान में भी गौहरजान लोगों की सबसे बड़ी पसन्द बनी रही। उसके साथ दूसरी बड़ी स्त्री गायिकाएँ जिनकी रिकॉर्डिंग ली गई वे थीं उनकी समकालीन इलाहाबाद की जानकी बाई। 10 इंच में करीब एक हजार दो सौ रिकॉर्डिंग 12 इंच की करीब 150 रिकॉर्डिंग को जी टी एल की पहले से ही बढ़ती सूची में जोड़ा गया। इसके करीब तीन हजार भारतीय रेकॉर्डों (7 इंच के 700, 10 इंच के 2200, 12 इंच के 200) ने भारत में इसे सबसे बड़ी कम्पनी बना दिया।

कम्पनी की भारतीय यात्रा में दूसरा बड़ा मील का पत्थर था। 1906 में भारत में ग्रामोफोन मशीनों के लिए कैबिनेट बनाने की सुविधाओं के साथ रेकॉर्ड बनाने की फैक्ट्री की स्थापना करना। भारत में लाह खूब पाया जाता था और यह संसार के लाह उत्पादन का करीब 75 प्रतिशत था। बाद के वर्षों में ग्रामोफोन कम्पनियों ने अधिक निर्यात के ऑर्डर भारत को दिए। लाह का आसानी से मिलना अधिक प्रेरणादायक साबित हुआ। और कलकत्ता कम्पनी के भारत में चलने वाले कामों का ही मुख्यालय नहीं होना था बल्कि जापान को छोड़कर पूरे एशिया की जरूरतों के मुताबिक सेवा देने वाला भी। इस प्रकार विश्व के संगीत व्यापार में भारत और खासकर कलकत्ता ने महत्त्वपूर्ण स्थान पाना शुरू किया। दिसम्बर, 1906 में रेकॉर्ड बनाने की फैक्ट्री की स्थापना की जगह के रूप में सियालदह में 139 बेलियाँघाट्टा रोड को चुना गया। 1908 की 23 मई तक एसप्लैनेड ईस्ट के पहले वाले कार्यालय में काम करने वालों और भंडार को इस नये स्थान पर भेज दिया गया। पूरे भारत, बर्मा, लंका इत्यादि से असली वैक्समास्टर के मैट्रिस को जहाज से कलकत्ता भेजा जाने लगा।

18 दिसम्बर, 1908 को नयी फैक्टरी का आधिकारिक रूप से उद्घाटन स्थानीय स्वागत के साथ हुआ। फ्रेड गैसबर्ग के साथ ही बहुत से लंदन के बड़े अधिकारी इस समारोह में प्रतिष्ठित मेहमान थे। सही पूर्वानुमान के अनुसार गौहर जान, वह स्त्री जिसका नाम भारत में कम्पनी के साथ एकाकार हो गया था, वह भी समारोह में निमन्त्रित मेहमानों में एक थी। इस समारोह में गौहर जान का एक विशेष प्रदर्शन किया गया और स्मृतिस्वरूप एलबम में उनके गानों को रेकॉर्ड भी किया गया। उसका काफी राग में प्रसिद्ध गाना 'कैसी ये धूम मचायी' जिसे उसने उस दिन

गाया, रेकॉर्डों की सूची वाले आगे के खोल पर उसकी तस्वीरें आने लगीं उनमें से कुछ उसे एक बढ़िया विक्टोरिया टेबुल पर रखें ग्रामोफोन के साथ खड़ी दिखाते हैं और चमकदार भोंपू को आगोश में लिए उसे दिखाया जाता है। वह एक ठाट-बाट में सजी सिल्क और मोतियों, अँगूठियों, कान की बालियों और गले के हारों में एक गोरी लम्बी खूबसूरत औरत के रूप में दिखाई पड़ती है। उसके चौड़े ललाट को घुघराले बाल घेरे हुए हैं और दोनों भौंहें तिरछी आपस में बीच में मिली हुई हैं। नजदीक से जाँचने पर उसके नाखूनों पर भड़कीले रंग दिखाई पड़ते हैं। कैमरा से दूर नजर डालती, उसका तीन चौथाई आकार दिखाई पड़ता है और साथ ही कुछ रूठी और भावशून्य अभिव्यक्ति। उस समय के ज्यादातर लेबुल उसे 'भारत की पहली नाचनेवाली लड़की' घोषित करते हैं।

भारत में बनाने वाली फैक्ट्री की जगह ने यह सुनिश्चित किया कि कलाकारों को रिकॉर्डिंग के आखिर में अपना नाम बोलने की अब जरूरत नहीं है। इस लिए 1908 के बाद के रेकॉर्डों के अन्त में परम्परागत घोषणा 'मेरा नाम गौहर जान है' नहीं रहता था। 'मेड इन कलकटा' का लेबुल रेकॉर्डों पर लगा रहता था। यह शायद राष्ट्रवाद की लहर और स्वदेशी या देश में बने सामानों के उपयोग की बढ़ती माँग के कारण था जो 1902 में बंगाल के विभाजन से पैदा हुई थी। फैक्ट्री ने रोज 1000 तवों का निर्माण शुरू किया जिसे 5,000 तक पहुँचाने की उम्मीद थी। सामानों की सूची में अलग-अलग आकार के और भारत की देशी भाषाओं वाले 150,000 तवों का भंडार था। केन्द्रीय कलकत्ता में हमेशा के लिए रिकॉर्डिंग और रिहर्सल के कमरे और साथ ही मुम्बई और मद्रास में रिकॉर्डिंग स्टूडियो अगले बड़े कदम थे जो कम्पनी ने उठाये। रिकॉर्डिंग वाले देशी इन्जीनियरों को उत्साहित किया जाता था और उनके ऊपर कम्पनी के यूरोपीय अधिकारी थे जो करीब दो वर्षों के लिए थे। वितरण और बिक्री की कड़ियों को भी पूरी तरह फिर से बनाया गया। भारतीय और अंग्रेज़ी दोनों व्यावसायिक कोठियों का बड़ी संख्या में खुदरा व्यापार से सीधा सम्पर्क चुना हुआ उपाय बना। 1909 तक रेकॉर्डों की बढ़ती माँग पूरी करने के लिए मुम्बई में एक शाखा कार्यालय खुला। इस प्रकार इसके भारत आने के केवल एक दशक में भारतीय बाजार में ग्रामोफोन कम्पनी का एकाधिकार हो गया।

उद्योग के उपक्रमों के कारण कलकत्ता उस समय के उद्यमी चरित्र का प्रतीक केन्द्र था। ग्रामोफोन कम्पनी लिमिटेड को स्थानीय और विदेशी दोनों प्रकार के सक्षम प्रतियोगियों से मुकाबला करना था। अनेक प्रतियोगी जिनका भारत में मुकाबला ग्रामोफोन कम्पनी ने किया उनमें थे ड्वारकिन एंड सन, यूनिवर्सल, निकोल (जिन्होंने दोनों तरफ के चलने वाले पहले रेकॉर्डों को जो भारतीय सूची के थे कम्पनी के एक तरफा रेकॉर्डों से कम दाम में दिया), नियाफोन डिस्क फोनोग्राफ,

एच. बोस जो 'सच्चे स्वदेशी' रेकॉर्ड के रूप में प्रथम बनाने वाले हुए, द बेका, रॉयल, राम-ए फोन डिस्क, जेम्स ऑपेरा, सिंगर, ओडियन, पाथे, एलिफोन (ज्यादातर दक्षिण भारत के बाजार के लिए बनाने वाले), सनडिस्क और बीणा पाणि और कमला जैसे रेकॉर्डों से 1901-09 के बीच बाजार में ज्वार आ गया।

प्रत्येक ने दूसरे से अच्छा करने के प्रयत्न में ज्यादा लाभ के लिए कोई न कोई प्रेरणा दी या भारतीय संगीत के संसार के सर्वश्रेष्ठ नामों को रेकॉर्ड करने का विश्वास दिलाया। कुछ ने नयी तकनीकें भी अपनायीं। उदाहरण के लिए द रॉयल रेकॉर्ड ने रिकॉर्डिंग के लिए तकनीकी जानकारी दी और जर्मनी में उत्पादन चालू किया। किन्तु कलाकारों तक पहुँच के लिए उन्होंने भारतीय कम्पनियों और एजेन्टों का इस्तेमाल किया जिससे वितरण और बिक्री चलाई जा सके। रेकॉर्ड भी रॉयल रेकॉर्ड के लेबुल से नहीं चलाये गये बल्कि स्थानीय नामों से। सभी सम्बन्धित दलों के बीच रॉयल्टी का भाग तय किया गया। कम्पनी की स्थापना के बहुत खर्चे बच गये और उन सबों ने स्थानीय व्यापारियों की जानकारी का लाभ उठाया जो भारतीय बाजार के स्वभाव को जानते थे।

मजे की बात है कि लगता है कि इन कम्पनियों ने जिन कलाकारों को रेकॉर्ड किया उनके साथ किसी अखंड अधिकार पर हस्ताक्षर नहीं किया। यद्यपि गौहरजान ग्रामोफोन कम्पनी की यशस्वी तारिका थी, उसने कई प्रतियोगियों के साथ भी रेकॉर्ड किया और निकोल, पाथे, सिंगर, सन डिस्क और रॉयल के साथ के रेकॉर्ड अभी भी हैं। 1902-1920 के बीच में अपने लम्बे और प्रसिद्ध जीवन में कहा जाता है कि उसने करीब 20 भाषाओं में जिनमें हिन्दुस्तानी, बंगाली, उर्दू, फ़ारसी, अंग्रेज़ी, अरबी, पश्तो, तमिल, मराठी, पेशावरी, गुजराती, फ्रांसीसी इत्यादि में करीब 600 गीत रेकॉर्ड करवाये। यद्यपि ठुमरी उसकी विशिष्टता थी उसने अपने को इसी तक सीमित नहीं रखा और शास्त्रीय संगीत की समूची श्रेणियों और विधाओं पर काम किया। उसने ध्रुपद, खयाल, दादरा, कजरी, चैती, होरी, धमार, तराना, भजन या कुछ कर्नाटक या दक्षिणी भारतीय शास्त्रीय गीत और अंग्रेज़ी गाने भी गाये।

यह बिल्कुल गौहरजान की बहुमुखी प्रतिभा और एक माध्यम के रूप में संगीत पर उसकी पकड़ को प्रमाणित करता है। उसकी अद्वितीय सफलता कुछ ऐसी चीज़ नहीं थी जिसके बारे में या तो उसने या उसकी माँ बड़ी मलका जान ने भी सपने में भी सोचा हो। आज़मगढ़ के भुखमरी वाले दिन बनारस और कलकत्ते में संघर्ष और कठोर प्रशिक्षण के लम्बे साल की अब परिणति राष्ट्रीय और अन्तराष्ट्रीय प्रतिष्ठा और एक प्रतिभाशालिनी देवी की पहचान के रूप में चरमोत्कर्ष को प्राप्त कर गयी थी।

9.

भारतीय संगीत और ठुमरी : यात्रा-काल

भारतीय शास्त्रीय संगीत का एक गौरवपूर्ण और एक अतिप्राचीन अतीत है। प्रकृति और इसके स्वरों से अत्यन्त निकट से जुड़ा भारतीय संगीत अपने सात आधार सुरों को पशुओं और पक्षियों की आवाजों से लेता है। सा मोर के तीव्र स्वर से सम्बन्धित है, रे बैल के, ग बकरी के, म सियार के, प कोयल की कूक से, ध घोड़े से और नी हाथी से। वेदों के युग से यह संगीत ऋषियों के मधुर उच्चारण और लय द्वारा विकसित हुआ।

साधारणत: यह माना जाता है कि बारहवीं और तेरहवीं सदियों में उत्तर भारत में मुसलमान आक्रमणकारियों के आगमन तक पूरे देश में संगीत की एक सामान्य पद्धति चालू थी। उत्तर भारत का संगीत इसके बाद फ़ारसी और ईरानी संगीत से बहुत प्रभावित हुआ, जबकि आक्रमण के प्रभाव में नहीं रहने से दक्षिण भारत ने अपनी संगीत पद्धति को कायम रखा। इसने भारतीय शास्त्रीय संगीत को हिन्दुस्तानी या उत्तर भारतीय शास्त्रीय संगीत और कर्नाटक या दक्षिण भारतीय शास्त्रीय संगीत की दो चलती धाराओं में विभक्त कर दिया। किन्तु सामान्य नींव, दोनों पद्धतियों को जोड़ने वाला गुण राग विधि है। भारतीय संगीत में सुर की इकाइयों का सबसे विकसित और वैज्ञानिक विधि का वर्गीकरण है जिसे रागों के रूप में जाना जाता है और जिसमें लय और ताल की गहरी जानकारी है।

भारतीय शास्त्रीय संगीत के सबसे पुराने रूपों में है ध्रुपद। सोलहवीं और सत्रहवीं शताब्दियों तक यह उत्तर भारत में बहुत लोकप्रिय रहा। शैली बनावट और अपनी संश्लिष्ट विधा में ध्रुपद के गीतों ने मुख्यत: हिन्दू देवता और देवियों की स्तुति की। फिर भी मुस्लिम गायकों के द्वारा ये गीत बिना रोक टोक गाये गये। इस प्रकार ध्रुपद बहुसंस्कृतिवाद की भारतीय प्रकृति का अद्वितीय प्रतीक बन गया।

बारहवीं और तेरहवीं सदी के बीच उत्तर भारत में मुस्लिम शासन जम जाने के

बाद ध्रुपद धीरे-धीरे अपना महत्त्व खोने लगा। इसकी जगह खयाल ने ली, एक ऐसा प्रकार जो ध्रुपद की तरह कठोर नियमों में बँधा नहीं था। खयाल शब्द उर्दू से आता है और उसका अर्थ है 'विचार' या 'कल्पना'। ज़ोर कलाकार की कल्पना पर था, जो राग को किसी भी तरह बढ़ा सकता था लेकिन आधारभूत नियमों पर टिके रहते हुए। यद्यपि यह सामान्यतः माना जाता है कि खयाल तेरहवीं सदी में प्रसिद्ध कवि अमीर खुसरो के समय पैदा हुआ, बहुत से विद्वान और ठाकुर जयदेव सिंह और कुमार प्रसाद मुखर्जी जैसे संगीताचार्य कहते हैं कि यह विकास बाद की चीज़ है, शायद अठारहवीं सदी की। आज अपने वर्तमान रूप में खयाल अपने अस्तित्व को आखिरी मुगलों और अवध के नवाबों से जोड़ता है। सम्राट अकबर के दरबार के मियाँ तानसेन और उनके उत्तराधिकारियों को शुरू के ध्रुपद और उत्तर भारत के सूफी संतों की रहस्यवादी कव्वाली को मिश्रित करके इस नयी विधा के बनाने का श्रेय जाता है।

भारतीय संगीत के इन जटिल समूहों में ठुमरी शास्त्रीय और लोक परम्पराओं के बीच एक पुल का काम करती है। चूँकि गौहर जान ने ठुमरी में दक्षता प्राप्त कर ली और वह और ठुमरी करीब समानार्थक हो गए, इस विधा पर ज्यादा निकट से ध्यान देना जरूरी है।

यद्यपि प्रायः इसे हल्का कहकर टाला जाता है, कई विद्वानों के द्वारा इसके महिमामय अतीत को प्रमाणित किया गया है। संगीत शास्त्री ठाकुर जय देव सिंह ठुमरी के सबसे प्राचीन रूप को 'चलितम् नृत्य सहितम्' कहकर हरिवंश पुराण (200ई.) से जोड़ते हैं। कहा जाता है कि यह नृत्य के साथ गाया जाता था जिसे भगवान कृष्ण ने स्वर्ग में इन्द्र के दरबार में सीखा था। इसी तरह के प्रसंग संगीतकार और प्रसिद्ध विदुषी डॉ. रीता गांगुली के द्वारा बताये गये हैं जहाँ वे कहती हैं कि ठुमरी ध्रुपद और खयाल के पहले आयी क्योंकि इन दोनों के बारे में कमोवेश निश्चित तिथियों की जानकारी है। कुछ विद्वान इस रूमानी राग की उत्पत्ति को नवाब वाजिदअली शाह से जोड़ते हैं। यह दावा हालाँकि 19वीं शताब्दी में संयुक्त प्रान्त में बांदा राज्य के एक वादक कैप्टेन औगस्टस विलार्ड की पुस्तक में ठुमरी के उल्लेख के साथ गलत साबित हो जाता है। अपनी पुस्तक 'ट्रीटाइज ऑन द म्यूजिक ऑफ हिन्दोस्तान' में वे कहते हैं कि भारत में अपने 35 वर्षों में गायकी के जिन रूपों को उन्होंने पढ़ा या सुना उनमें अपने कामोत्तेजक प्रभाव के कारण ठुमरी को उन्होंने सबसे ज्यादा पसन्द किया। वाजिदअली शाह उस समय बस करीब 9-10 वर्ष के थे और इस कम उम्र में इतने अच्छे राग को वे नहीं बना सके होंगे!

कहा जाता है कि ठुमरी शब्द हिन्दुस्तानी शब्द 'ठुमकना' से लिया गया है जिसका अर्थ है मोहक चाल। इसलिए इसका शब्दिक अर्थ है एक गीत जिसके सुर

और धुन की मधुर चाल आकर्षक और मस्त करने वाली है।

ठुमरी के गीत ज्यादातर ब्रजभाषा में लिखे जाते हैं, हिन्दी का एक रूप, जो संयुक्त प्रान्त के मथुरा के आस-पास और उसमें बोली जाती है। इस बोली का सम्बन्ध कृष्ण भक्ति आन्दोलन से था जो मध्य युग में उत्तर में फैल गया। फिर भी खड़ी बोली या आज की बोली जाने वाली हिन्दी और उर्दू शब्द भी ठुमरियों में पाये जाते हैं। इसके अतिरिक्त सभी रचनाएँ हिन्दी की बोलियों में हैं जैसे अवधी, भोजपुरी, मिर्जापुरी, डिंगल इत्यादि। उपयोग में लायी गयी भाषा मुलायम और कोमल है और बोलचाल के शब्दों का प्रयोग सुनने में उन्हें 'लययुक्त' बनाता है। उदाहरण के लिए 'पानी' 'पनियाँ' हो जाता है और 'पिया' 'पिउ' या 'पिअरवा' हो जाता है। ठुमरी बहुत अधिक लोकगीतों का प्रभाव ग्रहण करती है जैसे होरी, रास और चरचरी और अवध और उसके आस-पास के नाटकों से भी यह प्रभावित है।

ठुमरी दो प्रकार की होती है—बन्दिश ठुमरी और बोल बनाव ठुमरी। विशेषता के रूप में दोनों में पहले भाग को स्थायी (कभी-कभी बीच का भाग, मध्य) और उसके बाद आती है एक लाइन या कई जिन्हें अन्तरा कहा जाता है।

अधिकतर बन्दिश ठुमरियाँ लखनऊ में रहने वाले उर्दू-भाषी कवियों और संगीतकारों के द्वारा रची जाती थीं और इसलिए पसन्दीदा भाषा उर्दू मिश्रित खड़ी बोली थी। 'बन्दिश' शब्द का अर्थ है रचना और इसलिए इन ठुमरियों में कविता का ज्यादा महत्त्व होता है। बन्दिश ठुमरियाँ ठुमरी का लोकप्रिय रूप थीं जो उन्नीसवीं सदी में प्रचलित थीं और उनमें से बहुत बिंदादीन महाराज जैसे गुरुओं द्वारा रचित थीं। वे हल्की और खुशनुमा चीज़ें थीं और सामान्यत: नृत्य के साथ चलने के लिए लिखी जाती थीं। इसमें धीमे क्रम से चलने वाले स्वरालापों पर जोर नहीं होता है बल्कि तेज़ तानों या मधुर स्वर-स्पन्दनों और तेज़ ताल में कविताओं की कुशल लयात्मक प्रस्तुति होती है। कई अन्तराओं के साथ उनका लम्बा पाठ रहता है। ज्यादातर मध्यम या तेज़ गति में वे बोल बाँट पर जोर देती हैं या एक ऐसा तरीका जिसके द्वारा कविता को सौन्दर्य की दृष्टि से बाँटा जाता है जिसमें विस्तार, तान और लयकारी हो और ये सभी ज्यादातर कथक केन्द्रित रचनाएँ होती थीं। इन्हें खास हल्के रागों जैसे काफी, पीलू, घरा, खमाज, सिन्धुरा, धनी, माँज खमाज, देस, तिलंग, बिहारी, झिंझोटी, जिल्ला में बैठाया जाता था। ठुमरी के दोनों प्रकारों में लगाये जाने वाले ताल हैं दीपचंदी, अध्धा, इकवाई, सितारखानी और वे लोक संगीत से लिए गये जैसे—कहरवा, दादरा, खेमटा, चरचरी इत्यादि।

बोल बनाव ठुमरी जैसा कि इसका नाम ही बताता है 'एक बातचीत बनाना या रचना' इस मामले में गीत में बात करना गीत के प्रभावशाली और पूरी प्रस्तुति पर और स्वर की मधुरता में लय विस्तार पर निर्भर करता है। अवधी और भोजपुरी

भाषायें बोल बनाव ठुमरियों में ज्यादा पायी जाती हैं जिनका जन्म बनारस और गया शहरों में हुआ। भगवान कृष्ण की छोटी-छोटी रोज-रोज की लीलाएँ, वृंदावन की गोपियों के साथ उनकी हँसी-ठिठोली, होली पर्व, राधा और कृष्ण के अनन्त प्रेम सभी एक पाठ विषयक, नाटकीय और सांगीतिक रचना करते हैं और इन ठुमरियों के केन्द्र हैं। किन्तु ये गीत बंदिश ठुमरियों की तरह शिष्ट नहीं हैं। यह गीत की मूलत: ग्राम्यता ही है, स्वतन्त्र लयात्मकता और इसका खुला अन्त होना जो अनेक रचनाएँ करने में मदद करता है और गायक को अपनी ओर से जोड़ने का भी आधार देता है। उदाहरण के लिए कविता की एक लाइन 'कौन गली गये श्याम' के द्वारा गायक कविता के स्वर के विभिन्न लयात्मक परिवर्तनों से कई भाव-दशाओं को प्रदर्शित कर सकता है।

संगीतशास्त्री पीटर मैनुअल ने इसे अपनी पुस्तक 'ठुमरी इन हिस्टोरिकल एंड स्टाइलिस्टीकल पर्सपेक्टिव' में इसे बहुत अच्छी तरह एकत्रित किया है:

'ठुमरी की एक अच्छी पुस्तक इस अर्थ में 'अपूर्ण' होती है कि भाव की इसकी अभिव्यक्ति बहुत फैली, सरल और सामान्य होती है, जिससे कि गायक इसे अनेक ढंग से व्यक्त कर सकता है। साथ ही प्रत्येक पंक्ति 'पूर्ण' होती है और स्वायत्त होती है इस अर्थ में कि भावपूर्ण विचार चाहे जितना सरल हो उसी एक लाइन में व्यक्त होता है और स्पष्ट होने के लिए उसे दो या तीन और लाइनों की आवश्यकता नहीं होती।'

ठुमरियों के विषय मुख्यत: कामोत्तेजक और आसक्तिपूर्ण होते हैं और सतही रूप में देखे जाएँ तो आसानी से उन्हें अश्लील कहा जा सकता है। लेकिन कामोत्तेजना में भी एक आंतरिक आध्यात्मिकता है जैसा कि मधुरा-भक्ति परम्परा के संस्थापकों ने इसे कृष्ण-आराधना का एक रूप माना है। वे मानते हैं कि सभी जीवित आत्माएँ स्त्री हैं और कृष्ण ही पुरुष परमात्मा हैं। यह पुरुष (इस अर्थ में कृष्ण) से मिलन के लिए विरह-व्यथा है जो इन ठुमरी रचनाओं का शब्द-रूप बनाती है। इस प्रकार नारी दृष्टिकोण से ठुमरियों की रचना की जाती है। डॉ. विद्याराव प्रसिद्ध ठुमरी गायक और विद्वान की राय है कि ठुमरी ने इसी दबे नारी-स्वर को शताब्दियों से ध्वनित किया है, यद्यपि इनकी रचना पुरुषों के द्वारा हुई है।

भरत के नाट्य शास्त्र में ठुमरी की नायिकाओं को विशेष गुणों वाली बताया गया है। एक नायिका वह है जो शृंगार में सजी अपने प्रेमी नायक से मिलने को तैयार है : इसके बाद एक वह है जो अपने प्रेमी से वियुक्त गहरा दुख सह रही है। एक नायिका वह स्त्री है जो बहुत झगड़े के बाद अपने प्रेमी से अलग हो गई है। इसके बाद वह नायिका है जो अपने बेवफा प्रेमी और दूसरी स्त्रियों के साथ उसके छिछोरेपन पर क्रोधित है। इस विषय से सम्बन्धित उस नायिका की दशा है जिसे

उसके प्रेमी ने धोखा दिया है। कभी-कभी एक पति की याद जो विदेश या दूरदेश की यात्रा पर है, अकेलेपन का दुख देती है जबकि दूसरी स्थितियों में नायिका धड़कते हृदय की उत्तेजना, आशा लिए अपने प्रेमी के घर की ओर प्रस्थान करती है। थोड़ी सी कम स्थितियों में ही नायिका को शान्त और अपने प्रेमी को अपने अधीन करता दिखाया जाता है। विरह का दुख, अलगाव का दर्द, मिलन का सुख और क्रोध जो छले जाने के दुख से जुड़ा है ये ही ठुमरियों के विषय हैं। सामान्यत: इन भावों को राधा और कृष्ण पर आरोपित करते हैं, लेकिन कभी-कभी ये सामान्य अनजान पुरुष और स्त्रियाँ भी हैं जो इन पदों की कथाओं के नायक और नायिकाएँ हैं।

ठुमरी का विकास उत्तर भारत के शास्त्रीय नृत्य कथक से अन्तरंग रूप से जुड़ा है जो सिन्धु-गंगा के क्षेत्र में पैदा हुआ। कथक की जड़ें उन पेशेवर कथावाचकों में हैं जिन्हें 'कथक' या 'कथाकार' कहा जाता था जो हिन्दू महाकाव्यों के लोकप्रिय दृश्यों का वर्णन करते थे। पूरे मध्यकाल और मुगल कालों में वैष्णव विषय-वस्तुओं के इस पर गहरे प्रभाव के साथ कथक का विकास मन्दिरों और दरबारों में हुआ। 18वीं सदी तक लखनऊ में यह लोकप्रिय कला का एक रूप हो गया, उसी शहर में लोकप्रिय ठुमरी की समकालीनता के साथ। ठुमरी की तरह कथक ने भी रास और चरचरी जैसी लोककलाओं से बहुत कुछ लिया।

लोकनृत्य रास को उन्नत शैली और नृत्य नाटक का शिष्ट रूप देने का श्रेय वाजिदअली शाह को जाता है उन्होंने जिसे 'रहस' कहा। कृष्ण की भूमिका निभाने के लिए वे प्रसिद्ध माने जाते हैं और वे अपनी दरबारी नर्तकियों जो गोपियाँ थी उनके साथ नृत्य करते थे। मुगल और लखनऊ दरबारों ने और आगे चलकर कलकत्ते के बंगाली भद्रलोक ने इन सम्बन्धित गीतों और नृत्यों को बड़ा संरक्षण दिया।

जब मुख्य केन्द्र के रूप में मटिया बुर्ज में ये सभी कलारूप कलकत्ता चले गये तो स्वभावत: इन पर स्थानीय प्रभाव भी पड़े। प्रसिद्ध रामनिधि गुप्ता के द्वारा रची गयी बंगाली में ठुमरियाँ एकल गायन और नृत्य प्रदर्शनों के भाग के रूप में भी लोकप्रिय हुईं और उन्हें निधि बाबुर टप्पा कहा गया। विचार की एक पद्धति मानती है कि नीचे तबके की मानी जानी वाली लड़कियों द्वारा लोकप्रिय नाच उभरते शास्त्रीय कथक नृत्य से कुछ-कुछ मिलता था और ये लड़कियाँ नया कुछ करने के लिए स्वतन्त्र थीं। दूसरे लोग मुख्यरूप से मानते हैं कि यह नाच था जिसने कलात्मक प्रदर्शनों के अभ्यासों को बचाने में बड़ी भूमिका निभायी और यह कि आज के कथक नाच से अधिक मिलता जुलता है, प्राचीन ब्राह्मण कथाकार शैली से नहीं। फिर भी नाच की शैली के लिखित ग्रंथ नहीं के बराबर हैं सिवाय यूरोपियनों के यात्रावृतान्तों के जिन्होंने इसका बहुत मजा लिया। इसके सिवा इस बात का दूसरा

कोई निष्कर्ष नहीं है।

यह सिर्फ़ 18वीं सदी के बाद वाले भाग की बात हुई कि ठुमरी को सम्भवत: अपने आप में एक संगीत शैली के रूप में सराहा जाने लगा। यह खयाल की उभरती शैली से प्रभावित थी और बदले में उसको भी इसने प्रभावित किया। अधिक शास्त्रीय 16-बीट के तीन ताल के लयबद्ध चक्र ने कहरवा जैसे लोक-धुनों को बदल दिया। खयाल गायन को दो प्रमुख वर्गों में बाँट दिया गया—एक धीमा, रचित बड़ा खयाल और एक छोटा तीव्र गति वाला छोटा खयाल। आमतौर पर यह माना जाता है कि छोटा खयाल ठुमरी से सीधे निकला था, खासकर बन्दिश ठुमरी। ठुमरी की कम परिष्कृत और धीमी चाल जो लोक गायन, रागों और लयों से निकली थी वह बोल बनाव ठुमरियाँ थीं जो जैसा कि पहले कहा गया, देर तक चलने वाले धीमे गायन के बहुत अनुकूल थीं।

दोनों ठुमरी और कथक ने अवध के शाही दरबारों में अपना ठोस रूप प्राप्त कर लिया। लखनऊ दरबार ज्यादा प्रादेशिक था और इसलिए इस पर स्थानीय संस्कृति, भाषाओं और बोलियों का बहुत प्रभाव था। अत: ब्रज के लोक संगीत को बड़ी स्वीकृति मिली। मुगल दिल्ली की तुलना में अवध में हिन्दू और मुस्लिम समुदायों के बीच एक बढ़ी हुई एकता थी और आपसी बातचीत ने कला रूपों को भी प्रभावित किया। चूँकि अब वे जिस क्षेत्र में शासन कर रहे थे वह हिन्दू संस्कृति का एक मजबूत आधार था, जहाँ से अधिकांश तीर्थ और हिन्दू धर्म के पौराणिक नायक आते थे, अवध के नवाबों और उनके संगीतकारों और नर्तकों ने सर्वव्यापी लोकाचार को अपनाया। तवायफ़ों को कलाओं के मुख्य प्रतिपादकों के रूप में सम्मानित किया जाने लगा और उनकी महीन शराफत की बड़ी प्रशंसा होती थी। जैसा कि उन्हीं के शब्दों में व्यक्त किया गया है, गैसबर्ग के भारत आगमन के समय में भी ऐसी ही स्थिति थी:-

'सभी महिला गायिकाएँ बेशक सार्वजनिक महिलाओं की जाति से थीं, और उन दिनों एक सम्मानजनक महिला की आवाज रेकॉर्ड करना व्यवहारिक रूप से असम्भव था। गीत और नृत्य माँ के द्वारा मुँह से बोलकर बेटी को सिखाये जाते थे। वे करीब बारह साल की होने पर समाज के सामने आती थीं। चतुर दिमाग वाली शीर्ष पर चली गयीं और कभी-कभी अमीर लोगों की शादी की दावतों में बड़ी माँग के कारण उन्होंने पूरे देश की यात्रा की। जब उन्होंने नाम कमाना शुरू किया तो उनमें से कई ने इस पर ज़ोर दिया कि 'शौकिया' शब्द को रेकॉर्ड लेबल पर छापा जाना चाहिए।'

ब्रिटिश वर्चस्व के उदय के साथ अनुपस्थित जमींदार की नई अवधारणा आयी, जैसा कि लार्ड चार्ल्स कार्नवालिस के द्वारा भूमि के बनाये खतियान में

उल्लिखत है। अवध के जमींदारों के एक नये वर्ग जिसको ताल्लुकदार कहा जाता था, उसने जमींदार की जगह ले ली। प्रत्येक भू-स्वामी द्वारा भुगतान किए जाने वाले कर टैक्स अब स्थायी रूप से निर्धारित किए गये थे और दोनों, किसानों और मालिकों, को चूक के मामले में बेदखल किया जाता था। इन समृद्ध ताल्लुकदारों की परिष्कृत और जटिल ध्रुपद में कोई रुचि नहीं थी और अपने कामोद्दीपक तत्त्व के कारण ठुमरियों ने बहुत लोकप्रियता हासिल करना शुरू कर दिया।

इन निजी महफिलों में नृत्य प्रदर्शन दो प्रकार का था, गायन या बिना गायन के साथ। ठुमरियों, साथ ही दादरा, गजलों और भजनों का गायन नृत्य का साथ देता था। गायन रहित नृत्य की विविधता में 'गत' लगाई जाती थी जिसमें अंगों के तेज़ संचालन चक्रों में होते हैं जिसे तबलची या सारंगिया अपनी धुनों से मिलान करते हैं। बाद वाला लगातार लहरा नामक एक मधुर लय को निकालता है जो ताल के खास समय चक्र तक चलता है। इन गतों की रचना पहले की जाती है और नृत्य शैली में इनका बड़ा संग्रह बनता है जिसका विकास लखनऊ में हुआ जिसे कथक का लखनऊ घराना कहा जाता है।

नृत्य की शैली जिसने साथ-साथ गायन का भी प्रयोग किया उसमें लखनऊ घराने का योगदान बहुत अधिक है। जमीन पर एक दरी पर बैठी हुई नर्तकी गीत की एक लाइन गाती थी; इशारे और चेहरे के भावों से उसे समझाती थी। इसके बाद वह नाचने के लिए अपने पैरों पर खड़ी हो जाती थी। करीब-करीब सभी तवायफ़ें संगीत और नृत्य दोनों में प्रशिक्षित होती थीं। फिर भी कुछ केवल गाती थीं और दूसरी दोनों काम करती थीं। इससे तवायफ़ों का वर्गीकरण 'बाई' (तवायफ़ें जो केवल गाती थीं) और 'जान' (वे जो गाती और नाचती थीं) में हुआ। बैठकर गाने की शैली धनी घरों की निजी महफिलों के अनुकूल थी। हर सूक्ष्म बारीकी, संगीत और शारीरिक गति, दोनों साफ दिखाई पड़ती थीं। यह उन गायिकाओं की मदद करती थी जिनके पास ज़ोरदार नाचने की आदत नहीं थी जिसमें उन्हें अपनी आँखों, हाथों, कन्धों और पैरों के संचालन की शारीरिक क्षमता दिखानी पड़ती थी जब वे गीतों को व्यक्त करने के लिए बैठकर गाती थीं। मनोरंजक बात थी कि जब नर्तकी बैठकर प्रदर्शन करती उस समय भी उसकी तबले और सारंगी पर संगत करने वाले हमेशा खड़े होकर अपने वाद्यों को बजाते थे। इससे कला प्रदर्शन के श्रेणीबद्ध संसार में उनके पद का पता चलता था।

ठुमरी और कथक दोनों के विकास के लिए वाजिदअली शाह का शासनकाल सुनहरा युग था। उन्होंने ठाकुर प्रसाद जी और उनके भाई दुर्गा प्रसाद जी से नृत्य सीखा जो उनके दरबार के वासी नर्तक थे। नृत्य-नाटकों और गीति नाट्यों का निर्माण किया और 'अख्तरपिया' के छद्म नाम से उत्तम ठुमरियाँ और दादरा लिखे।

उनकी रचनाओं में बेशक सबसे मशहूर है 'बाबुल मोरा नैहर छूटो हि जाए, चार कहार मिली डोलिया मगायों, अपना बेगाना छूटो जाए'। शाब्दिक दृष्टि से यह गीत एक दुल्हन की बात करता है, जो चार कहारों द्वारा ढोई जाती पालकी में अपनी माँ का घर छोड़ती है, किन्तु प्रतीक अर्थ में इन शब्दों का अर्थ हो सकता है एक मृत शरीर जो चिता की ओर चार आदमियों के द्वारा अरथी पर ले जाया जाता है। एक दूसरे राजनीतिक स्तर पर इसका अर्थ है वाजिदअली शाह का लखनऊ से कलकत्ता को देश-निकाला।

नवाब ने सादिक अली खान जिन्हें ठुमरी का राजा कहा जाता है उनकी तरह बहुत से प्रमुख संगीतकारों को और करीब 26 सारंगिया और 13 तबलचियों को अपने दरबार में संरक्षण दिया। झूमर और तमाशा जैसी लोककलाओं के प्रदर्शकों को भी आश्रय मिलता था। बन्दिश ठुमरियों की सुन्दरता का श्रेय सादिक अली को जाता है। बोल बनाव शैली के वे अग्रणी भी माने जाते हैं। उनके शिष्य ठुमरी के बड़े गायक और रचनाकार थे और उनमें सबसे प्रसिद्ध नाम है वज़ीर मिर्जा बाला कादर (छद्म नाम कादर पिया से मशहूर), बिंदादीन महाराज, भैया गणपत राव और दूसरे बड़े संगीतकार जैसे लखनऊ के गायक, खुर्शीद अली खान, साहेस्वन घराना के गायक इनायत हुसैन खान, महाराष्ट्र के खयाल गायक राम कृष्ण बुआ-वाजे और लखनऊ की मशहूर तवायफ़ें जैसे हैदर जान और नज़्मा। दूसरे मशहूर पुरुष गायक जिन्होंने ठुमरी शैली में विशेषता प्राप्त की और रचना भी की, वे थे लल्लन पिया जिनकी बन्दिश ठुमरियाँ बहुत मशहूर थीं, मथुरा के काले खान 'सरस पिया' (1860-1926), रामपुर के नजर अली 'नजर पिया' बरेली और रामपुर के 'सनद पिया' माधो पिया, चाँद पिया और अन्य।

संगीत के इतिहास में बहुत सी तवायफ़ों के नाम गायब हो जाते हैं। सामान्यत: तवायफ़ों ने न वाद्य यन्त्रों को बजाया न उन्होंने छात्रों को पढ़ाया। संगत करने का काम पुरुष संगीतकारों पर छोड़ दिया गया जो मिरासी और कथक समुदाय के थे जबकि ढ़ाडियों ने कम उम्र की तवायफ़ों को सिखाया। प्रतिभा के साथ-साथ एक तवायफ़ के लिए किसी घरानेदार या लम्बी संगीत विरासत और विशिष्ट शैली वाले के अधीन प्रशिक्षित होना जरूरी माना जाता था। अगर यह करने में वह विफल होती थी तो वह मात्र मनोरंजन करने वाली बनकर रह जाती थी न कि एक पेशेंवर तवायफ़। चूँकि तवायफ़ें अकसर नहीं पढ़ाती थीं, उनके नाम को आगे बढ़ाने के लिए उनके शिष्य नहीं होते थे। वह अपने आप में बिल्कुल उलझन वाली समानता थी क्योंकि बहुत से पुरुष गायक अपना प्रशिक्षण कोठों से लेते थे क्योंकि वे या तो संगत करने वालों के परिवारों में पैदा हुए रहते थे या खुद तवायफ़ों से भी पैदा, लेकिन उन्होंने तवायफ़ को कभी अपना शिक्षिका नहीं माना। फिर भी स्वीकृति और

पहचान के लिए तवायफ़ को इन्हीं घरानेदार उस्तादों की ओर रुख करना पड़ता था। स्त्री गायकों की तरह ऊँचे कृत्रिम स्वर बनाकर बहुत से पुरुष गायकों ने जैसे फैयाज खान और अनाथनाथ बोस ने तवायफ़ों के कामोत्तेजक और मोहक स्वर बनाने की अपनी इच्छा प्रकट की। डॉ. अम्लान दास गुप्त सार रूप व्यक्त करते हैं :

'औरतों ने कम से कम दो दूसरे तरीकों से सीखा, हालाँकि प्रचार के लिए उन्होंने अपने घरानेदार उस्तादों के नाम लिए... सबसे पहले स्त्री कलाकारों ने अपने अर्द्धशास्त्रीय गीतों के अधिक भाग दूसरी स्त्री गायिकाओं से सीखे। ये गीत स्त्रियों के अपने क्षेत्र में स्थित लगते हैं; उनकी महत्त्वपूर्ण उपस्थिति समय और स्थान की दूरियों के बावजूद स्त्री कलाकारों के खजानों में ही होना बड़े गहन अध्ययन का विषय है।' यह बताता है कि गौहरजान ने भी अनेक प्रसिद्ध घरानेदार उस्तादों से तालीम लेने की कोशिश की।

1857 के युद्ध के बाद भारत में शिक्षित अधिकारियों, वकीलों, शिक्षकों, डॉक्टरों और जमींदारों और व्यापारियों के भी एक बड़े मध्यवर्ग का उदय हुआ। उन्हें अपने ब्रिटिश मालिकों की सेवा के लिए पर्याप्त पश्चिमी शिक्षा मिल चुकी थी मगर यह अपनी जनता और सबकुछ भारतीय, खास कर प्रदर्शन कलाओं, को नीची निगाह से देखने के लिए काफी थी। इन लोगों के मत से ये काम पतित और भ्रष्ट सामंतशाही समाज से जुड़े थे जिसमें तवायफ़ों, वेश्याओं, चरित्रहीन नवाबों और जमींदारों का बोलबाला था। ठुमरी और कथक को निषिद्ध और पतनोन्मुख मनोरंजन के रूप में निन्दित माना जाता था। ऐसा विश्वास किया जाता था कि नाच केवल देशी लोगों और ऐसे कम इज्ज़त वाले अंग्रेजों के द्वारा देखा जाता था जिनका कोई चरित्र नहीं था। ब्रिटिश शासन जिसने अभी तक खासकर भारतीय सांस्कृतिक परम्पराओं के प्रति एक तटस्थता और निरपेक्षता बनाये रखी थी उसने अपना रुख बदल लिया। ईसाई मिशनरियों द्वारा भारत के धर्मों के प्रति तीखी आलोचना से उत्साहित यह घोषणा की गयी कि ये कला-विधाएँ अनियन्त्रित कामुकता और ईसाई धर्म विरोधी भावनाएँ प्रदर्शित करती थीं। विक्टोरियायुगीन प्युरिटन 'नैतिकता' और 'अश्लीलता' की धारणाओं को ऐसे लोगों पर आरोपित किया जाता था जो परम्परागत रूप से यौन-दृष्टि और प्रेम के ज्ञान के प्रति एक खुलापन रखते थे। यहीं 'नाच-विरुद्ध' आन्दोलन के बीज बोये गये जो देश के आर-पार उग्र हो गया (1890 में शुरू होकर)।

इस बीच 20वीं सदी के आरम्भ ने बन्दिश ठुमरी का क्रमिक लोप देखा जिसने पूरब के लखनऊ के दरबारों और बैठकखानों में प्रतिष्ठा की एक जगह बनायी थी। यह छोटी विधा छोटा खयाल की रचना में विलीन हो गयी और इसे खयाल-रचना से अलग बताने को कुछ बाकी न बचा। इसकी संगिनी बोल बनाव

ठुमरी की अलग नियति उसकी प्रतीक्षा कर रही थी। रिकॉर्डिंग उद्योग के भारत आगमन और उसका जम जाना बोल बनाव रचना के शुरू के रेकॉर्डों के लिए मौत की घंटी साबित हुआ। ग्रामोफोन के रेकॉर्ड के बजने का सीमित समय स्वयं में एक हानिकर चीज़ सिद्ध हुआ। तवे के 2-3 मिनट के समय में गायक को तेज़ प्रस्तुति करनी होती थी उन जीवन्त और ताजा सुरों की जो समय के भीतर हो और अच्छी बिक्री हो। अतः यद्यपि ठुमरियाँ गायीं और रेकॉर्ड की जाती थीं अच्छी तरह बोल बनाओ का धीमा कदम रिकॉर्डिंग के लिए छोड़ दिया जाता था। किन्तु भैया गनपतराव जो बोल बनाव की शैली में गाते थे और ठुमरी की तेज़ तानों में सारंगी की अपेक्षा हारमोनियम का इस्तेमाल करते थे, और उनके छात्रा मौजुद्दीन और गौहरजान ने अपनी निजी महफिलों और बैठकों में बोल बनाव को जारी रखा।

इसी बीच बोल बनाव ठुमरी का बनारसी अंग लोकप्रिय हो गया। इसमें ठुमरी धीमें स्वर और रचना के विस्तार के साथ गायी जाती थी। लोकधुनों और ऋतुओं के अनुसार गायन की लम्बी परम्परा जैसे कजरी, झूला, सावन और चैती के द्वारा बहुत प्रभावित होने के कारण बनारस शैली इन सभी साधनों का सुन्दर संगम थी। इसका नेतृत्व बनारस के गुरु जगदीप मिश्र ने किया था जो मौजुद्दीन के प्रथम शिक्षक थे। लखनऊ के रचनाकारों जो अपनी बन्दिश ठुमरियों के लिए मल्हार, मालकौंस, दरबारी जैसे वज़नी और शास्त्रीय रागों का इस्तेमाल करते थे उसके विपरीत बनारसी बोल बनाव ठुमरियों को सामान्यतः हल्के राग और लोकगीतों के ताल जैसे कहरवा और दादरा दिए जाते थे शास्त्रीय तीन ताल नहीं। बीच में आने वाला लयात्मक लग्गी जो बनारसी शैली की है वह भी लोकगीतों से ही आया है। ये घने और तेज़ तबले की चालें होती हैं जिन्हें दो या चार चोटों पर दुहराया जाता है और पीछे वाली ठुमरी की ताल से अलग 8 या 16 बीटों के चक्र पर चलता है।

तवायफ़ों के कोठों से धीरे-धीरे दूर होती हुई ग्रामोफोन रेकॉर्डों और सार्वजनिक जीवन तक पहुँची ठुमरी ने अपने कामोत्तेजक प्रभाव को अधिकतर खोकर शुद्ध अमूर्त रूप धारण कर लिया। पुरुष संगीतकारों की बढ़ती संख्या जिन्होंने ठुमरी गाना शुरू किया इसने भी शुरु का 'नखरा' और तवायफ़ों द्वारा उसी ठुमरी के गायन से जुड़ा कमोंद्दीपन समाप्त कर दिया। 1920 के दशक और उसके बाद का समय ठुमरी युग का उत्कर्ष माना जाता है क्योंकि अनुमान के अनुसार इस गीत रूप को कामुक तवायफ़ों से पुरुष संगीतकारों के द्वारा बचा लिया गया था और शास्त्रीय संगीतकोष में इसे अपना लिया गया था। इसने ठुमरी को बड़ी सामाजिक स्वीकृति और प्रतिष्ठा भी दी और दूसरे शास्त्रीय रूपों की तरह इसे आशातीत परिष्कार और अभिव्यक्ति की सामर्थ्य भी दी। सभी जीवन्त प्रदर्शनों में बोल बनाव ठुमरी की मुख्य भूमिका जारी रही। ठुमरी और कथक में रूपगत अलगाव हो गया। ठुमरी

गायन के साथ कथक में बैठ कर अभिनय की परम्परा धीरे-धीरे खत्म हो गई। गायक और नर्तक दोनों कलाओं में अलग विशेषता प्राप्त करने लगे और दोनों को साथ नहीं मिलाया। जैसे-जैसे समय बीतता गया ठुमरी की गति में धीमापन आता गया जो रेकॉर्डों में भी दिखाई देता है। यह एक प्रकार से नये रेकॉर्डों जिनमें अधिक समय का उपयोग था और बहुत बाद में 1925 में जब यान्त्रिक तकनीक की जगह बिजली रेकॉर्डिंग ने ली उस कारण भी हुआ।

ग्रामोफोन युग के कलाकारों ने जो प्रतिष्ठा अर्जित की और राजकुमारों और उच्च वर्ग के लिए गाते हुए उनकी पूरे देश की यात्रा ने भी बोल बानाव ठुमरी को पूरे भारत में लोकप्रिय बनाया। बनारस बोल बनाव शैली का गढ़ बना रहा। व्यापारिक और लोकप्रियता की दृष्टि से बंगाल और कलकत्ता भी महत्त्वपूर्ण केन्द्र थे। 1910 तक बनारस-अंग के साथ एक दूसरी शैली जो लोकप्रिय हुई वह थी पूरब-अंग (पूरबी उत्तर प्रदेश और बिहार) और इस शैली को उस युग के बहुत से अग्रणी खयाल गायकों द्वारा अपनाया और सीखा गया। निधि बाबू के अलावा बंगाल के गिरिजाशंकर चक्रवर्ती जैसे गायकों ने बंगाली खयाल और ठुमरी के गायकों सुनील बोस और नयना देवी की एक पूरी पीढ़ी को प्रशिक्षित किया। जमीरुद्दीन खान जिन्होंने कुछ समय तक गौहर जान से भी सीखा था, बोल बनाव ठुमरी के एक दूसरे मशहूर गायक थे।

इस प्रकार भारतीय शास्त्रीय संगीत के संसार में ठुमरी की इस लम्बी और रोचक यात्रा में इसके द्वारा महत्त्वपूर्ण स्थान प्राप्त किए जाने के बारे में जानना बहुत आकर्षक होगा। एक पितृसत्तात्मक समाज में एक नारी के स्थान की तरह ठुमरी एक परम्परागत शास्त्रीय संगीत की दुनिया में एक औरत की आवाज की तरह है जिस दुनिया में अधिकतर पुरुषों का वर्चस्व होता है। फिर भी इसे नारी-दृष्टि का गीत नहीं माना जा सकता सिर्फ़ इसलिए कि यह तवायफ़ों के द्वारा गायी और प्रचारित की गयी और यह मूलतः नारी-दृष्टिकोण को व्यक्त करती है। परन्तु इसकी थोड़ी गहरी परीक्षा दिखाती है कि इसका सवालिया और शिकायती स्वर, अनेक उलझनों के बीच इसकी शान्ति और साथ जीने की योग्यता, अर्थों की कई परतें, सूक्ष्म व्यंग्य एक प्रकार से यह बताता है कि कैसे हमारे परम्परागत समाज में नारियाँ अनेक भूमिकाएँ निभा सकती हैं। नारी भूमिका उलझी है, अपरिभाषित है और पुरुष-स्वामी या पिता की मौज पर यह अनेक रूप में परिभाषित हो सकती है। परम्परागत समाज द्वारा नारी जिन सीमाओं में बाँधी गयी है उसमें भी वह अपनी जगह बनाती है। इसी प्रकार ठुमरियाँ भी ज्यादातर परम्परागत शब्दानुशासन की कठोर सीमाओं में चलती हैं किन्तु ढाँचे का अतिक्रमण भी कर जाती हैं। वे स्वयं ऐसे रागों में होती हैं जिनका निश्चित ढाँचा नहीं होता, इनमें शब्द अनेकार्थक संकेतों से भरे होते हैं। जैसा कि

पीटर मैनुअल लिखते हैं कि एक ठुमरी में 'कविता अपनी साहित्यिकता छोड़ देती है और पूर्णतः सांगीतिक तत्त्व हो जाती है।'

ठुमरी गायक बात करता है और कई स्तरों पर अर्थसंकेत खोजता है— रचना के स्तर, राग के स्तर और उसके भावपरिवर्तनों के साथ ताल और विषय के स्तर पर। 'एक ठुमरी गायक खतरे के बिन्दुओं से खेलने और उस राग में अन्य भावोद्रेक करने का प्रयास करता है। राग का एक स्वर वह दरवाज़ा है जो अन्य रागों तक ले जाता है; एक स्वर जो एक राग में सुना जाता है उस पर वह जानबूझकर खेलकर स्वराघात से दूसरे राग में अर्थ बदल देता है। ऐसा नहीं है कि रागों को मिलाकर एक तीसरे राग की पहचान निकाली जाती है। इसके बदले रागों की बनावट में सीमाओं और कमजोरियों को ऐसे बिन्दुओं के रूप में इस्तेमाल किया जाता है जहाँ मुख्य राग में अन्य रागों का प्रवेश हो जाता है।' (डॉ. विद्या राव)

जैसा कि डॉ. विद्याराव अपने निबन्ध 'ठुमरी ऐज फेमिनिन वॉयस' में लिखती हैं:

'ठुमरी वह छोटी-सी जगह है जो शास्त्रीय संगीत के संसार में स्त्रियों को परम्परागत रूप से मिली थी। यह एक सुन्दर खुदा हुआ रत्न-रूप है जिसके विशेष काव्यात्मक विषय, गीतात्मक सजावट, राग और ताल होते हैं। इसे हल्का और मोहक माना जाता है लेकिन जिसमें खयाल और ध्रुपद की महिमा और उनका रूप-विस्तार नहीं होता और जिसे छोटी, आत्मीय महफिलों में सुना और सराहा जाता है... खयाल का प्रयास रहता है इसकी सभी चौखटों और दरवाज़ों पर तैनात रहना, सारे खतरों से सावधान रहना, राग की पवित्रता पर किसी प्रकार का अतिक्रमण नहीं होने देना। दूसरी तरफ- नारी की शरीर की तरह- ठुमरी पूरी तरह आजाद है। रूप के इसी खुलेपन पर गाने की शैली निर्भर होती है। यह एक छोटा रूप है, छोटे स्वरग्राम, छोटे हल्के रागों छोटे तालों के साथ। किन्तु यह अपने को खुला और कमजोर भी रखता है। नतीजन यह खाली जगह को लगातार अनुपम तरीके से फैला भी सकता है... स्त्री शरीर की तरह ठुमरी खुली हुई खतरनाक है फिर भी उपजाऊ और फलप्रद।'

हिन्दुस्तानी संगीत के इस विशाल और लम्बे-चौड़े संसार में गौहरजान और उसकी पहचान का क्या स्थान है? उसकी गायकी की क्या खास विशेषताएँ हैं, खास कर उसके रेकॉर्डिंग की? परम्परागत शास्त्रीय गायन के प्रदर्शन में कई स्तरों पर राग का लम्बा विस्तार होता है। खयाल प्रस्तुति के दो वर्ग हैं बड़ा खयाल जो धीमा और रचित है और इससे तेज़ छोटा खयाल। खयाल में रागों का खुलासा समयबद्ध नहीं है और कुछ गायक इस पर घंटो लगाने के लिए जाने जाते हैं। यह अलापों से शुरू होता है जहाँ राग की विशेष टुकड़ियाँ गायी जाती हैं। इसके बाद गायक गाये जाने

वाले गीत पर आता है जिसे बन्दिश या चीज़ कहते हैं। गीतों की गति आरम्भ में बहुत धीमी होती है जिसे अति विलंबित लय कहा जाता है। तेज़ी धीरे-धीरे शुरू होती है विलंबित (धीमा), मध्य (मध्यम) और द्रुत (तेज़) और गीत रचना भी बदल जाती है। इन खंडों को धीमी और तेज़ मीठी गिटकिरियों और तानों से जोड़ा जाता है जो या तो तान सरगम का इस्तेमाल करते हैं या केवल 'अ' कार (अ ध्वनि का उपयोग करते हुए) से बनाये गये सरगम। स्वरों का विशेष उपयोग कुछ खास घरानों में किया जाता है। इसे कर्नाटक संगीत की एक प्रेरणा बताया जाता है।

इस परम्परागत सन्दर्भ में यह अचम्भे की बात है कि गौहर जान ने एक सही सूत्र, एक प्रकार के मूल नमूने की अगुआई की जो बाद में इस विस्तृत गीत-विधा को केवल तीन मिनट में प्रस्तुत कर देने के कारण सभी गीतकारों के द्वारा अपनाया गया। प्रथम हिन्दुस्तानी संगीत की पेशेवर गायिका होने के कारण जिसने अपने संगीत को रेकॉर्ड कराया उस पर इस भयानक चुनौती को पार करने के लिए एक ढाँचा निर्माण करने की जिम्मेवारी थी। उसे सुनिश्चित करना था कि इस शैली के परम्परागत पहलुओं के विरुद्ध कोई समझौता भी करना था और साथ ही उस राग की सही-सही और पूरी तस्वीर को प्रस्तुत भी करना था ठीक वैसे जैसे पूरी रात की महफिल में वह करती होती।

गौहरजान के किसी खयाल रिकॉर्डिंग का विश्लेषण आकार और सन्तुलन का स्पष्ट बोध दिखाता है जिसमें खयाल के विस्तृत रूप को जरूरत के मुताबिक समय के अन्दर रूप दिया गया है। अक्सर एक या दो स्वरों पर दो सेकेण्डों तक आलाप चलता है, प्रायः 'सा' स्वर पर। इसके बाद मुखड़ें की पहली लाइन स्थायी में होती थी। स्थायी महत्त्वपूर्ण है क्योंकि बाकी लाइनों के लयात्मक स्वर को ठीक करती है। गौहर कई तरह से इस स्थायी को दो तीन बार गाती थी और तुरन्त बाद की लाइन अन्तरा पर चली जाती, इसे एक या दो बार गाती और तब तुरन्त स्थायी पर लौट आती थी। घड़ी की चाल के हिसाब से वह पूरे गीत का गायन एक या सवा मिनट में पूरा कर देती थी।

उसके गायन में तात्कालिक बनाव मुख्यतः उसके तानों के साहसपूर्ण प्रदर्शन के द्वारा मुख्यतः होता था। ऊँची लचीली और बहुत लययुक्त आवाज की धनी होने के कारण वह प्राप्त समय के भीतर अलग चालों में अचम्भित करने वाली गिटकारियाँ करती प्रत्येक तान के अन्त में वह मुखड़े के संक्षिप्त रूप पर पहुँच जाती थी। तानों की लम्बाई उतरते क्रम पर है और लम्बे संश्लिष्ट स्वर की लम्बाई धीरे-धीरे कम होती हुई मुखड़े पर समाप्त हो जाती है। पूरे स्थायी को एक बार गाकर खत्म करती है और तब आदतन जोश के साथ समाप्त करती है, 'मेरा नाम गौहरजान है।' इस प्रकार रचना और स्वरचित खंडों को हिन्दुस्तानी गायिकी में सबसे कम समय में

मिलाकर पूरे देश के सबसे अधिक संगीत प्रेमियों को उसने प्रभावित किया।

बेशक सारी संक्षिप्तता के बावजूद अनजाने में गौहर पकड़ा जाती और समय पर खत्म नहीं कर पाती थी। कुछ रेकॉर्ड गायिकी से भरे रहने के कारण प्रथा अनुसार अन्तिम घोषणा का समय नहीं दे पाते थे। चूँकि फिर से उसे बनाने या 'रिटेक' की धारणा कम्पनी की नहीं थी, इन अधूरे रेकॉर्डों को चलाने के सिवा कोई उपाय नहीं था। यह लेबल लगाने की समस्या उत्पन्न करता था जब इन्हें प्रेस करने के लिए हैनोवर जहाज से भेजा जाता था। वहाँ टेकनिशियन के लिए यह एक लेवल बेनाम का स्वर होता था।

चूँकि बोल बनाव ठुमरियों ने तेज़ अच्छे और हल्के रूपों को जगह दी थी गौहर जान और मौजुद्दीन तेज़ तानों और स्वर गति को दिखातें हैं जो बोल बनाव ठुमरी के राग विस्तार के साथ बन्दिश ठुमरी की याद दिलाता है। गौहर की राग भैरवी में ठुमरी रिकॉर्डिंग 'छोड़ो-छोड़ो मोरी बइयाँ' गति और बनावट में छोटा खयाल का साफ प्रभाव दिखाता है। शास्त्रीय तीन ताल में गायी गयी इन रचनाओं में चमत्कृत करने वाले प्रवीणता भरे सपाट तान हैं किन्तु अन्त में गति इतनी उन्मत्त है कि शब्दों को पकड़ पाना कठिन है। गौहर के कुछ तान टप्पा शैली के हैं जिनमें सितार खानी की तरह के मध्यम ताल होते हैं और जोशीली रंगीली गिटकारियाँ होती हैं।

गौहर ने गीतों के कई प्रकार रेकॉर्ड किये, खयाल से ध्रुपद, ठुमरी से दादरा, भजन, गज़ल, होरी, तराना और चैती तक। अपने प्रसिद्ध संगीत-जीवन में उसने लगभग छः सौ गीत रेकॉर्ड किये। उनमें जो अभी भी मिलते हैं वे हैं उसके जौनपुरी, भोपाली, मुल्तानी रागों में खयाल, अन्य गीतों में ठुमरियाँ और होरी, काफी से लेकर भैरवी, सोहिनी और पहाड़ी, पीलू, पीलू-काफी, पहाड़ी-जौनपुरी, जिला, धारा और देश रागों तक में। उसने काफी में कुछ टप्पा-अंग होरी ('कैसी यह धूम मचायी') भी रेकॉर्ड किये और बहुत अपनी स्वयं की रचनाएँ जैसे 'खेलत कृष्ण कुमार, सब सखियन मिल गावत नाचत और बाजत मृदंग, करतार रे, गौहर प्यारी की अरज यही है करो कृपा करतार' मालकौंस में कुछ भजन जैसे 'कृष्ण माधो श्याम' और राग खमाज में एक ठुमरी 'श्यामसुन्दर की देखि सुरतिया, मैं भूल गयी सुध सारी' पूरे देश में बड़े लोकप्रिय थे। जबकि अधिकतर गायक अपनी आवाज़ काली 4 पर ही रखते, गौहर आश्चर्यजनक रूप में काली 6 या 7 के ऊँचे स्तर पर रखती थी। अपने रागों की शुद्धि और स्वर के स्तर के कारण गौहर अपने श्रोताओं को मन्त्रमुग्ध कर देती थी।

आलोचक कभी-कभी गौहर के गायन में पुनरावृत्ति पाते थे, खासकर तत्काल बनायी या जोड़ी पंक्तियों वाले भाग में। परन्तु किसी को इस चुनौती भरे काम को

स्वीकार करना होगा जिसमें गीतों की सीमा में इस धारणा को समाहित करने और उसकी ठीक-ठाक और सुन्दर प्रस्तुति का बीड़ा उसने उठाया था।

गौहर ने पवित्रतावादियों की कुछ झिड़कियाँ भी झेलीं। वे महसूस करते थे कि इतने संक्षिप्त समय में रेकॉर्ड करना उस कलारूप की विशेषता को असुरक्षित करना था जिसकी उन्होंने अक्षरशः पूजा की थी और यन्त्र (ग्रामोफोन) को अपना स्वर देने में हिचकिचाये थे। किन्तु इन रिकॉर्डिंगों को जनता की बड़ी स्वीकृति मिली थी। आखिरकार बात यह है कि कला जो जड़ हो जाती है वह अपने को जनता की संवेदना के अनुकूल नहीं बना पाती। वह क्या है? धीरे-धीरे जो शंकालु थे वे भी रास्ते पर आ गये और उनके सौभाग्य से तकनीकी विकास के कारण लम्बे समय तक चलन वाले रेकॉर्ड भी सम्भव हो गये। इसने उनकी कला की असुरक्षा के भय को खत्म कर दिया।

आज संसार हिन्दुस्तानी संगीत की नयी तकनीक की अग्रणी कलाकार को भूल गया है। किन्तु निश्चित रूप से यह श्रेय गौहर की उस ताकत और संगीत-कौशल को जाता है जिसने आलोचना और संशय के बावजूद अपने समकक्षों का सामना करने के लिए नवीनीकरण का साहस और कौशल दिखाया और एक ऐसा तरीका निकाला जो ग्रामोफोन रिकॉर्डिंग की आवश्यकताओं के अनुकूल हो और जो बाद में अधिकतर कलाकारों के द्वारा अपनाया गया।

दिल्ली 1830, प्रदर्शन करतीं नर्त्तकियाँ

1900 के दशक में नृत्य-प्रदर्शन

नृत्य-प्रदर्शन

कोलकाता में दुर्गा-पूजा

अवध के नवाब वाज़िद अली शाह

बड़ी मलका जान

वाराणसी के गंगा–घाट

बड़ी मलका जान की मखजाने उल्फते
मल्लिका पुस्तक की ज़िल्द

पुराना कलकत्ता बाज़ार

पुराना कलकत्ता : एसप्लेनेड

पुराना कलकत्ता : हाबड़ा

किशोरी गौहर

दरभंगा महाराजा लक्ष्मीश्वर सिंह 1888

मैसूर के महाराजा चामराज वाडेयार

किशोरी गौहर

गौहर जान 1896

गौहर जान

एमिल बर्लिनर, ग्रामोफोन के आविष्कारक
(चित्र एफ. डब्लू. गैसबर्ग के सौजन्य से)

फ्रेडरिक विलियम गैसबर्ग, भारत में रेकॉर्डिंग के प्रथम दक्ष व्यक्ति

ग्रामोफोन कम्पनी का विज्ञापन

ग्रामोफोन सरस्वती—एक विज्ञापन

रिकॉर्डिंग कराती इलाहाबाद की जानकी बाई
(चित्र : एफ. डब्लू. गैसबर्ग के सौजन्य से गीत-प्रसारण)

रिकॉर्डिंग स्टूडियो में गौहर जान
(सौजन्य, विक्रांत अजगांवकर)

उस युग के पोस्टकार्डों पर गौहर जान के चित्र

ऑस्ट्रिया में बने दियासलाई डब्बे पर गौहर जान की तस्वीर

उस युग के पोस्टकार्डों पर गौहर जान की तस्वीर

घुड़सवारी
गौहर जान के मनबहलाव का साधन

प्रतिभाशील अमृत केशव नायक

अमृत केशव नायक

आगरा घराने के उस्ताद फैयाज खाँ

जोहरा बाई

बाल गंधर्व मराठी नाट्य संगीत के अग्रदूत

गौहर जान के गीत रेकॉर्ड

गौहर जान के ग्रामोफोन समारोह का रेकॉर्ड

गौहर जान का निकोल रेकॉर्ड

गौहर जान का सन-डिस्क रेकॉर्ड

उस्ताद अब्दूल करीम खाँ किराना
घराने के गायक

गौहर के हस्ताक्षर के साथ
महिषादल राजा देव प्रसाद गर्ग
द्वारा हाथ से बनाया चित्र
3 अप्रैल, 1928

मैसूर के भव्य राजमहल का चित्र

मैसूर के महाराजा नलवडी
कृष्णराज वाडेयार

मैसूर के सिटी मैजिस्ट्रेट श्री एम. चेन्नराज
जिन्होंने सम्पत्ति पर अधिकार के मुकद्दमे
को खारिज किया

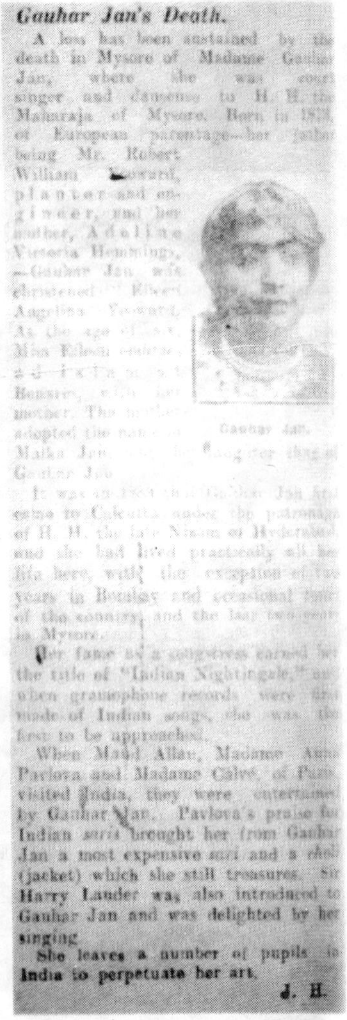

Gauhar Jan's Death.

A loss has been sustained by the death in Mysore of Madame Gauhar Jan, where she was court singer and danseuse to H. H. the Maharaja of Mysore. Born in 187[illegible] of European parentage—her father being Mr. Robert William Yeoward, planter and engineer, and her mother, Adeline Victoria Hemmings,—Gauhar Jan was christened Eileen Angelina Yeoward. At the age of six, Miss Eileen embraced [illegible] at Benares, with her mother. The mother adopted the name of Malka Jan [illegible] daughter that of Gauhar Jan.

It was in [illegible] that Gauhar Jan first came to Calcutta under the patronage of H. H. the late Nizam of Hyderabad, and she had lived practically all her life here, with the exception of two years in Bombay and occasional tours of the country, and the last two years in Mysore.

Her fame as a songstress earned her the title of "Indian Nightingale," and when gramophone records were first made of Indian songs, she was the first to be approached.

When Maud Allan, Madame Anna Pavlova and Madame Calvé, of Paris, visited India, they were entertained by Gauhar Jan. Pavlova's praise for Indian *saris* brought her from Gauhar Jan a most expensive *sari* and a *choli* (jacket) which she still treasures. Sir Harry Lauder was also introduced to Gauhar Jan and was delighted by her singing.

She leaves a number of pupils in India to perpetuate her art.

J. H.

Gauhar Jan.

स्टेट्समैन के मृत्यु-कॉलम का चित्रण
28 जनवरी, 1930

चितपुर रोड, कोलकाता

नाखोदा मस्जिद के पास
गौहर का भवन

गौहर-भवन, कोलकाता

गौहर-भवन अब सलीम मंज़िल

नाखोदा मस्जिद, कोलकाता

कटाये रिश्ता मौत से करता नहीं जिस्म नहीफ
है यह शीराजा किताब-ए-आलम-ए ईजाद का

*(जो सच्चे प्रेमी हैं, मौत उन्हें अलग नहीं कर सकती
संसार की शुरू से ऐसी ही गति रही है)*

—बड़ी मलका जान, मख़ज़ान-ए-उल्फत-ए-मल्लिका

10.
प्रिय गायिका

उसके ग्रामोफोन तवों की सफलता, जो करीब 1940 तक सबसे ज्यादा बिकने वाले रेकॉर्डों में थे, उसने गौहर जान को यश का वह पद प्रदान कर दिया जिसके बारे में उसने सोचा भी न था। उसकी तस्वीर दियासलाई की डिबियों पर भी छपने लगी जो ऑस्ट्रिया में बनती थीं। यह उसे लाल मखमली गाउन की पोशाक में कीमती गहनों में सजी सुन्दर, लाल गालों वाली जवान औरत के रूप में दिखाती है। नीचे दी गयी सूचना बताती है 'आस्ट्रिया में बना'। यह बात कि एक ऑस्ट्रिया की कम्पनी ने भारत में अपने उत्पाद बेचने के लिए उसके रूप का उपयोग किया उसके दोनों राष्ट्रीय और अन्तर्राष्ट्रीय असीम यश और लोकप्रियता को बताती है जिसे अपने लिए उसने अर्जित किया। माना जाता था कि वह बहुत से कठपुतली तमाशे के प्रदर्शनों के लिए सुदूर पंजाब और राजस्थान में संरक्षिका थी। उसकी तस्वीरें उस युग के पोस्ट-कार्डों पर छपने लगी थीं। रंगीन पोस्टकार्ड का दाम था दो आना और काले-उजले का एक आना। उन कुछ तस्वीरों में बंगाली वेश-भूषा में वह बड़ी प्रभावशाली दिखती है। एक दूसरे पोस्टकार्ड में वह 'जौरा' नाम की किसी औरत के साथ चित्रित है। ये पोस्टकार्ड उतने ही ज्यादा बिकते थे जितने उसके रेकॉर्ड। इस प्रकार एक समय जब मीडिया और प्रचार प्रदर्शक कलाकारों के लिए अनजाने थे, गौहर जान ने भारतीय संगीत-संसार पर एक साम्राज्ञी की तरह राज किया और लाखों का दिल जीता।

सौन्दर्य और कलाओं के धनी संरक्षकों ने उसपर उपहारों और कीमती गहनों की बरसात कर दी। इस सारी प्रशंसा और धन ने उसकी जीवन शैली को विलासितापूर्ण बना दिया। चितपुर के निकट नाखोदा मस्जिद के पास उसका महल 'गौहर भवन'

के नाम से जाना जाने लगा। वह कीमती कारें, सुन्दर सिल्क के पर्दों से सजे फीटन और आकर्षक विक्टोरिया (विक्टोरिया गाड़ियाँ) रखती थी। वह प्रायः पोशाक और गहनों से लदी घूमने के शौक में कलकत्ते की गलियों से गुजर रही होती थी। बहुत से चश्मदीद गवाहों ने एक सुन्दर औरत की इस राजसी सवारी का वर्णन किया है जो कलकत्ते की बड़ी सड़कों से छः उजले अरबी घोड़ों से जुते राजसी फीटन में बिजली की तरह गुजर जाती थी।

कहा जाता है कि एक शाम गवर्नर का घुड़सवार दल मुख्य मार्ग पर उसकी गाड़ी की बगल से गुजरा। उसका राजसी रूप देखकर गवर्नर ने सोचा कि वह बंगाल के राजसी अथवा कुलीन परिवारों में से होगी। उन्होंने अपने दल को रोका, अपनी टोपी उतार ली, जल्दी से शीश झुकाया और उसे निकल जाने दिया। जब बाद में उन्हें पता लगा कि सड़क पर जिस औरत से उनका सामना हुआ और जिसके सामने उन्होंने सर झुकाया वह सिर्फ़ एक तवायफ़ थी तो वे गुस्से से लाल हो गए। कानून तोड़ने के लिए उन्होंने उसपर 1000 रुपये फाइन कर दिया क्योंकि छः घोड़ों की फिटन में चलना सामान्य जन के लिये मना था। वह तो केवल वायसराय और राजसी परिवारों के सदस्यों का ही अधिकार होता था। किन्तु गौहर ऐसी नहीं थी जो इस प्रकार के अधिकारपूर्ण आदेशों की परवाह करती। उसने लगातार इस नियम का उल्लंघन किया, हजारों रुपये जुर्माने के रूप में देती रही और फिर भी अपनी शाम की सवारी करती रही। ऐसी थी उसकी हिम्मत!

गौहरजान की खर्चीली जीवन शैली और मामूली चीज़ों पर भी पैसा बहाने की आदत की अनेक कहानियाँ प्रचलित हैं। अक्सर कही गयी कहानियों में एक है उसकी पालतू बिल्ली की शादी जिस पर, कहा जाता है, उसने 1200 रु. खर्च किए थे। और उसके बाद जब उस बिल्ली के बच्चे हुए उसने पूरे शहर को एक भोज पर निमन्त्रित किया जिसमें 20,000 रुपये लगे। ये सम्भवतः बढ़ा चढ़ाकर कही गयी कहानियाँ हैं जो हर बार कही जाने पर अत्युक्ति बन जाती हैं, लेकिन वे गौहर की एक छवि तो दिखाती हैं जो उसने अपने लिए बनायी थी।

प्रसिद्धि बढ़ने के साथ-साथ कई देशी राज्यों और धनी घरानों से पूरे देश भर से निमन्त्रणों की बरसात शुरू हुई। उन लोगों ने गौहर का उनकी महफिलों में आना सम्मानजनक माना। अपने समय के कलाकारों में वह सबसे ज्यादा पैसे पाने वाली थी और प्रत्येक प्रदर्शन के लिए एक हजार रुपये की बड़ी माँग करती थी। उसकी ऐसी एक महफिल का आँखों देखा हाल एक प्रसिद्ध संगीत शास्त्री डी. पी. मुखर्जी के द्वारा प्रस्तुत किया जाता है जो अपनी युवावस्था में उसके घर में चुपके घुसकर उसको सुन चुके थे :

'हम लोगों के जमाने में एक गायिका थी, गौहर जान, और उसके पास

पहुँचना कठिन था। फिर भी जहाँ चाह होती है वहाँ राह होती है। मैंने एक रात एक आदमी के साथ, जो संगीत की दुनिया से सम्बन्धित था, उसके घर में घुसने का उपाय किया। वह एक नवाब का मनोरंजन कर रही थी। उसने अड़ाना, बहार, सुहा और सुघरायी गायी लेकिन नवाब ठुमरी चाहते थे जिसके भावोत्तेजक संकेतों के लिए वह मशहूर थी। उसने वह कामोत्तेजक स्वर में गाया... मुझे वह अवसर साफ-साफ याद है जब उसने अड़ाना में एक ध्रुपद और उसी राग में एक सदरा गाया और उसके बाद अड़ाना में एक तीसरा खयाल। उसके बाद से मैंने अड़ाना पर ध्यान लगाने को कठिन समझा है अगर यह देश के सबसे अच्छे गायक के द्वारा भी गाया जाता है.... बाद में मुझे खुलेआम अवसरों पर उसे सुनने का मौका मिला। यह दुख की बात है कि आज की दुनिया नहीं जानती है कि कितना बड़ा खयाल का गायक ठुमरी की कामोद्दीपक तहों में खो गया। अपने श्रोताओं को प्रसन्न करने के लिए गौहर जान पश्तू गीत भी गाती थी। कोई भी अनोखी चतुराई भरी चीज़... उसका व्यक्तित्व भव्य और आकर्षक था। उसके बाद औरतों में बहुत सी उत्तम खयाल गायिकाएँ हुई हैं, लेकिन मैं उन सबों को प्रवीण नहीं मान सकता। वे बहुत योग्य हैं किन्तु गौहर जान ने खयाल में जो स्तर कभी-कभी दिखाया उससे हमेशा नीचे हैं।'

एक अवसर पर वह दतिया के राजा के दरबार में प्रदर्शन के लिए बुलायी गयी। उस यात्रा में एक घटना जो घटी उसने गौहर जान के अपने बारे में उसकी दृष्टि बदल दी। मध्य प्रदेश के छोटे देशी राज्यों में से एक दतिया प्रसिद्ध ओरछा राज-परिवार के वंशजों द्वारा शासित था। महाराजा भवानी सिंह बहादुर (1837-1907) कलाओं के एक महान संरक्षक और स्वयं एक कुशल पखावजवादक थे। वे प्रसिद्ध पखावज वादक पंडित कुदाऊ सिंह (1815-1910) के शिष्य थे। पखावज पर कुदाऊ सिंह की प्रवीणता के बारे में एक कहानी कही जाती है। एक हाथी राजा के हाथीखाने में मस्त हो गया था और हंगामा मचा रहा था। कहा जाता है कि कुदाऊ सिंह ने अपना प्रसिद्ध 'गज परन' पखावज पर बजाया और उस सनकी प्राणी को नियन्त्रित कर लिया। कुदाऊ सिंह के परन जिनमें जटिल और कड़े स्वराघात होते थे उन्हें बजाने में काफी ताकत लगती थी, बड़े मशहूर थे। एक परन बजाने में अक्सर 24 ताल-चक्रों की जरूरत होती थी।

महाराजा भवानी सिंह ने गौहर जान के पराक्रम के बारे में सुना था और वे अपने दरबार में उसे गाने का निमन्त्रण देना चाहते थे। गौहर जो अपने संगीत-जीवन के उस समय अपने शिखर पर थी और उसे किस जगह गाना चाहिए इसका चुनाव करती थी। अपने गर्वीलेपन के कारण यह कहते हुए कि उसे दरभंगा, मैसूर, हैदराबाद, काश्मीर इत्यादि जैसे दरबारों में गाने की आदत है, और यह कि 'छोटे' राज्यों के लिए गाना उसकी प्रतिष्ठा के ख़िलाफ़ है, उसने निमन्त्रण को ठुकरा दिया।

इस अभद्र अस्वीकार से महाराजा एकदम आहत हो उठे और उन्होंने निर्णय किया कि वे इस अपमान को हल्के में नहीं लेंगे।

बंगाल के ब्रिटिश गवर्नर से अपने अच्छे सम्बन्ध का उपयोग करते हुए दतिया के युवराज के राजतिलक समारोह में प्रदर्शन के लिए उन्होंने गौहर पर बहुत दबाव डाला। ब्रिटिश अधिकारियों द्वारा बहुत दबाव से सहमत होने के अलावा गौहर के पास कोई रास्ता न था। फिर भी अपना दम-खम दिखाना चाहती थी और दतिया जाने के लिए उसने अपनी शर्तें रखीं। उसने सिर्फ़ अपने लिए एक स्पेशल रेलगाड़ी भेजे जाने की शर्त रखी। महाराजा ने उनका आग्रह माना और ग्यारह डब्बों वाली एक ट्रेन भेजी। गौहर की यात्रा में 111 आदमी थे। इसमें दस धोबी, चार नाई, बीस खिदमतदार या अर्दली, पाँच दासियाँ, पाँच घोड़े और पाँच साईस थे। उसके दो शिष्य दुअन्नी और चौअन्नी जो अक्सर तानपूरे पर उसका साथ देते थे इस समूह का हिस्सा थे। यह एक ऐसी कीमत थी जिसकी माँग गौहर ने अपने संगीत-जीवन में अद्‌भुत उत्थान के बाद शुरू कर दी थी और लोग अपने स्थानों पर प्रदर्शन के लिए उसे बुलाने की यह कीमत देने को तैयार रहते थे।

गौहर और उसका अनुगामी दल दतिया पहुँचा। राज तिलक के लिए शहर को खूब सजाया गया था। गौहर को एक आलीशान बंगला दिया गया था और दतिया में बिताये प्रत्येक दिन के लिए उसे 2000 रुपये के अनुदान की प्रतिज्ञा की गई थी। कुछ सबसे अच्छे गायक उपस्थित थे और राज तिलक समारोह में उन्होंने बेजोड़ प्रदर्शन किए। जब गौहर ने राजाओं और उच्चवर्ग के लोगों की बड़ी संख्या को देखा तो उसने अनुभव किया कि दतिया छोटा राज्य नहीं था और उसके महत्त्व के बारे में उसने गलत निर्णय किया था। उसने प्रदर्शन के लिए अपने को तैयार कर लिया था और दरबार बख्शी से पूछती रही कि मंच पर उसकी बारी कब आयेगी। वह केवल मुस्कराया और बोला कि वह तुरन्त उसे बतायेगा।

उस शाम के सारे प्रदर्शन समाप्त हो गये और समारोह का अन्त हो गया। गौहर घबरा गई। उसे सभी शान और शौकत के साथ उस अवसर के लिए बुलाया गया था लेकिन गाने का मौका नहीं दिया गया। उसने सोचा कि शायद महाराज ने केवल उसके प्रदर्शन के लिए एक अलग शाम की योजना बनायी हो इसलिए उसने धीरज रखने का फैसला किया। वह बंगले में लौट गयी जहाँ उसकी प्रतिष्ठा में महाराजा के द्वारा दिए गये उपहारों को देखकर उसे सुखद आश्चर्य हुआ। इस तरह एक या दो दिन बीता। वह हर रोज अपना मानदेय और कीमती उपहार पाती थी, लेकिन महाराज से गाने का कोई निमन्त्रण नहीं मिलता था। अन्त में बेचैन होकर गौहर ने महाराज के पास उनसे बात करने के लिए एक सन्देश भेजा। उनसे मिलने की अनुमति अस्वीकृत हो गयी। इसके बदले मानदेय को दुगना करके उसके पास

भेज दिया गया। गौहर भौंचक्की हो गयी। उसने नहीं जाना कि उसके साथ इस बर्ताव का क्या मतलब लिया जाए। इस तरह दो हफ्ते बीत गये। गौहर ज्यादा बैचेन होने लगी और इस बारे में उसने कुछ करना चाहा।

अब, महाराज की खूब सुबह अपने मनपसन्द घोड़े पर घूमने की आदत थी। गौहर ने इस बारे में जाना और फैसला किया कि उनका सामना करने का यही ठीक समय होगा। उसने मर्द की पोशाक पहनी, सिल्क की पगड़ी में अपने बालों को छिपा लिया, अपने चेहरे पर एक रूमाल तान लिया और किले के प्रवेशदार पर प्रतीक्षा करने लगी। जब उसने महाराजा को आते देखा तो न्याय पाने वाली एक प्रजा के रूप में उसने उन्हें पुकारा। यह नहीं जानते कि यह पीछा करने वाला कौन है महाराज रुक गये और उन्होंने प्रश्न भरी दृष्टि उस पर डाली। गौहर अपने घोड़े से उतर गयी और झुककर सलाम किया। इस प्रक्रिया में उसकी पगड़ी गिर पड़ी और उसके घने घुँघराले बाल बाहर निकल आये। 'गौहर जान! इस समय आप यहाँ क्या कर रहीं हैं? आपने मुझे इस तरह से क्यों रोका है? आपकी इच्छा क्या है, क्या अनुदान और बढ़ा दूँ? वह भी किया जा सकता है अगर आप चाहें!' महाराज बोले। विनम्र बनी गौहर उनके पैरों पर गिर पड़ी और बोली, 'कृपा करके मुझे क्षमा करें महाराज! मैं घमंड से ज्यादा फूल गयी थी। मैं आप से क्षमा करने की प्रार्थना करती हूँ। एक कलाकार जिसे अपनी प्रतिभा दिखाने का अवसर नहीं दिया जाता है उसका दम घुटने लगता है और अपने आलस्य से मेरा भी भयानक रूप से दम घुट रहा है। मैं यहाँ गाने और आपका मनोरंजन करने के लिए आई हूँ। मुझे अब अधिक उपहारों और पैसों की जरूरत नहीं है। सब कुछ जो मैं चाहती हूँ वह एक मौका है, वह करने का, जिसके लिए मैं यहाँ बुलायी गई हूँ।'

महाराज समझ गये कि उन्होंने उसके घमंड को तोड़ने का आखिकार उपाय कर दिया है और सुने जाने की प्रार्थना में उसने सर झुका लिया है। वे मान गये और उसी शाम उसके प्रदर्शन का इंतजाम कर दिया।

इतनी देर प्रतीक्षा करने के बाद अपने सर्वोत्तम प्रदर्शनों के साथ वह उस शाम उतरी और यह समारोह बहुत सफल रहा। अगले छः महीनों तक वह दतिया में रुक गयी और दरबार में उसने कई प्रदर्शन किए। उसने अपने ठहराव के बीच किराना घराने के उस्ताद मौला बख्श से संगीत सीखने का अवसर प्राप्त किया। अन्त में जब उसने जाने का फैसला किया तो महाराज ने उससे पूछा कि वह विदाई के उपहार में क्या चाहती थी। दुर्भाग्य से इस बारे में भी गौहर एक अशिष्टता कर बैठी। उसने राजा से वही हाथी उसे देने की प्रार्थना की जिसे कुदाऊ सिंह के गजपरन के द्वारा शान्त किया गया था। महाराज फेरे में पड़ गये। उन्होंने पहले ही उसके शान्त होने के बाद हाथी को अपने गुरु को दान दे दिया था। कैसे वह इसे वापस ले सकते थे?

अपने शिष्य को उलझन में देखकर कुदाऊ सिंह चले आये और उन्होंने समस्या का समाधान कर दिया। उन्होंने घोषणा की कि गौहर दतिया की बेटी की तरह थी और सभी पिताओं के लिए रीति थी कि अपनी बेटियों को विदा करते समय कीमती उपहार प्रदान करें। वह अपनी बेटी को विदाई के उपहारस्वरूप हाथी को देना उनका विशेषाधिकार होगा। गौहर की आँखें आँसुओं से भर गयीं। उसने इसके पहले इतने आदर का कोई अनुभव नहीं किया था। राज्य की बेटी का पद प्राप्त होने ने उसे बिल्कुल विनम्र बना दिया। वह महाराजा और कुदाऊ सिंह दोनों के चरणों में गिर पड़ी और बोली कि जब कभी वे उसे कहेंगे वह कभी भी दतिया चली आयेगी।

महाराजा ने चलते समय उसे कुछ राय भी दी ''गौहर, ललित कलाओं के क्षेत्र में सफलता थोड़े दिनों की रहती है! तुमको विचार करना चाहिए कि आज तुम संगीत की साम्राज्ञी हो, किन्तु तुम केवल एक यात्री हो जो जब तक भाग्य में बदा है, तभी तक गायेगा और शीघ्र ही कोई दूसरा तुम्हारी जगह ले लेगा। दुनिया तुमको और तुमने जो कुछ भी अर्जित किया है उसे भूल सकती है। लेकिन एक अविराम बहती नदी की तरह संगीत तुम्हारे गाने और न गाने की परवाह किए हुए चालू रहेगा। कोई भी संगीत के समुद्र में जितना गहरा डूबता है उतना ही अधिक उसे यह अनुभव होता है कि वह कितना कम जानता है। ये पता लगाने में भी कितनी जिंदगियाँ लग सकती हैं। केवल अपने अहंकार 'मैं' को दबाकर ही सच्चा संगीतकार जन्म लेता है। अत: अपनी उपलब्धियों का नशा मत होने दो।''

यह गौहर के लिए समयानुकूल राय थी, जिस गौहर ने आशातीत सफलता का स्वाद लिया था। यह राय उसके साथ रह गयी और उसने बहुत हद तक उसके व्यक्तित्व को परिवर्तित कर दिया। वह एक अधिक विनम्र और सरल संगीतकार हो गयी।

एक बार इन्दौर के राजदरबार में जाने पर उसको खास ढंग से तैयार किए गए मंच से संगीत की विशेष प्रतिष्ठा दी गयी। समारोह के अन्त में उसे अनुदान या उपहार देने के बदले इन्दौर के राजा ने घोषणा की कि वह मंच ही उसे प्रदान किया जाएगा। गौहर चकरा गयी। फिर भी जब राजा ने उजली चादरों और फूलों को हटा देने का आदेश दिया, गौहर ने देखा कि उस मंच पर एक लाख के चाँदी के सिक्के रखे हुए थे। और यह सब उसे दिया जा रहा था। राजा ने यह कहते हुए उसकी प्रशंसा की कि चाँदी के मंच पर लक्ष्मी की तरह अवस्थित होने के योग्य केवल वही थी। किन्तु गौहर ने सरस्वती की भक्त होने के कारण कहा कि उसके लिए ज्ञान और संगीत का ज्यादा महत्त्व है। वह उनका दान पूरी विनम्रता से स्वीकार करेगी लेकिन गरीबों और जरूरतमंदों में उसे बाँट देगी। उसके इस संकेत ने उसे राजा की आँखों में बड़ी प्रशंसा और आदर दिलाया।

उन दिनों, कलकत्ता की तरह मुम्बई भी केवल व्यापार का और बाजार का केन्द्र नहीं था। इसने बहुत से कलाकारों, संगीतकारों और नाटक के व्यक्तियों को आकर्षित किया जो सांस्कृतिक रूप से संवेदनशील महाराष्ट्रियों के द्वारा संरक्षित थे। गौहर भी बहुत बार मुम्बई गयी और वहाँ अपनी महफिलें उसने लगायीं। करीब 1904-05 की अपनी मुम्बई यात्रा में उसने गुजराती और हिन्दुस्तानी रंगमंच के युवा और सुन्दर नायक अमृत केशव नायक से भेंट की। इसके पहले भी वह उनसे दो बार लखनऊ में मिल चुकी थी जहाँ वे गुरु विन्दादीन महाराज से कथक नृत्य सीखने गए थे। उसको याद आया कि वे बड़े परिश्रमी विद्यार्थी थे, कई प्रकार की शैलियों में प्रवीणता प्राप्त करने के लिए उत्सुक-कथक से भाव अभिनय और उर्दू तथा फ़ारसी भाषाओं में दक्षता प्राप्त करने के लिए महाराज जी ने हमेशा अमृत के बारे में प्रशंसा भरी बात की थी।

अमृत केशव नायक उन्नीसवीं सदी के उत्तरार्द्ध और बीसवीं सदी के आरम्भ में हिन्दुस्तानी और गुजराती रंगमंच पर प्रतिष्ठित थे। गुजराती लोक मंच भवाई पर अपनी दक्षता के लिए प्रसिद्ध नायक परिवार में 1877 में अहमदाबाद में उनका जन्म हुआ था। स्कूल छोड़े हुए दस वर्ष के छात्र के रूप में बालक अमृत अपने पिता के साथ मुम्बई चले गए। सपनों और अवसरों के नगर मुम्बई ने बाँहें फैलाकर अमृत का स्वागत किया। उन्होंने कवास जी, पलोन जी खटाओ और सोराब जी ओगरा के यहाँ नौकरी खोजी। ओगरा अल्फ्रेड नाटक मंडली के मालिक थे और इस युवक में स्वभाव से नाटकीय प्रतिभा देखकर उन्होंने मंच पर कई नाटकों जैसे 'गमरेनी गोरी', 'बीमारे बुलबुल' और 'अलादीन' में उन्हें भूमिका दी; जहाँ लैला के नारी चरित्र की भूमिका भी उन्होंने अदा की।

शीघ्र ही उन्होंने नाटकों को लिखना और उन्हें निर्देशित करना भी शुरू किया। उनका सबसे महत्त्वपूर्ण योगदान था शेक्सपियर के कई नाटकों का उर्दू में रूपान्तरण करना, एक भाषा जिसमें उन्होंने दक्षता प्राप्त की थी। उनके नाटक 'खून-ए नाहक' (हैमलेट), 'बज्म-ए फानी' (रोमियो एंड जूलियट), 'मरिएल-ए शक' (ए विन्टर्स टेल), और शाहिदे नाज (मेजर फॉर मेजर) बड़े सफल हुए और मुम्बई के जीवन्त नाटक संसार में ऊँचाई पर उन्हें स्थापित कर दिया। क्योंकि वे खुद एक कुशल अभिनेता थे, उन्होंने विभिन्न चरित्रों का बड़ा जीवन्त चित्रण किया। दिल्ली, लखनऊ और बनारस से प्रदर्शन के लिए लगातार बुलावे के कारण उनकी नाटक-मंडली ने उत्तर भारत का बहुत भ्रमण किया। एक अभिनेता और निर्देशक होने के अलावा अमृत एक अद्भुत लेखक भी थे। उन्होंने गुजराती साप्ताहिकों में लेख भी लिखे और एक उपन्यास 'एम.ए बना के क्यों मेरी मिट्टी खराब की' लिखने की चेष्टा भी की।' अमृत का विवाह उत्तरी गुजरात के कादी की एक किशोरी, निरक्षर,

लड़की पार्वती से बहुत कम उम्र में हुआ था। वह अमृत के लिए बिल्कुल बनी नहीं थी क्योंकि वह ऐसी बौद्धिक प्रेरणा और मित्रता उन्हें नहीं दे सकती थी जो वे खोज रहे थे। परिणामत: अमृत ने ज्यादा से ज्यादा समय अपने लेखन, कविता बनाने और नाटक के कामों में लगाना शुरू किया। किन्तु वे व्यग्रता से ऐसे किसी को खोज रहे थे जो कलाओं में उनकी चाह का भागीदार बन सके।

अमृत और गौहर बहुत दिनों से बिछुड़े साथियों की तरह मिले और तत्काल सफल हो गये। लखनऊ के उनके साझा अनुभवों और उन दोनों के एक ही गुरु बिन्दादीन महाराज ने उन्हें दोस्ती के अजीब बन्धन में बाँध दिया। गौहर जो माँगती उसे मिल गया था लेकिन वह एक सच्चा साथी चाहती थी। अमृत सही आदमी लगे यद्यपि उससे उम्र में छोटे थे और पहले से विवाहित। इस सबके बावजूद गौहर ने कुछ समय के लिए मुम्बई में रुकने का फैसला किया और उस शहर में अमृत के मकानों में से एक में रहने लगी।

प्रणय के मस्त दिन गौहर के लिए लौट आये थे। अमृत में उसने अपनी आत्मा का अन्तिम साथी और बौद्धिक मित्र पाया। अमृत एक अच्छे गायक भी थे और अपने खाली समय में वे गीत और कविताएँ भी लिखा करते थे। वे एक कविता लिखते और वे दोनों एक साथ उसको सुर में बाँधते थे और गौहर अपने विशेष कौशल से उस गाने को अन्तिम रूप देती थी। अमृत के कुछ मशहूर गीत थे 'परदेशी सैंया नेहा लगा के दुख दे गये, सर पर गागर धर कर, दिले नादान को हम समझाते जाएँगे और वह सदाबहार 'आन बान जिया में लागी'। इनमें गौहर आखिरी वाले को सबसे ज्यादा पसन्द करती थी।

आन बान जिया में लागी,
प्यारी चित क्यों दिया, आन बसी कैसे फँसी
पड़ने लागी छाप के पइयाँ, मेहरबान सैंया
तुम बिन मोहे कल ना पड़े, तुम्हारे कारण जागी,
आन बान जिया में लागी।

इस दादरा के लययुक्त संगीत ने गौहर को बहुत मुग्ध किया। उन लोगों ने इसे दादरा ताल में राग गारा में बैठाया था और जब गौहर इसे अपनी मीठी और सुरीली आवाज में गाती थी, अमृत मुग्ध हो जाता था। यह अमृत की रचना की तरह नहीं लगता था बल्कि गौहर की आवाज से इसने नया रंग और स्वाद पा लिया था।

गौहर के लिए जीवन कभी इतना सुन्दर और उत्तम नहीं रहा था। मुम्बई का सुरम्य महालक्ष्मी रेस कोर्स इस नगर की अद्वितीय सुन्दर चीज़ था और आज भी है। 2400 मीटर लम्बे रेसकोर्स के साथ टर्फ क्लब निश्चित ही हिम्मती और उत्साही लोगों की जगह था। आत्मतुष्टि और स्वतन्त्र भाव के कारण जिसे वह अमृत से

साझा करती थी, रेसकोर्स दोनों के लिए साप्ताहिक मिलन का अड्डा हो गया। अंग्रेज़ी कपड़ों में वह युवक, और ऐंग्लो-इंडियन नाक नक्श वाली गोरी चमड़ी वाली, काले चश्मों और बाइनॉकुलरों वाली सुन्दर दोस्त, जो अपने मनपसन्द घोड़ों के लिए अड़ जाते थे, उस रेसकोर्स में लोगों की आँखों की हमेशा पुतली बन जाते थे।

कलकत्ते के एक अप्रत्याशित टेलीग्राम ने गौहर के लिए सब कुछ बदल कर रख दिया। इसमें मलका जान की अकस्मात बीमारी का सन्देश था। गौहर ने तुरन्त अपने सामान बाँध लिए, अमृत का हुक्म लिया और घर के लिए रवाना हो गयी। मलका जान अपने अकेलेपन को दूर करने के लिए बहुत शराब पीने लगी थीं। उनकी यशस्वी पुत्री ने पूरे भारत की यात्रा और रिकॉर्डिंग स्टूडियो में आने-जाने में व्यस्त होकर मलका को बहुत ज्यादा अकेली छोड़ दिया था। बेशक यह उनके सभी सपने पूरे कर रहा था और मलका अपनी बेटी के लिए बहुत खुश थीं। किन्तु घर और कलकत्ते से गौहर की बढ़ती अनुपस्थिति ने उन्हें बहुत अकेली बना दिया था। भगलू की बदचलनी ने भी तनाव को और बढ़ा दिया था। शराब उनकी एकमात्र शरण थी। कहा जाता है कि मोतीझील की अपनी एक महफिल में प्रसिद्ध गज़ल 'ओ! बेवफा तेरे लिए बदनाम हो गये' गाने के दौरान मलका जान ने खून की कै कर दी थी। उन्होंने बीच में पेट में तेज़ दर्द की शिकायत के साथ एकाएक प्रदर्शन खत्म कर दिया था। जाँच में लिवर बढ़ा मिला था। जब गौहर ने अपनी माँ को देखा, लगा कि वह बर्बाद हो गयी। उसने उन्हें छाती से लगा लिया और सदा ज़िन्दगी भर साथ और सहारा देने वाली एक शख्स जिसके प्रति वह अपनी सारी सफलताओं के लिए ऋणी थी उसकी हालत देखकर फूट-फूट कर रोने लगी। गौहर ने मलका को वचन दिया कि वह उनके साथ ही रहेगी और जहाँ जाएगी उन्हें साथ ले जाएगी। दुखी मलका के लिए उसके शब्द शीतल मरहम की तरह थे।

दुख की बात थी कि मलका जान की हालत कभी नहीं सुधरी। शराब नहीं छूने को कहे जाने पर भी मलका उसे छोड़ न सकीं। वह छुपाकर कुछ-कुछ देर पर जाम घोंट जाती थीं और उनके स्वास्थ्य के लिए काल साबित हुआ। अन्ततः 1906 के जून माह में करीब 50 की उम्र में बड़ी मलका जान चल बसीं। कलकत्ते में बागमारी कब्रगाह में उन्हें दफनाया गया जहाँ नगर के कुछ सर्वश्रेष्ठ तवायफ़ों, गायकों और कवियों ने हाजिरी बजायी। मलका जान की मौत गौहर के लिए एक बहुत बड़ा आघात थी। वह आघात और अस्वीकृति की हालत में चली गयी और उसे लोगों से पूरी नफरत हो गयी। बिना अपनी माँ के जीवन एक ऐसी चीज़ था जिसकी कभी उसने कल्पना नहीं की थी। हर चीज़ उसके साथ बिताये जमाने की यादें ताज़ा कर देती थी जब सुख और सन्तोष के लिए दोनों एक-दूसरे से जुड़ी रहती थीं।

इस बीच अमृत केशव नायक गौहर की मनोदशा के प्रति और ज्यादा चिन्तित रहने लगे। उन्होंने उसे कलकत्ते में कुछ सम्पत्तियों को एकत्र जमा लेने, बिना जरूरत वाली को बेच डालने और कुछ दिनों के लिए मुम्बई में रहने की गहरी सलाह दी। उनकी राय पर ध्यान देकर उसने अपनी दो सम्पत्तियों, एक को बेलीघाटा के शहज़ादे क़ादिर को और दूसरी खीरेपुर झुग्गी बस्ती वाली को बेच दिया। उसने कुछ पैसे, 15750/– रुपये 22 बेंटिक स्ट्रीट के एक मकान में लगा दिए और बाकी पैसों और सामानों के साथ मुम्बई में अमृत की खुली बाँहों में समा गयी। जगह का यह बदलाव और अमृत का विश्वास भरा साथ ही था जो इस समय गौहर के लिए बेहद जरूरी था। अन्यथा उसका दिमाग फिर जाता। जिस तरह की सहायता उसने अमृत से पायी उसने उसे दुख से बाहर निकालने और संगीत और प्रदर्शनों में लौटाने की बड़ी सहायता की।

1907 की शुरू जुलाई में गौहर को प्रदर्शन के लिए एक बहुत प्रतिष्ठित स्थान पर मुम्बई में निमन्त्रित किया गया। अपने उजले युनानी स्तम्भों वाला ऊँचा टाउन हॉल एक शानदार भवन था। अन्दर का दरबार हॉल उतना ही सुन्दर और शानदार था। इस हॉल में होने वाले प्रदर्शन ने नगर के सबसे बड़ी भीड़ को खींचा। इस प्रदर्शन को व्यक्तिगत दुखों से निकलने जिसको हाल में उसने भोगा था और अपनी पेशेवर शान्ति को फिर से पाने के लिए रखा गया था। ग्रामोफोन कम्पनी भी गायन को रेकॉर्ड करने के लिए वहाँ उपस्थित थी। इसकी रिकॉर्डिंग को 1912 में निकाला गया। राग भूपाली में उसका खयाल का सुन्दर गायन 'इतना जोबन दमन ना करिये' और 'चलो गुलजार आलम में हवाये-फजले रहमानी' ने जानकार श्रोताओं को तत्काल प्रभावित किया। उसको जोरदार तालियाँ मिलीं। अमृत केशव नायक वहाँ उपस्थित थे और उसको आश्वासन भरा गले लगाया और उसने उनकी बाँहों में अपना चेहरा छिपाकर सिसकियाँ भरीं। उसने सोचा कि वह अपनी माँ की एकाएक मौत के आघात से बाहर निकल आयी थी। किन्तु दुर्भाग्य से वह गलतफहमी में थी।

करीब इसी समय अमृत अपने नये निर्माण 'जहरी साँप' पर अथक परिश्रम कर रहे थे। पहले वाले नाटकों की तरह इसे भी तत्काल प्रशंसा पाने वाला बनाने के लिए वे बिल्कुल निश्चित थे जैसा उन्होंने पहले वाले नाटकों को लिखा था, अभिनय और निर्देशन किया था। अमृत ने रियाज में और अभिनेताओं के प्रदर्शन को सुन्दर बनाने में घंटों लगाये। गौहर की अनुपस्थिति में वे शराब भी पीने लगे थे। 1907 की 18 जुलाई की सुबह किसी आम दिन की तरह थी। मंच पर प्रकाश और अभिनय का दिन आया। एकाएक अमृत ने छाती में बहुत दर्द और थकावट की शिकायत की और आग्रह करके काम रोककर ग्रीन रूम में चले गये। वहाँ उन्हें बहुत ज़ोर का दिल का दौरा पड़ा और हृदय गति रुकने से उनकी मृत्यु हो गयी। वे केवल

30 वर्ष के थे।

जब गौहर को खबर मिली, वह दुख से पागल हो गई। दो साल से कम में ही उसने अपने जीवन में दो सबसे महत्त्वपूर्ण लोगों को खो दिया था। लगता था कि अब उसका दिमाग काम करना बन्द कर देगा। वह अपने भाग्य से सवाल करती रही जिसने हर बार उसे आहत किया जब-जब वह खुशी और सफलता की ओर नज़र उठाती रहीं। इस बीच कलकत्ते में उसके कुछ शुभेच्छुओं ने उसकी हालत के बारे में सुना। वे मुम्बई आये, उसे घर लौटने और अपने जीवन को सम्भालने के लिए मनाया। दुखी हृदय से गौहर ने उस आदमी के घर को विदा कहा जिसने उसको सबसे अधिक खुशी और सबसे ज्यादा दिलासा देने वाली सहायता उस समय पहुँचाई थी जब उसे इसकी सबसे ज्यादा जरूरत थी।

जीवन गौहर के लिए कभी सुगम मार्ग नहीं रहा। दुर्घटनाएँ और दुख हर स्थान और मोड़ पर करीब-करीब छिपकर इंतजार करते रहे। उसकी खुशमिजाजी और आत्ममुग्धता इन दुखद घटनाओं की यादों को भूल जाने के लिए और जीवन को पूरी तरह जीने की इच्छा से निकली होगी। गौहर कलकत्ता लौटी, वह नगर जिसने उसे वह बनाया जो वह थी और उसने अपने दुखी जीवन के अंशों में सुधार लाने का निर्णय किया।

यह अश्क-फिशानी नहीं हमदम शबेगम में
आँखों से रवाँ होता है दरिया मेरे दिल का।
—बड़ी मलका जान, मख़ज़ान-ए-उल्फत-ए-मल्लिका

11.
मातृ-पितृत्व का प्रमाण देना

कलकत्ता, 1907

भावनात्मक रूप से टूटी हुई गौहर के लिए कलकत्ता पहले की तरह नहीं लगता था। एक तरफ वह दो व्यक्तिगत दुखों से तुरन्त-तुरन्त गुजरी थी, और दूसरी तरफ ग्रामोफोन कम्पनी और उसकी प्रतियोगियों का रिकॉर्डिंग के लिए दबाब बढ़ता जा रहा था। उसको अपने प्रदर्शनों के लिए बहुत दूर की यात्रा भी करनी पड़ती थी। उसको रुकने का आत्मनिरीक्षण और पीछे मुड़कर देखने का मुश्किल से समय मिलता था, न ही उसके पास कोई था जिसके साथ अपने दर्दों, असुरक्षाओं और खुशियों को साझा किया जा सकता था। उसके मैनेजर युसुफ विश्वासपात्र नहीं साबित हुए थे और उसने उन्हें हटा देने का फैसला किया। परिवार का एक दोस्त सैयद गुलाम अब्बास सब्जवारी नामक जवान पठान लड़के को उसके घर ले आया। अब्बास गौहर से करीब 10 या 12 साल छोटा था लेकिन एक बहुत विनम्र और शिष्ट युवक था। वह बड़ा आदरपूर्ण था और बोलते समय गौहर की नजरों की ओर देखने से भी डर जाता था। उसे नौकरी की बहुत जरूरत थी और उसने गौहर को आश्वासन दिया कि वह उसकी, उसके सचिव और मैनेजर की तरह अच्छी सेवा करेगा। चूँकि वह देखने में विश्वासपात्र लगता था गौहर ने उसे तुरन्त बहाल कर लिया।

जब गौहर कलकत्ता लौटी तो उसे पता चला उन बढ़ती मुश्किलों का जो भगलू पैदा करता रहा था। मलका की मौत के बाद अपनी चाहत के मुताबिक काम करने में वह बेलगाम हो गया था और ग़ैर कानूनी ढंग से मकान के बड़े हिस्से पर कब्जा जमाये हुए था। गौहर की चिढ़ उसकी उपस्थिति के कारण बढ़ती जा रही थी।

उसने अब्बास और उसके पिता गुलाम मेंहदी हुसैन खाँ से भगलू के कामों पर दबाव रखने का आग्रह किया जब कभी वह कहीं दूर चली जाए।

भोपाल, इन्दौर और हैदराबाद में प्रदर्शन की यात्राओं के बीच गौहर को अब्बास से खबर मिली कि यहाँ घर पर एक बड़ा संकट खड़ा हो गया था। भगलू ने सेफ के ताले तोड़ दिए थे और पैसे चुराने की कोशिश की थी। कर्तव्यनिष्ठ मैनेजर के रूप में अब्बास ने भगलू के ख़िलाफ़ पुलिस में शिकायत दर्ज करा दी थी। गौहर ने अपनी यात्रा बीच में छोड़ दी और वह कलकत्ता लौट आई। अब्बास उसके साथ चीफ प्रेसिडेन्सी मैजिस्ट्रेट के पास गया जहाँ गौहर ने भगलू के निरंकुश स्वभाव, उसके शराबी होने की समस्या, उसके घर के एक हिस्से को जबरन कब्जा कर लेने और उसके पैसे बर्बाद करने इत्यादि चीज़ों के ख़िलाफ़ शिकायत दर्ज करायी। तद्नुसार भगलू को एक नोटिस भेजी गयी।

किन्तु भगलू यह सब आसानी से सहने वाला नहीं था। उसने पलटवार करने का फैसला किया। उसे गौहर पर सीधे केस करने की हिम्मत नहीं थी। अतः बदले में 4 अगस्त, 1909 को उसने गुलाम हुसैन और हादी, अब्बास के पिता और भाई के ख़िलाफ़, उसे तंग करने और उसके कानूनी हक वाले घर से निकालने के बारे में केस कर दिया। जो दोष उसने लगाये वह बिल्कुल झूठे थे। उसने अपने ऐफिडेविट में दावा किया कि वह मृत मलका जान का एकमात्र वैध उत्तराधिकारी और जायज बेटा है और उसकी मृत माँ की सम्पत्ति पर इसलिए पहला उत्तराधिकार उसका है।

निम्नलिखित थी शिकायत जो मुख्य प्रेसिडेन्सी मैजिस्ट्रेट की अदालत में उसने कलकत्ते लस्करीटोला, हैरिसन रोड के दोनों रहने वाले, हिंगू उर्फ गुलाम हुसैन और हादी के ख़िलाफ़ दायर की:

'शिकायतकर्त्ता मलका जान का दत्तक पुत्र है और शिकायतकर्त्ता उक्त 49, लोअर चितपुर रोड़ में उक्त मलका जान के दत्तक पुत्र और उत्तराधिकारी के रूप में 42 साल से ज्यादा समय से रहता आ रहा है। एक गौहरजान उक्त मलका जान की बेटी है। बीते कुछ समय से एक अब्बास नाम का आदमी उक्त मलका जान से दोस्ती बनाये हुए है। उक्त अब्बास और उसके पिता शिकायतकर्त्ता को घर से निकालने के लिए उक्त गौहर जान को उकसाते रहे हैं। अभियुक्त नं. 2 उक्त अब्बास का भाई है और अभियुक्त नं. 1 अब्बास के दल का है। 30 जुलाई, 1909 को अभियुक्त नं. 1 ने आपके शिकायतकर्त्ता को एक छुरा दिखाया और मारने की धमकी दी; 31 जुलाई, 1909 को दोनों अभियुक्तों ने आपके शिकायतकर्त्ता और उसके परिवार के सदस्यों को गाली दी; 1 अगस्त, 1909 को गुलाम मेंहदी, उक्त अब्बास के पिता ने गाली दी और आपके शिकायतकर्त्ता को धमकाया। 3 अगस्त, 1909 को पेशवारियों के साथ दोनों अभियुक्तों ने आपके शिकायतकर्त्ता के बेटे

फरहान को धमकी दी। अभियुक्त लोग लगातार शिकायतकर्त्ता और उसके परिवार के दूसरों को सताते रहे हैं। शिकायतकर्त्ता श्रीमान से विनती करता है कि कृपया अभियुक्तों को शिकायतकर्त्ता को सताने के ख़िलाफ़ आगाह करने के लिए एच. टाउन को निर्देश दिया जाय।'

यह देखकर कि अभियोग एक कृतघ्न आदमी के द्वारा लगाये जा रहे थे जिसे उसकी माँ ने अपने पूरे जीवन सर्वाधिक स्नेह दिया, गौहर को बड़ा आघात लगा। उसने भगलू को घर से बेदखल करने के लिए कानूनी मदद लेने का फैसला किया और उसी अनुसार भगलू को इस आशय का एक पत्र भेजने के लिए एफ. आर. सुरिता एंड कम्पनी के वकीलों को नियुक्त किया।

अन्त में 10 जनवरी 1910 को जी.एन. दत्ता एंड कम्पनी के भगलू के वकील ने गौहर के वकील एफ.आर. सुरिता को एक कानूनी नोटिस भेजा :

'श्रीमान एफ.आर सुरिता को

प्रिय महोदय,

प्रसंग : मकान नं. 49 लोअर चितपुर रोड

पिछली 21 तारीख को हमारे मुवक्किल शेख भगलू के पते पर आपका पत्र आज हम लोगों को इस सूचना के साथ मिला है कि जवाब में बताया जाय कि आपकी मुवक्किल अच्छी तरह जानती हैं कि हमारे मुवक्किल उक्त मकान के एक हिस्से में आपके मुवक्किल के साथ बराबर के मालिक के रूप में रह रहे हैं और इसलिए उन्हें इसे छोड़ने के लिए कहने का अधिकार नहीं है, अगर उनकी इस जानकारी के बावजूद वह अगर हमारे मुवक्किल के ख़िलाफ़ कोई कदम उठाती हैं तो वह खुद का ख़तरा मोल लेकर ऐसा कर सकती हैं और हमारे मुवक्किल अपना बचाव करने को पूरी तरह तैयार होंगे।

आपका विश्वास भाजन,

जी.एन. दत्ता एंड कम्पनी

2. हेस्टिंग्स स्ट्रीट, कलकत्ता।'

उच्च न्यायालय ने भी गौहर को एक सम्मन जारी किया। इसमें लिखा था कि शेख भगलू ने 29 जनवरी, 1910 को एक मुकदमा अपने कानूनी उत्तराधिकार के लिए गौहर पर किया था जिसके बारे में उसने अभियोग लगाया कि वह उसकी माँ की दोगली बेटी थी। दावा किया गया था कि आज़मगढ़ में, 1868 में उसके पिता शेख़ वज़ीर ने मलका से शादी की थी और एक बरस बाद वह पैदा हुआ था। भगलू जब सिर्फ़ दो साल का था उसके पिता मर गये थे और उसी के बाद मलका बनारस

और कलकत्ता चली गयी और एक तवायफ़ बन गयी। वह आखिरकार एक आरमीनिया के प्रवासी भारतीय की रखैल हो गयी और इस गैर कानूनी सम्बन्ध का परिणाम थी उसकी सौतेली बहन, 1873 में पैदा हुई गौहर, कलकत्ते की मशहूर तवायफ़। चूँकि मलका की 1906 में एकाएक मौत हो गयी और इसलिए अपने पीछे उसने कोई वसीयत नहीं छोड़ी, यह उसका 'जायज बेटा' था जो उसकी सारी सम्पत्ति पर दावा कर सकता था—49 चितपुर रोड और 22 बेंटिक स्ट्रीट की भूसम्पत्ति। उसने यह भी दावा किया कि एकमुश्त 2,38,955 रुपये का लिया जाने वाला बकाया भी गौहर पर था। (भगलू द्वारा दायर असली ऐभिडेविट सूची में देखी जा सकती है) यह अब तक किया जाने वाला सबसे अपमानजनक दावा था। गौहर ने हमेशा भगलू की नीयत पर शक किया था और उसे सर पर चढ़ाने के कारण हमेशा मलका को फटकारती थी। किन्तु उसने कभी ऐसी शंका नहीं की कि वह इतना नीचे गिरेगा।

पूरे विषय पर उसने अब्बास से चर्चा की जिसने राय दी कि वह जी.सी.चन्दर ऐण्ड कम्पनी के, नगर के सबसे अच्छे वकील गणेश चन्द्रा को वकील बहाल करे। गौहर ने अपने पेशेवर कामों को कम कर दिया, रिकॉर्डिंग और प्रदर्शनों को, और इस मुकदमे पर पूरा ध्यान देने का फैसला किया; अन्यथा वह गली की राह पर छोड़ दी जाती। वकील अच्छे स्वभाव के आदमी थे जिन्होंने अपने बड़े अध्ययन कक्ष में गौहर का स्वागत किया। मुकदमे के काग़ज़ उनकी टेबल पर रखे गये और उन्होंने उन्हें ध्यान से पढ़ा। 'सुश्री गौहर, यह एक उलझा हुआ केस है मुझे डर है अब आपको कोर्ट में साबित करना पड़ेगा कि आप सचमुच एकमात्र जायज बेटी और स्वर्गीय मैडम मलका जान की कानूनी उत्तराधिकारी हैं। उनका एक तवायफ़ होना चीज़ों को और ज्यादा मुश्किल बनाता है, लेकिन तब हम लोगों को प्रत्यक्ष साक्ष्य का उपाय करना होगा अगर हमें यह मुकदमा जीतना है।' गौहर नहीं जानती थी कि वह क्या कहे। क्या अब उसकी पहचान ही सवाल के घेरे में थी? उसके मातृ-पितृत्व की समस्या ने बहुत साल पीछे उसे तकलीफ पहुँचाई थी और लगता था यह भूत की तरह फिर उसे तंग करने लौट आयी है।

19 मार्च, 1910 को अपने विरोधी ऐफिडेविट में उसने अपनी वंश-परम्परा की सभी बातें दीं, 1872 में अपने पिता और माता, रॉबर्ट विलियम योवर्ड और ऐडेलिन विक्टोरिया हेमिंग्स के विवाह, 26 जून, 1873 को उसका जन्म, माता-पिता का तलाक और बनारस और कलकत्ता को माँ और बेटी का प्रस्थान जिसने एक नया धर्म अपना लिया था और नये नाम। उसने ज़ोर देकर बार-बार कहा कि उसने कभी नहीं सुना था शेख़ वज़ीर के बारे में जिसे उसकी मृत माँ का पति बताया जा रहा था। भगलू आज़मगढ़ में उनकी नौकरानी आशिया का लड़का था जिसे मलका ने

गोद ले लिया था और दोनों आशिया और भगलू उनके साथ गये हर शहर में जहाँ वे रहे। भगलू का पिता आज़मगढ़ में रॉबर्ट के घर में घोड़ों के साईस का काम करता था और आशिया और भगलू को बेसहारा छोड़कर एक दूसरी औरत के साथ भाग गया था। यह तब की बात थी जब उन लोगों ने उसकी मृत माँ को खोजा और जिसने दोनों पर दया कर शरण दी थी। वे 'चमार' जाति के थे और जब कलकत्ता आये तो उन्होंने इस्लाम में धर्म-परिवर्तन कर लिया था। इसकी भी सुविधा मलका ने उन्हें दी थी।

अदालत की सुनवाई आखिरकार शुरू हुई। भगलू ने गवाहों की एक लाइन खड़ी कर दी थी, सबों को उसने पैसे से खरीद लिया था। उसके ससुर नूर अली पहले गवाह थे। उसने दावा किया कि आशिया नाम की किसी औरत के बारे में उसने नहीं सुना था और यह कि मलका उसके दामाद की माँ थी और उसकी बेटी का हाथ अपने बेटे को देने के लिए मलका ने व्यक्तिगत पहल की थी। मौलवी मुहम्मद वाजिद जिन्होंने भगलू और रेहाना का निकाह कराया था, अपनी गवाही में बोले कि उन्हें बीबी मलका जान से बुलावा मिला था कि वे उनके बेटे की शादी ससम्मान करायें। इसलिए भगलू सचमुच उनका बेटा था और शादी के कबूलनामे में उसने खुद ऐसा पढ़ा था। मुकदमा इस तरह कुछ महीनों तक चलता रहा।

1911 के अप्रैल तक भगलू ने अपने केस को मजबूत करने के लिए और गवाह हाज़िर करने की अनुमति माँगी। ये गवाह कलकत्ते के बाहर रहते थे और इतने बूढ़े थे कि सफर नहीं कर सकते थे, इसलिए उसने दोनों तरफ के वकीलों के एक संयुक्त कमीशन की माँग गवाहों को सुनने के लिए की। इसके अनुसार जिला जज न्यायाधीश बैजनाथ मिश्र की अधीनता में गवाहों से सवाल करने के लिए एक कमीशन बनाया गया। इसमें दोनों तरफ के वकील थे, भगलू की तरफ से राजेन्द्रनाथ सेन और गौहर की तरफ से एस.ए.हैदर। अदालत ने एक मई, 1911 को निम्नलिखित निर्देश जारी किया :

'हाईकोर्ट, ओ.ओ.सी. जे एन मुकदमा नं. 92, 1910

हैरिंग्टन जे.

शेख भगलू

बनाम

गौहरजान

मुद्दई की तरफ से काग़ज़ पढ़ने के बाद पिछले 22 अप्रैल की तारीख के साथ एक मास्टर सम्मन और निबारन चंदर मुखर्जी के ऐफिडेबिट के पिछले 24 अप्रैल की प्राप्ति की पुष्टि, और मुद्दई के द्वारा 25 अप्रैल को 22 अप्रैल वाले ऐफिडेविट की पुष्टि और पिछले 29 अप्रैल को मुद्दई की ऐफिडेविट की पुष्टि की और उसको

'ए' मार्क दिया गया और याकूब खान के ऐफिडेविट की पुष्टि पिछले 26 अप्रैल को हुई, सभी आज दायर और मुद्दालह की तरफ से सय्यद गुलाम अब्बास द्वारा पिछले 25 अप्रैल को दायर और प्रमाणित ऐफिडेविट और मुद्दई के वकील श्री ए.एन. चौधरी और मुद्दालह के वकील मिस्टर ग्रेगरी को सुनने के बाद—यह आदेश दिया जाता है कि इस कोर्ट के मोहर के द्वारा एक कमीशन बनाया जाए जिसे आगरा और अवध के संयुक्त प्रान्त में आज़मगढ़ के जिला जज के पास इस निर्देश से भेजा जाए कि वे ओली मुहम्द चौधरी और गुलाम खान आज़मगढ़ जिले के रहने वालों को मुद्दई की तरफ से गवाही की शपथ और उसका परीक्षण करें और इस आदेश के पहुँचने के बाद मुद्दालह को उन गवाहों के जिरह के लिए और कमीशन से जुड़ने की आजादी रहेगी। आगे आदेश दिया जाता है कि अगर जिला जज इस कमीशन के अधीन काम करने में समर्थ न हों तो उन्हें अपने कोर्ट के किसी वकील को कमीशन के अधीन कमिशनर के रूप में बहाल करने की आजादी रहेगी जैसा कि पूर्वकथन के अनुसार कमीशन लागू किया गया। और आगे यह निर्देश दिया जाता है कि यह कमीशन इस मई महीने के पन्द्रहवें दिन या इसके पहले लौट आवे और यह कि उसके अधीन ली गई गवाही को मुकदमे की सुनवाई में पढ़ा और उसका इस्तेमाल, अपवादस्वरूप मुकद्दमों की सुनवाई को छोड़कर, किया जाए। आगे यह भी आदेश दिया जाता है कि आज की तारीख से एक पखवारे के लिए इस मुकदमे की सुनवाई स्थगित कर दी जाए और एक पखवारा बीतने के बाद निर्णय के लिए जरूरी मुकदमों की लिस्ट में इसे सबसे नीचे रखा जाय। इस आवेदन से जुड़े खर्चों के विचार को इस मुकदमे के अन्तिम निर्णय अथवा इस कोर्ट के अगले आदेश तक स्थगित किया जाता है

दिनांक 1 मई, 1911
जी.एन. दत्त एंड कम्पनी — वकील
जी.सी चंदर एंड कम्पनी — वकील
रजिस्ट्रार'

तद्नुसार कमीशन ने गोमरा की यात्रा की और गवाही को 11 मई, 1911 को पंजीकृत किया गया। पहला गवाह वली मुहमद चौधरी पचासी बरस का एक बूढ़ा, चालाक आदमी था। वह आज़मगढ़ और बनारस में तवायफ़ों के समाज का चौकीदार था और उनके छोटे-मोटे झगड़े सुलझाता था। उसने विश्वासपूर्वक कमीशन को बताया कि वह मलका को बहुत दिनों से जानता था। वह एक अंग्रेज हार्डी और उसकी हिन्दुस्तानी रखैल रुक्मिणी जो खुद एक तवायफ़ थी उनकी बेटी थी। उनकी शादी से दो बेटियाँ, बिकी और बेला हुईं और उन सभी को हार्डी के द्वारा ईसाई बनाया गया। हार्डी की मौत के बाद दोनों बहनों ने तवायफ़ का काम शुरू किया

चूँकि वे बहुत गरीब थीं। हार्डी की सेवा में शेख़ वज़ीर था जो एक खानसामा था। वह बिकी का गुप्त प्रेमी था। हार्डी की मौत के बाद उसने उससे शादी कर ली और दुबारा उसका मलका जान नाम रखकर उसे इस्लाम धर्म में दीक्षित कर दिया। वली ने कहा कि भगलू विकी और वज़ीर का बेटा था। जब बेटा मुश्किल से छः महीने का था, वजीर हैजे की बीमारी से मर गया। मलका इसके बाद खुर्शीद से मिली जो वहाँ आया था लखनऊ से, और दोनों उस बच्चे के साथ बनारस भाग गये। वली ने यह भी दावा किया कि करीब दस बरस बाद वह कलकत्ता गया, उसे बताया गया कि बनारस की बड़ी मशहूर तवायफ़ ने अब उस नगर को अपना घर बना लिया है। उत्सुकतावश वह उससे भेंट करने गया और आश्चर्य से पाया कि यह वही मलका जान थी जिसे वह जानता था। उसने उस समय भगलू को भी देखा था जिसे मलका ने अपने बेटे के रूप में परिचय कराया था। वह बड़ी दयालु और आदरपूर्ण थी और उसे अच्छी तरह खिलाया-पिलाया। जब वे लोग बात कर रहे थे, वली ने एक छोटी गोरी बच्ची को घर में खेलते देखा और मलका से पूछा कि वह कौन थी। मलका ने मुस्कराकर जवाब दिया था कि वह 'दान' थी एक गोरे साहब का जिसकी वह रखैल रही थी। इस लम्बी और बनावटी कहानी के साथ वली ने अपनी गवाही खत्म की।

अब श्री हैदर की बारी थी वली को कड़े सवालों के खराद पर चढ़ाने की। हैदर के बार-बार दुहराये सवालों ने उल्टे जवाब निकाले। वली ने यह भी दावा किया कि वह मलका जान के धार्मान्तरण संस्कार में हाज़िर था जिसे काज़ी मियाँ ननकू द्वारा किया गया था। हर बार जब वह घिर जाता था वह अपने बुढ़ापे और कमज़ोर यादाश्त को दोष देता और तकलीफ न देने का अनुरोध करता।

इसके बाद गवाह था 60वें साल के ऊपर चल रहा एक आदमी गुलाम खान। उसने वही कहानी शब्दशः दुहराई। गुलाम शराब पिये हुए था और एक तोते की तरह जो सिखाया गया था, दुहराता गया। श्री हैदर ने उसकी ज़िरह की। जब पूछा गया कि क्यों उसे हाल में कलकत्ते में देखा गया था और किसके हुक्म से वह वहाँ गया था, गुलाम घबरा गया। वह बुदबुदाया कि वह वली के बेटे अली हुसैन से मिलने वाला था जिसने उसे एक नौकरी दिलाने का विश्वास दिलाया था। वकील गुस्से में अड़ गये और उससे सच बोलने को कहा। क्यों वह इतनी उम्र में नौकरी की तलाश में जाता? लगातार सवाल पर गुलाम पकड़ा गया और फूटकर रोने लगा। वह बोला कि उसे बस वली और उसके बेटे द्वारा कुछ बातें रट लेने को कहा गया था और कमीशन के सामने उसे बोल देना था। दोनों गवाहों के संदिग्ध स्वभाव के कारण जस्टिस मिश्र ने दोनों को निकाल दिया और अदालत के कीमती समय और पैसे को निरर्थक बातों पर बरबाद करने लिए भगलू के वकील को डाँट पिलायी।

अगली सुनवाई के लिए मुकदमा कलकत्ता चला गया। एक बार फिर भगलू

ने गवाहों की लाइन लगा दी, शेख जंगी, वज़ीर हुसैन और हुसैन असगर जो वही पुरानी बात दुहराने लगे। कोर्ट ने तब गौहर को गवाही के लिए बुलाया। उस सुबह अदालत में बड़ी भीड़ इकट्ठी थी। बहुत से लोग जमा हो गये थे उस शोहरत वाली को एक नज़र देखने के लिए जिसे कोर्ट ले जाया जा रहा था। अपने पिता राबर्ट विलियम योवर्ड की निभायी गयी भूमिका से लेकर परिस्थितियों से मजबूर बनारस और कलकत्ता के प्रवास तक की सारी गवाही गौहर ने दी। उसने अदालत को यह भी बताया कि दया करके उसकी मृत माँ के द्वारा भगलू और आशिया को शरण दी गयी थी और कृतज्ञ होने की बात तो दूर, यह अभागा उसकी सम्पत्ति हड़पने की कोशिश कर रहा था। उसने यह भी घोषित किया कि उसके गवाह धर्मतल्ला के मौलवी इकरामुद्दीन साहब हैं जहाँ भगलू और आशिया ने इस्लाम कबूल किया था। उसने पूछा कि इस्लाम कबूल करने ही जरूरत क्या थी जब वह पहले से ही एक मुसलमान, शेख वज़ीर का बेटा था। भगलू के वकील की तरफ से एक उल्टा पूछा गया सवाल बड़ा अक्रामक और कड़वा था। उसने बहुत व्यक्तिगत सवाल पूछे और गौहर और मृत मलका दोनों की इज्ज़त उतारने की कोशिश की। अपनी माँ के जीवन को खुली अदालत में मजाक बनते देख गौहर एकाएक एक आवेश से ग्रस्त हो गयी। उसने घोषणा की कि वह किसी तरह अपने असली पिता का पता कर लेगी और अपनी तरफ से गवाही के लिए उन्हें खड़ा करेगी। उसने यह करने की क्षमता के लिए अदालत से समय माँगा। अदालत कुछ हफ्तों के लिए स्थगित हो गयी।

गौहर के पास राबर्ट का पता लगाने का कोई उपाय न था। उसकी इच्छा रही थी वह राबर्ट को मिले जिस दिन से उसे उसके माँ-बाप की सच्चाई की जानकारी हुई। किन्तु मलका ने अपने पूर्व पति के बारे में कोई राज बताया नहीं था। जब उसके वकीलों ने भी ऐसी बेशरमी दिखाने के लिए डाँट पिलाई, गौहर ने निश्चय कर लिया था कि वह राबर्ट एयोवार्ड की खोज करेगी। उसने वेश बदलकर आज़मगढ़ के लिए एक ट्रेन पकड़ी जिससे कि पहचान ज़ाहिर होने पर उसकी पद-प्रतिष्ठा लोगों की मजाकिया बातों का ज़रिया न बन जाय। उसे डर हुआ क्योंकि आज़मगढ़ में ऐसा कोई न था जिसे राबर्ट के बारे में कोई जानकारी हो। आखिरकार एक बूढ़ा आदमी, एक बर्फ-फैक्टरी का जहाँ उसकी दादी रुकमणी ने काम किया था, बोला कि उसे कुछ धुँधली याद राबर्ट की है जो रिश्ता टूटने के बाद इलाहाबाद चला गया था। गौहर ने दूसरी ट्रेन इलाहाबाद के लिए पकड़ी। यह गहरी आशा और दुख से भरी अतीत में एक यात्रा थी। फिर से अपने पितृत्व की जड़ों को खोजना ऐसी चीज़ थी जो व्यग्रतापूर्ण जरूरत थी, न केवल वह मुकदमा जीतने के लिए बल्कि फिर से अपने उत्साह को प्राप्त करने के लिए।

इलाहाबाद में कुछ लोगों ने आर्मीनिया देश के उस शरीफ आदमी के बारे में सुना था जो वहाँ कुछ दशक पहले बस गया था और उस बुर्के में सजी जवान औरत को चीनी मिल से सजे महल का रास्ता बताया। गौहर का दिल तेज़ धड़कने लगा जैसे-जैसे उसके कदम पिता के महल की ओर तेज़ी से बढ़े। बहुत बेचैन उसने दरवाज़ा खटखटाया और दरवाज़ा खोलकर मुँह में सिगार लिए करीब पचपन साल के सजे-सँवरे आदमी ने प्रश्न भरी नजरों से देखा। गौहर भयातुर हो गयी। उस आदमी से उसके चेहरे के मेल ने साबित कर दिया कि वह सचमुच उसका पिता राबर्ट विलियम योवर्ड था। वह भावोत्तेजित हो गयी। एक तरफ तो उसने अपने को उसकी बाँहों में फेंककर ज़ोर-ज़ोर से रोना चाहा। दूसरी तरफ वह अपनी बेचारी माँ और उसकी ज़िन्दगी खराब कर देने के लिए फटकारना चाहा। वह आदमी सवालिया नज़रों से देखता और पूछता रहा कि वह किससे मिलना चाहती थी। गौहर ने अपने को सम्भाला और बताया कि वह आज़मगढ़ वाली उसकी पहली पत्नी से उसकी बेटी थी। उस आदमी का चेहरा पीला पड़ गया। उसने इस तरह के किसी रिश्ते से इनकार किया। वह एक शरीफ, प्रतिष्ठित आदमी था और बहुत दिनों से वहाँ अपने परिवार के साथ रहता था और यह भी कहा कि उसे इस तरह धोखा नहीं दिया जाना चाहिए। गौहर ने तब उसे शादी की वह अँगूठी दिखाई जिसकी उसने और मलका ने अदला-बदली की थी। रॉबर्ट घबरा गया। उसने उसे भीतर बुलाया और पूछा कि वह इतने दिनों कहाँ रही थी। गौहर रोने लगी और उसने उसे पूरी कहानी बताई। वह बोली कि अब उसकी छोटी ऐंजेलिना नहीं रही, बल्कि गौहर जान थी, कलकत्ते की मशहूर तवायफ़ और ग्रामोफोन की एक बड़ी शख़्सियत। रॉबर्ट चकित हो गया। उसने उसका नाम समाचार-पत्रों और उसकी चित्र दियासलाई के डब्बों पर देखा था। उसे तब एकदम नहीं लगा था कि यह उसकी बेटी थी। गौहर ने उससे अदालत की सुनवाई में गवाही देने की प्रार्थना की जो उसका भाग्य और भावी जीवन का फैसला कर देता और समाज की नज़रों में उसे जायज ठहराता। रॉबर्ट को अच्छा नहीं लगा। उसने तटस्थ भाव से जवाब दिया कि ऐसा करने में उसे कोई बुरा नहीं लगेगा मगर इस तरफदारी के लिए उसे 9,000 रुपये देने पडेंगे। गौहर हक्का-बक्का रह गयी। गालों पर बहते आँसुओं के साथ उसने बड़ी नफरत भरी नज़रों से देखा। लगता था वह पूछ रही हो क्या यह कीमत है जो एक पिता संसार को यह घोषित करने के लिए माँगता है कि यह उसकी औलाद है? क्रोध के आवेश में वह घर से निकली और जल्दी कलकत्ता लौट गयी।

पिछले दिन की घटनाएँ उसके दिमाग में घूमती रहीं। रॉबर्ट के दृष्टिकोण ने उसे बहुत आहत और बेचैन कर दिया था। दया और सांत्वना का एक शब्द न था, बल्कि संवेदनाहीन, पैसे की हिसाबी बातें। वह घर पहुँची, वहाँ अब्बास को पाकर

उसकी गोद में गिर पड़ी और एक बच्चे की तरह सिसकने लगी। अब्बास को बहुत चोट लगी। वह हमेशा उसके प्रति वफादार और भरोसेमंद रहा था और उसे बहुत आदरपूर्ण दृष्टि से देखता था। गौहर की इस शारीरिक नजदीकी ने उसे चौंका दिया। वह पीछे हट गया और उसने पूछा कि वह इतनी दुखी क्यों है। रॉबर्ट योवर्ड से सम्बन्धित सारी घटना सुनने के बाद अब्बास उसे गणेश चन्द्र चन्द्रा के पास ले गया। बाद वाले ने उसे राय दी कि अब जबकि उसने श्री रॉबर्ट का पता कर लिया है उसे निश्चिन्त रहना चाहिए कि अदालत निश्चित करेगी कि वह केस में गवाही दे।

तदनुसार कोर्ट ने रॉबर्ट विलियम योवर्ड को अपने को हाजिर करने नहीं तो कड़ा जुर्माना भरने का सम्मन जारी किया। कोई चारा न देखकर वह आदमी अन्ततः कलकत्ता पहुँचा। उसने उन सारे बिन्दुओं पर सहमति दिखाई जिनका गौहर ने पहले कोर्ट में उल्लेख किया था। उसने विवाह-प्रमाणपत्र और अँगूठी और साथ ही गौहर के बपतिस्मा के काग़ज़ और जन्म-प्रमाणपत्र प्रस्तुत किये। हर व्यक्ति के समक्ष उसने साक्ष्य दिया कि गौहर सचमुच उसकी बेटी थी और कोई उसे बिना विवाह के पैदा शिशु नहीं कह सकता था। उसने एक हेमराज के बारे में भी बताया जो आज़मगढ़ में उसके घर में घोड़ों के साईस का काम करता था। उसकी पत्नी आशिया उन लोगों की नौकरानी थी लेकिन घर की मालकिन विक्टोरिया की बहुत विश्वासपात्र हो गयी थी। आशिया और छोटे बेटे को छोड़ देने के बाद हेमराज किसी औरत के साथ भाग गया था, जिन्हें रॉबर्ट ने देखा भी था। वे आखिरकार राबर्ट की पत्नी के द्वारा रख लिए गये थे। फिर भी जब उसने बदचलन की वजह से अपनी पत्नी को तलाक दे दिया उसने नौकरानी और उसके बेटे को हटा दिया क्योंकि वह इलाहाबाद बसने की योजना बना रहा था। वह जानता था कि वे उसकी पूर्व पत्नी की शरण लेंगे चूँकि उनमें बड़ी मित्रता थी।

रॉबर्ट अपनी कहानी पर अड़े रहे बावजूद भगलू के वकीलों से कड़ी तल्खी मिलने पर भी। जहाँ वह श्रोताओं में बैठी थी, गौहर ने धन्यवाद की मुस्कराहट रॉबर्ट की ओर फेंकी। रॉबर्ट ने आखिरकार अपनी बेटी के लिए अपना कर्तव्य निभाया था और उसकी गवाही ने करीब-करीब गौहर के पक्ष को मजबूत कर दिया था।

अपना केस और मजबूत करने के लिए गौहर ने आज़मगढ़ वाली नौकरानी नथू बाई जिसने उसे पैदा कराया था उसका पता लगाया। उसने भी रॉबर्ट की कही बातों को दुहराया।

अन्ततः सुनवाई और स्थगन के लम्बे महीनों के बाद वह मुकदमा अपने तार्किक निष्कर्ष तक पहुँचा। 2 अगस्त, 1911 को न्यायाधीश हैरी लैशिंगटन स्टीफेन ने फैसला सुनाना शुरू किया। उन्होंने कहा कि सवाल तीन थे जिन्हें फैसला सुनाने के पहले कोर्ट को विचार में लाना था। क्या मुद्दई भगलू मृत मलका जान का

जायज या दत्तक पुत्र था; क्या मुद्दालह गौहर जान उसी मृत की कानूनी या गैर कानूनी बेटी थी और क्या भगलू मृत महिला की सम्पत्तियों पर कोई कानूनी दावा रखता था। यह बिना शक-सुबहा के साबित था कि भगलू मलका के घर का एक हिस्सा था। बहुत गवाह थे जिन्होंने गवाही दी थी कि मलका ने निश्चित करने के लिए बहुत कोशिश की थी कि उसकी शिक्षा, रोजी, व्यापार और शादी ठीक से चले। यह कि उसके घर सभी सदस्य उसे 'मियाँ' कहते थे यह साबित करता है वह नौकर नहीं बल्कि परिवार का एक महत्त्वपूर्ण सदस्य था। उसका पद भी एक गुलाम की तरह नहीं बल्कि एक बेटे की तरह था। अलग-अलग नौकरों को वेतन देने के बही-खातों में भी उसका नाम नहीं है, जो पुनः साबित करता है। यह बात भी कि उसने मलका के अन्तिम संस्कार किये बताती है कि वह उसके लिए एक बेटे से बढ़कर था।

किन्तु कोर्ट ने इस पर ध्यान दिया कि क़र्ज देने वालों के द्वारा उसके ख़िलाफ़ किये गये बहुत से मुकदमे जारी थे। ये मुकदमे लैण्ड ऐक्विजिशन कलेक्शन ऑफिस, अलीपुर कोर्ट और कलकत्ता पुलिस में किये गये थे। यहाँ भगलू साफ-साफ अपने पिता-माता के नाम शेख़ वज़ीर जान और आशिया लिखता है। या तो उसने वहाँ अपनी गवाही में झूठ कहा या अब कोर्ट को जानबूझकर गुमराह कर रहा है। उसके गवाहों के अविश्वसनीय स्वभाव को देखते हुए कोर्ट के लिए निष्कर्ष निकालना यह उचित था कि यह गौहरजान और सिर्फ़ वही थी जो मृत मलका जान की कानूनी उत्तराधिकारी और वैध बच्ची थी और दत्तक पुत्र भगलू लालच के चलते सम्पत्ति को गलत ढंग से हथियाना चाहता था।

उसी अनुसार 10 अगस्त, 1911 को न्यायाधीश हैरी लैशिंगटन स्टीफेन ने गौहर के पक्ष में और खर्चे के साथ भगलू के ख़िलाफ़ केस का फैसला किया (फैसले का मूलरूप न्यायाधीश हैरी लैशिंगटन के द्वारा परिशिष्ट में पाया जा सकता है।)।

गौहर के खेमे में उत्सव शुरू हो गये। उसने गवाहों को खूब धन्यवाद दिया, खुशी से मुस्करायी और बँध गयी रॉबर्ट विलियम योवर्ड की बाँहों में जिसने उसे शुभकामना दी और इलाहाबाद के लिए रवाना हो गया। बड़े पैमाने पर आतिशबाजी की गयी और उस शाम 49, चितपुर रोड में हर व्यक्ति को खूब मिठाइयाँ बाँटी गयीं। गौहर ने एक बात अपने और संसार के प्रति साबित कर ली थी।

एक महीने के भीतर, 4 सितम्बर, 1911 को गौहर ने भगलू के ख़िलाफ़ एक मुकदमा (मु, नं. 946, 1911) दायर कर दिया और कोर्ट से अपने घर से भगलू को निकाल देने का आग्रह किया। आदेश हुआ कि भगलू 49, लोअर चितपुर रोड से निकाल दिया जाय और निषेधाज्ञा के द्वारा उस मकान में जाने से रोक दिया जाय।

मुद्दालह के द्वारा आदेश को मानने से इनकार करने पर संलग्नपत्र के साथ 17 सितम्बर 1911 को सम्मन भेजा गया। वकील का वारंट 5 दिसम्बर, 1911 को दाखिल किया गया।

इस बीच भगलू ने अपने वकील ए.एन. चौधरी के द्वारा शुरू के फैसले के ख़िलाफ़ एक अपील दायर की। यह उच्च न्यायालय के खंडपीठ के सामने सुनवाई के लिए आयी। मुख्य न्यायाधीश सर लॉरेन्स ह्यू जेनकिन्स और न्यायाधीश जॉन जॉर्ज वुडरॉफ ने इस अपील को 27 फरवरी, 1912 को ख़ारिज कर दिया। अन्त में 16 जून, 1913 को जस्टिस आशुतोष चौधरी ने इस केस में अन्तिम फैसला दिया और भगलू को अब कोई दरख़्वास्त न जमा करने और सुश्री गौहर जान के घर को तुरन्त छोड़ देने का आदेश हुआ।

इस प्रकार एक लम्बी कानूनी लड़ाई के बाद गौहर ने शेख भगलू के भूत को भगा दिया और उसके बाद शान्ति से रहने की उम्मीद की। उसने सोचा कि अब्बास में उसने एक विश्वासी और भरोसेमन्द व्यवस्थापक पा लिया था। किन्तु गौहर की किस्मत में निरापद और घटनामुक्त जीवन नहीं था।

जो साज़ से निकली है वो धुन सब ने सुनी है
जो तार पर गुज़री है वो किसको पता है?
—साहिर लुधियानवी

12.
महिमा के वर्ष

दिल्ली, 1911

संसार भर में विभिन्न उपनिवेशों, एक विशाल और शक्तिशाली ब्रिटिश साम्राज्य का उत्थान और संगठन के कारण, 19वीं शताब्दी को ब्रिटिश शताब्दी कहा जाता था। 1876 में रानी विक्टोरिया को भारत की साम्राज्ञी या केसर-ए-हिन्द घोषित किया गया। वायसराय लॉर्ड लिटन ने इस अवसर की स्मृति को साम्राज्य के शानदान दरबार के रूप में प्रस्तुत करने का फैसला किया। दरबार, युगों पुरानी राजतिलक समारोह की परम्परा, ब्रिटिश के द्वारा शेष अठारहवीं शताब्दी से देशी शासकों और प्रजा दोनों पर साम्राज्य की शक्ति प्रदर्शित करने के लिए अपनायी गयी। उन लोगों ने अनुभव किया कि शक्ति और अधिकार को कार्य रूप में इन बाहरी शान-ओ-शौकत के प्रतीकों के रूप से भी जोड़ना चाहिए। मुगलों की शैली का अनुकरण करते हुए ये दरबार लोगों में, जो उसके आदी रहे थे, उनमें भावुकता जगाते थे।

1857 के युद्ध के बाद अन्तिम मुगल सम्राट बहादुर शाह जफर के रंगून के लिए देश निकाला के साथ दिल्ली शक्ति का एक महत्त्वपूर्ण केन्द्र बन गयी, हालाँकि ब्रिटिश भारत की राजधानी कलकत्ता थी। हर बार जब ब्रिटिश अपनी शक्ति का प्रदर्शन करने की जरूरत समझते तो दिल्ली को दरबार के स्थल के रूप में चुना जाता। महारानी विक्टोरिया का 1876 का दरबार दिल्ली में हुआ था और 1911 के अन्त तक इतिहास अपने को दुहराता लगा। सम्राट जॉर्ज पंचम उस साल के अन्त में भारत आ रहे थे और उनके लिए एक शानदार राजकीय दरबार की तैयारियाँ तेज़ी से चल रही थीं।

इस यात्रा का प्रतीकात्मक महत्त्व भी था। भारत में राष्ट्रीय आन्दोलन जोर

पकड़ रहा था। वायसराय लॉर्ड कर्जन द्वारा अनजाने ही 1905 में बंगाल का विभाजन, ज्यादातर साम्प्रदायिक आधार पर, पूर्वी बंगाल और पश्चिमी बंगाल के रूप में हुआ। इसने लगातार प्रतिरोध शुरू कर दिया था न केवल बंगाल में बल्कि पूरे देश में। स्वदेशी की भावना भारतवासियों के मन में पैदा की जा चुकी थी। काँग्रेस पार्टी के भीतर कई वर्ग मिलकर इस भाव को एक उग्र आन्दोलन में बदल रहे थे। दरबार का उद्देश्य था बंगाल के लोगों के दुखी भावों को दूर करना और विभाजन को खत्म कर राष्ट्रीय भावना को दबाना। राजा के आगमन की तैयारियाँ महीनों तक चलती रहीं।

लंदन के वेस्टमिंस्टर ऐबी में 22 जून, 1911 को जार्ज पंचम सम्राट बने। अपनी पत्नी रानी मेरी के साथ सम्राट अपने सभी उपनिवेशों की यात्रा पर निकल गये। राजा-रानी साल के अन्त में भारत आने वाले थे और शानदार दरबार की योजना 12 दिसम्बर, 1911 के लिए बनायी गयी थी। महारानी मेरी ने उस अवसर के लिए 4149 तराशे हीरे, 2000 गुलाबी हीरे, 22 पन्ने, 4 माणिक और 4 नीलम पहने थे।

सम्राट जॉर्ज भारत के लिए नये नहीं थे। वे 1905-06 में वेल्स के राजकुमार के रूप में भारत आये थे और विभाजन के अनौचित्य की धार को कुंद करना चाहा। 1911 के दिल्ली दरबार में सम्राट ने विभिन्न वर्गों की स्वार्थपूर्ति के लिए बहुत दान दिए। करीब 80,000 खास चुने गये मेहमानों की उपस्थिति में जिसमें अनेक स्वदेशी राज्यों के राजा और नवाब थे, राजा जॉर्ज ने बहुत छूटों की घोषणा की। बंगाल का बँटवारा रोक दिया गया और एकीकृत बंगाल के लिए परिषद् में गवर्नर की स्थापना की गयी। बिहार, उड़ीसा और छोटा नागपुर बंगाल से अलग हो गये और मिलकर लेफ्टिनेंट गवर्नर के अधीन एक प्रान्त बन गये। आसाम को छोटा करके चीफ कमिशनर के अधीन किया गया।

इन शासकीय और राजनीतिक घोषणाओं के साथ अधीनस्थ स्वदेशी राजाओं और शासकों को सम्राट ने बहुत सी उपाधियाँ वितरित कीं। अपने व्याख्यान के अन्त में उन्होंने जो सबसे महत्त्वपूर्ण घोषणा की वह थी राजधानी को दिल्ली ले जाने की। 'हम लोगों को यह घोषणा करने में खुशी है कि भारत सरकार का केन्द्र कलकत्ता से भारत की प्राचीन राजधानी जाए...' (दिल्ली)। सर्वप्रथम वहाँ शान्ति की एक स्तब्धता श्रोताओं में छा गई जिसके बाद चारों तरफ खुशी छा गई।

इलाहाबाद के समाचार पत्र द लीडर ने चौदह दिसम्बर 1911 को अपने एक लेख में जिसका शीर्षक था 'दिल्ली में इतिहास की सृष्टि' इस बड़ी घटना का ज़िक्र किया। सम्पादक ने कहा कि 'एक बार फिर दिल्ली की जगह इतिहास बनाया गया है जिसमें केन्द्रीय चरित्र हैं और हमेशा रहेंगे महान राजा जिन्होंने अपने राजतिलक

की घोषणा अपने आज्ञाकारी राजकुमारों और कर्तव्यशील प्रजाओं के प्रति की है। सम्राट के स्वयं अपने मुँह से कहे गये उत्तम शब्द आधुनिक भारतीय द्वारा बचाकर रखे जाएँगे... शायद सबसे महत्त्वपूर्ण और सुदूर प्रभाव वाले जो दरबार के अन्त में सम्राट ने प्रसन्नतापूर्वक कहे थे। सरकार का कलकत्ता से दिल्ली जाने का अर्थ है स्वयं दिल्ली को उसकी खोई विरासत मिल जाना, धुँधलाती महिमा का फिर से लौटना और प्रगति और उन्नति का एक नया अध्याय खुलना... राजधानी का कलकत्ता से दिल्ली जाना कलकत्ता को अच्छा नहीं लगेगा जो भारत के प्रथम नगर के रूप में अपनी घटती प्रतिष्ठा को सोचकर असहज होगा।'

सम्पादक सही था। घोषणा के बाद कलकत्ते के ऊपर अँधेरा छा गया। समाचार पत्रों में इस काम की आलोचना करते हुए नागरिकों के दुनियाभर के पत्र आ गये। बहुत से व्यापारियों और उद्यमियों ने जिन्होंने उस नगर में पैसा लगाया था अपने को ठगा पाया। कलकत्ता में नये व्यापार का कोई आकर्षण नहीं था। एक चिट्ठी इस पर अफसोस व्यक्त करती है...

'हम लोगों ने हाल के वर्षों में बहुत पैसे खर्च किए हैं व्यापार का मुकाबला करने के लिए जो सरकारी अधिकारियों और ठंडी जलवायु के यात्रियों ने हमें दिया है। मुझे लगता है कि अब कलकत्ता में ठंडा मौसम नहीं होगा और हमलोगों को इसका विस्तार नहीं करना चाहिए था... हम लोग हैं जिन्हें नुकसान उठाना पड़ेगा...'

जबकि दरबार की घोषणा ने कलकत्ता और उसके वासियों के लिए प्रलय ला दी थी, इसने एक कलकत्तावासी अप्रतिम आनन्द को दिया। वह गौहर जान थी। दरबार के कुछ महीने पहले उसने गवर्नर कार्यालय से एक पत्र प्राप्त किया था जिसमें से एक विशेष सौभाग्य प्राप्त करने की सूचना दी गयी थी। उसकी प्रसिद्धि और महिमामय उपलब्धियों को देखते हुए उसे दिल्ली दरबार में सम्राट जॉर्ज पंचम के सामने प्रदर्शन के लिए चुना गया था। बदनामी वाले मुकदमे में हाल की अपनी विजय से प्रसन्न, गौहर को अपनी खुशी का ठिकाना न रहा। उसने शीघ्र अपनी स्वीकृति भेज दी।

दिल्ली में उस स्मरणीय दिन पर उसे अपनी समकालीन जानकी बाई, जो इलाहाबाद की जानी मानी गायिका थीं, उनके साथ गाना था। उस शानदार प्रदर्शन में जो इंग्लैण्ड के सम्राट और उनकी रानी के सामने होना था और भारत के सभी राजसी परिवारों के सामने, गौहर जान और जानकी बाई ने अपना मधुर युगल बन्दी प्रस्तुत किया। दूसरी चीज़ों में उस अवसर के लिए एक खास चीज़ रची थी, 'यह जलसा ताजपोशी का, मुबारक हो मुबारक हो।' तब दोनों को सम्राट के पास ले जाया गया जिन्होंने उनकी प्रतिभा के लिए उनकी बहुत प्रशंसा की और उसके बदले उनमें से प्रत्येक को एक सौ गिन्नी दीं। यह सचमुच पेशेवर सफलता के शिखर पर पहुँचना

था जिसकी उन दिनों कोई गीतकार कामना कर सकता था और गौहर को इस पहचान और प्रसिद्धि का विशेष अवसर प्राप्त हुआ था।

यद्यपि ब्रिटिश सरकार ने उसको दरबार में निमन्त्रित करने का फैसला किया था क्योंकि वह सबसे अच्छी गायिकाओं में एक थी, देश की नैतिक शक्तियों ने वह पहचान और विश्वसनीयता उसे नहीं दी। संयुक्त प्रान्त की सरकार ने अपने ढंग की एक अद्वितीय योजना इलाहाबाद में प्रदर्शनी के लिए 1910–11 में बनायी थी। नगर के बहुत से अग्रणी नागरिक इस आयोजन का हिस्सा थे। तीन महीने लम्बी चलने वाली प्रदर्शनी में कला–कौशल, कृषि उत्पादन, औद्योगिक साधन, मनोरंजन के दृश्य और पार्क रखे जाने थे। इस शताब्दी के दृश्य को पृथ्वी पर स्वर्ग रूप देने के लिए यह आयोजित की गई थी। इस अवसर पर मनोरंजन के लिए कलकत्ते की गौहर जान पहला चुनाव थी। इस प्रदर्शन में उनको एक सोने का तमगा दिया जाना था।

जैसे ही उसके नाम की सूचना बाहर फैली विभिन्न समाचार पत्रों के सम्पादकों को आये विरोध पत्र हफ्तों तक निकलते रहे। सरकार के जनता के कार्य में एक तवायफ़ के द्वारा प्रदर्शन करने के फैसले के विरुद्ध यह आपत्ति थी; इस प्रकार उनके पदों को समाज में उचित साबित करने का विरोध। तर्क यह दिया गया कि योजना में एक तवायफ़ को मिलाने से समाज पर बुरा प्रभाव पड़ेगा और यह युवाओं को भ्रष्ट करेगा। समाज के रूढ़िवादी वर्ग के दोनों हिन्दू और मुस्लिम सदस्यों ने इस फैसले की निन्दा करते हुए कड़े पत्र भेजे।

उस समय के कुछ समाचारपत्रों को देखने से इस आलोचना के प्रभाव का पता चलता है। बिजनौर से निकलने वाले अखबार सद्धर्म प्रचारक ने 28 दिसम्बर, 1910 को लिखा कि इस प्रदर्शनी की पवित्रता इसकी दीवारों के भीतर बहने वाली शराब और कलकत्ते की नाचने वाली लड़की के गाने और नाच से नष्ट हो जायेगी। सम्पादक ने इस बात पर दुख व्यक्त किया कि इस प्रदर्शनी के आयोजकों ने नाचने वाली लड़की गौहरजान का प्रदर्शन इस लिए रखा था कि वे भीड़ इकट्ठी कर सकें और अपनी कुव्यवस्था में लगे घाटे को पूरा कर सकें। उसने आश्चर्य व्यक्त किया कि जब म्यूर सेन्ट्रल कॉलेज और हिन्दू बोर्डिंग हाउस के छात्रों को प्रदर्शन देखने के लिए कम पैसे देने की व्यवस्था थी वहीं आर्य समाज की सभाओं में जाने के लिए प्राचार्य को दरख़्वास्त देनी पड़ती थी। सम्पादक ने गर्जना के स्वर में कहा कि यह सरकार की गलत प्राथमिकताओं को दिखाता है और स्थिति को बचाने के लिए पंडित मदन मोहन मालवीय जैसे लोगों से आग्रह किया।

8 जनवरी, 1911 को गोरखपुर के फितना अखबार ने भी इतने बड़े जनकार्य के अवसर पर एक तवायफ़ के प्रदर्शन का विरोध किया और कहा कि अगर

मनोरंजन और पैसा बनाना ही इस प्रदर्शन का उद्देश्य था तो समिति को एक तवायफ़ की जगह 20 तवायफ़ों को रखने की योजना बना लेनी चाहिए थी।

इलाहाबाद के प्रसिद्ध समाचारपत्र लीडर में 21 जनवरी, 1911 को श्री सतीश चद्र बनर्जी का एक लम्बा पत्र है जिसमें प्रदर्शन करने वाली समिति द्वारा गौहर जान को सोने का मेडल दिए जाने के फैसले का विरोध व्यक्त किया गया है। मुश्किल से एक हफ्ते बाद 27 जनवरी, 1911 को आगरा के समाचापत्र 'मुसाफिर' ने भी गौहर जान की प्रस्तुति, एक सोने के मेडल को पाने और रामपुर की बाई जिसने उसी जगह एक गाना गाया सबका विरोध किया। इसने इलाहाबाद के लोगों से इसे हल्के में नहीं लेने और ऐसे अनैतिक कार्यों का विरोध करने को कहा।

इलाहाबाद के समाचारपत्र अभ्युदय ने 9 फरवरी, 1911 को प्रवासी (कलकत्ता) में प्रकाशित भारतीय और यूरोपीय संगीत के संयुक्त प्रान्त की प्रदर्शनी में छपे लेखों का एक अनुवाद प्रकाशित किया और कहा कि यद्यपि देश में उपस्थित परिस्थितियों में राजनीतिक निर्भरता अनिवार्य है, फिर भी लोगों को कलाओं में स्वतन्त्रता बनाये रखने की कोशिश करनी चाहिए। लखनऊ के अखबार 'हिन्दुस्तानी' में 20 फरवरी, 1911 को एक लेखक ने उस अवसर पर गौहर जान के नाचने और गाने का विरोध किया और कहा कि इसका प्रान्तों के लोगों की सामाजिक और नैतिक प्रगति पर घातक असर होगा। अपनी आलोचना को जारी रखते हुए लेखक ने कहा कि यूरोपीय अफसरों को उनकी प्रतिष्ठा में की गयी नाच पार्टियों को हतोत्साहित करना चाहिए और लोगों को सामाजिक सुधारों को लागू करने की कोशिश में मदद करनी चाहिए।

फिर भी इस मिले-जुले अभियान के बावजूद सूचना के मुताबिक गौहर जान का प्रदर्शन रखा गया। उसकी लोकप्रियता को कम करने में इन विरोधों का कोई असर नहीं हुआ। उसका प्रदर्शन एक बहुत बड़ी सफलता सिद्ध हुआ। इसमें बहुत बड़ी भीड़ जुट गई और उस प्रदर्शनी के लिए किए गये खर्च पर सबसे लाभकारी सिद्ध हुई। पहले से ही ज्यादा कीमत वाले टिकट असली दाम से तीन या चार गुना अधिक दाम पर बेचे गये और हजारों निराश लोगों को बिना टिकट वापस जाना पड़ा। प्रदर्शन के दिन उस स्थान पर बड़ा जमावड़ा हो गया और भीड़ को नियन्त्रित करने के लिए पुलिस को बुलाना पड़ा। पूरे राज्य में समाचार पत्रों में उसके विरुद्ध आलोचनाओं के बावजूद गौहर की लोकप्रियता घटी नहीं थी।

निश्चित ही करीब-करीब 1911 के अन्त तक प्रदर्शन बहस का विषय बना रहा, कुछ निन्दापूर्ण विवेचनों इत्यादि के साथ जो उस युग के समाचार पत्रों में इसके संगठन के विराध में छपते रहें। धीरे-धीरे ध्यान गौहर के आने से हटकर सरकार के द्वारा प्रदर्शनी पर पैसे की भयानक बर्बादी की ओर चला गया।

उत्तर भारत में प्रतिवाद बढ़ने पर भी उसकी लोकप्रियता में कमी नहीं हुई। इसके विपरीत यह तो दक्षिण भारत में भी फैल चुकी थी। नगर के एक धनी व्यापारी सी. गोपाल चेट्टी के द्वारा उसे मद्रास निमन्त्रित किया गया। कर्नाटक या दक्षिणी भारतीय शास्त्रीय शैली के रूप में कलाकारों के लिए मद्रास एक महत्त्वपूर्ण केन्द्र के रूप में उभर रहा था। मद्रास में रहने के बीच गौहर जॉर्ज टाउन में थम्बू चेट्टी स्ट्रीट में अपनी सखी, एक देवदासी, सलेम गोदावरी के यहाँ ठहरी। गौहर की तरह अपने ग्रामोफोन रेकॉर्डों के कारण गोदावरी ने भी बड़ी प्रसिद्धि प्राप्त कर ली थी। 1910 में मद्रास के विक्टोरिया पब्लिक हॉल में गौहर के प्रदर्शन ने बड़ी सफलता प्राप्त की और इसमें बहुत से बड़े संगीतकार उपस्थित हुए थे जिसमें कर्नाटक संगीत की प्रसिद्ध वृद्ध महिला संगीतकार वैनिका वीणा धनम्मल भी उपस्थित थी। धनम्मल बेजोड़ कलाकार थी और जहाँ तक प्रशंसा का प्रश्न है उसमें वह बहुत कठोर थी। उनकी बेटियाँ वह और पोतियाँ जिन्होंने उनसे शिक्षा ग्रहण की थी, उनके सामने गाने में काँपती थीं और उनसे प्रशंसा की एक नजर के लिए लालायित रहती थीं। कहा जाता है कि ऐसी कठोर धनम्मल भी गौहर के प्रदर्शन पर मुग्ध हो उठीं और उनकी प्रतिष्ठा में एक भोज देने का फैसला किया। ब्रौडवे के हैरिसन होटल वाले के द्वारा मद्रास में 1000 रुपये लगाकर एक बड़े भोज का आयोजन किया गया।

धनम्मल ने बड़े स्नेह से गौहर का स्वागत किया और मद्रास में उसके ठहरने के बीच सन्त त्यागराज रचित 'भजन परूला' नामक कर्नाटक कृति को राग सुरुत्ति में उसे सिखाया। गौहर ने इसका रेकॉर्ड बाद में जारी किया। मद्रास में उसके प्रवास के मध्य बहुत से कलाकारों ने उससे भेंट की। उनमें एक थे प्रसिद्ध अरियाकुडि रामानुज अय्यंगार जिन्हें कर्नाटक संगीत की आधुनिक शैली का अग्रदूत माना जाता है। अय्यंगार ने उसके कुछ गीतों को सीखने की इच्छा व्यक्त की विशेषत: कृष्ण-भजन जैसे 'राधे कृष्ण बोल मुख से' और 'कृष्णमुरारी विनय करत' जिन्हें उसने देश-भर में लोकप्रिय बना दिया था। गौहर उन्हें सिखाने को तुरन्त तैयार हो गयी और रामानुज अय्यंगार ने उसके गीत-कोष से कुछ रत्न चुन लिए। बाद में उसकी बहुत सी हिन्दुस्तानी और उर्दू रचनाएँ 1912 में पी.एस. रामुलुचेट्टी की तमिल पुस्तक 'गन्धर्व कल्पवल्ली' में प्रकाशित की गयीं। (निगाहें फिरा के दिलवर से लाहे; और सैंयाँ पड़ूँ मैं तेरे पइयाँ; हक नहीं रही मेरे दर्दे जी; दिन रतियाँ छेड़ो सैंया, छोड़ो बैयाँ धड़के छतियाँ; मज़ा देते हैं तेरे बाल घुँघरूवाले, उसकी रचनाएँ हैं जो इस पुस्तक में प्रकाशित हैं) उन गीतों की रचनाएँ सभी तमिल में थीं और लोगों को सीखने अनुसरण के लिए स्वरलिपि बनी थी। मद्रास के बहुत से पुराने लोग जिनमें बड़े विशारद, गीतकार, संगीतशास्त्री श्री एस. राजम थे, गौहर जान के गीतों को सुनने और बड़ी रुचि से सीखने का स्मरण करते हैं।

जबकि उसकी संगीत-गोष्ठियों का बड़े पैमाने पर पुनर्विचार किया गया, सभी संगीत आलोचक प्रभावित नहीं हुए। 1912 के उसके बंगलोर के प्रदर्शन पर दक्षिण भारत के इंडियन म्यूजिक जर्नल के सम्पादक एच.पी. कृष्णराव द्वारा टिप्पणी की गयी :

'सुश्री गौहर जान ने 20 अप्रैल को अपने नृत्य और संगीत से बंगलोर के लोगों का मनोरंजन किया। बौरिंग इंस्टिच्यूट पूरा भरा हुआ था और यह मनोरंजन दो घंटे से ज्यादा चला। इस प्रोग्राम में भिन्न प्रकार की चीज़ें थीं—हिन्दुस्तानी, कर्नाटक और अंग्रेज़ी जिनमें से कुछ शैली, संकेत और सुन्दरता से गायी गयीं। सुश्री गौहर की आवाज़ मीठी है और जब स्वर खींचा जाता है तो एक-रस उत्तम रहता है ज्यादातर इस कारण कि इसे शारीरिक जोर देकर नहीं निकाला जाता है। सुर निर्दोष और सरल होते हैं। एक सुर से दूसरे सुर पर बढ़ना और लहर की तरह उठना और गिरना (आंदोलितम) जो सुनने वाले के दिमाग में एक सुन्दर भ्रम पैदा करता है जैसे कोई पालने में झूलते हुए अनुभव करता है। यह उसके गाने की विशेषताएँ हैं। हर चीज़ सीमित और सही होती है। उत्तर भारतीय शैली अधिक वैज्ञानिक विस्तृत और शरीर और अंगों पर आश्चर्यजनक नियन्त्रण की बात नहीं होती जिसकी दक्षिणी भारतीय शैली में जरूरत होती है। इसमें पैरों और हाथों का सरल लयात्मक संचालन होता है, मगर गौहर का इशारे करना जिसमें चेहरे की अभिव्यक्ति महत्त्वपूर्ण भूमिका निभाती है वह उस स्तर से बहुत ऊँचा है जो हम लोगों ने उत्तर भारतीय नृत्य में देखा है।

किन्तु हम लोगों ने उसके गायन में वह बुद्धिमानी भरा स्वरालाप हिन्दुस्तानी म्यूजिक का नहीं देखा जो प्रथम कोटि गवैयों में पाते हैं। जो गीत उसने गाये यद्यपि वे मध्यवर्ग के श्रोताओं के अनुकूल थे, उन्हें स्वरालाप की चतुराई से सजाया नहीं गया था जिसको साधारण गाने में भी एक जानकार नहीं छोड़ सकता है... सुश्री गौहर जान के ग्रामोफोन रेकॉर्ड एक ग्रामीण को भी अच्छे लगते हैं परंतु नकली और असली के बीच का भेद निराशा उत्पन्न करता है। उसने इस कला के गुरुओं से भी अधिक नाम और धन कमाया है जिनकी संख्या भारत में काफी है और अगर ऐसी सफलता का मूल कारण खोजा जाए तो यह अदृश्य और ग्रामोफोन के द्वारा स्वप्रचार में है: 'मेरा नाम है गौहर जान।'

यही विपरीत राय पंडित डी.सी. वेदी की भी है जिन्होंने उसे इस शताब्दी के शुरू में अमृतसर, पटियाला और मुम्बई में सुना। वे याद करते हैं कि उसका साथ सारंगी पर मशहूर उस्ताद मम्मन खाँ कर रहे थे जब महाराजा पटियाला भूपिंदर सिंह के दरबार में उन्होंने प्रदर्शन देखा था। उसकी शानदार आवाज को स्वीकार करते हुए भी पंडित वेदी ने दावा किया कि एक खयाल गायक के रूप में वह केवल औसत दर्जे की थी और स्थापित शैली का अनुसरण नहीं किया।

इस प्रकार उसके गायन के विषय में बहुत अलग-अलग रायें थीं। काश्मीर के महाराजा हरि सिंह जी जो कलाओं के एक बड़े संरक्षक थे उन्होंने कई अवसरों पर उसको सुना था और उसकी खूबियों से बड़े प्रभावित थे। उन्होंने सोचा कि वह अपने युग की सर्वश्रेष्ठ शास्त्रीय गायिका थी।

किन्तु शायद सबसे बड़ा आदर किसी के द्वारा नहीं बल्कि स्वयं पंडित विष्णु नारायण भातखंडे (1860-1936) के द्वारा प्रदान किया गया। भातखंडे आधुनिक हिन्दुस्तानी शास्त्रीय संगीत के मानक व्यक्तित्व हैं। यह श्रेय उनके अथक परिश्रमों को जाता है कि अभी तक का हिन्दुस्तानी संगीत का ढाँचाहीन कोष जो अशिक्षित उस्तादों, खुशामदी दरबारी संगीतकारों और कामुक तवायफ़ों के हाथ में था उसे एक वैज्ञानिक संरचना और रूप प्राप्त हुआ। हिन्दुस्तानी संगीत के स्तरीकरण, स्वरलिपिकरण और विचारपूर्ण तरीके से इस कला के सीखने और सिखाने में उनके अथक परिश्रम ने इस प्राचीन कला को एक नया जीवन प्रदान किया। उन्होंने 'थाटों' की धारणा बनाई जिससे भिन्न रागों को उन्होंने वर्गीकृत किया। उन्होंने बहुत दिनों तक देश की यात्रा की और विधाओं के संगीतकारों से मिले जिनमें प्रसिद्ध कर्नाटक संगीतकार सुब्बाराम दीक्षित भी थे जिन्होंने 'संगीत सम्प्रदाय प्रदर्शनी' की प्रसिद्ध पुस्तक लिखी थी। पंडित भातखंडे ने भारतीय संगीत विधान जो देश के सभी शैलियों से प्रभावित था उसे एकसूत्र करने का प्रयास किया, लेकिन इस योजना को पूर्ण करना बहुत ज्यादा महत्त्वाकांक्षी था। कहा जाता है कि उनके कलकत्ते की यात्रा में किसी ने एक समारोह में प्रसिद्ध गौहरजान को सुनने की राय दी। वे क्रोध में बोले थे 'क्या अब मुझे केवल नाचने गाने वाली लड़की से संगीत सीखने के स्तर पर भी गिरना पड़ेगा?' हालाँकि बाद में उसे सुनने का उन्हें एक अवसर मिला और उसके चमत्कार के समक्ष वे साफ परास्त हो गये। उसके बाद कहा जाता है कि उन्होंने टिप्पणी की कि उन दिनों भारत में स्त्रियों में गौहर खयाल और ठुमरी की सबसे बड़ी गायिका थी। (उनके विचारों से प्रोफेसर डी.पी. मुखर्जी भी सहमत हुए है।)।

जिस समय वह मद्रास से कलकत्ता लौटी गौहर सारे व्यक्तिगत कष्टों से मुक्त हो गयी थी और पूरे उत्साह से साथ अपने पेशेवर ज़िन्दगी में लौट आई थी।

एक दिन जब वह कलकत्ते की एक प्रसिद्ध इत्र की दुकान में कुछ दोस्तों के साथ खरीदारी कर रही थी एक बहुत सुन्दर और सम्मान्य युवक भीतर आया। उसने सुन्दर गौहर पर एक नजर डाली और अपनी आँखें नहीं हटा सका। गौहर ने भी उसे देखा और न देखने का बहाना किया। उसके दोस्तों ने इस सुन्दर युवक को देखा और उसके कान में बोलीं, 'जानती हो ये कौन है, किसी राजवाड़े का राजकुमार जरूर हो सकता है।' अन्यमनस्क गर्वित स्वर में गौहर ने जोर से जबाव दिया, 'कौन है इसकी मैं क्यों परवाह करूँ? मेरा संगीत आखिरकार सबके पास पहुँचता है।' उस

युवक ने इन लोगों की बात सुन ली, उस पर एक गहरी नजर डाली और बेचैनी में जल्दी से निकल गया।

उस शाम गौहर को एक चिट्ठी मिली जिसमें लिखा था कि रामपुर के नवाब कलकत्ते में हैं और खाने पर आपसे मिलना चाहते हैं। पूरी तरह सजधज कर गौहर उस राजसी खाने में शरीक हुईं। यह देखकर वह स्तब्ध हो गयी कि वह आदमी जिससे वे मिली और इत्र की दुकान पर अपमानजनक शब्द बोली वह और कोई नहीं रामपुर के प्रसिद्ध नवाब, नवाब हामिद अली खान थे। उन्होंने कोमल स्वर में उससे कहा, 'मैडम, हाँ सचमुच मैं आपके संगीत से प्रभावित और आकर्षित हुआ हूँ। मैं आपसे आग्रह करना चाहता हूँ कि आप रामपुर आयें और कुछ दिन ठहर कर हमारा मनोरंजन करें।' गौहर खुशी से भर गयी और रामपुर जाने को तुरन्त तैयार हो गयी।

रामपुर राज्य की स्थापना नवाब फैजुल्लाह खान के द्वारा 1774 में हुई। पाँचवें नवाब युसुफ अली खान (1816–65) के समय से रामपुर हिन्दुस्तानी संगीत के एक बड़े केन्द्र के रूप में उभरना शुरू हुआ। सिपाही विद्रोह तथा दिल्ली और अवध के पतन के बाद बहुत से संगीतकारों ने रामपुर जाना शुरू कर दिया। इससे शैलियों का मिश्रण हुआ और इसमें रामपुर 'सहसवान' घराने के रूप में एक नया घराना बनाने में मदद दी। यह अपने मशहूर बीनकारों के लिए प्रसिद्ध था जो ध्रुपद शैली में बीन बजाते थे।

नवाब हामिद अली खान का शासन (1875–1930) जो रामपुर का स्वर्णकाल माना जाता है उसने राज्य के संगीत परम्पराओं को एक निश्चित रूप दिया। उनकों संगीत, भवन निर्माण और साहित्य में उनकी विभिन्न रुचियों के कारण अक्सर 'रामपुर का शाहजहाँ' कहा जाता था। उस समय यह अचरज की बात नहीं थी कि पंडित भातखंडे को संगीत के सिद्धान्त पर विचार विमर्श के लिए बुलाया गया, जब नवाब ने शास्त्रीय हिन्दुस्तानी संगीत को स्तरीय बनाने और सूचीबद्ध करने के उनके अभियान के बारे में सुना। उन्होंने अपने उस्तादों को जो शास्त्रीय संगीत को लिपिबद्ध करने के प्रयास के प्रति अनिच्छुक थे, पंडित भातखंडे को सारी सहायता देने का आदेश दिया। इस तरह पंडित जी की 'क्रमिक पुस्तक मालिका' और 'हिन्दुस्तानी संगीत पद्धति' की रचनाओं का बड़ा भाग रामपुर परम्परा का है। संगीत शास्त्री पंडित एस. एन. रतन झंकर के अनुसार यह देशी राज्य 'रुढ़िवादी और अब्याहत शास्त्रीय परम्परा' के सबसे असली गढ़ों में से एक' माना जाता था। हिन्दुस्तानी संगीत के कुछ सबसे बड़े नामों में जैसे भैया गणपतराव, उस्ताद ईनायत हुसैन खान, वजीर खान और अन्यों ने संगीत चेतना सम्पन्न नवाबों खासकर नवाब हामिद अली का उदार संरक्षण प्राप्त किया।

हरबार जब वह रामपुर आयी गौहर जान का बहुत स्वागत हुआ। उसकी महफिलें नियमित लगाई जाती थीं और हर बार जब वो उस नगर में आती थी तो वह राज परिवार की जनाना में स्त्रियों के साथ रहती थी। बेगम साहिबा के उस समय के संस्मरण एक भव्य महफिल का ज़िक्र करते हैं जिसका 1912 में उन्होंने इन्तजाम किया था। यह सिर्फ़ स्त्रियों की महफिल थी जिसमें गौहर जान, बनारस की राजेश्वरी बाई और आगरे की जोहरा बाई बुलायी गयी थीं। उन लोगों ने श्रोताओं को खुश कर दिया। रामपुर में अपने ठहराव में गौहरजान ने उस्ताद नाजिर खान से कुछ शिक्षा ली और अपनी पहले से ही बहुआयामी संगीत शैली में रामपुर घराने के कुछ तत्वों को मिलाकर उसने अपने संगीत को और विविधता और रंग दे दिया।

रामपुर में खुशी भरे कुछ महीने बिताकर गौहर ने कलकत्ता लौटने का फैसला किया। नवाब हामिद अली को उसके लिए बड़ा स्नेह और आदर था और वे उससे बोले कि वह जब चाहे रामपुर आ सकती है और उसे इसको अपना दूसरा घर मानना चाहिए और रियासत खुली बाँहों से उसका स्वागत करेगी।

कलकत्ता आने पर गौहर का पेशेवर व्यस्त जीवन चलता रहा। धनी और मशहूर अभिजात वर्ग वालों के घरों मे उस नगर में महफिलें आम बात थीं। उस समय के आँखों देखे विवरण मंच पर उसकी उपस्थिति और प्रतिभा की बहुत प्रशंसा करते हैं। संगीत के इतिहासकार दिलीप मुखोपाध्याय 1913 की गर्मी की एक शाम जोरासांको के मल्लिक भवन की महफिल के बारे में विस्तार से बताते हैं। चूँकि इसने अनेक नाटकों और नेशनल थियेटर के प्रथम प्रदर्शन के साथ कई संगीत गोष्ठियों को देखा था, यह स्थान ऐतिहासिक था। उस मकान के मालिक थे बनमाली मल्लिक और मोतीलाल मल्लिक। उनके बड़े भाई गोविन्दलाल मल्लिक भी एक बड़े संरक्षक थे और वस्तुतः प्रसिद्ध गायक एल.सी. बोराल के श्वसुर थे। मोतीलाल के पुत्र मुरारी मोहन मल्लिक के विवाह के अवसर पर गौहर जान की महफिल की व्यवस्था की गई थी। मुखोपाध्याय कहते हैं कि जबकि लोग सोचते थे कि गौहर अधेड़ उम्र की थी फिर भी वह बहुत जवान और सुन्दर लगती थी। जैसे वह मंच पर चढ़ी बत्तियाँ जला दी गईं और उस प्रकाश में वह और आकर्षक दिखाई पड़ती थी।

अपना प्रदर्शन आरम्भ करने के पहले श्रोताओं के बारे में सही आकलन की योग्यता गौहर में थी। उस शाम को भी भीड़ में अंग्रेजों, बंगालियों, मारवाड़ियों, राजस्थानियों, पंजाबियों और दूसरों में उसे कई जाने पहचाने चेहरे दिखाई पड़े। शुरू करने के पहले उसने भाषाई पृष्ठभूमि के आधार पर श्रोताओं को बैठाने का आग्रह आयोजकों से किया। आयोजक और श्रोता इस आग्रह पर चकित हो गये लेकिन गायिका के आदेश को मानने का फैसला किया। जब उसके संगतकार बजाने लगे थे

वह मंच से उतरी। उस छोटे और आत्मीय जुटान में वह हर वर्ग के पास गई और उनकी भाषा में उसने गाया। अंग्रेज और उनकी मेम साहिबाएँ शुद्ध अंग्रेज़ी में एक अंग्रेज़ी गीत सुनकर खुशी से भर गईं। गीत के बाद एक संक्षिप्त 'भाव बताना' और नृत्य हुआ। उसी तरह पंजाबियों के लिए खास कर पंजाबी टप्पें सुनाये गये जबकि राजस्थानियों और मारवाड़ियों का मनोरंजन हिन्दी और उर्दू में ठुमरियों और दादरा से किया गया। चूँकि बंगाली अधिक संख्या में थे अन्त में उसने अपना ध्यान उनकी ओर मोड़ा। उस शाम जो बंगाली गीत उसने गाये उनका उल्लेख मुखोपाध्याय करते हैं :

'फांकी दिए प्राणेर पाखी, उड़े गालो, आर एलो ना आर, एलो ना आर
बुझीबा प्रेमेर डोरे, बेंदेचे केओ प्राण मोइना
बोलो सखी कोथाय जाबो कोथाय गेले पाखी पाबो
एमोन धनी के शोहोरे आमार पाखी राखलो धोरे
देखले तारे केड़े नेबो आर देबो ना।'

'धोखा देकर प्राण का पंछी, उड़ गया, और फिर नहीं आया, और फिर नहीं आया
लगता है किसी ने प्रेम के डोरे में उसे बाँध लिये हैं, प्राण मेरे
बोलो सखी कहाँ जाऊँगी, कहाँ जाकर पंछी को पाऊँगी
इस तरह शहर के धनी ने मेरे प्राण–पंछी को पकड़कर रख लिया है
देखने पर उसे निकाल लूँगी और फिर नहीं दूँगी।'

राग जिल्ला में दादरा ताल में इस गीत का व्यापारिक दृष्टि से रेकॉर्ड भी बनाया गया है। दूसरा गीत जो मल्लिकों के यहाँ उस शाम उसने गाया, टैगोर की रचना, आत्मा को छूने वाली थी :

'केनो चोखेर जले भेजिए दिलेम ना
पोथेर शकनों धूली जातों
के जानितों आशबे तुमीगो
एमोन अनाहुतेर मोतो?'

'क्यों आँखों के आँसू से नहीं भिंगा दिया मैंने
पृथ्वी पर जितनी धूल थी
कौन जानता कि तुम आवोगे
इस तरह बिना पुकारे गये भी'

उस शाम श्रोताओं में से प्रत्येक ने अनुभव किया कि उसने केवल उसी के

लिए गाया था और यहीं व्यक्तिगत घनिष्ठता थी जो वह अपने प्रदर्शनों में उत्पन्न करती थी और जो उसे दूसरे गायकों से अलग बनाती थी।

इसी प्रकार की एक घटना का मुम्बई से ज़िक्र किया गया है। एक समय आगरे की जोहरा बाई के तुरन्त बाद उसे गाना था। जोहराबाई खयाल गायिकी की बेजोड़ प्रवर्त्तक थी और बड़ी कुशलता के साथ उस राग को घंटों खींचती थी। उस शाम महफिल में जोहरा बाई अपने असली रूप में थी और उस राग की हर बारीकी को दिखाती गयी। लेकिन यह अफसोस की बात थी कि श्रोता उनकी बारीकियों को समझ नहीं पा रहे थे क्योंकि इतनी देर तक चलने वाली प्रस्तुति की उम्मीद नहीं कर रहे थे और इसलिए जल्दी ही उनका मन ऊब गया। मंच के पीछे से गौहर जान ने ऊबे श्रोताओं की प्रतिक्रिया को देखकर बेचारी जोहरा के प्रति बड़ी सहानुभूति महसूस की जिसका सुन्दर संगीत एकदम बहरे कानों में जा रहा था। उसने जोहरा बाई जैसी बड़ी कलाकार को देखते हुए स्वयं खयाल के गम्भीर गाने की योजना बनायी थी। संगत करने वालों के साथ उसने इस पर बात भी की थी। किन्तु श्रोता की प्रतिक्रिया देखने के बाद गौहर ने अपने संगतकारों से कहा कि उसने अपना मन बदल दिया है और वह उस शाम कोई अलग चीज़ गायेगी। गौहर जानती थी कि मराठी नाटकों के लोकप्रिय नाट्य संगीत को श्रोता बहुत पसन्द करेंगे। अतः उसने एक से शुरू किया और उम्मीद के मुताबिक श्रोता तुरन्त आकृष्ट हो गये और ऊँची आवाज में उसकी प्रशंसा की। उन लोगों का ध्यान खींच लेने के बाद उसने सीधे एक छोटा खयाल प्रस्तुत करना आरम्भ कर दिया, अतिविलम्बित और विलम्बित लयों और विस्तार वाले तानकारियों को छोड़कर। स्पष्ट था कि उसका खयाल उस शाम जोहराबाई के स्तर से मुकाबला नहीं कर सका, लेकिन गौहर ने जान बूझकर अपनी पूर्व गायिका की गम्भीर प्रस्तुति को छोड़कर ऐसी शैली अपनाई जिसने श्रोताओं को ज्यादा प्रभावित किया। साथ ही उसने उस महफिल को छोटे-छोटे गीतों की पच्चीकारी से बचाया जो श्रोताओं की रुचि का अपमान होती।

दिलीप मुखोपाध्याय ने गौहर के प्रदर्शनों और श्रोताओं को आकर्षित करने के तरीकों के कई उदाहरणों की चर्चा की है। उसने स्टार थिएटर के लिए बहुत बार प्रदर्शन किए। उन दिनों नाटकों के आरम्भ होने के पहले संगीत प्रदर्शन होता था। अगर यह प्रदर्शन करने वाली गौहर की तरह ऊँचे दर्जे की बाई जी होती थी तो उसको सुनने के लिए जो बड़ी भीड़ आती थी वह नाटक के लिए भी ठहर जाती थी। स्टार थियेटर में एक ऐसे प्रदर्शन जिसमें मुखोपाध्याय उपस्थित थे भी श्रोताओं में कुछ हिन्दी बोलने वालों के साथ मुख्यतः बंगाली श्रोता थे। इसलिए गौहर ने कई बंगाली गीतों को गाने का फैसला किया जिसमें निधु बाबू का प्रसिद्ध टप्पा 'जातोना जोतोने मोने मोने मोनेई जाने', लोकप्रिय बंगाली कीर्तन 'यमुनो एई की तुमि शेई

यमुना प्रवाहिनी' और उसका प्रसिद्ध गीत 'राधा-कृष्ण बोलो मुख से'।

चतुर होने के कारण गौहर जानती थी कि अपनी महफिलों में जितने बंगाली गीत गायेगी उतना ही वह बंगाली बाबुओं का विश्वास प्राप्त करेगी। यद्यपि जब वह गाती थी तो वह बांगला भाषा खास उच्चारण से बोलती थी जिससे कोई नहीं कह सकता था कि वह बंगाली नहीं थी। कुछ नया करने का उसमें ऐसा गुण था कि रवीन्द्रनाथ टैगोर की गीत रचनाओं को उसने अपने कोष में सम्मिलित कर लिया था, इससे भी पहले जब उसे रवीन्द्र संगीत का नाम दिया गया। गौहर निर्धारित नियमों को तोड़ने से भी नहीं डरती थी और वास्तव में उसने उन धुनों का मुश्किल से उपयोग किया जो टैगोर ने अपने गीतों को दिया था। वह शास्त्रीय रूप देते हुए उन्हें अपनी शैली में गाती थी। उसके लम्बे और विभिन्न प्रकार के रिकॉर्डों की सूची में कई बंगाली गीत ऊँचा स्थान रखते हैं।

1900 और 1920 के बीच संयुक्त प्रान्त में चौधरी बहनों के नाम से जानी जाती दो प्रसिद्ध गायिकाएँ जो तवायफ़ सम्प्रदाय में शीर्ष पर थीं वे थीं बड़ी और छोटी या ननुवाँ और बच्चुवाँ। ननुआँ ने लखनऊ घराने के प्रसिद्ध नर्तकी नन्दा देवी से नृत्य सीखा था जबकि छोटी वाली ने उर्दू कविता के एक उस्ताद मंजू साहब से शायरी सीखी थी। उन दोनों को साहित्य और प्रदर्शन कलाओं में बहुत ऊँचा स्थान दिया गया था और उनकी बेटियाँ रश्के मुनीर और बदरे मुनीर कुशल गायिकाएँ थीं। बदरे मुनीर गौहर जान की गहरी मित्र थीं। ननुआँ और बचुआँ ने लखनऊ के अपने कोठे में कई बड़ी महफिलों की व्यवस्था की थी। ऐसे एक अवसर पर दो प्रसिद्ध गायिकाओं गौहर और जोहराबाई ने साथ-साथ कोठे पर प्रदर्शन किया। गौहर को वहीं निराशा हुई जब उसने सुना कि जोहराबाई पहले गायेगी। हर बार जब उसे पहले या बाद में गाना होता तो वह सुनिश्चित करती कि उसका गाना जोहरा से बिल्कुल अलग ढंग का हो। वह शाम ननुआँ और बचुआँ की गायकी से शुरू हुई। उसके बाद जोहराबाई ने फिर एक खूबसूरत ढंग से खयाल गाया। गौहर को उस खयाल के प्रभाव को दूर करने में मुश्किल हुई। इसलिए एक खयाल की प्रस्तुति के बदले और हल्के चिढ़ाने के रूप में वह अपने प्रधानगुण ठुमरी पर लौटी।

'पानी भरे री कौन अलबेलो की नार' और उसकी मोहक रचना 'रस के भरे तोरे नैना' और इसके साथ आश्चर्यपूर्ण भाव बताने की जीवन्तता ने श्रोताओं की कल्पना को प्रभावित कर दिया। बशीर खाँ भइया गनपत राव के शिष्य और अक्सर मौजुदीन के साथ संगत करने वालों ने हारमोनियम पर उसका साथ दिया और सुन्दर ढंग से भावात्मकता से भरी ठुमरियों के सूक्ष्म स्वर लहरियों को उत्पन्न किया। उस संध्या के अन्त में गौहर के प्रदर्शन के पहले जो कुछ हुआ था उसे लोग एकदम भूल गये।

प्रसिद्ध संगीत शास्त्री ठाकुर जयदेव सिंह गौहर जान के 'ठुमरी गायन और

हल्के शास्त्रीय गीतों' के लिए उन्हें बेजोड़ बताते हुए उनकी बड़ी प्रशंसा करते हैं। उन्होंने गौहर जान और आगरे वाली मलका जान के बीच आठ बजे शाम से रातभर चलने वाले अविस्मरणीय प्रदर्शन में उपस्थित रहने की याद की। दोनों के बीच सवाल-जवाब वाली आकर्षक बैठकों में श्रोताओं को यह फैसला करने में दिक्कत होती थी कि दोनों में बेहतर कौन है।

गौहर अपने स्वच्छ पहनावे के स्वभाव के लिए भी मशहूर थी। वह अपने बारे में अपने तौर तरीकों में और चेहरे-मोहरे के साथ ही श्रोताओं के विषय में बहुत सचेत रहती थी। वह बहुत महँगी पोशाकें पहनती थी, कपड़ों और गहनों को दुबारा नहीं पहनती थी और जिस गायन की योजना करती थी उस गीत के भाव के अनुसार कपड़े पहनती थीं। व्यक्तिगत सम्पर्कों में एक शान्त गम्भीर व्यक्ति होने के साथ वह मंच पर मन मोहने वाली भूमिका आसानी से धारण कर लेती थी। वह अपने सभी मेहमानों और आगन्तुकों का बड़ा ध्यान रखती थी।

गौहर की सुखवादी जीवन शैली एक कहानी हो चली थी। वह अपनी कमाई का सबसे ज्यादा हिस्सा अपने सुख और छोटी-मोटी इच्छाओं पर खर्च किया करती थी। कहा जाता था कि वह अपने बायें कन्धे पर एक बहुत कीमती हीरे की जड़ाऊपिन लगाती थी जिसकी सुरक्षा के लिए कभी-कभी दोनों तरफ बन्दूकधारी सिपाही खड़े रहते थे जिस दौरान उसका प्रदर्शन चल रहा होता। यह शान और यह दिखावा शायद भारतीय संगीत-संसार में देखा सुना नहीं गया। किन्तु यह तो गौहर थी; वह अपने असली रूप को प्यार करती थी और निन्दकों के उपहासों का भी कम खयाल नहीं रखती थी।

इसका पता एक घटना से चलता है जहाँ उसने आगरा घराने के संगीत के प्रसिद्ध उस्ताद फैयाज खाँ का भी उपहास किया। इस मनोरंजक घटना का वर्णन प्रत्यक्ष साक्षी अमियनाथ सान्याल ने किया है। सान्याल दवा के एक डॉक्टर थे, लेकिन उससे भी अधिक उत्तरी भारतीय संगीत के एक सच्चे रसिक और आदरणीय संगीत शास्त्री थे, हालाँकि प्रदर्शन करने वाले गीतकार नहीं थे। अपनी जवानी में उन्होंने श्यामलाल खत्री और बाद में सारंगी के प्रसिद्ध अधिकारी उस्ताद बादल खान से प्रशिक्षण लिया। करीब प्रथम विश्वयुद्ध के आसपास बीस वर्ष से ऊपर की अवस्था में मेडिकल कॉलेज के एक छात्र के रूप में उन्होंने पहली बार गौहर से भेंट की। उनके लम्बे और चित्रमय वर्णन का अनुवाद उस युग की राजनीति और गौहर की अजेय शक्ति की एक झाँकी देता है।

जैसा कि पहले कहा गया है श्याम लाल खत्री और सेठ धुलीचन्द जैसे संरक्षकों के घर संगीत के काम के नियमित स्थान होते थे। श्यामलाल खत्री के घर पर एक ऐसे अवसर पर एक शाम संगीत पर विचार करने के लिए अमियनाथ

सान्याल के साथ बहुत से संगीतकार इकट्ठे हुए। सान्याल बताते हैं कि आगरे वाली मलका जान एक अपरिचित लेकिन कुलीन भद्र आदमी के साथ पहुँची जिसने एक लम्बा हरा कोट और एक लाल मखमल की जड़ीदार किनारी वाली टोपी पहनी थीं जो सावधानी से दाहिनी तरफ झुकी थी। कुछ हँसी-मजाक के बाद उन लोगों ने उस भले आदमी को एक गजल में शरीक होते पाया जिसे उन लोगों ने गाना शुरू किया था। वे लोग स्तब्ध होकर चुप हो गये जब उसने सुन्दर और सधे स्वर में पेशेवर योग्यता के साथ गाना शुरू किया जो बिल्कुल अप्रत्याशित था। उसके खत्म कर लेने के बाद खत्री जी ने, जो बगल में खड़े थे, आगरा घराने के वरिष्ठ उस्ताद फैयाज खाँ के रूप में उस आदमी का परिचय कराया। उस्ताद की प्रसिद्धि देश भर में व्याप्त थी और वे बहुत दिनों से बड़ौदा के गायकवाड़ की सेवा में थे। मैसूर के महाराज ने उन्हें 'आफताब-ए-मौसीकी' की उपाधि प्रदान की थी जो उनके नाम के समानार्थक हो गई थी। दूसरी जगह यह प्रतिष्ठा और पहचान पाने के बावजूद उस्ताद ने कलकत्ते में कभी गायन नहीं किया था। कारण, जो बाद में पता चला, वह था कि वे गौहर जान और उनकी तरह की बहुतों से नफरत करते थे और इस विचार के थे कि जब तक कलकत्ते को बाजार की तवायफ़ों ने अपने कब्जे में लिया था उनके जैसे बड़े घरानों के पुरुष गायकों के लिए कोई जगह नहीं थी। किन्तु एक तवायफ़ थी जिससे वे नफरत नहीं करते थे और वह थी आगरे वाली मलका जान। यद्यपि वह उनसे बहुत बड़ी थी, उसके साथ उनका प्रेम-प्रसंग कई वर्षों तक चला था। वास्तव में यह दूसरे वरिष्ठ गीतकार मौजुद्दीन के पतन का कारण हुआ। मौजुद्दीन आगरे वाली मलका के प्रेम में पागल थे जबकि वह इन्हें ठुकराती रही क्योंकि उसका सम्पर्क फैयाज खान के साथ था। प्रेम में तिरस्कार के बाद मौजुद्दीन बहुत ज्यादा पीने लगे और यह उनके स्वर और संगीत जीवन के लिए काल सिद्ध हुआ।

अब, खत्री जी के घर उस शाम लौटने पर ही ठीक जब महफिल का रंग जमने लगा था, गौहर जान ने प्रवेश किया। उसके प्रवेश से फैय्याज़ खान की त्यौरी चढ़ गयी और होंठ सिकुड़ गये। गौहर की उपस्थिति मात्र से सान्याल और अन्य युवा सारंगीवादक उसके प्रति आदर-भाव और इस चिन्ता से कि अब आगे क्या होने वाला है, जल्दी से उस्ताद के पास से हट गये। गौहर के रहने से कोई यह नहीं जानता था कि क्या होने वाला था।

उसके चेहरे के बारे बोलते हुए सान्याल कहते हैं कि उसको देखकर उसकी उम्र का अंदाज़ लगाना असम्भव था। अगर किसी के सवाल होते कि वह जवान थी या बूढ़ी, पतली या मोटी तो ये निरर्थक हो जाते क्योंकि उसकी बातें और काम एक किशोरी के सुन्दर चुलबुलेपन से निकलते थे जिससे किसी का दिमाग चकरा सकता था। उसकी सामान्य पोशाक ऐसी थी जो एक सोलह साल की लड़की को अच्छी

लगती। उसकी चाल में गजराज की मस्ती थी। उसके चेहरे की अभिव्यक्ति और इशारे कभी-कभी बड़े जीवन्त और कभी-कभी बड़े अर्थपूर्ण होने से सभी तवायफ़ें शर्म से लाल हो जाती थीं। जिन महफिलों में वह हाजिर रही उसने अपने गुरु भैया गणपत राव, उस्ताद बादल खान, श्यामलाल जी और सेठ धुलीचन्द के प्रति बड़ी श्रद्धा व्यक्त की। बाकी सभा में उपस्थित उसके लिए समकालीन और दोस्त माने जाते थे जिन्हें अपने वश में किया जा सकता था।

महफिलों में तो किसी शरीफ आदमी या परिचित महिला के कन्धे को दोस्त की तरह छूना, जब वह फ़र्श पर बैठती थी, कभी अजीब या बुरा नहीं माना जाता था अगर गौहर ऐसा करती थी। कई प्रकार के भावों को असरदार ढंग से पहुँचाने के लिए वह अपनी आँखों का उपयोग करती थी। ये जान मारने वाली नजरें अलग-अलग होती थीं कि उनका मकसद किसी को अपमानित करना था या बस मजाकिया अन्दाज। इन 'नजरों' के शिकार सान्याल भी हुए थे और अपनी पहली भेंट में इन्होंने माना था कि यह जानबूझकर किया गया नखरा है। लेकिन दूसरी भेंट के समय उन्हें विश्वास हो गया कि चाहे उसका व्यवहार उचित हो या अनुचित यह उसके चरित्र की गहराइयों से एकाएक निकलता था और बिल्कुल स्वाभाविक था। कुछ लोग उसके कभी-कभी भड़कने का बुरा मानते थे जिसमें शिष्टता की कमी लगती थी। किन्तु श्यामलाल खत्री और दूसरे इसके अभयस्त थे और इस बड़ी संगीतकार की छोटी-मोटी कमजोरियों को माफ कर देते थे। उसकी अप्रतिम प्रतिभा और अनियन्त्रित चुलबुलापन उनका दिल जीत लेता था। जब बादलखान, श्यामलाल जी, विश्वनाथ राव, लक्ष्मी प्रसाद मिश्र, तन्नूलाल जी और अन्य उस्ताद और शास्त्री किसी अद्वितीय संगीत-प्रदर्शन को देखते थे तो करीब एकाएक यह टिप्पणी करने पर मजबूर हो जाते थे कि वह गौहर के प्रदर्शन की केवल छाया मात्र थी। कम से कम प्रदर्शन के क्षेत्र में उसकी ऐसी प्रतिष्ठा थी।

उस शाम कमरे में आने पर उसने खत्री जी और सभी दूसरों के प्रति अपना आदर व्यक्त किया और जहाँ मलका और फैयाज खान बैठे थे उसकी दूसरी तरफ जाकर बैठ गयी। एक नजर में ही उसने कमरे में हर आदमी को देख लिया था। अक्सर ये उसकी आँखें थीं जो शब्द बनने के पहले उसके विचारों और भावों को व्यक्त कर देती थीं। कमरे की उस तरफ से मलका के साथ जो प्रतियोगिता और प्रतिद्वन्द्विता के बावजूद एक सखी थी उससे हँसी-मजाक चलाती रही। फैयाज खान अकड़ बैठे थे और उसकी तरफ उन्होंने नज़र डालने की भी ज़हमत नहीं उठाई।

इसके बाद अपनी आँखों में श्रद्धा भर कर गौहर खत्री जी की तरफ घूमी और सरल भाव से पूछा 'बाबू जी, क्या आप शेली (बाई जी) की महफिल में जाएँगे? गाड़ी तैयार है।' खत्री जी बोले 'नहीं'। उस शाम उनके पास एक जरूरी मेहमान था

और खत्री जी ने गौहर से पूछा कि क्या वह पहचान सकती थी कि वह कौन था। गौहर ने अपनी नजरें खान साहब पर गड़ा दीं। सोचते सोचते उसका चेहरा लाल हो गया, उसकी बाईं तर्जनी उंगली, नाचने की सुन्दर अदा और थोड़ी झुकी गरदन मुश्किल से ठुड्डी तक पहुँची थी कि आँखों से आश्चर्य का भाव गायब हो गया और धनुष की तरह भौंहें सामान्य हो गयीं। उसका चेहरा खुशी से चमक उठा और लगा कि उसकी फटी आँखें बहुत दिनों की भूली याद के बारे में बोलने लगेंगी। बाबू जी ने उसे ठीक से सोचने को और ध्यान देने को कहा और उसने वही किया।

एक रौनक भरी मुस्कराहट और मीठी आवाज में वह बोली, 'बाबूजी! वह मेरी याद से कैसे जा सकते थे। यह असंभव होता! जो चोट उन्होंने दी वह कुछ ऐसी चीज़ है जो मैं कभी नहीं भूलूँगी!' वह बहुत साल पहले दिल्ली में हुई दोनों के बीच संगीत प्रतियोगिता की बात कर रही थी। बहुत अच्छी मित्र होने के बावजूद गौहर और आगरे वाली मलका पेशे की दृष्टि से बड़ी प्रतिद्वन्द्वी थीं। दिल्ली की इस खास मुलाकात के बाद एक के बाद एक होने वाली संगीत महफिल में गौहर का गायन मलका के बाद हुआ था और हर तरह से वह मलका से आगे निकल गयी थी। अपनी प्रतिष्ठा को इस तरह धराशायी होती देख मलका का चेहरा लाल हो गया था। तभी उसके जवान और सुन्दर नये प्रेमी फैयाज खान ने अपनी प्रेमिका और आगरा और अपने घराने की इज्जत बचाने का जिम्मा अपने ऊपर लिया था। उन्होंने इतना अद्‌भुत प्रदर्शन किया था कि श्रोताओं पर गौहर के गायन का असर बिल्कुल खत्म हो गया। उनका यह काम मलका के प्रति उन्हें प्रिय बना गया और उनके प्रणय का मार्ग इसने प्रशस्त कर दिया।

दिल्ली में उस शाम की याद कर, गौहर कुछ विचारमग्न हो गयी, अपना सर नीचे कर लिया और अपनी गुलाबी जॉर्जेट की साड़ी के लेस वाली किनारी से खेलने लगी। उसने तब घोषणा की, 'बाबूजी, वे एकमात्र फैय्याज़ खान साहब थे, दिल्ली महफिल की प्रसिद्धि वाले।' और बहुत परिचय वाले भाव से उसने सीधे फैय्याज़ खान को सम्बोधित किया मानो वे वर्षों से उसके प्रिय दोस्त हों : 'तो खान साहब? मुझे यह कहा तक नहीं गया कि आप कलकत्ता आये थे! मलका तुमने मुझसे कहा क्यों नहीं? खैर, जो हुआ सो हुआ; अब खान साहब, मुझसे कहें आप हम लोगों के लिए कब गाएँगे?' 'गौहर की यह रवायत थी कि कोई प्रसिद्ध उस्ताद जो कलकत्ता आते उन्हें महफिल के लिए अपने घर बुलाती और प्रदर्शन के बाद कीमती उपहारों से उनके प्रति आदर व्यक्त करती थी। गौहर की आँखों में उस बच्चे की खुशी की चमक आ गयी जब वह दूसरे बच्चे के हाथ में एक नारंगी देख लेता है। आखिरी वाक्य में प्रार्थना का स्वर था और वह सच्चे भाव से भरा था।

जब गौहर उत्साहपूर्वक एक उत्तर की प्रतीक्षा कर रही थी, फैय्याज़ खान ने

कठोर, गर्वीला रुख अपनाया और गौहर को सीधे सम्बोधित करने के बदले मध्यस्थता के लिए खत्री जी को चुना। 'बाबू जी! हम लोग पच्छिम के हैं (अर्थात् उत्तर प्रदेश) और पूरब के लोगों के ढंग की हमें आदत नहीं है। इसलिए मुझे उसको सीधे जवाब देना बदगुमानी होगा; कृपया मुझे क्षमा करें। उसे यह बताने की दया करें कि यह हमारे घराने के सिद्धान्तों के ख़िलाफ़ है कि हम काँख में तानपूरा दबाये घूम-घूम कर गाते चलें। अगर उसे हम लोगों को सुनने की इतनी इच्छा है तो उसे आगरा जाने की तकलीफ उठानी पड़ेगी और हमारे घराने के संगीत के स्वाद में डूबना पड़ेगा। इसके अलावा मैं यहाँ गाने के लिए नहीं आया हूँ।' इस अप्रत्याशित जवाब ने सभी उपस्थित लोगों को चौंका दिया। उस जमावड़े पर एक व्यग्र शान्ति छा गयी किसी ने न जाना कि क्या कहा जाय। ज्यादातर लोगों ने ऐसे उत्तर से बहुत अपमानित अनुभव किया होगा और शायद कमरे से निकल गये होते। किन्तु गौहर तो एक खास ढाँचे में ढली थी।

उसने एक अजीब अनमने भाव से मुख घुमाया और हर आँख में एक खास नज़र के साथ बोली। एक सीधी-सादी आवाज में, मानो कुछ हुआ ही न हो, उसने एक व्यापारी, पुरुषोत्तम दास से, जो उसकी बगल में बैठे थे बोली, 'पुरुषोत्तम भाई! क्या आप यह बताने की दया करेंगे कि आगरा कलकत्ते से कितनी दूर है?' पुरुषोत्तम अहंकार की ऐसी लड़ाइयों के पुराने प्रत्यक्षदर्शी रह चुके थे। चेहरे पर बड़ी मुस्कराहट लाकर बोले, 'गौहर! तुम सचमुच मुझे अचम्भे में डालती हो! क्या तुम नहीं जानती हो कि आगरा कलकत्ते से कितनी दूर है? अच्छा, मैं तुम्हें बताता हूँ! आगरा कलकत्ते से उतनी ही दूर है जितनी कलकत्ता आगरा से। अगर तुम्हें मेरा विश्वास न हो, नाप करके देख लो, समझी?

गौहर ने अचम्भे का ऐसा बहाना बनाया जैसे वह अभी आसमान से गिरी हो, 'या अल्लाह! क्या ऐसा है? हो सकता है यह ऐसा है और आप सही हैं।' तब एक हथेली गाल पर रखकर, उसने भौंहें सिकोड़ एक शरारत भरी नज़र खान साहब और मलका पर डालते कहा, 'मैं सचमुच दूरी जानती नहीं, लेकिन लगता है अब आगरा और कलकत्ता ज्यादा दूर नहीं हैं, लगता है अब वे बिल्कुल नज़दीक आ गये हैं! पुरुषोत्तम भाई, आपको क्या कहना है? क्या मेरी थकी आँखों ने कुछ गलत देख लिया और मेरी नीच ज़बान से ईश्वर की निन्दा निकल गयी?' पूरे समय बेचारी मलका जो अपने प्रेमी और सखी के बीच परेशान करने वाली ज़बानदराजी में फँस गयी थी, खत्री जी से गौहर को रोकने का गुहार करती करती असहाय ताकती रही। किन्तु खत्री जी भी इस दिमागी लड़ाई का आनन्द लेने लगे और उसकी टकटकी की अनदेखी की। फैय्याज़ खान भयानक रूप से इस बेइज्जती से घबरा गये थे। वह एकाएक उठे, बाबूजी से अनुमति ली और गुस्से में हाल से बाहर निकल गये।

मलका जल्दी से माफी लेकर उनके पीछे चली।

पूरे समय गौहर बिल्कुल बेपरवाह चारों ओर देखती रही। फैय्याज़ खान और मलका के जाने के बाद, श्यामलाल ने गौहर को डाँट पिलायी और उसके व्यवहार के लिए उसकी आलोचना की। किन्तु गौहर ने केवल अपना सर झुका लिया और जो कुछ उन्होंने कहा उसने सुना मानों यह एक बड़ी उम्र के किसी शुभेच्छु का आशीर्वाद हो।

प्रदर्शन के क्षेत्र में गौहर का यह मुँहफट होना एक कहानी बन गया था। बहुत महफिलों में गायिकाओं के बीच प्रदर्शन की उत्तेजक प्रतियोगताएँ होती थीं। यह गौहर के समान सफलता धन और शोहरत प्राप्त करने की प्रत्येक गायिका की छिपी इच्छा होती थी। बेनजीर बाई जिन्हें दरभंगा राज से काफी संरक्षण प्राप्त था एक ऐसी तवायफ़ थीं जिन्हें उसी महफिल में गायन का अवसर मिला था जिसमें गौहर को भी आना था। बेनज़ीर बेजोड़ सुन्दर थी और सुन्दरता बढ़ाने के प्रयास और अपने को श्रोताओं को और सुन्दर दिखाने के लिए सर से पाँव तक वह कीमती गहनों से लदी पहुँची थी। किन्तु उसका प्रदर्शन केवल औसत रहा और उसकी सुन्दर पोशाक के बावजूद जब वह शुभकामना लेने उसके पास पहुँची गौहर ने अपने खास तीखेपन के साथ उसे उचित राय भी दी। 'बेनजीर तुम्हारे जेवर बिछावन पर चमक सकते हैं लेकिन एक महफिल में गायिका की हुनर ही मानी रखती है और प्रभावित करती है।' बेनज़ीर पीली पड़ गयी। उसने ऐसी तीखी टिप्पणी की उम्मीद नहीं की थी। वह चुपचाप गौहर के गायन की प्रतीक्षा करती रही। किन्तु गौहर ने उस शाम एक चमकदार प्रदर्शन किया। बेनज़ीर जो गौहर से मुकाबला करना चाहती थी शरमाकर चुप हो गयी। उसने साफ-साफ अपने सारे गहने उतार दिए और किराना घराने के शीर्ष उस्ताद करीम खाँ के पिता उस्ताद काले खान के घर मुम्बई झटपट पहुँच गयी। उसने उनके पैरों पर सारे गहने रख दिए और उनसे उसे एक योग्य गायिका बनाने को कहा। वृद्ध उस्ताद ने उन सारे गहनों को हटा दिया और बोले कि जिस समर्पण और भावना से वह आयी थी वह काफी थी और वह एक प्रतिभाशाली कलाकार में परिपक्व हो जायेगी। करीब दस वर्षों के कठिन प्रशिक्षण के बाद उसे दरभंगा दरबार में गौहर से मुकाबला का अवसर प्राप्त हुआ। बेनज़ीर को सुनने के बाद गौहर भी स्तब्ध रह गयी। वह सचमुच एक परिवक्व गायिका के रूप में परिवर्तित हो गयी थी। गौहर ने उसे बाँहों में भर लिया और अपनी भूरि-भूरि प्रशंसा व्यक्त करती बोली—'बेनज़ीर! भगवान तुम्हें सुखी रखे! अब तुम्हारे हीरे सचमुच चमक रहे हैं।'

फिर एक दूसरे प्रसिद्ध उस्ताद जो कलकत्ता आये वे थे पटियाला घराने के उस्ताद काले खान, विख्यात उस्ताद बड़े गुलाम अली खान के चाचा और शिक्षक थे। एक मनमौजी आदमी के रूप में जाने जाने वाले काले खाँ अक्सर संगीत के

अपने विचारों में खोये रहते थे। सान्याल जैसे प्रत्यक्षदर्शी जिन्होंने उन्हें गाते सुना था कहते हैं कि बिना तीखी धारों के उनकी आवाज सारंगी जैसी थी। यद्यपि यह लोगों को उस्ताद अब्दुल करीम खाँ के गायन की याद दिलाती थी, उनकी आवाज ऊपरी आठवें सुरों में अस्वाभाविक रूप से ऊँची नहीं उठती थी और अपने असली गम्भीर रूप को कायम रखती थी। खाने के पेटू होने के बावजूद घी की पूड़ी और राबड़ी भर खाने के तुरन्त बाद वे अपना प्रदर्शन शुरू कर सकते थे और फिर भी अपनी प्रस्तुति का कौशल बनाये रख सकते थे। वह अपने सनक भरे रियाज के लिए माने जाते थे जिसमें वे राग के एक सुर को घंटों लगातार गाते रह सकते थे। कई प्रकार के तानों में उनकी कुशलता जैसे भारी हलक तान और हल्की सपाट तान विख्यात थी, साथ ही बढ़त विस्तार में कुशलता या कदम-ब-कदम किसी राग को खोलना। गौहर कलकत्ते की एक महफिल में उन्हें सुनने के लिए गई। प्रदर्शन के बाद उसने खान साहब से उसे अपने शिष्य के रूप में स्वीकारने का आग्रह किया कि वे उसके चितपुर रोड के 'गौहर बिल्डिंग' में ठहरें और इन विशेष तकनीकों में उसे शिक्षा दें। यह गौहर की खासियत थी। एक प्रसिद्ध गायिका के रूप में उपलब्धियों के बावजूद वह नयी चीज़ों को सीखने की चाह और नये विचारों को आत्मसात करने के लिए पर्याप्त विनम्र थी।

काले खान ने उसे अपनी शिष्या बनाना स्वीकार किया और चूँकि कलकत्ता में ठहराव के लिए कम उपाय थे इसलिए उन्होंने उसके मकान के एक भाग में रहने की सहमति जताई। प्रशिक्षण के लिए बैठकें तत्काल शुरू हो गयीं। गौहर एक तेज़ विद्यार्थी थी और उन्होंने तुरन्त समझ लिया जो वे उसको पढ़ाते थे। किन्तु यह दुख की बात हुई कि पढ़ाई की बैठकों और गौहर से निकटता ने काले के दिमाग में बुरे विचार पैदा कर दिए। दिलीप मुखोपाध्याय के अनुसार एक दिन उन्होंने उसे बहुत नजदीक खींच लिया और बोले, 'तुम मेरा दिल भर दो और मैं तुम्हें दिल भर के गाना सिखाऊँगा।' गौहर इस जुल्म पर क्रोधित हो उठी। जिस आदमी का वह अपने गुरु के रूप में आदर करती थी उसके द्वारा ऐसा अभद्र प्रस्ताव एक अपमान था। उसने उन्हें तुरन्त घर छोड़ देने और फिर कभी अपना चेहरा उसे न दिखाने को कहा। फटकार मिले काले खान ने समझौते की कोशिश की लेकिन गौहर अड़ी हुई थी। उसने हमेशा के लिए दरवाज़ा बन्द कर दिया। काले खान ने तब बिडेन स्ट्रीट में शरण ली। अपने अड़ियल स्वभाव के कारण वहाँ भी शानदार सारंगीवादक और सदा गौहर के संगीतकार इमदाद खाँ के साथ भी उन्होंने गलतफहमी पैदा कर ली। काले खान एक जगह से दूसरी जगह बदलते रहे और अन्ततः बड़ी निराशा में पटियाला के लिए उन्होंने कलकत्ता छोड़ दिया। किन्तु उस समय तक गौहर और काले खान के बीच सम्बन्धों पर दोषारोपण नगर में बातचीत का विषय हो चुका था।

काले खान ने भी उसे कलंकित करने और गाली देने का कोई अवसर नहीं छोड़ा। वे उसे एक जादूगरनी और एक अजगरनी कहते थे। गौहर ने फिर भी शान्ति बनाए रखी और इस घटना से सम्बन्धित कोई बात नहीं करती थी। काले खान के एक अन्य विद्यार्थी विजय लाल मुखोपाध्याय थे जो 'गौहर भवन' में उपस्थित थे जब यह घटना हुई और उन्होंने इस सच्चाई को संसार के सामने रखा था।

काले खान वाले परिदृश्य ने सामान्य रूप से उन दिनों हिन्दुस्तानी संगीत को सिखाने और सीखने के बीच एक स्वीकृत मानदंड बनाया। बहुत सी प्रसिद्ध गायिकाएँ, विख्यात बेगम अख्तर को मिलाकर भी, मर्द उस्तादों और उनकी नारी शिष्याओं के बीच इस तरह के बुरे बर्त्ताव के बारे में चर्चा करती थी। ज्ञान के बदले उनसे दुर्व्यहार और कुकर्म की कामना मुश्किल से क्रोध आश्चर्य और अपमान का भाव उत्पन्न करती थी। यह इस पतित प्रथा का एक अन्य उदाहरण था जहाँ संगीत का साथ कई बुरे कर्मों से जोड़ा जाता था।

इससे सम्बन्धित उस्तादों की वह प्रवृत्ति थी जिसमें तवायफ़ विधार्थियों को पढ़ाने में वे हिचकते थे। इस बात का प्रमाण मोहम्मद अल्ली रुसवा के प्रसिद्ध उपन्यास 'उमराव जान' में पाया जाता है। लखनऊ की मशहूर तवायफ़ खानम् जान ने इतनी जानकार होने पर भी अपनी बेटियों के लिए एक उस्ताद को बहाल किया था क्योंकि तवायफ़ों को संगीत के बारे में जायज पहचान केवल घरानेदार संगीतकारों से सम्बन्धित होने पर ही मिलती थी। फिर भी घर में रहने वाले उस्ताद मुश्किल से स्त्री विद्यार्थियों की गलतियों को सुधारने की कोशिश करते थे जब वे रागों को गलत पैमाने पर गाती थी। यह खानम् का हस्तक्षेप होता था जो रागों को सही बताने के लिए उस्तादों को मजबूर करता था मगर फिर भी आधे दिल से। कुमार मुखर्जी जैसे विद्वानों ने संगीत शिक्षा के तीन प्रकार बताए हैं जो ये वंशागत पुरुष संगीतकार सिखाते थे : अपने पुरुष सम्बन्धियों को दिए जाने वाला, तवायफ़ों को दिया जाने वाला और वह जो गैर सम्बन्धी पुरुष विद्यार्थियों को दिया जाता था। स्पष्टत: उनके वरीयताक्रम में गुना और समर्पण प्रशिक्षण में दिया जाना अपने सम्बन्धियों के लिए सबसे ऊपर होता था। उन्हें चुनिन्दा रचनाएँ और वे विशेषताएँ बताईं जाती थीं जो उनके खास घराने का परिचय कराती थीं। कुल मिलाकार यह एक 'पारिवारिक सम्पत्ति' थी और सम्बन्धी के बाद वाले आदमी को भविष्य के पथ प्रदर्शकों के रूप में पहला अधिकार मिलता था। जबकि उस्ताद कड़ा अनुशासन रखते होंगे और अपनी तवायफ़ शिष्याओं से उसी अनुशासन की उम्मीद करते होंगे वे उनके प्रशिक्षण को जान बूझकर अधूरा रखते थे। उन्हें उतनी ही चीज़ सिखाई जाती थी जो कुशल मनोरंजक होने के लिए जरूरी होती और उसमें गूढ़ विशेषताएँ नहीं होती थी, मतलब बिल्कुल काम चलाऊ चीज़। मुखर्जी इस सम्बन्ध में एक मशहूर घटना की

बात करते हैं। एक तवायफ़ मुन्नीबाई उस्ताद अब्दुल करीम खान की प्रसिद्ध विद्यार्थी थी और बहुत प्रतिभाशाली कलाकार थी। विलासखानी टोड़ी जैसे रागों का गायन कम से कम एक से डेढ़ घंटा चलता था जिसमें मुहावरों और लाइनों की गाकर आवृत्ति नहीं होती थी। उस्ताद अल्लादिया खान ने अपने ऐसा एक प्रदर्शन सुना और स्तब्ध रह गये। उन्होंने तुरन्त यह कहते हुए गुरु को डाँटा, 'आप क्या कर रहे हैं? उसे उतना ही पढ़ाइए जितनी जरूरत है। अगर वह एक या डेढ़ घंटे के लिए गाना शुरू करती है तो हम लोगों को सुनेगा कौन?'

कभी कभी उस्ताद स्वर की खूबी और आरोह के प्रति इतने कठोर दक्षतावादी थे कि परिश्रम से भरा जो अभ्यास चाहते थे उससे कई नारी संगीतकारों की आवाज खराब हो जाती थी अथवा गम्भीर समस्या खड़ी हो जाती थी। यह संगीत शिक्षा का उलझा संसार था जिसको ठीक करने के लिए भातखंडे जैसे लोगों ने बहुत परिश्रम किया।

फिर भी धीरे-धीरे इन घरानों के उस्तादों के दिमाग में परिवर्तन आया। उस्ताद अल्लादिया खान और उस्ताद अब्दुल करीम खान जैसे वरिष्ठों ने शरीफ घरों और तवायफ़ घराने दोनों की स्त्रियों को अपने प्रशंसित वर्ग में लिया और कुशल कलाकारों में परिवर्तित करने के लिए उन्हें प्रशिक्षित किया। वास्तव में जब कोई उन स्त्री कलाकारों की सूची का विश्लेषण करता है जो घरानेदार संगीतकारों के रूप में पिछली शताब्दी के अन्तिम भाग में प्रतिष्ठित पदों पर थीं तो उनमें से बहुत जयपुर और किराना घरानों की थीं।

इन उस्तादों के अलावा तवायफ़ों के पास सिखाने के लिए उनके समाज के लोग भी होते थे और मूलतः यह उसकी प्राप्त शिक्षा का बड़ा भाग होता था। सीखने का दूसरा साधन था उसका सारंगी वादक। ये वादक प्रतिष्ठा और खानदान दोनों दृष्टियों से सामाजिक, सांगीतिक वर्ग के सबसे निचले दर्जे के लोग थे। दलालों के रूप में उन्हें नीची निगाह से देखा जाता था। वे तवायफ़ों से जीविका चलाते। बहुतबार उनके घरों में और उन्हें परजीवी समझा जाता था। किन्तु साथ ही वे बाई जी लोगों को काफी संगीत का ज्ञान भी देते थे। कभी-कभी जब वे गाती रहतीं वे उनको सही भी करते और जब वे गाने को भूल जातीं तो याद दिलाने को इंगित भी करते। उनसे ज्यादा तबलची की स्थिति भी ठीक नहीं थी, और उसे भी कोठे में एक शरणार्थी ही समझा जाता था हालाँकि किसी महफिल की सफलता में उसकी बड़ी भूमिका होती थी।

गौहर जान के पास भी बहुत ऐसे शरणार्थी थे। बनारस के उसके गुरु पंडित गौरीशंकर मिश्र के दूसरे बेटे पंडित बेचू मिश्र बहुत दिनों तक उसके सारंगिया रहे। पंडित बेचू अक्सर गौहर को सिखाने के लिए कलकत्ता जाते थे। उनकी अनुपस्थिति

में उनके लड़के भी यही काम करते जब वे प्रदर्शन में गायिका के साथ होते। ज्यादातर बाईजियों के लिए दोनों तरफ दो सारंगिया बैठते थे। दाहिनी तरफ वाले ज्यादा वरिष्ठ और आदरणीय होता था जबकि दूसरी तरफ वाला कनिष्ठ सारंगिया था। शुरू के दिनों में पटना के उस्ताद इमदाद खान गौहर के लिए दूसरे सारंगिया होते थे। तबलची लड्डन खान जो प्राय: गौहर के साथ जाते थे पीछे की तरफ बैठते थे। इस प्रकार संगीत संसार में उनकी श्रेणीबद्धता निश्चित होती थी।

हिन्दुस्तानी शास्त्रीय संगीत के प्रदर्शन और प्रसारण में जहाँ लिंग और सामाजिक परिचय संश्लिष्ट भूमिका अदा करता था यह ध्यान देने की बात है कि गौहर जान और उसकी तरह की स्त्रियों ने इतने अवरोधों के बाद भी अद्‌भुत सफलता प्राप्त की।

किन्तु गौहर इस अर्थ में पुरुष उस्तादों से अलग थी कि वह उन लोगों को अपना ज्ञान देती थी जो उसे माँगने आते थे। परिणामस्वरूप नयी स्त्री संगीतकारों की एक पूरी पीढ़ी खासकर ठुमरी और गज़ल में विशेषता प्राप्त करने वाली गौहर जान का बड़ा आदर करती थी और उसे आदर्श मानती थी।

पाँच वर्ष की बिब्बी उनमें से एक थी। 5 दिसम्बर, 1919 की सुबह स्कूलों की लेडी इंस्पेक्टर मिस लिन अपनी दोस्त प्रसिद्ध 'मैडम गौहर जान' के साथ फैजाबाद के मिशन स्कूल में बिब्बी के क्लास में पहुँची। बिब्बी गौहर की पोशाक पर मुग्ध हो गई, एक उजला गरारा ढ़ाका का जमदनी दुपट्टा और उसकी किनारी से लटकते सोने के फुंदने और उसके चमकते हीरों पर। उसका प्रवेश इतना प्रभावशाली था कि छोटे बच्चे मुग्ध हो गये। छोटी बिब्बी जो आगे की लाइन में बैठी थी उसे फुंदनों को खींचने और उस स्त्री का ध्यान आकर्षित करने का लालच हुआ। लाल गालों वाली उस सुन्दर बच्ची को पोशाक खींचते देखकर गौहर ने उसे उठा लिया और उससे पूछा कि क्या वह गाना जानती थी। बिब्बी ने अपनी माँ मुश्तरी के मर्सिया गाये जाने को सुना था और बहुत विश्वास से प्रसिद्ध मेहमान के लिए गाने को तैयार हो गयी। उसने एक जाना-माना गीत, 'अम्मा मोरी भैया को भेजो री कि सावन आया, बेटी तेरा भैया तो बाला री' गाया। उसके साफ सुथरे गीत ने गौहर को बहुत प्रभावित किया। उसने पूछा कि वह किसकी बेटी थी। बताए जाने पर वह एक शरीफ मुस्लिम घर की थी, गौहर ने अफसोस जाहिर किया कि तब तो उसे गाना गाने की इज़ाजत नहीं मिलेगी। उसने तब उस लड़की के बारे में अपनी प्रसिद्ध भविष्यवाणी की, अगर उसे सही प्रशिक्षण दिया जाएगा तो उसमें मल्लिका-ए-गज़ल बनने के सभी गुण थे। गौहर की भविष्यवाणी जवान बिब्बी के लिए आशीर्वाद साबित हुई जो आगे चलकर इस महाद्वीप की सबसे लोकप्रिय गज़ल गायिका बेगम अख्तर हुई और यह ऐसी चीज़ थी जिसे बेगम साहिबा ने अपने पूरे

जीवन में अक्सर बड़े गर्व के साथ कहा।

दूसरी कहानी यह है कि बेगम अख्तर, जिन्होंने किसी समय नाटकों और फिल्मों में जीवन के बारे में गम्भीरता से सोचा था, गौहर के प्रदर्शनों को सुनने के बाद अपना निर्णय बदल लिया था और उसके गायन और उसकी शैली से बड़ी प्रभावित हुई थी। संयोग से यह गौहर के सारंगी वादक उस्ताद इमदाद खान थे जो बेगम अख्तर के गुरु हुए। गौहर ने वेशभूषा की शैली भी विकसित की जो उस युग की नारी गायिका ने अपनायी।

बेगम अख्तर की दूसरी समकालीन जो अपने युग की श्रेष्ठ गायिका थी वह थी बनारस की सिद्धेश्वरी देवी। एक बच्ची के रूप में उन्होंने गौहर के रेकॉर्ड सुने थे और उनकी तरह गाने की बड़ी उम्मीद रखती थीं। बहुत वर्ष बाद 1930 के वर्षों में जब एक प्रसिद्ध कॉन्फ्रेंस में कलकत्ता में उसने गाया तो सिद्धेश्वरी देवी भावमुग्ध हो गयीं। वह आखिर उसी स्थल पर गा रही थीं जहाँ गौहर जान, आगरे वाली मलका जान, मौजुद्दीन वगैरह ने गाया था। जब उन्होंने ठुमरी गाना शुरू किया 'पिया परदेश मोरा मन हारा', तो श्रोताओं को बीते सालों की प्रसिद्ध गायिकाएँ याद आ गईं और उन्होंने उनकी प्रशंसा की। उन्होंने अपना गायन भैरवी में एक अद्‌भुत ठुमरी से समाप्त किया 'काहे को डारे गुलाल-।' संयोग से गौहर के विरोधी उस्ताद फैयाज खान भी वहाँ उपस्थित थे और इस जवान गायिका की तारीफ करते हुए उन्होंने टिप्पणी की थी: 'बाद गौहर जान और मलका जान के यह सेहरा तेरे ही सर है—तू ठुमरी की रानी है।'

कलकत्ते के एक संगीत समीक्षक के इन्टरव्यू में सिद्धेश्वरी देवी ने कहा :

'मेरे लिए गौहर जान और मलका जान आकाश की तारिकाओं की तरह थीं। एक बच्ची के रूप में अपने पड़ोसियों के ग्रामोफोन पर मैंने उनके रेकॉर्ड सुने थे। मेरे लिए शुरू में गहरी प्रेरणा के जरिया रही थीं जब गायिका होने का सपना भी बड़ा असंभव लगता था। यह बात कि उनके नामों के साथ मेरा नाम लिया भी गया मुझे ऐसा परितोष मिला जिसका वर्णन नहीं कर सकती। वह भी एक विशिष्ट कलाकार फैयाज खान की तरफ से जिन्हें मैं बड़ी प्रशंसा और भय से देखती हूँ। जब कभी मैं उस अवसर को याद करती हूँ, एक विशेष भावना से भर जाती हूँ...।'

अमृतसर से एक दूसरी छोटी लड़की थी जो अपनी माँ के साथ कलकत्ता चली आयी थी। उसके शुरू के जीवन की कहानी ठीक गौहर की कहानी की तरह थी। उसकी माँ राजबाला मोतीलाल बोस के द ग्रेट बेंगाल सरकस में कलाबाजी दिखाने वाली कलाकार थी। वह बोस की पत्नी हो गयी और 1988 में अमृतसर में एक बेटी को जन्म दिया। उसका नाम इंदुबाला रखा गया। शीघ्र ही बोस की रुचि राजबाला में कम हो गयी और जीविका की खोज में माँ और बेटी कलकत्ता चली

गयीं। एक धनी आदमी जीवन कृष्ण घोष ने उन्हें शरण दी और अन्त तक राजबाला उनके प्रति वफादार बनी रही। एक बार कलकत्ता आ जाने पर राजबाला ने स्वयं गायिकी का प्रशिक्षण लिया और यहीं इंदु के संगीत का प्रशिक्षण शुरू हुआ। शुरू में उसका एक नर्स होना माना जाता था और एक प्रशिक्षु के रूप में कलकत्ते में पाटल डांगा अस्पताल में उसका नाम लिखाया गया। किन्तु इंदु को उस पेशे में एकदम रुचि नहीं थी और वहाँ से वह भाग गयी। मोतीलाल बोस, फिर भी अपनी बेटी को बहुत मानते थे और उससे सम्पर्क रखते थे। यद्यपि उन्होंने माँ को त्याग दिया था अपनी माँ एक गायन-सभा में बारह साल की इंदु ने भी प्रदर्शन किया और श्रोताओं से प्रशंसा पायी। इसके बाद पंडित गौरी शंकर मिश्र और उनके भाई काली प्रसाद मिश्र की छात्रा के रूप में उसने प्रवेश लिया।

पंडित मिश्र का रिवाज था कि भगवान कृष्ण के जन्मदिन पर वे जोरासांको के अपने किराये के मकान पर रात भर संगीत प्रदर्शन चलाते थे। एक बार मुख्य अतिथि के रूप में ऐसे अवसर पर गौहर जान को निमन्त्रित किया गया और गौरीशंकर के सारे छात्रों को भी गाना था। वहाँ पहली लाइन में गौहर जान को बैठी देखकर इंदु बहुत घबरा गयी और बड़े डर से गाना शुरू किया। उसने एक ठुमरी गायी और जाने के लिए उठ खड़ी हुई। किन्तु गौहर ने उसे बैठने और एक दूसरा गीत और तब फिर एक और गीत गाने को कहा। प्रदर्शन के बाद गौहर ने उसे गोद में भर लिया और उसकी सुन्दर आवाज की खूबी के लिए बधाई दी। उसने दूसरे दिन मिलने के लिए पंडित मिश्र को उसे लाने के लिए कहा। उत्सुकता के कारण बेचारी इंदु रात भर सो न सकी। भारतीय संगीत की प्रमुख गायिका के द्वारा उस छोटी बच्ची के लिए बधाई पाना एक बड़ी उपलब्धि थी। वह शाम इंदु के जीवन में परिवर्तन लाने वाली थी।

गौरी शंकर गौहर के प्रधान सारंगिया थे। वे जानते थे कि गौहर इंदु को अपने अधीन एक छात्रा के रूप में लेना चाहती थी। उसके भाई काली प्रसाद इस बात के बहुत विरोधी थे लेकिन आखिरकार अपने बड़े भाई की इच्छाओं को मान गये। दूसरी सुबह जब वे गौहर जान के घर पहुँचे गंडा बन्धन संस्कार की सारी तैयारी कर ली गयी थी और बाँटने के लिए करीब एक सौ लड्डू तैयार थे। गौहर के बारे में इंदु की पहली याद एक बिल्कुल घरेलू और विनम्र संगीतकार की थी जिसे राष्ट्रीय स्तर पर महान होने का घमंड नहीं था। उसने बच्ची का आलिंगन किया और गंडा बाँधकर इंदु को एक छात्रा के रूप में स्वीकार करने की प्रक्रिया पूरी की। उसने उसे कुछ गाने को कहा और उस बच्ची ने एक बंगाली टप्पा गाया, 'शुनों राजकुमारी हाथे धोरी, प्राणे दिओ ना आर व्यथा।' गौहर ने तारीफ की और हिम्मत बढ़ाई हालाँकि उसकी गलतियों को सुधारा भी। उसने राग भूपाली में एक टप्पा से पढ़ाना शुरू किया 'आ मिला मेहरा मियाँ'। फिर भी अपनी जरूरी यात्राओं के कार्यक्रम और

व्यक्तिगत समस्याओं के कारण गौहर पढ़ाने में नियमित नहीं थी। लेकिन जब कभी वह कलकत्ता में होती तो वह इंदुबाला को घर बुलाती और उसे शिक्षा देती थी। संगीत के अलावा इंदु ने शिष्टाचार, प्रदर्शन में क्या करें क्या न करें, मंच पर के तौर तरीके इत्यादि के बारे में बहुत मूल्यवान पाठ पढ़े जो जीवन भर उसके साथ रहे। यह बहुत मूल्यवान और प्रत्यक्ष अनुभव की चीज़ थी जो गौहर जान की कद की गायिका कलाकार उससे साझा कर रही थी।

इंदु बाला की डायरी के लाइनें गौहर जान के बारे में मूल्यवान अन्तर्दृष्टि देती हैं, एक नारी जिसकी उसने प्रशंसा की, जिससे प्यार किया और जिसका आदर किया। वह बताती है कि कैसे गौहर कई भाषाएँ प्रवाहपूर्ण बोलती थी और कविताएँ लिखने में कितनी योग्य थीं। वह दुख जताती है कि इस महिला को इसके लिए दाय कभी नहीं मिला। वह खास करके गौहर के द्वारा रचित दुर्लभ राग लक्ष्मी टोरी जिसे झपताल में बैठाया गया था, उसमें गौहर द्वारा रचित सुन्दर ख़याल की याद दिलाती है :

'तुम हजरत ख्वाजा, सब राजन के राजा, हूँ आई हूँ तेरो दरवाज़ा
गौहर प्यारी की अरज यही है, जग में राखो मेरी लाजा।'

इंदु ईडेन गार्डेन के नजदीक कलकत्ते की चौड़ी सड़कों पर अपनी घोड़ा-गाड़ी में गौहर की तेज़ सवारी को याद करती है। जिसने उसे प्रभावित किया वह था गौहर द्वारा अपनी सवारी में बड़े, गोल धूपचश्मे को पहनना। लोयला जान नाम की लड़की हमेशा उनके साथ रहती और लोग कहते थे कि वह उसकी लड़की थी क्येंकि उसका रंग और नाक-नक्श गौहर से मिलते थे। इंदु लिखती है कि एक बार इडेन गार्डेन के नजदीक बैंड स्टैण्ड के पास उसके पिता खड़े थे जब गौहर ने उनको देख लिया। उसने जोर से चिल्लाकर ऐसे अभिवादन किया, 'आदाब अर्ज है महाराज' और उन्होंने विनम्र जवाब दिया 'तस्लीम बाई!' जब घोड़ा-गाड़ी में नहीं होती थी तो गौहर शाम को इडेन गार्डेन में टहलती, प्रोमिनेड पर औट्रम घाट में रेस्तराँ में चाय के लिए रुकती, तब दूसरी बार इडेन में बत्तियाँ जल जातीं तो टहलती और तब हैरिसन रोड पर श्याम लाल खत्री जी के घर चली जाती या थोड़ी देर गपशप करने सुरबहार वादक हरेन्द्र नाथ शील के घर। एक दूसरे मित्र जिनके यहाँ वह अक्सर जाती, वह थे नरेन्द्र नाथ चटर्जी। वहाँ पान खाने और घर लौटने के पहले दिन भर का हाल-चाल लेने-देने उनके यहाँ जाती। गौहर ने कभी-कभी जो चिट्ठियाँ इंदु के पिता को लिखीं वे शिष्टाचार और विनम्रता से भरी रहती थी। वह अपने को बिल्कुल अहंकार शून्य प्रमाणित करती है।

इंदु के साथ गौहर के पास एक दूसरा विद्यार्थी था, अनाथनाथ बोस। इन दोनों

को प्रशिक्षण के प्रति अपने प्रेम के कारण पढ़ाती थी और उनसे किसी फीस की उम्मीद नहीं करती थी। बोस आज के बांग्लादेश के जैसोर में पैदा एक किशोर था जो अपने संगीत प्रेम के कारण कलकत्ता आ गया जब वह करीब पन्द्रह वर्ष का था। गौहर ने सेठ दुलीचन्द के घर पर उसे सुना था और जब आग्रह किया गया तो उसे अपना छात्र स्वीकार कर लिया था। अपने पाठों की चर्चा करते हुए इंदु कहती है कि यदि कोई छात्र रियाज करते समय एक ताल या सुर छोड़ दे तो गौहर केवल एक भौंह चढ़ा लेती जो छात्रों को बताने के लिए काफी था कि उन्होंने गलती की थी। उसकी भौंहो में भावनाओं को व्यक्त कर देने की बड़ी क्षमता थी—खुशी, सन्तोष, नफरत नाखुशी और गुस्सा। अगर छात्र अपनी गलती नहीं सुधार पाता तो वह स्वयं गा कर रास्ता बता देती थी।

इंदु गौहर के प्रति अपने ऋण को कृतज्ञतापूर्वक स्वीकार करती है कि जो थोड़े साल उन्होंने एक दूसरे के साथ बिताए उनमें गौहर ने उसे बहुत प्रभावित किया। यह कहते हुए कि गौहर एक प्रतिभा थी और उसकी असली कीमत बहुत कम लोग जानते थे, उसने अपने शिक्षक और मित्र की बड़ी प्रशंसा की। और फिर भी वह सरल, विनम्र, घमंड और जलन से रहित और प्रशंसा में उदार थी चाहे गायक छोटा कलाकार हो या बड़ा। एक चीज़ जो इंदु ने मजाक में कहा कि एक सच्ची औरत के रूप में गौहर ने कभी अपनी उम्र नहीं बतायी। अगर इंदु ने मजाक में उसकी उम्र पूछी भी तो वह खट से जवाब देती, 'मेरी उम्र उतनी है जितनी लोग मुझमें देखते हैं।'

इंदु के लिए दुर्भाग्य से उसके पहले वाले गुरु खासकर काली प्रसाद मिश्र गौहर से उसके सम्बन्धो को बुरा मानने लगे। चूँकि गौहर अक्सर लम्बे समय के लिए शहर से बाहर रहती थी, इंदु उन लोगों से अपना नियमित पाठ पढ़ती थी। कुछ समय के बाद उन्होंने इंदु से कहा कि अगर वह गौहर के यहाँ जाना जारी रखेगी तो वे उसको नहीं पढ़ाएँगे। राजबाला को मिश्र भाईयों के साथ बहुत अभ्यर्थना करनी पड़ी तब वे एक समझौते पर पहुँचे। एक पूर्व निश्चित दिन पर मिश्र के घर पर एक यज्ञ किया गया। इस संस्कार में इंदु को बुलाया गया और जो गंडा उसे गौहर से जोड़ता था, शिष्य के रूप में, उसे काटकर हवनकुंड में डालने की जबर्दस्ती की गयी। यह इंदु के लिए बहुत ही दुखद संस्कार था और उसका दिल टूट गया था। इसका मानी था कि वह उस औरत के साथ अपने अद्वितीय बन्धन को तोड़ रही थी जिससे वह सचमुच प्यार करती थी, जिसका आदर करती थी और जिससे इतना कुछ सीखा था। इंदुबाला अपने समय के सबसे बड़े गायकों और अभिनेत्रियों में से एक हुई, और हमेशा उसने गौहर जान को अपना मनचाहा गुरु कहा, एक ऐसा गुरु जिसकी उसकी प्रतिभा-सृजन में सबसे बड़ी भागीदारी थी।

इंदुबाला की डायरी से गौहर के जिन प्रभावों का ज्ञान होता है, ठोस रूप में

मौजूद हैं। गौहर ऐसी स्त्री थी जिसके प्रति लोगों की प्रतिक्रिया बड़ी तीव्र होती थी जिन लोगों ने उसे पसन्द किया उन्होंने उसे प्यार किया, जिन्होंने नहीं किया उन्होंने उसके बारे में हर चीज़ से नफरत की! जो ध्यान देने की बात है वह है उसका सन्तुलन, जिससे उसने दोनों प्रकार की चीज़ों से मुकाबला किया। उसने अपनी शर्तों पर अपने जीवन को पूरी तरह जिया। किन्तु उसके लिए भाग्य की अपनी योजना थी। वह एक व्यक्तिगत दुख से दूसरे दुख तक गयी लेकिन जब वह करीब चालीस की थी तो लगा कि वह उस तरफ बढ़ रही थी जो उसके जीवन की सबसे बड़ी गलती साबित होने वाली थी।

अनुभाग – 3
महिमा से पतन

रहमत नहीं कुछ चीज़ पर ऐ वाइज नाकस
जो हद से गुजर जाए वो बन्दा नहीं होता।
—बड़ी मलका जान, मख़ज़ान-ए-उल्फत-ए-मल्लिका

13
प्रलय का इंगित

प्रसिद्ध कवि अकबर इलाहाबादी गौहर के बड़े प्रशंसक थे और उन प्रदर्शनों में जहाँ गौहर नहीं होती उन्हें बेजान कहने की प्रसिद्ध टिप्पणी की थी। उसी इलाहाबादी ने, फिर भी, उसके व्यक्तिगत जीवन पर बहुत व्यंग्यपूर्ण शेर कहा था:

'आज अकबर कौन है दुनिया में गौहर के सिवा
सब खुदा ने दे रखा है उसे, एक शौहर के सिवा'

एक दूसरे शेर में वे उसे सीधे सम्बोधित करते हैं—

'अदा है, हुस्न है, सिन है, सभी जौहर है ऐ गौहर
मगर यह एक कमी है कि तू रखती नहीं शौहर'।

गौहर के सभी प्रणय-सम्बन्ध तात्कालिक पलायन साबित हुए थे जो समय में टिक नहीं सके। व्यंग्य यह था कि उसने उन सभी धनी लोगों और बड़े उस्तादों को छोड़ दिया जो उसके प्रेम में पागल थे, लेकिन बहुत अयोग्य प्रेमियों को चुनकर पतन स्वीकार किया।

जब गौहर भगलू द्वारा उस पर किए गए मुकदमे का झमेला झेल रही थी, उसका पेशावरी मैनेजर अब्बास उसकी सहायता को उसके साथ दृढ़ता से खड़ा रहा। जो उस समय उसने सहायता दी उससे वह बड़ी प्रभावित थी और उसमें उसका विश्वास और अधिक बढ़ता गया। उसकी कृतज्ञता और प्रशंसा शीघ्र ही प्रेम में बदल गयी और थोड़े ही दिन में वह अपने अकेलेपन की दवा उसमें देखने लगी। इस व्यवहार से शुरू में अब्बास घबरा गया क्योंकि वह उसे मालकिन के रूप में देखता था और बड़ा आदर करता था। लेकिन फिर भी अब्बास तो मनुष्य ही था और कुछ समय बाद उसके मोह में फँस गया। यह जानते हुए कि सारा संसार गौहर के प्रति आकृष्ट था, यह कोई आश्चर्य की बात नहीं थी।

1913 में गौहर ने अब्बास के साथ 'मुता शादी' की। इस्लाम में मुता एक प्रचलन है जो दो आदमियों को कुछ दिनों के लिए विवाह-बन्धन में जोड़ने का समझौता कराता है जो कुछ घंटों, कुछ दिनों और कुछ महीनों के लिए हो सकता है। मर्द से यह उम्मीद की जाती है कि वह औरत को कुछ कीमती चीज़ दे और वह विवाह करे और कानूनी छूट से पति-पत्नी की तरह उतने दिनों रहे। समझौते के खत्म होने पर वे अलग हो जाते हैं। इसके विपरीत निकाह हमेशा के लिए धार्मिक रूप से सम्पन्न विवाह होता था। यह निश्चित नहीं कि समझौते के दरमियान अब्बास ने कौन सी 'मूल्यवान' चीज़ गौहर को दी। किन्तु उन लोगों ने पति-पत्नी के रूप में ज्यादा समय बिताना शुरू किया। इन्दु बाला के अनुसार, जो गौहर की एक छात्रा थी, अब्बास करीब-करीब सभी प्रदर्शनों में उपस्थित रहता था जो लोगों को अच्छा नहीं लगता था। प्रदर्शन के अन्त में वह श्रोताओं में धनी लोगों से पैसे के लिए मोल-तोल करता था और उनसे उबा देने वाले सवाल करता जैसे 'क्या आप नहीं सोचते हैं कि वह बेजोड़ है? क्या आप नहीं सोचते हैं कि उसे और पैसा मिलना चाहिए?' वह संभवत: सोचता था कि एक बढ़िया मैनेजर, सचिव का यही काम होना चाहिए।

गौहर ने देखा था कि अब्बास एक तरह का नौसिखुआ तबलची था। जब वह करीब आठ या दस बरस का था, और लखनऊ में रहता था, उसके एक प्रसिद्ध पड़ोसी थे, पंडित राम राम मिश्र जो एक कुशल तबलावादक थे। मिश्र के साथ लगातार सम्बन्ध ने अब्बास में भी थोड़ी रुचि पैदा की और उसने भी तबला बजाना सीखा लेकिन गम्भीरता से कभी उसमें नहीं लगा। फिर भी, गौहर के लिए उसमें यह बात अच्छी ही लगी।

जब गौहर ने अपना स्नेह दिया, उसने यह बेरोकटोक दिया। अब्बास ने न केवल उसका प्रेम पाया बल्कि उसका उसमें सांकेतिक विश्वास भी। पर अब्बास के साथ सच्चाई यह थी कि उसने अपनी अटल सहायता और वफादारी से यह विश्वास अर्जित किया था। अब्बास के प्रति उसकी ऐसी संवेदना थी कि भगलू द्वारा किये गये मुकदमों को अदालत द्वारा खारिज और चितपुर रोड वाले घर को खाली करने के आदेश के एक हफ्ते के भीतर गौहर ने अपने हस्ताक्षर से एक दस्तावेज़ बनाकर (20 जून, 1913 को) महल की तरह 49 चितपुर रोड वाले घर को अब्बास के नाम कर दिया। दस्तावेज़ में शर्त थी कि घर के तीन हिस्सों का किराया गौहर को मिलना था। चूँकि उसके वकील गणेश चन्द्र चन्द्रा बीमार थे, नं. 2 ओल्ड पोर्ट ऑफिस के श्री बी. के. बसु ने वह सौदा तैयार किया और वकील से उस पर हस्ताक्षर करा लिया। उन्होंने इसे पढ़कर गौहर को सुनाया और वह शर्तों पर सहमत हो गयी। बसु ने यह कहते हुए अपने फाइल में जोड़ दिया कि 'मेरे द्वारा पढ़ा और समझा दिया गया और

उसके (गौहर) द्वारा सहमति जताई गयी।' यहीं शुरू हो गया गौहर के दुखों का आह्वान।

अब्बास का पिता जो अब तक पृष्ठभूमि में रहा था और मुकदमे के संघर्ष भरे दिनों में अपने बेटे और मालकिन के साथ खड़ा था अपने बेटे के घर पर अधिकार जमाते हुए घर में प्रवेश कर गया। अपने साथ वह लेता आया बतंगड़ करते रिश्तेदारों को जिन्होंने उस घर की शान्ति को भंग कर दिया। उनकी उपस्थिति ने गौहर के रियाज़ की बैठकों और महफिलों को जिनकी उसे आदत थी बड़ा नुक्सान पहुँचा। किन्तु अपने 'ससुर' का अनादर करने की बजाय उसने स्ट्रीट वाले अपने घर को बेच दिया और फ्री स्कूल स्ट्रीट में एक घर खरीद लिया। 1914 के शुरू में वह इस नये आवास में चली गयी।

गौहर और अब्बास का प्रणय कुछ समय तक चलता रहा। गौहर अपने जीवन में एक आदमी के रहने से निश्चिन्त अनुभव करती थी जो उसके कानूनी झमेलों, उसके गायन-प्रदर्शनों और रिकॉर्डिंग के समय और पैसे-कौड़ी और सम्पत्ति का हिसाब-किताब रखने को तैयार था। इससे उसे संगीत-कार्य में व्यस्त रहने की आजादी मिलती थी। गौहर के व्यस्त कार्यों के साथ-साथ अपनी जिम्मेवारियों को ईमानदारी और ठीक से अब्बास निभाता था।

किन्तु शीघ्र ही वह अपने धूर्त पिता गुलाम मेंहदी हुसैन खान के चक्क र में पड़ गया। मेंहदी खान कलकत्ता, बल्कि भारत की सबसे धनी और लोकप्रिय तवायफ़ से अपने बेटे के सम्बन्ध का अधिकतम लाभ उठाना चाहता था। गौहर को एकाएक अब्बास के व्यवहार में परिवर्तन दिखाई पड़ने लगा। वह फ्री स्कूल स्ट्रीट वाले घर से अलग रहने और चितपुर रोड के अपने सम्बन्धियों के साथ ज्यादा समय बिताने लगा।

जीवन में इतने उत्थान-पतन देखने और अपने प्रेमीजनों के इतने धोखा और चालबाजियों का सामना करने के बाद गौहर अब्बास के बारे में अधिक शंकालु और उसे कब्जे में रखने की आदी हो गयी। उसकी असुरक्षा की भावना ने उसे बहुत गलत बातें बोलने और करने को मजबूर कर दिया। बाद में वह पछताती और माफी माँगती लेकिन दूसरे ही दिन उसके कुछ काम को अपने विरुद्ध देखकर और उसे गैर जिम्मेवार समझ बिगड़ उठती और वही दृश्य फिर दुहराया जाता।

इस बीच अब्बास ने अपना जाल फैलाना शुरू कर दिया था और कलकत्ते की तवायफ़ों के बीच उसकी लोकप्रियता बढ़ती जा रही थी खासकर इसलिए कि वह नगर की सबसे मशहूर तवायफ़ का चहेता युवक माना जाता था। थोड़े ही दिनों मे उसकी मित्रताएँ प्रणय-सम्बन्धों में बदलती गयीं और गौहर ने जवान तवायफ़ों में से कुछ के साथ उसके भागने की कहानियाँ सुननी शुरू कीं। जब उसने उसका सामना

किया वह अपने को निर्दोष बताने का बहाना कर माफी माँगता। लेकिन अब्बास के विषय में कुछ ऐसा था जिससे गौहर द्रवित हो उठती। जब वह उसे देखती और उसके निर्दोष होने का प्रतिवाद सुनती थी उसका गुस्सा और बेचैनी खत्म हो जाती। या तो वह उसे जानबूझकर भी बेहद प्यार करती या तो व्यग्रता से ऐसे आदमी से सहायता की चाह रखती थी जो उसकी रक्षा करता और उसके जीवन में सही रास्ता दिखाता। यही बात उसे अब्बास को छोड़ने से रोकती थी।

जैसा कि अब्बास को लिखे उसके पत्रों से लगता है, इस समय की गौहर एक ऐसी औरत के रूप में दिखाई पड़ती है जो असुरक्षाओं और मन की भावदशाओं की अतियों के बीच व्यग्रता से झूल रही थी। हर बार वह प्रदर्शन के लिए कलकत्ता से बाहर जाती, अब्बास हमेशा उसके दिमाग में रहता। हर जगह से वह ऐसी चिट्ठियाँ लिखती जो एक दूसरी की उल्टी होतीं।

1915 में गौहर एक लम्बी प्रदर्शन-यात्रा पर रवाना हुई जो पूरे देश में आर-पार उसे जहाँ-तहाँ ले गयी। उसने मुम्बई से शुरू की एक यात्रा जिसने अमृत केशव नायक और उसके साथ बिताये मस्त दिनों की याद ताजा की। वह एक ऐसा व्यक्ति था जिसकी याद वह हमेशा करती थी। मुम्बई में ठहराव के दौरान वह अपनी दोस्त, प्रसिद्ध गायिका अंजनीबाई मालपेकर के यहाँ रुकी।

किन्तु इस यात्रा के दौरान भी उसकी व्यक्तिगत लड़ाई गहन रूप से चालू थी। 7 मई, 1915 को उसने मुम्बई से अब्बास को एक पत्र लिखा, ऐसे स्वर में कि लगता था वह उसे आखिरी चेतावनी दे रही हो। उसने उसे खासकर कहा कि वह उसे अकेला छोड़ दे। 'कृपया इसके बाद मुझसे कोई सम्पर्क या सम्बन्ध मत रखो। तुमने मुझ पर बड़ी दया और वफादारी दिखाई है। ईश्वर ने तुम्हें मेरी सम्पत्ति का प्राप्तकर्त्ता बनाया है। मैं प्रार्थना करती हूँ कि ईश्वर की कृपा से तुम वहाँ सुख और शान्ति से रहो और अगर ईश्वर ने चाहा तुम वहाँ आराम से रहोगे।'

इस कड़ी चिट्ठी के ठीक उलट वह चिट्ठी थी जो उसने मुम्बई से 10 मई को उसे भेजी। बहुत पछतावा जताते हुए अपनी कठोरता के विरुद्ध उसने उससे दया करने की प्रार्थना की। 'अब्बास, मैं हाथ जोड़कर तुमसे माफी माँगती हूँ। तुमने मेरे साथ कुछ बुरा नहीं किया है, न ही तुमने बेईमानी का व्यवहार किया है। गहरे दिल से मैं यह जानती हूँ कि तुम्हारा मतलब अच्छा है और तुम हमेशा अपने विचार में मेरी भलाई का खयाल रखते हो। इमाम हुसैन की कसम, मुझे माफ कर दो और अपने शेष जीवन में तुम्हारा उपकार कभी नहीं भूलूँगी। मैं जानती हूँ कि तुम मेरे प्रति वफादार रहे हो और रहोगे और मेरा नुकसान न होने दोगे न करोगे। मुझे यह भी विश्वास है कि तुम मेरे साथ कोई बुरा व्यवहार नहीं करोगे। मैं तुम्हें बेहद प्यार करती हूँ अब्बास और मैं जानती हूँ कि अपनी तरफ से तुम्हारा भी ऐसा ही रुख है।'

ठीक कुछ दिनों बाद एक दूसरी चिट्ठी पहली की तरह ही अब्बास को मिली। 'अब्बास, मैंने अब तक मेरे प्रति तुम्हारी वफादारी को सराहा है। अभी तक तुमने जिस कर्तव्यशीलता और आज्ञाकारिता के साथ मुझसे व्यवहार किया है उसे मैं कभी नहीं भूलूँगी। इस चिट्ठी का मतलब मेरी गहरी, ईमानदार भावना को तुम तक पहुँचाना है।'

ये चिट्ठियाँ गौहर द्वारा भयानक मानसिक संघर्ष के झेलने को व्यक्त करती हैं। भावुक, असुरक्षित और एक हद तक सीधी-सादी होने के भी कारण वह जब किसी जज्बे से भर जाती वह अब्बास पर अंड-बंड बोलने या गुस्सा करने लगती। उस आदमी के लिए जो उससे उम्र में बहुत छोटा था बिल्कुल तटस्थता और चिन्ता भरी नेतृत्व-भावना से वह एक दूसरी चिट्ठी मुम्बई से लिखती है। 'अपने मन में कोई शक न रखना। तुम जिसके साथ चाहो अपनी शादी तय कर लो। शादी का इन्तजाम और उस खर्च की जिम्मेवारी मेरी होगी। जो भी तुम्हारा दिल चाहे मुझसे कहो और मैं तुम्हारे लिए खरीद दूँगी।'

गौहर पुणे भी गयी और किराना घराने के वरिष्ठ उस्ताद अब्दुल करीम खान के पास जाकर श्रद्धा भी निवेदित की। उस नगर में खान साहब ने अपना संगीत स्कूल खोल लिया था और गौहर ने वहाँ जाना और गायन करने का फैसला किया। यद्यपि कई घरानों की मिश्र शैलियाँ उसके पास थीं वह अपने गायन को किराना घराने के बहुत करीब पाती थी और इसलिए उसने उनके पास आदर दिखाया जिन्हें इस शैली का अग्रदूत समझा जाता था। वह खाँ साहब की ग्यारह वर्ष की लड़की चम्पाकली को बहुत प्यार करती थी जो आगे चलकर बीसवीं शताब्दी की सबसे प्रसिद्ध गायिका हीराबाई बरोडकर हुई। वह अब्दुल करीम खान और उनकी हिन्दू पत्नी ताराबाई माने की बेटी थी। ताराबाई किसी तरह बड़ौदा राज परिवार से सम्बन्धित थी जिनके दरबार में अब्दुल करीम दरबारी गायक थे। उनके प्रणय सम्बन्ध और विवाह के कारण उन्हें राज से निकाल दिया गया था। वे अपने पाँच बच्चों हीराबाई, सरस्वती राणे (सकीना या चौताइ), कमलाबाई (गुलाब), सुरेश बाबू माने (अब्दुल रहमान) और पापा (कृष्ण राव माने) के साथ मुम्बई में शरण लेने चले गये। हीराबाई की मधुर और सुरीली आवाज ने गौहर का भी ध्यान खींचा। उसने उसको और उसके जमाने की प्रसिद्ध गायिका सुन्दरबाई को भी कई भजन और ठुमरियाँ सिखयीं। इसके बदले उन लोगों ने इसके ग्रामोफोन रिकॉर्ड बनवाकर गौहर के प्रसिद्ध भजनों जैसे 'राधे-कृष्ण बोल मुख से' और 'कृष्ण-मुरारी विनय करत' को लोकप्रिय बनाया। वास्तव में जब अब्दुल करीम खान अपनी पत्नी से अलग हुए ताराबाई अपने पाँच बच्चों के साथ पूणे चली गयी। गौहर हीराबाई को गोद लेने के लिए भी तैयार हुई क्योंकि उस छोटी बच्ची को वह इतना प्यार करती थी।

1910 और 1940 के बीच का समय मराठी रंगमंच का स्वर्णयुग था—संगीत नाट्यों का युग जो विषय से अधिक अपने गीतों या नाट्य-संगीत के लिए अधिक जाना जाता था। 12 मार्च, 1911 को मंचित 'मानापमान' काका साहब खादिलकर लिखित नाटक ने मराठी नाट्य संगीत में एक नये युग का सूत्रपात किया। इस युग के सर्वमान्य देवस्वरूप थे नट-सम्राट बाल गन्धर्व। द हिन्दू समाचारपत्र में छपे निबन्ध 'टाइटन्स ऑफ दि गोल्डेन एज ऑफ मराठी स्टेज' में आर. एम. कमतकर कहते हैं "सचमुच शरीर में इस महिमामय युग का प्रतीक बाल गन्धर्व को छोड़कर जो सर्वोत्कृष्ट गायक अभिनेता और मराठी संगीत नाट्य के चरित्रों में सबसे ज्यादा टिकने वाला जिसने आशातीत अनोखी लोकप्रियता, प्रगति और प्रतिष्ठा इस शताब्दी के प्रथम तीन दशकों में मराठी मंच को दी, दूसरा कोई नहीं हुआ..."। अपने दिव्य स्वर और नाटकीय प्रतिभा के चलते पूरे महाराष्ट्र के हर घर में उनका नाम प्रतिष्ठित हो गया।

1888 में नारायण श्री पादराजहंस के रूप में पैदा, उनका नामकरण संस्कार, जब वे केवल दस साल के थे, दूसरे के द्वारा नहीं बल्कि लोकमान्य तिलक के द्वारा किया गया जिन्होंने इस बच्चे की संगीत-प्रतिभा को आश्चर्यित रूप से सुना। जल्दी ही बालगन्धर्व ने नाटक से और अन्ना साहेब की 'किरलोस्कर नाटक मंडली' से नाता जोड़ लिया। उन्होंने संगीताचार्य पंडित भाष्करबुवा बखले से संगीत का उत्तम प्रशिक्षण लिया। किशोर, नाटे कद का और अत्यन्त सुन्दर यह मनुष्य मंच पर नारी की भूमिका के लिए प्रसिद्ध हो गया। शकुंतला की भूमिका से शुरू करके कहा जाता है इन्होंने करीब 27 संगीत नाटकों में 36 से ज्यादा भूमिकाएँ निभायीं। 1913 तक उन्होंने 'गन्धर्व नाटक मंडली' नामक अपनी कम्पनी शुरू की और गोविन्द राव तेम्बे, मास्टर कृष्ण राव, गणपत राव बादास जैसे बड़े अभिनेताओं के साथ मिलकर इसे श्रोताओं के एक बड़े समूह के साथ इस मंडली को एक पंथ के रूप में परिवर्तित कर दिया। इसने मराठी नाट्य संगीत में गीतों की एक बड़ी संख्या की भी रचना की। उस समय के प्रसिद्ध संगीतकारों पंडित बाखले, सवाई गन्धर्व, बुवा वाजे, शंकर राव सरनायक, दीनानाथ मंगेशकर, पंढाकर बुवा और उस्ताद अल्लादिया खान, उस्ताद बन्दे अलीखान और आगरे वाली मलका जान जैसे प्रसिद्ध संगीतकारों ने खुशी से अपने को इस मंडली से जोड़ लिया।

शुद्ध शास्त्रीय रागदारी की प्रस्तुति के बावजूद नाट्य संगीत ने उन लोगों के मन को भी आकर्षित किया जिन श्रोताओं में परम्परागत हिन्दुस्तानी संगीत की न जानकारी थी, न उसकी चाहत। बाल गन्धर्व को हारमोनियम वादक गोविंद राव तेम्बे ने सहयोग दिया। गोविंदराव ने विशिष्ट शैली हारमोनियम की विकसित की जिसे सुन्दर ढंग से नाट्य संगीत के साथ अन्य विधाओं के साथ वे सामंजस्य दे

सकते थे। तेम्बें एक सर्जनात्मक लेखक एक नाटक लेखक, एक अच्छे वक्ता और अच्छी दृष्टि रखने वाले एक संगीत निर्देशक थे।

यह बिल्कुल साफ था कि इस प्रकार के कलाकारों और संगीतकारों के एक विशिष्ट वर्ग ने गौहर के रेकार्डों की भी सुनकर प्रशंसा की होगी। उसके तीन मिनट की प्रस्तुति के तरीके ने उन्हें प्रभावित और प्रेरित किया होगा। यह इतना अधिक था कि उन लोगों ने उसके कुछ बहुत लोकप्रिय गीतों का अनुकरण किया और मामूली परिवर्तनों के साथ मराठी गीतों को उन्हीं सुरों में बाँधा। गौहर के संगीत से प्रभावित होकर तेम्बे ने नाट्य-संगीत में पूरब अंग ठुमरी और दादरा किस्म कें गीतों को नाट्य-संगीत में लागू किया और पूरे महाराष्ट्र में श्रोताओं के बीच इसे तुरन्त सफलता मिली।

महाराष्ट्र की यात्रा के बीच गौहर ने मंडली के नाटकों में से एक को खुद देखने और फैसला करने का निश्चय किया कि क्या उसके सुरों की नकल की जा रही थी। यह देखकर उसे चोट लगी कि कैसे उसके प्रसिद्ध गीत और सुर (उदाहरण के लिए अन्य गीतों के बीच उसका सुर मल्हार राग में गीत 'गरजत आयें' बाल गन्धर्व के द्वारा 'स्वयंबर' नाटक में 'अंनरुताची गोपाल' के रूप में गाया गया, उसके पहाड़ी का लोकप्रिय दादरा 'परदेसी सैंया' 'धनराशि जाता' के रूप में 'मानापमान' में बाल गन्धर्व और बाद में कृष्ण राव के द्वारा गाया गया, सदाबहार मालकौंस वाला गीत 'कृष्ण माधोश्याम' 'स्वयंवर' में बाल गन्धर्व के द्वारा 'वैरी मारा प्याला' के रूप में गाया गया।) को बड़ी शान से अपना लिया गया था। कहा जाता है कि इस पर बाल गन्धर्व से उसका झगड़ा हो गया, हालाँकि पता नहीं यह गलतफहमी दूर हुई या नहीं और उसके बाद उन लोगों ने अच्छे सम्बन्ध बनाये रखे। किन्तु इससे पता चलता है कि पूरे देश में विभिन्न विद्याओं और रूपों पर गौहर के संगीत का कितना बड़ा प्रभाव था।

एक बार जब गौहर फिर मुम्बई वापस आयी उसका ध्यान फिर अब्बास की ओर गया। अपने खास नफरत भरे और जोशीले ढंग से यह कहते उसने उसको लिखा, 'अब्बास! मुझे जाने दो! मुझे मेरी आजादी दो। अगर तुम मुझे छोड़ते हो तो तुम भी आजाद रहोगे और कोई तुम्हारी खिल्ली नहीं उड़ायेगा। तुम हमेशा कह सकते हो और लाखों की सम्पत्ति के मालिक बने रह सकते हो। तुम शान से अपनी मूंछे ऐंठते हुए बाकी ज़िन्दगी इस सम्पत्ति को भोग सकते हो।' यह दुखद था कि उसकी महानता का कलाकार ऐसे बिना दिमाग के व्यवहार पर उतर आते।

निजाम के निमन्त्रण पर गौहर ने हैदराबाद की यात्रा की जहाँ चौमहला पैलेस में उसे राजसी स्वागत दिया गया और बड़ी शान से वह बेगम महल में ठहरी। लेकिन उसके दिमाग में अभी भी अब्बास के बारे में विचार चल रहा था। तरह-तरह

की दिमागी अवस्था में उसके बीसों पत्र लिखने के बाद भी अब्बास चुप रहा और एक भी चिट्ठी का उसने जवाब नहीं देना चाहा। उसकी लम्बी चुप्पी ने गौहर को और चिढ़ा दिया और उसने 4 अगस्त, 1915 को हैदराबाद से फिर लिखा : 'मैं बड़े पछतावे से तुम्हें लिख रही हूँ कि लोअर चितपुर रोड वाली मेरी सम्पत्ति पर किसी दूसरे आदमी ने अधिकार जमाया होता तो वे लोग अपने शेष जीवन में मेरे प्रति कृतज्ञ रहे होते। उन लोगों ने इस बात को स्वीकार किया होता कि वे मेरी दया से इतने धनी हो गये। लेकिन तुम?'

कलकत्ता लौटने के पहले लखनऊ और रामपुर में गौहर के दो प्रदर्शन हुए। उसने अपने प्रिय नवाब हामिद अली के घर रामपुर में कुछ समय बिताने का फैसला किया। 21 अक्टूबर, 1915 को उसने रामपुर से उसे लिखा: 'मैंने तुम्हे मुता शौहर के रूप में स्वीकार किया था। अगर मैंने यह सम्पत्ति तुम्हें नहीं दी होती तो सवाल उठा होता कि कौन इसका उत्तराधिकारी होता। अब तक मैंने अपने धन या सम्पत्ति को तुम्हें छोड़कर किसी से साझा नहीं किया है। किन्तु यह कहते मुझे बहुत अफसोस होता है कि तुमने मुझे बहुत निराश किया है और इसकी वजह से मुझे समाज के द्वारा बहुत बुरा-भला सुनने को मिला है। अब मैं महसूस करती हूँ कि मैंने तुम्हें मुता शौहर बनाकर कितनी बड़ी गलती की है। अगर मैं चितपुर रोड वाला मकान बचाकर रखती और फ्री स्कूल स्ट्रीट वाले मकान में रहती तो पहले वाले के सिर्फ़ किराये से मैंने रानी की तरह जीवन बिताया होता। क्या तुम इसे मानते हो?'

अन्त में 6 जनवरी, 1916 को उसने लखनऊ से उस पर दूसरा गोला दागा:'दया करके मेरी राय स्वीकार करो। अभी तक तुमने जो कुछ भी जीवन में हासिल किया है वह तुम्हारे अधिकार और योग्यता से बहुत अधिक है। इसलिए जो ज़िन्दगी में तुमने हासिल किया है वह गलत या सही तरीके से भोगो, सुख और शान्ति से। मेरी जान छोड़ दो।'

कलकत्ते से अब्बास के दूसरी स्त्रियों से सम्बन्धों और बिना उसे सूचित किए गौहर के बैंक खाते से पैसा निकालने ने उसे क्रोधित कर दिया। अब्बास ने उसके चितपुर रोड वाले मकान के किराये को भी उसके बैंक खाते में काग़ज़ की शर्त के अनुसार जमा करना छोड़ दिया। उसने अपनी यात्रा छोटी करने और जून, 1916 में कलकत्ता लौटने का फैसला किया।

उस समय तक गौहर ने उस बेमानी सम्बन्ध को खत्म करने का फैसला कर लिया था। वह थक गई थी और इस रिश्ते ने उस पर बहुत बुरा असर डाला था। उसने नगर के सबसे मशहूर वकीलों में से एक श्री अर्द्धेन्द्र कुमार गांगुली जिन्हें लोग ओ.सी. गांगुली कहते थे, से सम्पर्क किया। उन्होंने इसके पहले गौहर के द्वारा बहुत मकानों की खरीद बिक्री का कानूनी दस्तावेज़ तैयार किया था। उनकी डायरी में

गांगुली इस केस की फिर याद करते हैं जो उनके वकालत के जीवन के सबसे सनसनीखेज मुकदमों में एक साबित हुआ। गांगुली ने इस मुकदमे को लड़ने के लिए बैरिस्टर सर बी.सी. मिश्रा और वकील चारूचन्द्र घोष को बहाल किया। श्री गांगुली के फर्म की प्रतिष्ठा और वकीलों की प्रसिद्धि देखते हुए गौहर को हर को 510 रुपये की बड़ी फीस चुकानी पड़ती थी। सर मित्र मजाक करते और घोष पर व्यंग करते कि जबकि उनकी फीस केवल 510 रुपये थी उनकी मुवक्किल एक रात के संगीत-प्रदर्शन में 1000 रुपये कमाती थी।

अभियोग में इस बात पर जोर था कि अब्बास ने मुद्दई पर गलत दबाव डाला था और भावनात्मक रूप से फँसाया था जिसके द्वारा उसकी सारी सम्पत्ति और धन हड़प लिया गया था। अब जबकि वह उस सम्बन्ध को खत्म करना चाहती थी उसकी इच्छा वह सब कुछ वापस लेने की थी जिसको उसने उसे दे दिया था। यह मुकदमा (मुकदमा न. 678,1916) गौहर की तरफ से बऊ बाजार 250 के बदरे मुनीर चौधराइन उर्फ नन्हुआ जान के द्वारा 19 जून, 1916 को दायर किया गया। बदरे मुनीर को 7 मार्च, 1916 को मुकदमा दायर करने के लिए गौहर की तरफ से मुख्तारनामा का अधिकार दिया गया था चूँकि गौहर को एक महत्त्वपूर्ण संगीत समारोह के लिए रावलपिंडी जाना था।

मुकदमे में बहस निम्नलिखित ढंग से चली :

46, फ्री स्कूल स्ट्रीट, की गौहर जान, वर्तमान में पंजाब के रावलपिंडी में उपस्थित; द्वारा ओ.सी. गांगुली बनाम सैयद गुलाम अब्बास सब्जवारी, हाल में 46, फ्री स्कूल स्ट्रीट में रहते हुए, लेकिन अभी हाल में 49 लोअर चितपुर रोड़, द्वारा सी.सी बसु।

—'मुद्दालह पिछले आठ-नौ सालों से मुद्दई के अधीन उसके व्यापार और दूसरे कामों को देखते हुए मुद्दई के द्वारा विश्वासपात्र माना गया और चल और अचल सभी सम्पत्तियों को अपने अधिकार में रखकर किराया वसूलता था। इस प्रकार की सेवा के दौरान मुद्दालह ने मुद्दई पर काफी प्रभाव जमा लिया।

—1913 के जून महीने में या उसके आस-पास मुद्दालह ने अपने पद और प्रभाव का लाभ उठाकर मुद्दई को अपने पक्ष में एक दस्तावेज़ 49, 49/1, और 49/2 लोअर चितपुर रोड़ उसको हस्तान्तरित और मुद्दई के द्वारा जीवन भर उसके किराये को पाने का तैयार किया।

—मुद्दई आगे कहती है कि मुद्दालह मुद्दई से प्रेम करती थी और उससे बड़ी घनिष्ठता थी।

—यह कि दस्तावेज़ बनने के बाद से मुद्दई लाभों की हकदार थी और मुद्दालह से करीब एक साल तक किराया पाती रही जब उसने अपने व्यापार के

सिलसिले में कलकत्ता छोड़ दिया।

—मुद्दई ने इस दस्तावेज़ को रद करने के लिए मुदालह से भेंट की जिस पर मुदालह ने इनकार कर दिया।

—यह घोषणा कि मुद्दई 20 जून 1913 को जारी दस्तावेज़ के बावजूद सम्पत्ति की पूरी अधिकारी है। दस्तावेज़ को अमान्य घोषित किया जाए।

तदनुसार अब्बास के वकील सी.सी. बसु के द्वारा 7 जुलाई, 1916 को एक वारंट फाइल किया गया। 30 जून, 1916 को गौहर को एक समन जारी किया गया।

गौहर के वकीलों के जत्थे ने मुकदमे की जाँच-पड़ताल शुरू की और पिछले दो वर्षों से ज्यादा समय में जितनी चिट्ठियाँ गौहर ने अब्बास को लिखी थीं उनकी जाँच की । वे सभी उर्दू में लिखी गयी थीं और बड़ी काव्यात्मक थीं। एक उर्दू विशेषज्ञ को इन चिट्ठियों का अंग्रेज़ी अनुवाद करने के लिए भाड़े पर बहाल किया गया। हँसी-मजाक पसन्द करने वाले सर मिश्र गौहर द्वारा अब्बास को अपने लिखे पत्रों में प्रेम की लम्बी और घनी वर्षा को पढ़कर ठहाके लगाते थे।

अब्बास के ख़िलाफ़ एक जालसाजी का केस तैयार किया गया था और बहुत बाद में उसे आगे डराने के लिए एक आपराधिक मुकदमा भी उसके ख़िलाफ़ दायर किया गया। गांगुली अपनी डायरियों में बताते हैं कि अब्बास के पिता बहुत बार उनके कार्यालय में आए और उनके मुवक्किल द्वारा बेटे के ख़िलाफ़ किए गए आपराधिक मुकद्दमे को वापस लेने और उन्हें बिल्कुल सम्पत्तिहीन न करने का आग्रह किया।

7 अगस्त, 1916 को उसके बाद हाईकोर्ट में एक लिखित विवरण प्रस्तुत किया गया :

'1907 से 1911 तक मुद्दालह ने सामान्यत: मुद्दई के कामों की देखभाल की। 1910 और 1911 में मुद्दई के द्वारा भगलू के द्वारा दायर मुकद्दमें को देखने का निर्देश मुद्दालह को दिया गया। मुकद्दमा खत्म होने के बाद मुद्दालह द्वारा देखभाल में कोई दखल न थी लेकिन उसके पिता देखभाल करते थे और 1914 में किसी समय 22, बेंटिंक स्ट्रीट हाउस की बिक्री के लिए उसे नियुक्त किया गया। मुद्दई सभी महत्त्वपूर्ण मामलों में एक वकील श्री जी.सी.चन्दर का दिशा-निर्देश लेती थी।

मुद्दालह कहता है कि उसकी मुद्दई के साथ मुता शादी हुई थी लेकिन वह इनकार करता है कि मुद्दई उसकी इच्छाओं का और रायों का पालन नहीं करती थी और इनकार करता है कि इस दस्तावेज़ के जारी करने में मुद्दई ने अपने मन से काम नहीं किया था।

मुद्दई बहुत चालू और चालाक औरत है। मुद्दई चाहती है कि मुता शादी को

खत्म करने में मुद्दालह सहमत हो और ऐसा करने में असफल होने के कारण यह मुकद्दमा किया गया है।'

इस लिखित सत्यापन के साथ गौहर और अब्बास के बीच के सभी पत्रों को नत्थी कर दिया गया था।

इस बेईज्जती भरे मुकद्दमें का एक मनोरंजक अन्त हुआ। इसने सभी समाचारपत्रों में शीर्षकों के रूप में जगह बनायी और शहर के लोगों में बातचीत का विषय बन गया। उग्र आरोपों और प्रत्यारोपों के साथ दोनों पक्षों द्वारा एक दूसरे की काफी बखिया उधेड़ी गयी। लोगों की भीड़ सुनवाई के दौरान कचहरी में लग जाती और इसका मजा लेते। कानूनी जगत के महान वकीलों गांगुली, मित्र और घोष के उसकी तरफ होने के कारण गौहर का जीतना आसान था। 21 नवम्बर, 1918 को जज जस्टिस जॉर्ज क्लास रैंकिन ने गौहर के पक्ष में मुकद्दमा खारिज कर दिया। अब्बास पर 3000 रुपयों का जुर्माना लगाया गया जिसे गौहर को मिलना था और उनकी मुता शादी को रद्द कर दिया गया।

जस्टिस रैंकिन ने 21 नवम्बर, 1918 के अपने आदेश में निम्नलिखित बातों की डिग्री दी :

—बिना शर्त मुद्दई यह मुकद्दमा वापस लेगा और नये मुकद्दमे को दायर करने का अधिकार उसे नहीं होगा।

—यह कि कीमत के रूप में मुद्दालह 3000 रुपये मुद्दई को देगा। मध्यस्थता करने वालों की नियुक्ति पर हुए खर्च की जिम्मेदारी मुद्दालह की नहीं होगी।

—यह कि मुद्दई, अगर जरूरत हुई मुद्दालह को, तो उसके पक्ष में नं. 49, लोअर चितपुर रोड के मकान को उचित रूप से मुक्त कर देगा

—यह कि मुद्दई मुद्दालह के ख़िलाफ़ दायर पुलिस में केस को वापस ले लेगा।

अब्बास पर दया दिखाती और जो कुछ उसने उसके लिए अच्छे काम किये उसकी क्षतिपूर्त्ति के रूप में गौहर ने उससे सुलहनामे के तौर पर अलग होने का फैसला किया। उसने उसे एक मकान दिया और वहाँ रहने को कहा और दुबारा उसकी राह में न आने को कहा। इस प्रकार गौहर जान के वैवाहिक जीवन का अन्त हो गया।

गौहर खुश थी कि आखिरकार उसने अब्बास के भूत से छुट्टी पा ली थी। उसने श्री गांगुली और उनके प्रयासों के लिए उन्हें बहुत धन्यवाद दिया और उनके बेटे की शादी में गाने की प्रतिज्ञा भी की।

किन्तु गौहर को इस जीत के लिए बड़ी कीमत चुकानी पड़ी थी। अब तक

अपनी सम्पत्ति का इंतजाम पूरा का पूरा अब्बास को सौंप दिया था और इसलिए यह जानती भी नहीं थी कि उसके पास कितना पैसा है। जब मुकद्दमा शुरू हो गया तो उसने पाया कि उसके पास बहुत कम पैसा था। उसे नगर के बड़े वकीलों की फीस देने के लिए जमीन और गहने बेचने पड़े। उसकी बहुत खर्चीली जीवन शैली ने उसका उपाय कर दिया था।

भावना से शून्य और आर्थिक दृष्टि से कमजोर गौहर एकान्तवासी हो गई। उसके पैसे जल्दी खत्म हो रहे थे और गायन का बुलावा नहीं मिल रहा था। लगता था लोगों का उससे मोहभंग हो गया हो, खासकर पूरी अदालती असफलता के बाद।

एक बार फिर गौहर अपने पेशेवर जीवन के चौराहे पर आ खड़ी हुई न जानते हुए कि वह कहाँ जाए। लेकिन वह अकेली नहीं थी। उसकी तरह हजारों स्त्रियाँ थीं जो आन्दोलन की लहरों से अब तक पूरे राष्ट्र के आर-पार प्रभावित हो गयी थीं।

इब्तदा आवारगी जोश-ए-वहशत का सबब
हम तो समझे हैं मगर नासेह को समझाएँगे क्या?

(अवारगी में भटके दिनों की याद मुझे अच्छी तरह है
हम तो जानते हैं, मगर उपदेशक! हम अपनी दशा तुम्हें क्या समझाएँ)

14.
नृत्य विरुद्ध अभियान

सुश्री टिन्नेट एक ब्रिटिश आँग्लवादी थी जो ईसाई धर्म-प्रचारकों की तरह भारतीयों के नैतिक पतन के रोकने को परमात्मा द्वारा दी गई जिम्मेवारी मानती थीं और वह इंग्लैण्ड से चलकर खास उद्‌देश्य से भारत आयी थीं। 19 जून, 1893 को एक सूचना, जो 'पंजाब प्युरिटी ऐसोशिएशन' की तरफ से समाचारपत्रों में आयी थी, उसके अनुसार उन्होंने पंजाब के शिक्षित वर्ग से इस महत्त्वपूर्ण विषय पर उनकी राय जानने के लिए भावपूर्ण अपील की थी। चिट्‌ठी निम्नलिखित प्रकार से थी:

'हमारे देश में त्यौहार के अवसरों को नाचों के द्वारा मनाने का रिवाज चलता आया है। नाचने वाली लड़कियाँ नियमत: लोक जगत में वेश्याएँ हैं। कुछ लोगों के द्वारा उन लोगों को किसी तरह प्रोत्साहित करना अनैतिक माना जाता है। वे मानते हैं कि ये नाच बुरी औरतों को युवकों को भरमाने और उन्हें ललचाने का अवसर देता है। इसके बाद कुछ ऐसे लोग हैं जो नाचने वाली लड़कियों को हमारे संगीत का भंडार मानते हैं और नाचों को देखना आपत्तिजनक नहीं समझते। युवकों की नैतिक भलाई के लिए यह प्रश्न बहुत महत्त्वपूर्ण है। इसलिए क्या मैं इस विषय पर आदरपूर्वक आपकी कीमती राय जान सकती हूँ? अगर आपकी राय है कि नाच हमारे युवकों के नैतिक कल्याण में सचमुच खतरा है तो मैं आपकी राय जानना चाहूँगी कि नाचों को कैसे खत्म किया जाए या युवकों को उसमें जाने से कैसे रोका जाए। आपकी सारी राय को एकत्र कर प्रकाशित किया जाएगा।'

नाच-विरोधी आंदोलन जो देश में 1890 से शुरू हुआ उसकी जड़ इंग्लैंड के कई महत्त्वपूर्ण सामाजिक परिवर्तनों में था। 19वीं शताब्दी ग्रेट ब्रिटेन में ईसाई इवैन्जेलिजिम के उत्थान का समय थी और दशकों बाद इसका असर भारतीयों के

सांस्कृतिक जीवन पर भी होना था। भारत में नाच-विरोधी आन्दोलन के बीज एक प्रकार से ब्रिटेन के सामाजिक धार्मिक जीवन की दो महत्त्वपूर्ण घटनाओं में थे- 'सैकेण्ड ग्रेट अवेकनिंग' (1790-1840) और 'थर्ड ग्रेट अवेकनिंग' (1880-1900)। ये इवैनजेलिकल आन्दोलन थे जिनका उद्देश्य था धार्मिक साधन द्वारा समाज के नैतिक रूप को कायम रखना। चर्च के दबाव में 1813 के ईस्टइंडिया कम्पनी के नवीनीकरण ने ब्रिटिश संसद को एक 'मिशनरी क्लौज' जोड़ने को विवश किया जिसके द्वारा मिशनरी कार्यों को भारत में छूट मिली।

19वीं शताब्दी के मध्य तक 'सोशल प्युरिटी मूवमेंट' मैक्स नॉरदाऊ की पतन की धारणा और लमार्क के विकासवादी सिद्धान्तों से शुरू हुआ। इनका मानना था कि जुआ, शराब, यौन-सम्बन्ध और दूसरे पाप इसे और बढ़ाएँगे और इससे पतन बढ़ेगा। शारीरिक और नैतिक पतन का प्रभाव भविष्य की सन्तानों पर भी पड़ेगा। सभी पापों में यौन-दुराचार समाज के स्वास्थ्य के लिए सबसे हानिकारक था, और उन लोगों ने घोषणा की कि इस अनैतिक व्यवहार पर राज्य को कड़ी कार्रवाई करनी चाहिए। 1850 के दशक में इंग्लैंड और भारत में यौन-सम्पर्क से सिफलिस जैसी बीमारियाँ उनके दावे की पुष्टि करती थीं और उन्होंने अधिकारियों को इसके प्रति चौकन्ना किया।

'नैशनल विजिलेंस एसोसिएशन', 'द व्हाइट क्रॉस आर्मी', 'द सैल्वेशन आर्मी' और 'व्हाइट क्रॉस लीग' का 'द चर्च ऑफ इंग्लैण्ड प्यूरिटी सोसाइटी' जैसे बहुत से 'सोशल प्यूरिटी ऑर्गनाइजेशन' ब्रिटेन में खड़े हो गये। इन वर्गों के सदस्य सड़कों, गलियों में उन लोगों को तंग करने लगे जो उनके अनुसार अनैतिक और अशोभनीय तरीके से व्यवहार करते हैं। तवायफ़ों और उनके संरक्षकों पर उनकी गहरी नजर रहती।

1857 के युद्ध के बाद जब भारत ब्रिटिश राज के अधीन हो गया तो इस देश में अंग्रेजों का राजनीतिक प्रभाव और बढ़ गया। इसके साथ तकनीकी प्रगति और मिशनरियों के कार्य जिन्होंने उस समय तक भारत में अपनी जड़ें जमा ली थीं, भारतीयों के जीवन में अंग्रेजों द्वारा हस्तक्षेप की और स्वतन्त्रता हो गयी।

19वीं शताब्दी के आरम्भ से भारत के साथ कैसा व्यवहार हो इस पर अंग्रेज़ी राय अलग-अलग थी। 'प्राच्यविद्' मानते थे कि उपमहादेश पर प्रभावी नियन्त्रण के लिए यहाँ की परम्पराओं, भाषाओं, रिवाजों और राजनीतिक व्यवस्था का सहारा लेना चाहिए। अंग्रेज़ी जीवन के पक्षधर का यह तर्क था कि इस देश को अंग्रेज़ी मानदण्डों, विश्वासों और तौर तरीकों में ढल जाना चाहिए। इस का एक मात्र उपाय था देश का ईसाईकरण।

1857 के युद्ध ने आंग्लीकरण के पक्षधरों की आकांक्षाओं को बढ़ा दिया।

सिपाही विद्रोह को प्राच्य दर्शन के सामंजस्यशील दर्शन की पूरी असफलता माना गया। आंग्लीकरण के पक्षधर भारत में सामाजिक बदलाव की महत्त्वाकांक्षी योजनाओं पर चल पड़े। जिस चीज़ की सबसे पहले उन्होंने वकालत की वह थी अंग्रेजों और भारतीयों के सामाजिक सम्पर्कों पर नियन्त्रण या रोक। भारत में रहने वाले अंग्रेजों को बीवियों या रखैलों को रखने का अधिकार नहीं था। वे जो भारतीय स्त्रियों खासकर तवायफ़ों से सम्बन्ध रखना चाहते थे उन्हें बड़ी फटकार मिलती थी।

तवायफ़ों के प्रति नाराजगी की जड़ थी उस समय के राजाओं और जमींदारों की तवायफ़ों से निकटता। ये औरतें दरबारी षड्यन्त्रों से अंजान नहीं थीं और 1857 के विद्रोह में बहुत से कोठे विद्रोह के केन्द्र भी बने थे। विद्रोह के शमन के बाद अंग्रेजों ने तवायफ़ों के विरुद्ध शीघ्र कानून लागू किया, खासकर अवध क्षेत्र में जिसने उग्र आन्दोलन देखा था। तवायफ़ों की सम्पत्तियाँ जब्त की गयीं और उनके लिए अलग इलाकों के कानून बनाए गये जिसने उन लोगों पर बुरा प्रभाव डाला।

ईसाई मिशनरियों द्वारा खोले गये स्कूलों में आधुनिक अंग्रेज़ी शिक्षा पाये भारतीयों के नवशिक्षित वर्ग ने पश्चिमी आदर्शों को आसानी से अपना लिया। वे अपनी संस्कृति और परम्पराओं खासकर प्रदर्शन-कलाओं जिन्हें तवायफ़ों, वेश्याओं, नवाबों और जमींदारों के पतित और अय्याश सामंतों का वर्ग माना जाता था उसके प्रति घृणा की दृष्टि रखने लगे। संयोग से इन्हीं नवशिक्षित भारतीयों के वर्ग से विभिन्न सामाजिक सुधार आन्दोलन और स्वतन्त्रता आन्दोलन उत्पन्न हुए। इन्होंने भी तवायफ़ों को बड़ी घृणा की दृष्टि से देखा। जैसा कि प्रसिद्ध सुधारक केशवचंद्रसेन ने व्यवस्था दी:'उसकी आँखों में नर्क है। उसकी छाती में जहर का विशाल समुद्र है। उसकी सुन्दर कमर की चारों तरफ नर्क की चुड़ैलें रहती हैं। उसके हाथ नाचते अदृश्य कटारों की तरह हैं जो उसके रास्ते में आये अनजाने या जाने शिकारियों को मारते हैं। उसके नखरे भारत की बर्बादी हैं। अफसोस! उसकी मुस्कराहट भारत की मृत्यु है।'

भारतीय कला रूपों के प्रति बढ़ती घृणा का पता एक घटना से चलता है जो 1890 में राजकुमार अलबर्ट विक्टर के भारत भ्रमण के समय घटी थी। उनकी प्रतिष्ठा में परम्परागत भारतीय नाच की व्यवस्था की गई थी। पूरे देश में इसका बड़ा विद्रोह हुआ जिसका बड़ा नेतृत्व ईसाई मिशनरी रेवरेण्ड जे. मर्डौक के द्वारा हुआ। उन्होंने अंग्रेज़ी सरकार के ईश्वरीय कर्तव्य जिसमें तवायफ़ों के बुरे प्रभाव से भारतीय समाज को शुद्ध करना था की अनदेखी करने के लिए फटकार लगाई। उन्होंने इन नाच पार्टियों की भर्त्सना करते हुए कई पर्चे निकलवाए और अंग्रेज अफसरों को इनमें जाने और नाच की इज्जत बढ़ाने से मना किया। बाइबिल की तरह ज्यादातर धार्मिक साहित्य छापने वाले प्रकाशकों ने बड़ी मात्रा में नाच के विरुद्ध किताबों, पर्चों और पत्रिकाओं के छापने का काम शुरू किया। भारतीय संगीत और नृत्य के

आरम्भिक विरोधियों में से एक था 'मद्रास क्रिश्चियन लिट्रेचर सोसाइटी'।

नाच को खत्म करने का पहला आह्वान लगभग 1892-1893 में मद्रास में दिया गया। 1893 में मद्रास के गवर्नर और वायसराय के पास औपचारिक रूप में यह आवेदन किया गया कि ऐसे मनोरंजन देने वाले हानिकारक प्रदर्शनों में उपस्थित होने से बचें। ऐसे प्रतिवाद और आवेदन कई वर्षों तक लगातार चलते रहे। अपनी तरफ से सरकार ने एक आधिकारिक घोषणा की जिसके अनुसार नाच वाली लड़कियों को सिर्फ़ वेश्याएँ माना गया। इसने विरोध की भावना को मजबूत किया और एक प्रकार से सभी तवायफ़ों, बाईजियों और देवदासियों को एक ही कूची से रंगकर उन्हें देह व्यापार में डूबी बताया। उलझी हुई और महीन श्रेणीबद्धता जो तवायफ़ों और देवदासी सम्प्रदायों के बीच चलती थी उसे ये सुधारवादी समझ ही नहीं सकते थे। ईसाई पवित्रतावादियों और भारतीय उच्चवर्ग ने 1905 में मद्रास में वेल्स के राजकुमार के सम्मान में होने वाले नाच प्रदर्शन को रोकने में सफलता प्राप्त की।

देवदासी प्रथा को खत्म करने का पहला नियमित कानूनी कदम 1909 में मैसूर महाराज की सरकार के द्वारा उठाया गया। उसके बाद से राज्य में देवदासियों की सेवाएँ लेने से मन्दिरों को मना कर दिया गया। सार्वजनिक स्थानों में नाच प्रदर्शन जिसे 'तफ्फे' कहा जाता था उसे सारे राज्य में बन्द कर दिया गया। पूरे देश में इस समाचार को बड़ी खुशी से अपनाया गया और इसने सुधारकों के उत्साह की और बढ़ोतरी की। मैसूर का सामाजिक सुधार के प्रवर्त्तक के रूप में स्वागत किया गया।

दक्षिण की देवदासियों के विरुद्ध यह नाच विरोधी आन्दोलन जल्दी ही उत्तर भारत में फैल गया जहाँ तवायफ़ें निशाने पर रहीं। अठारहवीं सदी के मध्य में 'सामाजिक शुद्धि' के संगठन जैसे ब्रिटेन में थे वैसे तवायफ़ों के बुरे प्रभाव से समाज को बचाने के लिए उत्तरी भारत में संगठित किए गए। 'पंजाब प्युरिटी एसोसिएशन' (लाहौर), 'सोशल सर्विस लीग' (बॉम्बे) और कई अनेक संगठनों ने इस उत्तम उद्देश्य से अपने ऊपर यह दायित्व लिया।

प्रदर्शन करने वाली सारी औरतों के वर्ग के लिए ये सारे कदम मौत की घंटी साबित हुए। इनमें से बहुत आर्थिक तंगी में मर गयीं। उस युग की एक प्रसिद्ध कहावत उनकी दशा का अच्छा वर्णन करती है—'पहले नाचने वाली लड़की को मन्दिर में अच्छा भोजन मिलता था, अब वह भिखमंगों के चावल के लिए कलाबाजी दिखा रही हैं।' इन 'गिरी हुई' औरतों को फिर से बसाने की कोई योजना नहीं रहने से समाज के पवित्रतावादियों ने पुरानी कला के इन पतित प्रदर्शनकारियों को या तो उन्हें अपने हाल पर छोड़ दिया या आधुनिक स्थिति के अनुकूल कला को परिवर्तित करने की बात कही। किसी दूसरे पेशे का उपाय न होने से ज्यादातर ने वेश्यावृत्ति अपना ली। उत्तर भारत में बहुत सी तवायफ़ों ने अपने प्रदर्शनों में नाच वाले भाग को

त्याग दिया और केवल संगीत पर केन्द्रित रहीं क्योंकि इसे अधिक 'पवित्र' माना जाता था। यहाँ भी पढ़े-लिखे लोगों ने उस चीज़ की आलोचना की जिसे वे कामोद्‌दीपक और अश्लील गीत या वैसी चीज़ समझते थे। इन सारे परिवर्तनों का वाद्य यन्त्रों पर भी प्रभाव पड़ा। सांरगी तवायफ़ की पतित परम्परा की चीज़ मानी जाने लगी। हारमोनियम को संगत करने के लिए आदर का स्थान प्राप्त हुआ और इसने सारंगी की जगह ले ली। उत्तर भारत में 'बाई' शब्द का अपमानजनक अर्थ लिया जाने लगा और बहुत सी तवायफ़ों ने इस पद को छोड़कर 'देवी' या 'बेगम' पद अपना लिया जो उनको सम्मानजनक जीवन का अर्थ देता था।

गौहरजान, सदा चतुर होने के कारण, बदलती राजनीतिक और सामाजिक पारम्परिक स्थिति के अनुकूल अपने को परिवर्तित करने में शीघ्र सफल हुई। नाच विरोधी आन्दोलनों से गौहर के तरह की बाईजिओं के जीवन पर कोई खास फर्क नहीं पड़ा। गौरतलब है कि गौहर ने संगीत को कोठे से निकालकर आसानी से पहुँचने वाली विद्या को ग्रामोफोन के तवों तक पहुँचा दिया था जिसे समाज के एक बड़े हिस्से द्वारा सुना और अच्छा माने जाने लगा, यह अपने आप में कलाओं की आजादी की तरफ एक बड़ा कदम था। रेकॉर्ड की क्रान्ति ने प्रदर्शन के स्तरों, नये रूपों और प्रदर्शन करने वाले संगीतकारों, खासकर स्त्रियों के लिए नाटकीय परिवर्तन किया।

हालाँकि सुधारकों ने प्रदर्शन कलाओं के एक मुख्य अंग को काट दिया था फिर भी कला की पुनः प्रतिष्ठा और पूर्वदेशीय बात-चीत में एक ज्वार आया। इस बात पर सहमति हुई कि नाच संस्कृति के बदले में एक अच्छी चीज़ हो जो सुधारकों की जाँच के अनुकूल हो। मिस टिन्नेट को उत्तर देते हुए बैरिस्टर लाला हरकृष्ण लाल ने लिखा :

'हमारे प्राचीन विश्वासों और विचारों के अनुसार संगीत और नृत्य स्वर्गिक हैं जबकि वेश्यावृत्ति नारकीय है। आपके साथ ये सवाल होना चाहिए कि वरदान को अभिशाप से कैसे अलग किया जाए, इस प्रकार आप भारत में जीवन की पवित्रता को बढ़ा सकते हैं और देश के युवाओं को आसुरी जाल में फँसने से बचा सकते हैं।'

सांस्कृतिक राष्ट्रवाद, स्वदेशी और स्वतन्त्रता आन्दोलन के साथ प्रदर्शन कलाओं की प्राचीनता और इतिहास और उन औरतों के हाथों जिन्होंने अपने पतित उद्‌देश्यों के लिए उनका उपयोग किया और इस तरह के दुरुपयोग से कलाओं को कैसे मुक्ति दिलानी चाहिए इसका विचार विमर्श था। भारत की प्राचीन सभ्यता, विरासत और संस्कृति का ऐसे वर्तमान के लिए उपयोग किया गया जिसमें परम्परा और आधुनिकता साथ-साथ हों। उद्‌देश्य था पूरे देश की सहभागी संस्कृति और इतिहास की चेतना जागृत करना, एक राष्ट्रीय पहचान बनाना और लोगों में आत्मप्रतिष्ठा का भाव जगाना जिन्होंने सम्पूर्ण एकत्व का बोध न पाकर अलग तत्त्वों का विभाजन

देखा था। इस राष्ट्रीय पहचान को बनाने में कलाओं का सहज महत्त्वपूर्ण भाग था और उन्हें परिष्कृत किया जाना था।

जैसे उत्तर के नाचों के प्रकार और दक्षिण के तंजोर के सादिर नाच के रूप लगातार हाशिये पर जाने लगे, शास्त्रीय नृत्य रूपों को पुनर्जागृत करने पर जोर डाला गया। 1920 और 1940 के बीच रूस से प्रसिद्ध नर्तकी अन्ना पावलोवा और रुथ सेंट डेनिस और टेड शॉन अमेरिका से आये। बहुत से नर्तकों ने नाच के विषयों को स्वच्छता प्रदान करने और उसे आधुनिक प्रारूप देने हेतु इसे नई जागृति प्रदान की। भारतीय पथ प्रदर्शकों में थे रवीन्द्रनाथ टैगोर, उदय शंकर, मैडम मेनका, इ. कृष्णा अय्यर, रुकमिणी देवी अरुण्डेल, रागिनी देवी जिन्होंने सामाजिक कलंक-प्राप्त नृत्य और संगीत को मुक्त करने का प्रयास किया। कथक और भरतनाट्यम नाच और सादिर की निम्न गति से ऊपर उठे, प्राचीन परम्पराओं के तत्त्वों को बचाए रखा और एक आधुनिक रूप को जन्म दिया जो वर्तमान समय और उपस्थित सामाजिक राजनीतिक स्थितियों के अनुकूल था। व्यंग्य यह था कि तवायफ़ की कला को बचाया और नया स्वरूप दिया गया, लेकिन तवायफ़ खुद नष्ट हो गयी।

संगीत ने उसी तरह का पुनर्जागरण देखा। गायन समाज और बाद में मद्रास म्यूजिक एकेडमी जैसे संगठनों ने यह परिभाषित करने में बड़ी भूमिका निभायी कि शास्त्रीयता के तत्त्व क्या हैं और इसे कैसे गाने और जारी रखने की जरूरत है तथा दक्षिण भारतीय शास्त्रीय शैली के प्रसंग में एक समान शैली-निर्माण और उसके श्रवण, मूल्यांकन का क्या सामान्य नियम बनाया जाए।

संगीत के आधुनिकीकरण के क्षेत्र में उत्तर भारत भी बहुत आन्दोलन देख रहा था। पं. विष्णु नारायण भातखंडे (1860-1936) और पं. विष्णु दिगम्बर फ्लुस्कर (1872-1931) ने शास्त्रीय संगीत को राष्ट्रीय अभियान बनाने का आन्दोलन शुरू किया। 'ए शॉर्ट हिस्टोरिकल सर्वे ऑफ द म्यूजिक ऑफ अपर इंडिया (1916)' शीर्षक वाले निबन्ध में भातखंडे लिखते हैं : 'मुस्लिमों के आगमन से हिन्दू कलाओं का पतन हुआ। उन लोगों ने मुसलमान गायकों को महत्त्व दिया जिन्होंने संस्कृत श्लोकों की पवित्रता और भाषा को विकृत किया। अब एक मात्र संगीत जो सुना जाता है वह है तवायफ़ों और सारंगियों का। पुरानी कलाओं को पुनः स्थापित करने की जरूरत है।' इन दोनों ने हिन्दुस्तानी शास्त्रीय संगीत के ज्ञान का एक कोष तैयार किया। इन लोगों ने संगीत लिपि का स्तरीकरण किया जिससे कि पढ़ना और पढ़ाना अधिक आसान हो गया। उन लोगों ने अच्छी तरह स्वीकृत उन नमूनों को भी तैयार किया जिससे हिन्दुस्तानी शास्त्रीय संगीत का प्रदर्शन और प्रसारण हो। शास्त्रीय संगीत पुस्तकों को पढ़ने और समकालीन उस्तादों और पंडितों के साक्षात्कार के लिए भातखंडे ने देश के आर-पार लम्बी यात्राएँ की और 'हिन्दुस्तानी संगीत

पद्धति' नाम से चार खंडों में एक महान ग्रन्थ लिखा जिसने रागों की धारणा और स्वर लिपि के विचारों को स्पष्ट परिभाषित किया। भातखंडे ने कई बन्दिशों को उनके कामुक प्रसंगों से मुक्त कर फिर से लिखने में अपना समय लगाया।

बहुत पहले 1901 में पलुष्कर ने लाहौर में गन्धर्व महाविद्यालय नाम से उत्तर भारतीय संगीत के प्रथम आधुनिक संगीत विद्यालय की स्थापना की थी। यह विद्यालय सबके लिए था और बहुत से मिशनरियों द्वारा संचालित स्कूलों की तरह था जिन्हें 19वीं सदी के शेष भाग में स्थापित किया गया था। भातखंडे का 'तवायफ़ विद्यालय' मुख्य धारा में तवायफ़ों को लाने का एक प्रयास था। यह व्यंग्यपूर्ण था कि पुश्तों से चले आते कलारूप के संरक्षकों और गायकों को अपनी कुशलता बढ़ाने के लिए एक आधुनिक विद्यालय की जरूरत पड़ी! आश्चर्यजनक था कि ननुआँ और बचुआँ ने भातखंडे को आग्रह करते पत्र लिखे कि उन्हें इस नये विद्यालय में शिक्षिका के रूप में बहाल किया जाए जिससे वे ईमानदारी से जीविका अर्जित कर सकें। उनके आग्रहों का भातखंडे पर कोई असर न पड़ा।

पंजाब अधिनियम के उत्तर में एच.सी. मुखर्जी के मनोरंजक विचार कलाओं के पुनरुत्थान के अभियान के उद्देश्य को अच्छी तरह दिखाते हैं। वे कहते हैं:

'हमलोग अपनी पत्नियों और बेटियों को घर पर संगीत सीखने की शिक्षा दें जिससे कि वे अपने पतियों और भाइयों का मनोरंजन कर सकें। सभी महत्त्वपूर्ण स्थानों पर संगीत क्लबों की स्थापना की जाए, न केवल उसके सदस्यों के अपने मनोरंजन के लिए बल्कि त्यौहार के अवसरों पर बाहर प्रदर्शन के लिए भी।' 1921 में जब तवायफ़ों के समुदाय ने एक सभा की और महात्मा गाँधी के असहयोग आन्दोलन का हिस्सा बनना चाहा तो कहा जाता है कि गाँधीजी ने इस अश्लील प्रस्ताव को सिरे से खारिज कर दिया। यह भेद आजादी के बाद तक भी चलता रहा। नये गृहमंत्री सरदार पटेल के अधीन गृहमन्त्रलय ने ऑल इंडिया रेडियो को कड़ा आदेश दिया कि उन औरतों को जिनका सार्वजनिक जीवन कलंकपूर्ण है स्टूडियो में प्रवेश न दिया जाय!

इस प्रकार 20वीं सदी के आरम्भिक दशकों ने जो देखा वह केवल विषय और शैली में परिवर्तन न होकर सन्दर्भगत परिवर्तन था जिसमें कलाओं को देखा, उनका प्रदर्शन और प्रचार किया जाता था। इस नई पद्धति के कारण नाच की लड़कियाँ, तवायफ़ें और देवदासियाँ अतीत की चीज़ हो गयीं।

जैसा कि अपनी पुस्तक 'नाच गर्ल्स ऑफ इंडिया' में लेखक प्रान नेविल कहते हैं :

'राजसी प्रेमियों द्वारा सम्मानित नवाबों और शरीफों द्वारा पुरष्कृत, यूरोपीय उच्चवर्ग द्वारा संरक्षित, कवियों और इतिहासकारों द्वारा अमर बनायीं गयीं, आशिकों के द्वारा खोजी गयीं, तड़क-भड़क, शोभा और गौरव की प्रतीक नृत्यांगना, और प्रदर्शन कलाओं की रानी इतिहास के पन्नों में समा गयी।'

सुन चुके हाल तबाही का मेरी, और सुनो
अब तुम्हें कुछ मेरी तकरीर मज़ा देती है।

15
अब्बास के बाद ज़िन्दगी

अब्बास के अलगाव ने गौहर को कठोर और अत्यन्त दुखी कर दिया था। वह मनुष्य से घृणा करने वाली हो गयी थी और लोगों के बीच मुश्किल से जाती थी। लेकिन वह अपने प्रदर्शनों को एकदम छोड़ नहीं सकी क्योंकि जीविका के लिए अब उसे ज्यादा पैसों की जरूरत थी। उसकी बहुत सी सम्पत्ति या तो ठग ली गयी या मुकदमे में खर्च हो गयी। पैसे की इतनी बड़ी जरूरत के बावजूद लोगों के सामने प्रदर्शन करने की रुचि उसमें खत्म हो गयी और अपने प्रदर्शनों के लिए वह चुनाव की आदी हो गयी। एक जगह जिसे 1920 के वर्षों में उसने चुना वह पथुरिया घाटा के संगीत और नृत्य के धनी संरक्षक भूपेन्द्र कुमार घोष का घर था। वे 'बंग संगीत सम्मेलन' की प्रसिद्ध संगीत सभा के संगठनकर्त्ता थे। अवसर था घोष के भतीजे सिद्धेश्वर का विवाह। गौहर और आगरे वाली मलका ने विवाह में नृत्य और गायन किया। किन्तु गौहर की आत्मा प्रदर्शन में नहीं थी। यद्यपि उसके श्रोताओं को इसका पता नहीं था, वह जानती थी कि कुछ खो गया था और संगीत में पहले की तरह पूरे मन से नहीं जुड़ी थी। इससे वह थोड़ी चिन्तित हुई।

1920 में गौहर का पहली बार महात्मा गाँधी से सामना हुआ। गाँधी जी 'स्वराज फंड' के लिए कलकत्ते में चंदा वसूल रहे थे तो उन्होंने इस काम में गौहर से मदद करने का आग्रह किया। उन्होंने पूरे देश में उसकी शोहरत के बारे में सुना था और महसूस किया कि वह बहुत सहयोग कर सकती थी। गौहर तुरन्त राजी हो गयी और गाँधी जी को यह कहते हुए लिखा कि स्वतन्त्रता के लिए कॉंग्रेस के संघर्ष में सहायता करने में उसे बहुत खुशी होगी और चंदा उगाहने के लिए संगीत प्रदर्शन में वह भाग लेगी, लेकिन एक शर्त पर। वह ऐसा करेगी तभी जब गाँधी जी भी उस प्रदर्शन में आएँगे और सदेह उससे मिलेंगे। बापू को उस स्त्री ने जिसने मदद के लिए शर्त रखी थी बहुत खुश किया और उस अवसर पर उपस्थित होने के लिए वे तुरन्त

तैयार हो गये। प्रदर्शन के दिन भीड़ में गाँधी जी को खोजने के लिए गौहर ने कई बार श्रोताओं की ओर नज़रें डाली। दुर्भाग्य से कुछ राजनीतिक घटनाएँ हो गयी थीं, जिस कारण गाँधी जी नहीं आ सके। फिर भी अपने प्रतिनिधि के रूप में उन्होंने मौलाना शौकत अली को भेजा। प्रदर्शन के लिए सारे टिकट बिक गये थे और उस एक प्रदर्शन से संगठनकर्ताओं ने 24,000 रुपये इकट्ठे किए थे।

जब शौकत अली चंदे का पैसा जमा करने के लिए प्रदर्शन के बाद गौहर से मिले तो उनको उसके द्वारा केवल 12000 रुपये देते पाकर बहुत चोट लगी। उनके ऊपर मुस्कराती वह बोली 'मौलाना साहब कृपा करके जाइए और अपने महात्मा से कहिए कि जहाँ वो ईमानदारी और वफादारी की बात करते हैं वे एक तवायफ़ को अपना दिया हुआ वचन नहीं निभाते हैं। चूँकि हमारे प्रदर्शन में उन्होंने आने का वचन देने के बावजूद अपने को गैरहाजिर कर दिया, उन्होंने केवल अपना आधा वचन निभाया है। इसलिए शुरू में दान देने के वचन के बावजूद मैं भी उन्हें आधा पैसा ही दूँगी।' मौलाना कुछ नहीं बोल सके। शरमाते मुस्कराते उन्होंने पैसे लिए और वे चले गये। गौहर ने अभी अपना जोशीलापन खोया नहीं था और महात्मा गाँधी जैसे व्यक्ति को भी उसने नही बख्शा!

जबकि गौहर बाहर ज्यादा नहीं जाती थी, एक जगह जहाँ जाने से कभी इनकार नहीं किया वह थी बंगाल के पूरबी मिदनापुर जिले की जमींदारी महिषादल। वहाँ के जमींदारों को महिषादल का राजा कहा जाता था। यह परिवार, खासकर इसके युवा उत्तराधिकारी महाराजकुमार देव प्रसाद गर्ग एक कलाकार, चित्रकार और संगीत के संरक्षक थे। वे सिकन्दरा घराने के मुज़फ्फर खान के शार्गिद थे। महिषादल परिवार के सदस्य सरकारी मेजबान थे और कलकत्ते में फैयाज़ खान के आश्रयदाता थे। गौहर यहाँ बहुत दिनों से गायन का प्रदर्शन करती रही थी। वस्तुतः जब पहली बार वह वहाँ गयी थी वह अवसर था बालक देव प्रसाद गर्ग का अन्नप्राशन संस्कार। तब से यह सम्बन्ध पारस्परिक प्रशंसा और आदर का बन गया था। जब कभी उनकी सवारियाँ ईडेन गार्डेन के नजदीक से गुजरती थीं गौहर रोककर महाराज कुमार का विनम्र अभिवादन करती और प्रत्युत्तर में उसे भी स्वागत मिलता था।

कभी-कभी के इन भ्रमणों को छोड़ गौहर अपने फ्री स्कूल स्ट्रीट हाउस से बाहर नहीं जाती थी और आगन्तुकों और मेहमानों से बहुत कम मिलती थी। गरमी में एक दोपहर को दो किशोर छात्रों ने उसका दरवाज़ा खटखटाया। गौहर झपकी लेती, अपनी नौकरानी को दरवाज़े पर किसी से बहस करते सुनती पता करने आयी कि वे कौन थे। वह यह देखकर चकित थी कि किशोर वय के ये लड़के वहाँ खड़े भयभीत आँखों से उसे घूर रहे थे। परेशान किए जाने से चढ़ी त्यौरी देख उनकी घिग्घी बँध गयी। उनमें एक ने साहस बटोरा और कहा कि उन लोगों ने उसके बारे

में बहुत सुना है और प्रत्यक्ष उसका गायन सुनना चाहते थे। साथ ही उन लोगों ने स्वीकार किया कि वे अभी विद्यार्थी हैं और घर की महफिल में फीस देने का उनकी सामर्थ्य नहीं था। नौकरानी इन बिना पैसे वालों को जबर्दस्ती घुसने की वजह से खदेड़ देना चाहती थी लेकिन गौहर ने उन्हें भीतर आने को कहा। मुस्कराहट छिपाते हुए वह उनसे अंग्रेज़ी में बोली जिससे वे चकित हो गये। 'तो आप दोनों जवान यहाँ मेरा गाना सुनने के लिए आये हैं? मैं यह खुशी से करूँगी लेकिन उसके पहले इस नगर में आप के अभिभावकों के नाम-पता लिखना चाहती हूँ।' लड़के घबरा गये। वे चिन्तित हो उठे कि गौहर उनके अभिभावकों से शिकायत करेगी और उन्हें एक तवायफ़ के यहाँ जाने की सज़ा मिलेगी। 'बच्चों! जल्दी करो, इतना समय मेरे पास नहीं है कि मैं आपका इन्तजार करूँ। अगर तुम यह भी नहीं कर सकते तो मुझे नहीं लगता मैं आपकी मुराद पूरी कर सकूँगी।' लड़कों ने आखिरकार नाम और पते दे दिए और उसने उनके लिए इतनी ईमानदारी और मन से गाया जितना वह किसी बड़ी महफिल में गाती। महफिल के बाद उन लोगों ने उसे बहुत धन्यवाद दिया और निकलने ही वाले थे कि उसने उन्हें जाने के समय सलाह दी: 'देखो बच्चो, मैं फिर यह नहीं सुनना चाहूँगी कि तुम किसी बाईजी के घर गये हो। अगर ऐसी बात मेरे कानों में पड़ी या तुम फिर यहाँ आये, तो पक्का समझ लो कि मैं तुम्हारे अभिभावकों को तुरन्त तुम्हारे गलत व्यवहार के लिए बता दूँगी।'

दोनों लड़के जल्दी से निकल गये, और देर तक उसका गीत उनके कानों में गूँजता रहा। वे भारत की सबसे प्रसिद्ध गायिका को प्रत्यक्ष नजदीकी महफिल में सुनकर बहुत प्रभावित थे और माँ की तरह उसने उन्हें जो राय दी थी उस पर खुश भी थे।

1921-22 के आसपास एक युवा पत्रकार गोस्वामी सुधाधर देव शर्मा संगीत से सम्बन्धित विषयों पर उसका साक्षात्कार लेना चाहते थे। कई बार के आग्रहों के बाद गौहर उनसे मिलने को तैयार हो गयी। गोस्वामी 12 जून, 1988 को डॉक्टर त्रिलोकी नाथ ब्रजवाल को दिए अपने धर्मयुग के साक्षात्कार में गौहर के साथ साक्षात्कार के अनुभवों को बताते हैं। पहले से निश्चित दिन पर गोस्वामी एक सहायक के साथ उसके घर पहुँचे जो साक्षात्कार के समय बातों को लिपिबद्ध करता। साक्षात्कार दो सुबह की बैठकों में लिया जाना था। गोस्वामी लिखते हैं कि जब पहली बार उन्होंने उसे साक्षात देखा तो उसके चुम्बकीय व्यक्तित्व से आकृष्ट हो गये थे। यद्यपि वह करीब पचास साल की थी, वे कहते हैं कि उसमें यौवन का अजीब मोहक आकर्षण था जो उसके अच्छे स्वभाव, मधुर आवाज और अपनापन के भाव के कारण और बढ़ जाता था। कुछ हँसी-खुशी की बातों के साथ जब संगीत के विषयों पर बात चली तो गौहर ने तुरन्त अनुमान लगा लिया कि 30 वर्ष के आस-

पास के गोस्वामी अभी भी 'समझने' का प्रयास कर रहे थे कि संगीत क्या है। ब्रज भाषा में जिस पर अन्य भाषाओं की तरह उसका गहरा अधिकार था, उसने अनेक उद्धरण देकर उन्हें अचम्भित कर दिया। वे याद दिलाते है कि उसकी जानकारी भरी उपस्थिति में कुछ ही मिनटों में उनकी अपनी जानकारी भाप की तरह उड़ गयी; इतना गहन था उसका ज्ञान!

हिन्दुस्तानी संगीत के अनेक रूपों पर सामान्य विचार के बाद गोस्वामी ने उसके पसन्दीदा रूप ठुमरी के बारे में जानना चाहा। वह उनपर मुस्करायी और अपनी ओर से सवाल किया। 'गोस्वामी जी, मैं आपसे आग्रह करूँगी कि आप कृपया मुझे बताएँ कि आपकी राय में ठुमरी क्या है? इसकी भावी सम्भावना क्या है? इसकी जड़ कहाँ है?'

एक साथ तीन प्रश्नों का सामना करते गोस्वामी हतप्रभ हो गये। वो बोलने के शब्द ढूँढ़ने लगे। उनकी पराजय देखकर वह मुस्करायी, सहानुभूति दिखायी और बोली, 'कृपया मुझे गलत मत समझिये मेरी नीयत आपको बेवकूफ बनाने की नहीं है। मुझे तो सिर्फ़ कबीर के दोहों में से एक याद आ गया: 'मैं केही समझाऊँ, सब जग अन्धा, एक दुई होय उन्हें समझाओं, सबही भुलाना पेट के धन्धा।' अब उनकी अधिक खिंचाई न करने की नीयत से उसने विषय बदल दिया और दूसरी तरह से एक घटना का ज़िक्र करने लगी।

'कुछ ही दिनों पहले गाँधी जी ने मुझसे मिलने के लिए अपने प्रतिनिधि अली भाई को भेजा। उन्होंने कहा कि गाँधी जी ने मुझे सन्देश भेजा है कि मैं अपनी आवाज के द्वारा देश के स्वतन्त्रता आन्दोलन का सन्देश पहुचाऊँ। मैं इस आग्रह से स्तब्ध हो गई। वे एक हजाम से हकीम का काम लेना चाहते हैं! इसके अलावा मुझे स्वतन्त्रता आन्दोलन से क्या मतलब? वे दान चाहते थे जो मैंने खुशी से दिया। बात वहीं खत्म हो गयी।' इस घटना के ज़िक्र के द्वारा वह गोस्वामी को कष्टदायक स्थिति से, जिसमें उसने उन्हें डाला था, निकालने के लिए ध्यान बँटाना चाहती थी।

साक्षात्कार जैसे दूसरे विषयों की ओर बढ़ा गोस्वामी गौहर को इतनी पढ़ी-लिखी पाकर और इस बात पर कि अनायास संगीत सम्बन्धी संस्कृत श्लोकों को उद्धृत करने की उसकी योग्यता, कैप्टेन विलार्ड की पुस्तक 'म्यूजिक ऑफ हिन्दुस्तान' और नवाब वाजिदअली शाह के समय उर्दू में लिखी हकीम मुहम्मद करन की किताब 'म-अदनूल मौसीकी' की जानकारी देखकर स्तब्ध रह गये।

ठुमरी के विषय पर लौटने पर गौहर ने कहा :

'गोस्वामी जी, सदियों के दरमियान बहुत कुछ बदल गया है। ध्रुवपद को ध्रुपद कहा जाता है; मुम्बई बॉम्बे हो गयी है; वाराणसी बनारस बन गया है और कम ज्ञान के कारण लोगों के द्वारा अनेक परिवर्तन नामों में हो गये हैं। इसलिए यह मेरे

अनुमान का विषय नहीं है कि ठुमरी कहाँ से उत्पन्न हुई। यह आपके जैसे बौद्धिकों के लिए छोड़ दिया गया है। किन्तु मैंने करीब तीन सौ वर्षों या इससे अधिक के संगीत संसार में इसकी उपस्थिति के बारे में पढ़ा है। कहा जाता है कि स्वर्ग में नृत्य के तुम्बुरू नाम के एक शिक्षक थे जिन्हें सामवेद की कौथुम शाखा का गायक माना जाता है। उनके गायन के विशेष तरीके नृत्य की गतियों के साथ, मौखिक अभिव्यक्तियों के साथ 'कौथुमरी पद' कहे जाते थे। वास्तव में गन्धर्व या स्वर्गिक संगीतकार का उल्लेख आचार्य शारंगदेव ने अपनी 'संगीत रत्नाकर' में भी किया है। हो सकता है कि ठुमरी शब्द तुम्बुरू के 'कौथुमरी पद' का विकृत रूप हो।

कुछ यह भी मानते हैं कि ठुमरी का जन्म ग्वालियर में हुआ जहाँ राजा मान सिंह तोमर ने गीत लिखे और अपनी प्रियतमा गुर्जरी पत्नी के लिए रागों की रचना की। चार गुर्जरी राग जो अभी भी प्रचलन में हैं उस युग के माने जाते हैं। एक राग को 'तनवरी' राजा के नाम पर ही दिया गया। संगीत पर उनके मौलिक ग्रंथ 'मान कुतूहल' अब कहीं नहीं पाया जाता, लेकिन उस किताब का फकीरुल्लाह द्वारा फ़ारसी अनुवाद का शीर्षक 'राग दर्पण' है और अभी भी प्राप्य है। यद्यपि यह सब कुछ नहीं बताती जिसकी अभी मैंने चर्चा की, यह बताती है कि सभी संगीत के तीन पहलू हैं—गायन, वादन और नृत्य (गीतम् वाद्यम् नृत्यम् त्रयम संगीतमुच्यते)।

दूसरा सिद्धान्त वह है जो इसे वृन्दावन की पवित्र भूमि से जोड़ता है जहाँ भगवान कृष्ण ने राधा और अन्य गोपियों के साथ महा रासलीला की थी। इस स्वर्गिक नृत्य की स्मृति में वहाँ के पुजारी कृष्ण और राधा की लीला-कथाएँ गाते हैं ('ठुमक ठुमक के' जैसा वे हिन्दी में कहते हैं)। शायद रासलीला के ये गीत ठुमकने की लय पर बनाये गये थे और इसलिए ठुमरी कहे गये। ब्रज भाषा को छोड़कर एक भी ठुमरी पुरानी किसी भाषा में उपस्थित नहीं है। इसलिए ठुमरी का सम्बन्ध न तो लखनऊ से है, न बनारस से। यह भगवान की क्रीड़ा-भूमि ब्रज का मधुर मक्खन और मिसरी है। अचरज की बात है कि कैसे लखनऊ और बनारस के लोगों ने इसे अपना लिया।'

गोस्वामी जब गौहर जान की वाक्पटुता पर मूक-स्तब्ध बैठे थे, उसने कुंभनदास की एक ठुमरी गाना शुरू कर दिया—

'सखी री! बूँद अचानक लागी
सोवत हुती मदनमदमाती घन गरज्यौ तब जागी
दादुर मोर पपीहा बोले, कोमल शब्द सुहागी
'कुंभनदास' लाल गिरिधर सों, जाय मिली बड़ भागी'

और इसके बाद एक दूसरी—

'उड़ि जा पंछी खबर ला पी की

जाइ बिदेस मिलो पीतम से
कहो बिथा बिरहिन के जी की
सोने की चोंच मढ़ाऊँ मैं पंछी
जो तुम बात करो मेरे ही की
'माधवी' लावो पिया को सन्देसवा
जानि बचाओ वियोगिनअति की'

गोस्वामी बिना पूर्व तैयारी के इस गायन पर मुग्ध-विह्वल हो गये, जो बिना वाद्ययन्त्रों के मधुर सुर और भाव के साथ इतने सुन्दर ढंग से प्रस्तुत किया गया था। गौहर ने भी अनुभव किया कि वह थोड़ी भावना में बह गयी थी और शीघ्र ही ठुमरी के इतिहास के वर्णन पर लौट आयी।

'अंग्रेज कैप्टेन विलार्ड ने अवश्य ऐसी भावपूर्ण ठुमरियों को सुना होगा और 1838 में प्रकाशित अपनी पुस्तक 'म्यूजिक ऑफ हिन्दुस्तान' में उन्होंने बड़े विस्तार से इस विधा के बारे में लिखा है। इस प्रकार के विश्लेषण वाजिदअली शाह के समय अपने संग्रह 'मा अदनूल मौसीकी' में हकीम मुहम्मद करन ने भी किए हैं। एक वयोवृद्ध व्यक्ति ने इस सुन्दर किताब की हस्तलिपि मुझे दी। मैंने पूरी किताब बड़े मन से पढ़ी, खासकर ठुमरी वाले भाग को।'

जितना रास्ता ठुमरी ने तय किया था इस पर बोलती गौहर ने कहना जारी रखा, 'मेरी माँ मलका जान कहा करती थीं कि जब वे जवान थीं ठुमरी गायकों के लिए यह बिल्कुल जरूरी समझा जाता था कि वे न सिर्फ़ राग, ताल, लय और गायन जैसे पक्षों में ही शिक्षित न हों बल्कि अभिनय में भी। चूँकि अधिकतर स्त्री गायिकायें निरक्षर थीं, उनको इन चीज़ों को सीखने में वर्षों लगते थे। कभी-कभी सारंगिया और तबलची उनकी मदद करते और कभी-कभी गीतों को समझाते थे। किन्तु उनकी समझने की शक्ति भी सीमित थी। अगर एक गायिका ठुमरी गाने को तैयार होती है तो उसे गीतों का अर्थ भी समझना चाहिए। हर शब्द का महत्त्व, इसका सन्दर्भ और कुल मिलाकर उस गीत की 'सांस्कृतिक पृष्ठभूमि'। मेरी अम्मी ठुमरी गायन के खतरों से परिचित थी, इसलिए उसने इसका एक बिल्कुल नया तरीका निकाला। वह गीतों और उनके अर्थों को समझने में काफी समय देती थी, इसका अपना अर्थ लगाती और उसे उचित स्वर देती थीं। वह अपनी नृत्य-भंगिमाओं को सुन्दर ढंग से गायन के अनुकूल भी बनाती थीं। अम्मी श्रोताओं के प्रति सदा संवेदनशील और उस सामान्य वातावरण के प्रति भी जागरूक थीं। वह श्रोताओं की मनोदशा के अनुकूल अपने गायन की चीज़ें रखतीं और इससे दोनों के बीच सामंजस्य तुरत हो जाता था। उनकी इस खूबी की प्रशंसा उस समय के प्रसिद्ध खयालगायकों और ध्रुपदगायकों के द्वारा की जाती थी। जो कुछ भी मैंने अपने

जीवन में उपलब्ध किया है वह केवल उस मजबूत नींव के कारण जो मेरी अम्मी ने मेरे प्रशिक्षण और संगीत की मेरी समझ के लिए डाली थी।

'दुर्भाग्य से नवाब वाजिदअली शाह द्वारा किये परिवर्तनों ने जो रास के अश्लील नृत्य रूप थे और जिन्हें रहास कहा गया उन्होंने सुन्दर गीत-रूप को बिगाड़ दिया। किन्तु इसके लिए उन्हें काफी सजा मिली। आज तक भी बृन्दावन में वे एक मूर्ति के रूप में खड़े हैं। क्या आप यह नहीं जानते हैं?'

जब इसके बारे में गोस्वामी ने बिल्कुल अज्ञानता बतायी तो वह हँसी और बोली, 'सच में बृन्दावन के एक मन्दिर के भीतर उनकी मूर्ति खड़ी है। एक मुसलमान के लिए मूर्ति बनने से बढ़कर दूसरी क्या सजा हो सकती है?'

इन दो दिनों के साक्षात्कार के अन्त में ज्यादा ज्ञान युक्त होकर गोस्वामी बाहर निकले। गौहर ने इस युवा को शिक्षित करने में इतना समय और प्रयास लगाना यह बताता है कि बढ़ती उम्रवाली यह गायिका एक बुद्धिमती संगीतकार थी, ऐसी जिसने अपनी कला के ऐतिहासिक और सामाजिक सन्दर्भों को जान लिया था और इसके बारे में काफी पढ़ा था।

सभी प्रदर्शन करने वाले कलाकारों के लिए अतीत में खो जाने का डर सबसे बड़ा डर होता है। इसलिए हमेशा जनता की नजरों और यादों में बने रहने की इच्छा एक संगीतकार की सबसे बड़ी चाह होती है। अपने ऊपर गौहर के द्वारा जानबूझकर लादा गया और एकांत अपने जीवन को सुधारने के लिए लोगों के समक्ष प्रदर्शनों और महफिलों से हटना उसके लिए बहुत खतरनाक साबित हुआ। जब अन्त में उसने फिर लौटने का फैसला किया तो जनता के मन से उसका प्रभाव खत्म हो गया था। किसी नयी गायिका ने उन सबों का ध्यान अपनी ओर आकृष्ट कर लिया था और एक बूढ़ी होती हुई गायिका, जिसने अपने व्यक्तिगत जीवन को जनता में एक तमाशा बना लिया था, में आकर्षित करने वाली कोई बात नहीं थी। परिणामस्वरूप उसके पास अब कोई बुलावा नहीं आता था। गौहर के पैसे खत्म हो रहे थे और वह एक चिन्ताग्रस्त स्त्री हो गयी थी।

अपने अच्छे दिनों में हर महीने पाँच मुज़रे और बाहर सात से आठ प्रदर्शन और इसके अलावा रिकॉर्डिंग की बैठकें मिलती थीं। लेकिन अब चीज़ें बदल गयी थीं। अब्बास के ख़िलाफ़ कानूनी लड़ाई के खर्चे के लिए चितपुर रोड का मकान बिक चुका था। दूसरी सम्पत्तियाँ भी जो उसकी थीं रह-रहकर बिक गयी थीं। उसने वेलेसली स्ट्रीट पर नगर के मौलाना आजाद कॉलेज के नजदीक एक मकान के पाँचवे तल्ले पर दो कमरे का एक घर ले लिया था। पैसा कमाने के लिए उसने संगीत की शिक्षा देनी शुरू की। किन्तु गौहर फिर बहुत खर्चीले जीवन की आदत की ओर बढ़ चली। उसके कुछ पैसे बैंक में थे जिसे किसी दोस्त की राय पर शेयर

बाजार में लगाने के लिए उसने निकाल लिए। किन्तु भाग्य ऐसा कि बाजार लुढ़क गया और वहाँ भी उसने अपने सारे पैसे खो दिए। जिन दलालों से उसने पैसे लिए थे उन्होंने उसे तंग करना शुरू किया। उन लोगों ने उसके ख़िलाफ़ जालसाजी के मुकदमे कर दिए और एक अदालत से दूसरी अदालत की दौड़ ने गौहर को शरीर, मन और पैसे से चकनाचूर कर दिया। उसने विभिन्न कर्जदारों को तुरन्त पैसा वापस करने के लिए फ्री स्कूल स्ट्रीट के अपने मकानों और गौहर बिल्डिंग को भी बेच दिया। सम्पत्ति को ठीक से नहीं चलाने वाली उसने अपने साधनों का इतना दुरुपयोग किया कि वह दिवालियापन के किनारे पहुँच गयी। उसने अपने विद्यार्थियों से फीस में एक रुपया लेना शुरू किया, ऐसी चीज़ जो उसने पहले कभी नहीं की थी। कहा जाता है कि वह अपने गीतों को प्रति गीत एक रुपया के हिसाब से गायकों और रिकॉर्डिंग कम्पनियों को बेचने लगी। गौहर जान जो एक समय की संगीत-संसार की रानी थी और कलकत्ते के बड़े लोगों के द्वारा सम्मान और खुशामद पाती थी सिर्फ़ एक ज्यादा उम्र की गरीब तवायफ़ बनकर रह गयी।

उसकी दशा दुख का खुद बढ़ता जाल बन गयी। अपनी कठिन परिस्थितियों के कारण वह अधिक एकांतवासी हो गयी। इस अलगाव का मतलब था प्रदर्शन के लिए निमन्त्रणों का घटते जाना जिसका परिणाम था आमदनी का कम होते जाना। जनता के सामने प्रदर्शन के खास अवसरों पर वह आयोजकों से एक गाड़ी भेजने का आग्रह करती थी और उसमें जाने और विनम्रतापूर्वक उतर जाने की माँग करती थी। वह बड़ी उम्र की लगने और महसूस करने लगी थी। उसकी आँखें कमजोर हो गयीं और उसे चश्मा पहनना पड़ा। महिषादल के महाराजा कुमार देव प्रसाद गर्ग के द्वारा बनाये गये उसके रेखाचित्र में एक बूढ़ी औरत, उलझे बालों वाली, बड़े गोल चश्मे लगाये और चिड़चिड़ाहट भरे चेहरे से नीचे की ओर ताकती दिखायी गयी है। रेखा-चित्र में उर्दू में उसका हस्ताक्षर है और उसके नीचे अँग्रेजी में उसका नाम लिखा है, संभवतः गर्ग के द्वारा—तारीख 3 अप्रैल, 1928।

जिसका गौहर जान के पास कोई उपाय नहीं था वह था अकेलापन। अपने घर में अकेला होना उसे शीघ्र ही भारी पड़ने लगा, इसलिए वह आगरे वाली मलका जान, बेशक एक पेशेवर प्रतिद्वन्दी लेकिन जिसके साथ उसने निकट की दोस्ती निभायी, के साथ रहने लगी। जब गरीबी हालत की खबरें फैलने लगीं तो बहुत से लोग उसकी मदद को आगे आये। ग्रामोफोन कम्पनी ने उसे एक छोटा मानदेय राशि दी। आखिरकार ये उसके ही रेकॉर्ड थे जिन्होंने भारत में उस कम्पनी की नींव डाली थी। पथुरिया घाटा के भूपेन्द्र कृष्ण दूसरे संरक्षक थे जो नियमित रूप से बूढ़े और जरूरतमंद संगीतकारों की परोपकार भाव से मदद करते थे। किन्तु उनका उपकार छोटे किस्म का और अप्रचारित होता था। सिर्फ़ उनकी मृत्यु के बाद जब उनकी

अपनी आलमारी खोली गयी तो परिवार वालों ने बहुत सी रसीदों और माँगपत्रों को पाया जो बहुत से कलाकारों के डॉक्टरी उपचार के लिए थे जिन्हें उन्होंने सहायता दी थी।

गौहर भूपेन्द्र कृष्ण घोष के घर 'बगानबारी' बराबर जाया करती थी। बंगाल में जमींदारों के बाग में घर बनाने की धारणा अजीब थी। ज्यादातर उच्च वर्ग के परिवार राजसी मकान कुछ एकड़ जमीन के बीच बनाते थे जो प्राय शहर के बाहर होते थे। औरतें इन जमींनदारों के द्वारा इन 'बारियों' में 'रखी' जाती थीं और इस जगह का इस्तेमाल संगीत महफिलों और पार्टियों के लिए किया जाता था। बागीचे की उपज फल, फूल मालिक के मुख्य मकान पर नियमित भेजे जाते थे। घर की औरतें मुश्किल से बगान वाले घर जातीं, ज्यादातर दूर ही रहती थीं। यद्यपि गौहर ने पथुरिया घाटा के मकान पर नियमित गायन किया था और घोष को बड़े धनी और उदार व्यक्ति के रूप में जानती थी, उसके आत्मसम्मान ने सीधे उनके पास जाने से उसे रोका। ज्ञान दत्त में उसने एक शुभचिन्तक पाया जो आगे चलकर उसके पक्ष में काम कर सकता था।

दत्त एक कपड़ा व्यवसायी था और गौहर का बड़ा प्रशंसक था। उसने उसकी महफिलों में से एक भी नहीं छोड़ी थी। संगीत और लय के बिलकुल उल्टा होने पर भी दत्त संगीत सीखने के लिए बहुत व्यग्र था। एक दिन उसने गौहर के पास जाने और उसे सिखाने का आग्रह करने का साहस किया। वह मान गयी और उसने उसे कुछ गीत सिखाये जिन्हें श्रोताओं के सामने गाने में उसने चौपट कर दिया। फिर भी उसका मन और उसका उत्साह कम नहीं हुआ और गौहर भी उसको सह लेती थी। वह 'मेरा मित्र' कहकर उसका लोगों से परिचय कराती थी जिस पर दत्त बड़ा खुश होता था। वह अपने मित्रों के बीच बहुत शान से कहता था कि कलकत्ते की सबसे मशहूर बाई जी उसे अपना दोस्त कहती है। वह प्राय: घोष बाबू के घर पहुँच जाता था क्योंकि वह उन्हें अच्छी तरह जानता था और गौहर से सीखे नये गानों को सुनने के लिए उन पर जोर डालता था। घोष उसके गानों को सह लेते थे और तब झूठे आश्चर्य दिखाकर पूछते थे, 'क्या गौहर भी इसी तरह गाती है?' ज्ञान दत्त इतना सीधा था कि इस व्यंग्य को समझ नहीं पाता था और सोचता था कि गौहर से उसकी तुलना स्वयं उसका अपमान था। घबराया वह बोलता था, 'अरे नहीं! वो इससे बहुत गुना अच्छी है। मैं तो कुछ नहीं हूँ और बस सीखने की कोशिश कर रहा हूँ...। और लज्जित रूप से मुस्कराता।

गौहर ने भी कभी उसे गम्भीरता से नहीं लिया था और अपने चिन्तायुक्त जीवन में उसे एक हँसी की चीज़ मानती रही। उसका दत्त से सम्पर्क टूट गया था और बहुत दिनों तक उससे सम्पर्क नहीं हुआ। एक दिन, फिर भी, ज्ञान दत्त ने उसे

मलका के घर देखा। अपने चेहरे पर निराशा की छाया लिए वह खिड़की के पास अकेली बैठी थी। वह निराशा और अकेलेपन की मूर्ति लगती थी। उसने मोटा चश्मा, मामूली कपड़े पहने थे और किसी बात में उलझी लगती थी। जब दत्त पहुँचा तो वह बहुत घबरा गयी और जल्दी से घर के भीतर जाना चाहा। लेकिन उसने गौहर से बात करने का उपाय कर लिया। वह उस गौहर को देखकर आहत हुआ जो प्रेतात्मा हो चुकी थी। उस महिला को जो उसके लिए दयामयी शिक्षिका थी। मदद देने का निश्चय कर के दत्त ने उसकी हालत के बारे में घोष बाबू से चर्चा करने का निश्चय किया। घोष बाबू मदद करने को तैयार हो गये मगर पैसे के रूप में नहीं, सामान के रूप में।

किन्तु गौहर इतनी स्वाभिमानी थी कि किसी का दान स्वीकार करना नहीं चाहती थी। अगर वे लोग उसकी कला के लिए पैसे देते हैं तो अच्छी बात थी, लेकिन उनके दान पर जीना कुछ ऐसा था जिसे वह सह नहीं सकती थी। इस विचार ने धीरे-धीरे उसके उत्साह को नष्ट कर दिया। उसने कलकत्ता छोड़ने और कहीं दूसरी जगह शान्ति पाने का फैसला किया। एक धनी संरक्षक ने उसे दार्जिलिंग में रहने का प्रस्ताव दिया और इसलिए वह 1924 में कलकत्ता से वहाँ चली गयी। दार्जिलिंग के रमणीय और शान्त पहाड़ों में उसने शान्ति पाने की आशा की। उसे रहने, अभ्यास करने और संगीत सिखाने के लिए एक बड़ा बंगला दिया गया। चीज़ें अच्छी तरह चल रही थीं। उसके पड़ोसी उसके देर तक चलने वाली रियाज की बैठकों और पड़ोस के विद्यार्थियों को पढ़ाने से बड़े प्रसन्न थे। किन्तु जब कुछ लोगों ने बाल मुकुंद नाम के एक युवक को हमेशा उसके घर आते देखा तो वे शंकालु हो गये। वे ही पड़ोसी जिन्होंने उसकी प्रशंसा की थी और उसके संगीत-कौशल से अचंभित थे अब उसकी प्रतिष्ठा पर सन्देह करने लगे। इसलिए उन्होंने जोर-जोर से शिकायत करना शुरू किया कि एक वेश्या की उपस्थिति के कारण उनके पड़ोस के वातावरण का नैतिक पतन हो रहा था। एक आदरप्राप्त तवायफ़ को चरित्रहीन वेश्या के रूप में देखे जाने में ज्यादा समय नहीं लगा। गौहर जान के संरक्षक इन घटनाओं से खुश नहीं हुए और इसलिए उन्होंने नेक ढंग से उसे कोई दूसरी जगह बदलने के लिए कहा।

दार्जिलिंग की पूरी घटना ने गौहर के मन को तोड़ दिया। वह अधिक बेचैन हो रही थी और लगातार वह जगह खोज रही थी जहाँ उसे शान्ति मिले। किन्तु यन्त्रणा भरे दिमाग को बाहर से कोई शान्ति नहीं मिलती। उसे अपने दानवों से लड़ना पड़ता जहाँ भी वह जाती। कुछ दिन वह दरभंगा में रही, लेकिन वहाँ वह सचमुच बस नहीं सकी, और उसने फैसला किया रामपुर जाने का जहाँ कभी उसने बड़ा सुख पाया था।

किन्तु चीज़ें बदल गयी थीं। नवाब हामिद अली अब वह युवा और रूमानी शाहजादे नहीं रहे जो कलकत्ते की इत्र की दुकान में उससे मिले थे, न ही गौहर अब वह खूबसूरत लड़की रही जो हर गुजरे मुसाफिर को आकर्षित करती थी। मगर नवाब ने अपनी प्रतिज्ञा निभायी कि रामपुर के दरवाज़े उसके लिए हमेशा खुले रहेंगे और राजमहल में उसका सम्मानपूर्ण स्वागत हुआ। राजसी बेगमों के साथ जनाना में गौहर को रहने के लिए निमन्त्रित किया गया। वह उन लोगों के साथ इतनी घुलमिल गयी कि नवाब की सात साल की बेटी नवाबज़ादी नन्नी बेगम की उससे बड़ी नजदीकी हो गयी और वह स्नेहपूर्वक उसे गौहर अम्मा कहने लगी। नवाब साहब एक भाषाविद् थे, अंग्रेज़ी, जर्मन, फ्रेंच, फ़ारसी, उर्दू और हिन्दुस्तानी के धारा प्रवाह वक्ता। वे संगीत के प्रेमी और रियाज करने वाले भी थे। इसलिए उन्होंने गौहर की बुद्धिमता और विद्वता को भी पहचाना और पहले की तरह उसके लिए उनका आदर भाव बना रहा।

1926 में लार्ड इरविन भारत के वायसराय हुए। उनका वायसराय का कार्यकाल बड़ा घटनापूर्ण रहा जब बहुत सी राजनीतिक उथल-पुथल वाली घटनाएँ हुईं। 1927 में लार्ड इरविन ने राज्य की ओर से रामपुर के भ्रमण की योजना बनायी। नवाब और उसके अफसरों के द्वारा उनका बहुत आदरपूर्ण स्वागत किया गया। इरविन ने कलकत्ते की 'प्रसिद्ध गाने और नाचने वाली लड़की के बारे में' बहुत कुछ सुना था और वहाँ महफिल में गौहरजान को सुनने की इच्छा व्यक्त की। बढ़ती उम्र की गौहर सुर में सहायता देने और तानपुरा बजाने के लिए अपने पिछले दो विद्यार्थियों के साथ मंच पर बैठी। उसने भड़कीले कपड़े, जो अपने शोहरत के जमाने में पहनती थी, पहने थे। किन्तु इसके अतिरिक्त अपने कपड़े पर वे सारे तमगे पिन से लगा लिए थे जो विभिन्न ब्रिटिश सरकार के विभागों और स्वदेशी महाराजाओं और नवाबों से उसे मिले थे। सचमुच यह बड़ा प्रभावशाली अलंकरण था।

उस शाम गौहरजान की महफिल से न उसकी उम्र न उसकी मनोदशा का पता चलता था, वह बेजोड़ लगती थी और उसके प्रदर्शन ने लॉर्ड इरविन को मोह लिया। वे उसके पास गये और उसके बढ़िया संगीत के लिए उसे धन्यवाद दिया। उन्होंने उन तमगों के झुंडों को देखने की भी इच्छा की जो वह पहने हुई थी। नियम को तोड़ते शिष्टाचार के उल्लंघन के रूप में, खासकर एक मुस्लिम नवाब के दरबार में, उन्होंने तमगों को हाथ लगाया। गौहर खुले दरबार में एक अँग्रेज के द्वारा अपने हाथ उसकी छाती तक लाने के कारण भयानय रूप से शर्मिन्दा हो गयी। नवाब हामिद अली गुस्से से लाल हो गये। किन्तु वे कुछ नहीं कर सकते थे चूँकि वे अंग्रेजों के अधीन थे। लार्ड इरविन के चले जाने के बाद वे गौहर के पास पहुँचे और बेहद नफरत भरी नजरों से बोले, 'तो तुमने उस गोरे आदमी के द्वारा अपनी छाती छुलाने

का उपाय कर लिया, है न?' और जल्दी से निकल गये। गौहर की आँखों में आँसू भर गये। उसे गलत व्यवहार का दोष लगाया गया जबकि यह बिल्कुल उसकी गलती नहीं थी।

उस घटना के बाद उसके प्रति नवाब का दृष्टिकोण बदल गया। वे उससे बचने लगे, दरबार में गाने का उन्होंने उसे मुश्किल से अवसर दिया और जब उसने सुनने का आग्रह किया तो उन्होंने इनकार कर दिया। बिना कारण सजा पाने से गौहर अपमानित हुई, उसका दिल टूट गया। कुछ महीनों तक यह स्नेहहीन, प्रतिकूल वातावरण बना रहा। किन्तु एक दिन गौहर ने यह पाया कि उसको मिले हीरों की जगह सस्ते बेकार पत्थर वाले गहने हैं तो यह उसके आत्मसम्मान पर अन्तिम आघात था। संभवतः यह उस दरबार के किसी आदमी के द्वारा किया गया था जो गौहर की नवाब से निकटता से डाही बन गया था और इरविन वाली घटना के बाद दोनों के सम्बन्धों के फासले को देखते हुए आखिरी दाव निश्चित करने के लिए चला था कि वह राजभवन से निकाल दी जाए। इसके बाद कहता रहे 'गौहर ने हमेशा के लिए रामपुर छोड़ने का फैसला किया।' यह 1928 के शुरू की बात है।

उसने मुम्बई जाने का फैसला किया जहाँ अपने जीवन के शुरू में उसने सुख पाया था। मुम्बई की एक विशिष्ट संगीत संस्कृति थी और उसे कायम रखने के लिए जरूरी व्यापारिक समृद्धि भी, इसलिए इसने बहुत हिन्दुस्तानी शास्त्रीय संगीतकारों के जत्थों को आकर्षित किया। मई, 1928 में सेठ माधोदास गोकुलदास पस्ता के द्वारा मुम्बई के गामदेवी में मेहमान के रूप में निमन्त्रित हुई। उन्होंने उसके लिए एक घर किराये पर लिया और वहाँ आराम से रहने की सारी व्यवस्था की। वे गौहर को अपनी बहन कहते थे और उन्होंने उसके लिए बहुत आदर और सम्मान दिखाया। यह निश्चित करने के लिए कि वहाँ कुछ दिन ठहरे उन्होंने एक सुलहनामें पर उससे दस्तखत कराया कि वह वहाँ उस घर में छः महीने ठहरेगी और उनके द्वारा व्यवस्थित निजी महफिलों में गायेगी।

मुम्बई में अपने प्रदर्शनों में एक के बीच संयोग से मैसूर के युवराज कांतिराव नरसिंह राज वाडेयार ने उसे सुना। वे बड़े रंगीन व्यक्तित्व वाले थे, कलाओं और संगीत खासकर हिन्दुस्तानी और पश्चिमी संगीत में गहरी रुचि रखने वाले। वे अक्सर मुम्बई आते रहते थे। गौहर के उत्तम प्रदर्शन ने युवराज को मन्त्रमुग्ध कर दिया। वे मैसूर लौट गये और अपने बड़े भाई मैसूर के महाराज नलवाड़ी कृष्णराज वाडेयार से अनुसंशा की कि प्रतिभाशालिनी गौहर जान मैसूर दरबार को सजाने की योग्यता रखती है और दूर मुम्बई में किसी सेठ की मेहमान बनकर उसे नहीं पड़ी रहना चाहिए।

तदनुसार गौहर को मैसूर के दीवान सर मिर्जा इस्माइल का टेलीग्राम मिला

जिसमें लिखा था कि महाराजा उसे अपने दरबार की गायिका बहाल करना चाहते थे। गौहर की खुशी का ठिकाना न रहा। उसके लिए मैसूर सदा एक सुखद स्मृति था क्योंकि वर्तमान महाराजा के पिता चामराज वाडेयार के समय से ही वह वहाँ अक्सर जाती रही थी। उसने गोकुलदास से उसे मैसूर जाने देने का आग्रह किया, और जितने महीने उनके मकान में रही थी उसका किराया देने को तैयार हुई। सेठ ने शिष्टाचारपूर्वक यह कहते हुए किराया छोड़ दिया कि एक अच्छे भाई की तरह अपनी बहन को विदा करना और उसकी नयी यात्रा के लिए शुभकामना देना उनका कर्तव्य था। गौहर ने अपने झोले समेटे और मैसूर राज्य के लिए अपने जीवन की अन्तिम यात्रा शुरू की।

सब खड़ी हैं दस्ता-बस्ता नव के कातिल के पास;
अब उम्मीदों के निशाँ क्या ख़ाक होंगे दिल के पास?
—बड़ी मलका जान, मखजाने-उल्फते मल्लिका

16.
काल कोठरी : एक तारिका की मृत्यु

मैसूर, अगस्त 1928

सदी के अन्तिम भाग में मैसूर भारत के देशी राज्यों में सबसे बड़ा राज्य था। सभी देशी राज्य ब्रिटिश रेजिडेंट की देखरेख में थे जो वायसराय का प्रतिनिधि था। अंग्रेजों ने देशी राजाओं को सम्मानित करने का नियम बनाया था। नियमों में एक था तोपों से सलामी। सलामी की संख्या जितनी ज्यादा होती थी राज्य की प्रतिष्ठा उतनी ही ऊँची मानी जाती थी। सबसे ज्यादा तोपों की सलामी के लिए राजाओं और नवाबों में स्पर्द्धा रहती थी। हैदराबाद के निज़ाम, मैसूर के महाराजा, जम्मू और काश्मीर के महाराजा, बड़ौदा के महाराजा और ग्वालियर के महाराजा, केवल पाँच राजे थे जिन्हें तोपों की इक्कीस सलामी मिलती थी। निस्सन्देह इन सारी देशी रियासतों के ऊपर के सम्राट, अंग्रेज राजा को 1911 के दिल्ली दरबार के समय 101 तोपों की सलामी दी गयी थी।

इन राजकुमारों की जीवन-शैली ऐसी थी जिसके कारण शायद रुडयार्ड किपलिंग को टिप्पणी करनी पड़ी कि 'भाग्य ने मनुष्य जाति को अपने ऐश्वर्य-प्रदर्शन के लिए महाराजाओं को बनाया था।' वे लोग सचमुच एक प्रदर्शन ही थे और उनमें से बहुत ऐसे थे जो साधारण जन की आकांक्षाओं से बहुत अलग भ्रष्ट जीवन बिताते थे। देशी राज्यों के बीच कुत्ते बिल्लयों के विवाह की अविश्वसनीय कहानियाँ प्रचलित हैं जिनपर राजकीय कोष से अपार धन खर्च किया जाता था। यह सब उस समय होता था जब उनकी प्रजा भयानक अकाल, सूखा, गरीबी और बीमारी झेल रही होती थी। इनमें से बहुत से देशी राज्य इस तरह दुख के समुद्र में ऐश्वर्य के टापुओं की तरह थे।

किन्तु मैसूर एक अपवाद था। मुस्लिम लुटेरों हैदर अली खान और उसके बहादुर बेटे टीपू सुल्तान के अधीन पचास वर्षों के थोड़े समय को छोड़कर, मैसूर हिन्दू शासकों के राज्य में था जिन्हें वाडेयार कहा जाता था। उन लोगों ने 1399 से राज्य पर शासन करना शुरू किया था और भारत के राज परिवारों में सबसे लम्बे समय तक राज करने वाला परिवार बना।

19वीं शताब्दी के अन्त से बाद के वाडेयारों के अच्छे शासन के अधीन मैसूर राज्य में राजनीतिक प्रजातन्त्र, आर्थिक पुनरुत्थान, सामाजिक स्वतन्त्रता, आधारभूत संरचना के विकास, सिंचाई और बिजली, शिक्षा और चिकित्सा के क्षेत्रों में अनेक नये कदम उठाये गये। वास्तव में मैसूर के महाराजा, नलवाडी कृष्णराज वाडेयार (1894-1940) का शासनकाल स्वर्णयुग कहा जाता था और इसमें आशातीत उन्नति ओर प्रगति हुई। वस्तुतः गाँधी जी ने तो इस राज्य की तुलना 'राम राज्य' से की और महाराजा को उन्होंने राजऋषि कहा। वह तो यह भी सोचते थे कि अगर एक प्रदेश जो इतना प्रगतिशील, जागरूक और उन्नतिशील था जैसा कि मैसूर, तो उसे आजादी की क्या जरूरत थी।

जबकि मैसूर राज्य ने सामाजिक और आर्थिक पैमाने पर सर्वांगीण उन्नति की, यह दक्षिण भारत में सांस्कृतिक केन्द्र के रूप में भी उभरा। तंजौर दरबार के पतन के बाद जो 19वीं सदी के मध्य तक सांस्कृतिक क्रिया-कलापों का केन्द्र रहा था बड़े पैमाने पर विद्वानों, संगीतकारों, नर्तकों और चित्रकारों ने मैसूर का रुख किया। उन्हें पर्याप्त संरक्षण सांस्कृतिक दृष्टि से संवेदनशील महाराजाओं से मिला और प्रोत्साहन भी। मैसूर ने वीणा-वादन की अपनी शैली, 'मैसूर वाणी' विकसित की। बहुत से दक्षिणी भारतीय शास्त्रीय संगीत के कलाकार जैसे वीणा शेषन्ना, वीणा शमन्ना, वीणा सुबन्ना, मैसूर वासुदेवाचार्य, विदारम कृष्णप्पा, मैसूर सदाशिव राव, डॉ. मुथैय्या भागवतार, बीणा बेंकटगिरियप्पा, मैसूर चौदैगाह ने राजदरबार की शोभा बढ़ायी। नलवाड़ी के अच्छे शासन में मैसूर ने संगीत की उन्नति में आधुनिक भूमिका स्वीकार की। संवेदनशील महाराजा के द्वारा वैज्ञानिक सैद्धान्तीकरण और संगीत धारणाओं के नियमन को बहुत प्रोत्साहित किया गया। भारत में पहलीबार जनता से सम्पर्क के लिए तरीके या माइक्रोफोन दरबार के संगीत प्रदर्शनों का जनता के द्वारा आनन्द लिए जाने के लिए राज भवन के मैदानों में स्थापित किए गये। पश्चिमी शास्त्रीय, हिन्दुस्तानी और कर्नाटक संगीतकारों के समन्वय, बड़े वाद्ययन्त्रों और ऑरकेस्ट्राओं का प्रबन्धन, संगीत पर विचार-विमर्श और वाद-विवाद, संगीत और नयी रचनाओं और रागों के विशाल कोश की सृष्टि और मैसूर की विशिष्ट शैली ये सब इस महान संगीत क्रान्ति के हिस्से थे।

मैसूर में संगीत के वातावरण का सबसे अहम पक्ष था संश्लेषण, सम्मिलन

और एकीकरण का तत्त्व। प्रसिद्ध हिन्दुस्तानी संगीत के गायक जैसे उस्ताद फैयाज़ खान, उस्ताद अब्दुल करीमखान, कलकत्ते के सितारवादक उस्ताद बरकतुल्ला खान और अन्य मैसूर में निमन्त्रित और सम्मानित होते थे। बहुत समय तक मैसूर में उनके ठहराव ने बड़े सांस्कृतिक मिश्रण और एकत्व को जन्म दिया। कर्नाटक दरबार के अनेक संगीतकारों ने बहुत हिन्दुस्तानी रागों को अपनी गायनसूची में स्थान दिया। अब्दुल करीम खान को वासुदेवाचार्य से सीखने का अवसर मिला और उन्होंने कर्नाटक शैली के 'कल्पना स्वरम' के सोल्फा स्वरों को हिन्दुस्तानी परम्परा के बीच में डालकर सरगम कहा। करीब दो बरसों के छोटे प्रवास के बीच रवीन्द्रनाथ टैगोर की भतीजी सरलादेवी चौधुरानी का कर्नाटक संगीत और मैसूर की वीणा से साक्षात्कार हुआ। कलकत्ता लौटने पर उन्होंने अपने चाचा गुरुदेव के सामने ऐसा गायन किया कि वे कर्नाटक सुरों से बहुत प्रभावित हुए और उन्होंने इसके आधार पर गीत लिखे। कर्नाटक सुरों पर आधारित इन सभी गीतों के गुच्छों ने रवीन्द्र संगीत को 'भंग गान' की एक नयी विधा दी।

यह मैसूर का संगीत से भरा वातावरण था जिसमें गौहर 1928 के अगस्त महीने में पहुँची। विभिन्न कलाकारों के लिए जो दरबार की सेवा में थे उन्हें आर्थिक सुविधाएँ देने की बही रखने वाले विभाग के अधिकारी अवसरदा होबली थे। 20 अगस्त, 1928 के स्मरण-पत्र के अनुसार गौहर को मैसूर दरबार की दरबारी गायिका नियमतः नियुक्त किया गया।

'सुश्री गौहर जान को 500 रुपये हर माह वेतन के आधार पर (उनके साजिंदो और गायकों के वेतन को मिलाकर) 1 अगस्त, 1928 को राजमहल की गायिका के रूप में बहाल किया जाता है। उन्हें रहने के लिए मुफ्त में दिलखुश कॉटेज दिया जाएगा। गौहर जान जन्मदिन और दशहरा ऋतु में और दूसरे महत्त्वपूर्ण अवसरों पर, जब उनकी उपस्थिति अनिवार्य होगी, मैसूर में रहेंगी। दूसरे समय वह मैसूर से बाहर आदेश लेकर जा सकती हैं। वह दरबार बख्शी के आदेश के अधीन काम करेंगी।

(हुजूर सेक्रेटरी)

1. दरबार बख्शी, राजमहल मैसूर।
2. सुश्री गौहर जान, महल गायिका, दिलखुश, मैसूर।'

महाराजा के ललिता महल राजमहल के मार्ग पर पहाड़ियों के बीच दिलखुश कॉटेज एक सुन्दर छोटा बंगला था। गौहर के साथ शरीफन पतन और अपनी पत्नी और तीन बच्चों के साथ अब्दुल रहमान नाम के एक प्रबन्धक थे। पतन कानपुर की रहने वाली थी और खाने के साथ उसे हर महीना 10 रुपये मिलते थे, जबकि रहमान कलकत्ता के थे और पूरे परिवार के खाने के साथ उन्हें 16 रुपये दिए जाते थे। गौहर के दुखी जीवन में यह एक नया अध्याय था और उसे सुख की उम्मीद थी।

जब उसे पहले महीने की तन्ख्वाह मिली तो उसमें थोड़ी कटौती देखकर वह अचंभित हुई जिसे वह समझ नही सकी। उसने कलकत्ता वाले सितार के उस्ताद बरकतुल्लाह खान जो उसे अच्छी तरह जानते थे उनकी मदद माँगी। उन्होंने उससे कहा कि यह मैसूर में सामान्य सरकारी प्रक्रिया है और पैसा इनकमटैक्स के लिए काटा गया था। मानदेय की बात ने पहले ही उसे थोड़ा दुखी किया था। एक बिल्ली के बच्चे के जन्म पर 20,000 रुपये खर्च करने वाले दिनों से हर महीने 500 रुपये पर जीना जिसमें उसके सभी संगतकारों का भी खर्चा था एक भयानक पतन था। इसके अतिरिक्त कटौती ने उसे और बेचैन कर दिया। उस समय उसका महत्त्व लगातार घट रहा था और वह शरण पाने के लिए कृतज्ञ थी लेकिन गौहर सचमुच ऐसी नहीं थी कि चुपचाप चीज़ों को स्वीकार कर लेती।

24 सितम्बर, 1928 को अपने हस्ताक्षर में लिखे पत्र में गौहर जान ने दरबार बख्शी से इनकमटैक्स की कटौती से बरी करने का आग्रह करते हुए लिखा :

महाशय,

आफताबे सितार बरकतुल्ला खान ने जो मेरे उस्ताद हैं आपकी चिट्ठी और हुजूर सेक्रेटरी साहब का स्मरण-पत्र मुझे दिखाया।

जब मुझे बुलाया गया तो आपने इनकमटैक्स की इस कटौती के बारे में कोई ज़िक्र नहीं किया। जहाँ तक जो पैसा मेरे साजिन्दों को जाता है मैं इसके बारे में कहने की योग्यता नहीं रखती क्योंकि इसमें बहुत अन्तर है। मैं आपका उपकार मानूँगी अगर आप मुझे इस देनदारी से बरी कर देते: अगर नहीं तो कानूनन मेरी तनख्वाह से काट लिया जाए और मुझे जरा भी एतराज नहीं है।

सम्मानपूर्वक

मैं हूँ

आपकी विश्वासपात्र

गौहर जान'

इस चिट्ठी के साथ उस्ताद बरकतुल्ला खान, जो मैसूर के नजरबाद इलाके में बरकत मंजिल में रह रहे थे, की चिट्ठी भी संलग्न थी। वे बख्शी को लिखते हैं:

'प्रिय महाशय,

आपकी इच्छा के अनुसार इनकमटैक्स की कटौती के बारे में गौहर जान को बताया और आपको उसकी लिखी चिट्ठी भेजने की याचना करता हूँ।

हुजूर सेक्रेटरी का स्मरण-पत्र भी इसके साथ लौटाया जा रहा है।

मैं हूँ,

पूरे आदर के साथ

आपका विश्वासपात्र

बरकतुल्ला खान'

ये चिट्ठियाँ वित्त विभाग के हुजूर सेक्रेटरी के पास 27 सितंबर, 1928 को अग्रसारित की गयीं, खास जानकारी लेनेके बारे में कि उसकी तनख्वाह का कितना हिस्सा टैक्स के लिए है और यह भी कि क्या मुफ्त में मिले घरों का किराये का दाम भी टैक्स के दायरे में आयेगा।

हुजूर सेक्रेटरी ने काग़ज़ों को एक पखवारे तक देखा और 19 अक्टूबर, 1928 को दरबार बख्शी को जवाब दिया जिसमें छूट या खास महत्त्व गौहर को देने से इनकार किया।

'मिस गौहर जान की पूरी तनख्वाह 500 रुपये से नियमत: इनकम टैक्स काटा जा सकता है और 45 रुपये पर भी जो उनको मुफ्त में दिए गये दिलखुश घर का किराया होता है।'

उसके आग्रहों के बावजूद इन नियमों के पालन के अलावा गौहर के पास कोई उपाय नहीं था। मानो कि यह काफी न हो, पहले से टूटी गौहर की प्रतीक्षा एक दूसरा दुर्भाग्य भी कर रहा था।

अक्टूबर के महीने ने दशहरे के महान उत्सव का आरम्भ किया। पूरे देश में मैसूर को उस वैभव और भव्यता, जिसके साथ दशहरा का उत्सव मनाया जाता था, उसके लिए लोग जानते थे जो अभी तक विजय नगर साम्राज्य की परम्पराओं को बनाए हुए था। राज्यभर में 10 दिनों तक राजमहल और मन्दिरों में अनेक धार्मिक कार्य किए जाते थे। पूजा की क्रियाओं के साथ प्रतिदिन कुश्ती, प्रतियोगिताएँ, संगीत और नृत्य के प्रदर्शन, राजाओं और प्रजाओं के मनोरंजन के लिए किए जाते थे। राजसी अस्त्रागार, शस्त्रागार, पैदल सेना, घुड़सवार सेना, संगीत वाद्यों और पुस्तकालय की पुस्तकों की पूजा महाराजा के द्वारा की जाती थी। 10 दिनों के इस उत्सव का अन्त एक खर्चीले जम्बू सवारी, महाराजा, युवराज और उनके पुत्र जयचामराज वाडेयार का कीमती सजाए हाथी के हौदे पर बैठे एक जुलूस के साथ होता था। इस जुलूस के पीछे लोक नर्तकों और प्रदर्शकों, संगीतकारों, सेना के वाद्यों सैनिकों की परेड और ऑरकेस्ट्रा के रंगारंग प्रदर्शन होते थे और उल्लसित जनता इस दृश्य को देखने के लिए गलियों में जमा हो जाती थी।

जिस समय पूरा मैसूर दशहरे के हर्षोल्लास में डूबा था और गौहर इसका अंग होने का प्रयास कर रही थी, उसे अनजाने एक बड़े जोर का आघात मिला। मुम्बई से एक कानूनी सम्मन पाकर उसे बड़ी चोट लगी। इसका सम्बन्ध पैसे नहीं दिए जाने के कसूर के लिए सेठ माधोदास द्वारा दायर मुकदमे से था। उन्होंने अपने बाकी किराये के पैसे न देने का उस पर आरोप लगाया था जब वह मुम्बई उनके घर में रहती थी; यह कि उसने वहाँ छ: महीने तक रहने का सुलहनामा तोड़ दिया था और

एकाएक मैसूर चली गयी थी। गौहर विश्वास न कर सकी कि एक आदमी जो उसे अपनी बहन कहता था उसके साथ ऐसा कर सकता था। उसने अदालत को जवाब में मुम्बई जाने की असमर्थता जताई क्योंकि नियुक्ति के नियमों के अनुसार मैसूर में चल रहे दशहरा-उत्सवों में उसकी उपस्थिति अनिवार्य थी। इसके बाद उसने बात खत्म करने के लिए सेठ को कई पत्र लिखे, लेकिन वह चुप्पी साधे रहा।

तब तक उसकी आँखों की हालत खराब हो रही थी और उसे बंगलोर में आँखों के ऑपरेशन की सलाह दी गयी। जब वह बंगलोर में थी उसे मुम्बई से एक तरफा डिग्री मैसूर में प्रथम मुंसिफ की अदालत में सेठ के जाली केस के आधार पर किराया न देने के एवज में माहवारी तनख्वाह 500 रुपये जब्त करने के आदेश के साथ मिली। उसकी तनख्वाह उसी अनुसार काट ली गयी और उसने सोचा काम पूरा हो गया।

वह कुछ दिनों के लिए फरवरी-मार्च में कलकत्ता जाना चाहती थी और दरबार बख्शी के आदेश पर चली गयी। कलकत्ता पहुँचने पर भी मुम्बई का भूत उसके सर पर सवार रहा। एक दूसरी डिग्री 500 रुपये के लिए मुंसिफ की अदालत में आयी और उसकी तनख्वाह फिर काट ली गयी।

बड़ी घबराहट में 6 मार्च, 1929 को उसने सीधे एक लम्बी चिट्ठी मैसूर के दीवान, सर मिर्जा इस्माइल को उन्हें घटनाओं के लम्बे ब्यौरे के साथ लिखी।

34, मार्सडेन स्ट्रीट, कलकत्ता

आदरणीय महाशय,

सर्वप्रथम मैं निवेदन करना चाहती हूँ कि सर्वशक्तिमान परमेश्वर और पवित्र पैगम्बर के बाद इस दुनिया में मैसूर के महाराजा बहादुर और आप भलेमानस उनके वज़ीर को छोड़कर मेरी भलाई करने वाला कोई नहीं है।

मेरे अनेक दुर्भाग्यों में एक नया दुख जुड़ गया है और इसके बावजूद कि मैंने आपके दरवाज़े पर शरण ली है वह सब जिसने मेरा दुख और बढ़ा दिया है उसकी ब्योरेवार सूचना आपको देने का मुझे हुक्म दिया जाय। इस बात को सोचते कि आप हुजूर ने पहले ही मुझे पूरी बर्बादी से बचा लिया है मैं अपने और आप हुजूर के बीच इमाम हुसैन के प्रिय पुत्र राजकुँअर असगर अली को साक्षी रखकर इस स्थिति में आपकी दयापूर्ण सहायता की प्रार्थना करती हूँ।

पिछले साल 1928 के मई माह में मैं मुम्बई के गामदेवी में सेठ माधोदास गोकुलदास पस्ता की एक मेहमान थी। जिस घर में मैं रहती थी उसका किराया उसी सेठ के द्वारा पहले महीने में दिया गया और मेरे रहने वगैरह का भी इंतजाम उन्होंने अपने खर्चे से किया था। श्री सेठ मुझे अपनी 'बहन' कहते थे और मुझे उन्होंने बहुत आदर दिया था। उन्होंने घर में रहने के लिए छः महीने के सुलहनामे पर मेरा दस्तखत

लिया था लेकिन किराये के लिए मुझको आश्वस्त किया कि वे खुद इसे नियमित दिया करेंगे। इस बीच मैं मैसूर चली गयी चूँकि मैंने आपका टेलीग्राम पाया। मैंने चलने के वक्त सेठ से पूछा कि क्या मुझे किराया देना होगा? लेकिन उन्होंने मुझे फिर आश्वस्त किया कि वे उसे खुद देंगे।

मैसूर में मेरे ठहराव के कुछ महीने बाद, पिछले अक्टूबर में मुम्बई से मुझे एक अदालती सम्मन मिला जिसके जवाब में मैंने कहा कि दशहरे की वजह से मैं व्यक्तिगत रूप से अदालत में उपस्थित होने में असमर्थ थी। और ठीक इसके बाद उस बात को खत्म करने के लिए मैंने बहुत सी चिट्ठियाँ लिखीं, लेकिन वह चुप रहे। एक दिन बरकतुल्लाखान साहब, आफताबे सितार, मेरे पास आये और मैंने अपने मुकद्दमे के बारे में उन्हें सब कुछ बताया। उन्होंने वकील नरसिम्हैया से मेरा परिचय कराया और मैंने उन्हें भी जरूरी सूचनाएँ दी। श्री नरसिम्हैया ने मुद्दई के वकील को एक पत्र दिया और इस बीच यह कहते हुए कि मैसूर के राज्य ने किसी बाहरी डिग्री को लागू होने की इजाज़त नहीं दी, मुझे चिन्ताओं से मुक्त किया।

किन्तु जब मैं बंगलोर में अपनी आँख का ऑपरेशन करा रही थी, मुम्बई से एकतरफा डिग्री मैसूर के प्रथम मुंसिफ की अदालत में पहुँची थी जहाँ मेरी माहवारी तनख्वाह को जब्त करने का आदेश दिया गया था। डिग्री 500 रुपये के लिए थी और इसकी आधी रकम मेरी तनख्वाह से दी गयी जबकी बाकी आधी मैंने अपनी जेब से दी।

किन्तु कलकत्ते में फिर मुझे जानकर अचरज हुआ कि 500 रुपये की दूसरी डिग्री दूसरी बार मैसूर के प्रथम मुंसिफ की अदालत आयी थी और फिर मेरी तनख्वाह की जब्ती लागू की गयी, जबकि दरबार वख्शी से मेरा मासिक भत्ता आधा ही मिलता था। दोनों डिग्रीओं की रकम 1000 रुपये हो गयी। इस सम्बन्ध में रुपये को लेकर मैं बिल्कुल दुखी नहीं हूँ लेकिन बिना किसी नोटिस या बिना किसी अदालती सम्मन जो इसके पहले कभी भेजा गया हो इस पर मैं आश्चर्यित हूँ। यह भी एक तरफा डिग्री थी। मैं मैसूर से इतनी दूर हूँ कि मैं खुद कुछ नहीं कर सकती। मेरे डाक्टर ने मुझे एक महीना और पूरा आराम करने की सलाह दी है।

क्या मैं आदरपूर्वक आपकी दयालुतापूर्ण सहायता अपने मुकदमे के लिए माँग सकती हूँ जिससे इन सारी चीज़ों से मुझे छुटकारा मिले। ईश्वर और पाँच पवित्र आत्माओं के बाद महाराजा बहादुर और आपको छोड़कर मेरी मदद करने वाला कोई नहीं है। अगर मेरी मदद करें, जैसा आपने पहले ही मुझे ऋणी बनाया है, मैं आश्वस्त हूँ कि मैं सारे दुखों से मुक्त हो जाऊँगी। मुम्बई के लखपति पस्ता सेठ ने केवल कुछ सौ रुपयों के लिए मेरे साथ रखी शर्त खुद तोड़ी है यद्यपि मैं उनकी मेहमान रही। अगर उन्होंने मुझसे किराया देने के लिए कहा होता तो मैसूर आने के पहले मैंने वह

सारा काम कर दिया होता। मैंने घर की चाबी उनके पास छोड़ दी थी। महानुभाव आप अच्छी तरह जानते हैं राज्य द्वारा दिए मासिक भत्ते को छोड़कर मेरे पास आमदनी का कोई दूसरा जरिया नहीं है। मैं बहुत उम्मीद करती हूँ कि आप महानुभाव मुझे नहीं भूलेंगे।

बड़ी बेगम साहिबा और छोटी बेगम साहिबा के प्रति अपार श्रद्धा और साहबजादी साहिबा के प्रति स्नेह के साथ

आपकी आज्ञाकारिणी

गौहर जान

चिट्ठी का दीवान के सचिव के द्वारा पुनरावलोकन किया गया और चिट्ठी के ऊपर पेंसिल में एक कड़ी सरकारी टिप्पणी ने गौहर के भाग्य को गहरा धक्का दिया। इसमें लिखा था: 'कृपया उससे कहें कि यह ऐसा काम नहीं है जिसमें मैं हस्ताक्षेप कर सकूँ। मुझे अफसोस है और मैं उससे मिलने में असमर्थ हूँ। उसको अपने कानूनी सलाहकार से जरूर बात करनी चाहिए और उनकी राय के मुताबिक काम करना चाहिए।'

पूरी क्रिया-कलाप का विस्तार करते हुए 13 मार्च, 1929 को राजमहल कार्यालय ने स्थिति की रिपोर्ट दाखिल की।

'मिस गौहर जान 1 अगस्त 1928 से 500 रुपये महीने और मुफ्त घर के साथ एक गायिका नियुक्त की गयी। मुम्बई अदालत में उसके ख़िलाफ़ एक सिविल मुकद्दमें के सम्बन्ध में मैसूर के प्रथम मुंसिफ की अदालत से उसकी तनख्वाल से 510 रुपये जब्त कर लेने का वारंट दरबार बख्शी के द्वारा प्राप्त किया गया और उसे पूरा करने के लिए तनख्वाह का एक हिस्सा जब्त करके जनवरी 1929 को अदालत को भेज दिया गया। बचा भाग दिया जाता इसके पहले अदालत से सूचना मिली कि जब्त करने का वारंट वापस लिया जाता है चूँकि उसने अदालत से बाहर पैसे चुकता कर दिए थे।

इसके बाद उसी दल के द्वारा मुम्बई में एक दूसरे मुकद्दमे के चलते 511/2 रुपये का दूसरा जब्ती वारंट दरबार बख्शी को प्राप्त हुआ और उसके अनुसार उसकी तनख्वाह का हिस्सा अर्थात 245 रुपये 12 आने उसकी तनख्वाह से जब्त कर प्रथम मुंसिफ की अदालत को भेजा गया। उसे दरबार बख्शी द्वारा यह बताने को कहा गया है अगर उसने दावे को अदालत के बाहर पूरा कर दिया है जैसे उसने पहले वाले मुकद्दमें में किया था। अन्यथा बाकी रकम अर्थात् 265 रुपये 6 आने उसकी फरवरी की तनख्वाह से लेकर अदालत को भेज दिया जायगा। उसने उनको तार से खबर की है कि उसकी शेष आधी तनख्वाह वापस भेज दी जाय।

दीवान साहब को लिखे अपने पत्र में गौहर जान कहती है कि उसे एक सेठ

माधोदास गोकुलदास पस्ता द्वारा गामदेवी, मुम्बई में छः महीने के लिए किराये के घर में रखा गया जब वह उनकी मेहमान थी। और अब वह सेठ उसको धोखा दे रहा है। और यह कि सुप्रीम कोर्ट ब्रिटिश अदालतों के वारंट लागू नहीं कर सकता और इस कठिनाई से उबरने के लिए दयापूर्वक उसकी सहायता की जाय। लगता है दीवान साहब के आप्त सचिव द्वारा जवाब में उसे सूचित किया गया कि इस प्रकार की बात में, वह दखल नहीं दे सकते और वह अपने कानूनी सलाहकारों की राय के मुताबिक काम कर सकती है। उसकी चिट्ठी से यह पता चलता है कि प्रोफेसर बरकतुल्ला खान के द्वारा उसने वकील नरसिम्हैया को बहाल किया है जिन्होंने उसे बताया है कि मैसूर राज्य ने किसी बाहरी डिग्री को लागू करने की इजाज़त नहीं दी है। स्पष्टतः उसने अपने वकील की राय को गलत समझा है और अभी कलकत्ते में रहने के कारण वह दुबारा उनकी राय तब तक नहीं ले सकती जब तक वह मैसूर लौट न आये।'

गौहर मैसूर लौट आई और उसके वकील की सहायता से किसी तरह केस खत्म हो गया। किन्तु पैसे की बर्बादी, सेठ की धोखाबाजी और मैसूर राज के द्वारा बहुत थोड़ी मदद ने उसके सब भ्रम तोड़ दिये। वह और ज्यादा चिड़चिड़ी और बेचैन होती गयी और अपना गुस्सा नौकरानी और सेवक पर उतारने लगी।

जहाँ तक उनकी बात थी दूर कलकत्ते से आयी इस मेहमान के बारे में अधिकारी बेचैन होने लगे जो समस्याओं का सिलसिला लेकर आयी और जिन्हें सुलझाने को उनसे कहा जाने लगा। गौहर और ज्यादा अपने आप में सिमटने लगी और मैसूर में उसके छोटे ठहराव में उसके प्रदर्शन, बहुत कम होने लगे। राजभवन की संचिकाओं में केवल तीन प्रदर्शनों की सूचना है जिसके लिए 3000 रुपये की अच्छी रकम और 300 रुपये के उपहार उसे दिए गये।

गायन के जो प्रदर्शन उसने किए बड़े उत्सवपूर्ण रहे। जैसा कि पूराने मैसूरवासी और प्रसिद्ध पत्रकार श्री एच.वाइ. नारायणदत्त, प्रसिद्ध संगीत रचयिता और दरबारी संगीतकार श्री योग नरसिम्हन के पुत्र बताते हैं उसकी हर महफिल में गौहर के पीछे अर्दलियों का एक जत्था चलता था। वे उसकी हर जरूरत का खयाल रखते, मंच पर चढ़ने में उसकी मदद करते, उसकी मखमली चप्पलें निकाल लेते जिन्हें वे अपने लम्बे कोटों की जेब में डाल लेते थे। महफिल के अन्त में वे उसे चप्पलें पहनाने को और मंच से उतरने में उसकी मदद को दौड़ आते।

1930 की जनवरी जरूरत से ज्यादा ठंडी थी जब मैसूर जाड़े में जम रहा था, गौहर बीमार पड़ गयी। शरीर की बीमारी से ज्यादा दिमागी थकावट थी और जिस लम्बे अवसाद से वह ग्रस्त हो गयी थी उसने अपनी कीमत चुका ली। उसकी जीने, गाने, नाचने की इच्छा बहुत पहले मर चुकी थी। उसके शरीर पर उसके मन के

अजीब तनावों का गहरा असर हो रहा था। ऊँचे बुखार के कारण नगर के कृष्ण राजेन्द्र अस्पताल में उसे भर्ती कराया गया। बुखार कम करने के लिए कई रातों तक शरीफन उसे ठण्डी पट्टी लगाती हुई उसके पास बैठी रही, लेकिन बुखार उतरता नहीं था। बीमारी से अच्छी होने के लिए दरबार बख्शी ने सबसे अच्छे इलाज की व्यवस्था की। किन्तु गौहर लड़ाई हार गयी थी। अनन्त: 17 जनवरी 1930 को कलकत्ते की गौहर जान, भारतीय संगीत की साम्राज्ञी, कलकत्ते की कोयल और ग्रामोफोन रेकॉर्ड में जाने वाली प्रथम भारतीय आवाज ने सदा के लिए आँखें बन्द कर लीं। कृष्णराजेन्द्र अस्पताल के एक सुनसान कोने में अकेली और बिछुड़ी उसने दुनिया छोड़ दी, उसकी खाट की बगल में आँसू बहाने वाला भी कोई न रहा।

कसम जनाज़े पे आने की मेरी खाते हैं गालिब
हमेशा खाते थे जो मेरी जान की कसम आगे

—मिर्ज़ा गालिब

मेरा कभी ज़बानी पूछा न हाल दमभर;
लिखते हैं दुश्मनों को वो लाख बार काग़ज़।
—बड़ी मलका जान, मख़ज़ान-ए-उल्फत-ए-मल्लिका

17.
अन्त के बाद

मैसूर, अगस्त 1930

कलकत्ते की मशहूर गायिका नर्तकी और ग्रामोफोन की प्रख्यात नायिका की मौत की खबर पूरे देश में कई अखबारों में छपी। कलकत्ते के 'स्टेट्समैन' ने अपने 'स्टेज एंड स्क्रीन' भाग में मंगलवार 28 जनवरी 1930 को उसकी मौत की खबर छापी—

'मैडम गौहर जान की मैसूर में हुई मौत से एक गहरी क्षति हुई है जहाँ मैसूर के महाराज की वह दरबारी गायिका और नर्तकी थीं। यूरोपीय माता-पिता से 1873 में जन्मी- उनके पिता बगान मालिक और इंजीनियर मिस्टर रॉबर्ट विलियम योवर्ड और उनकी माता ऐडिलिन विक्टोरिया हेमिंग्स थीं और गौहर जान का बपतिस्मा ईलीन ऐंजेलिना योवर्ड के रूप में हुआ। 6 वर्ष की उम्र में अपनी माँ के साथ मिस ईलीन ने बनारस में इस्लाम कबूल किया। माँ ने अपना नाम मलका जान और बेटी का गौहर जान रखा। 1883 की बात है कि गौहर जान हैदराबाद के स्वर्गीय बादशाह निजाम के आश्रय में कलकत्ता आयी और केवल 2 वर्ष मुम्बई में और कभी-कभी देश भर में घूमती उसने पूरा जीवन वहाँ बिताया और अन्तिम 2 वर्ष मैसूर में। गायिका के रूप में उनकी प्रसिद्धि ने उन्हें 'भारतीय बुलबुल' उपाधि दिलायी और जब भारतीय गीतों के ग्रामोफोन रेकॉर्ड पहली बार बनाये गये तो वह पहली स्त्री थीं जिनको सम्पर्क किया गया। जब मॉड ऐल्लन, मैडम अन्ना पावलोवा और पेरिस की मैडम काल्व भारत आयी तो गौहर जान ने उनका मनोरंजन किया। पावलोवा द्वारा भारतीय साड़ियों की प्रशंसा ने गौहर से एक बहुत कीमती साड़ी और एक चोली दिलवायी जिन्हें वे अभी तक बचाये हुए हैं। सर हैरी लॉडेन का भी परिचय गौहर से कराया गया और उनके गायन से वे प्रसन्न हुए थे। उन्होंने अपनी कला को आगे

बढ़ाने के लिए भारत में अपने कई शिष्यों को छोड़ा है।'

इस बीच मैसूर में दरबार बख्शी के कार्यालय ने मिस गौहर जान की मृत्यु की सूचना पत्र के द्वारा हुजूर सेक्रेटरी को दी। यह फैसले का समय था और बहुत सी शेष राशि जो मृतक के द्वारा मैसूर सरकार को दी जानी थी उसका उपाय करना था। 22 जनवरी 1930 के अपने पत्र में बख्शी का कार्यालय लिखता है—

'मिस गौहर जान कृष्ण राजेन्द्र अस्पताल में दाखिल एक मरीज थीं और 17 तारीख शुक्रवार को वहाँ उनका देहान्त हो गया। वे इस इलाके के संगीत फिरके में हर माह 500 रुपये वेतन पाती थीं और इनकम टैक्स की मद में आठ रुपये आठ आना काटने के बाद दिसम्बर 1929 के लिए उनको देय राशि चार सौ इकानबे रुपये आठ आने थी। सहायक सचिव के आदेशानुसार चार सौ इकानबे रुपये आठ आने में से दो सौ पचास रुपये की राशि 15 तारीख को मिस गौहर जान को अस्पताल के खर्चों के लिए दी गयी। अब दो सौ इकतालिस रुपये आठ आने उन्हें वेतन मद में देय है और इस महीने की 17 तारीख तक वे इसके पाने की अधिकारी हैं।

यह निश्चित हुआ है कि वे शरीफन पतन नाम की एक नौकरानी और एक सेवक अब्दुल रहमान को उसकी पत्नी और तीन बच्चों के साथ रखती थीं। मालूम हुआ है कि पहली अर्थात् नौकरानी को खाने के साथ दस रुपये दिए जाते थे और बाद वाले सेवक को खाने के साथ परिवार के साथ हर महीने सोलह रुपये दिए जाते थे और यह नौकरानी कानपुर की रहने वाली है और सेवक कलकत्ते का रहने वाला। वे शिकायत करते हैं कि उन्हें खाने को कुछ नहीं है और वे अपने घर जाना चाहते हैं। जैसा कि 21 जनवरी, 1930 के हुजूर सेक्रेटरी के पत्र नम्बर 4845 से पता चलता है कि मिस गौहर जान को राजभवन के घर में जहाँ वह रहती थीं पानी का बकाया बिल भरने के लिए नगर के म्यूनिसिपल काउंसिल को अठारह रुपया बारह आना देना था।

अन्त में इसके साथ इस महीने की 22 तारीख का डी.ओ. पत्र मैं समर्पित कर रहा हूँ जिसे कृष्ण राजेन्द्र अस्पताल के कार्यपालक अधिकारी के द्वारा स्वर्गीय मिस गौहर जान के अस्पताल के खर्चे के बकाये के रुप में भेजा गया।

विषय आपके दयापूर्ण आदेश के लिए समर्पित।

अचप्पा (हस्ताक्षरित)

(दरबार बख्शी के लिए)'

हुजूर सेक्रेटरी के कार्यालय ने बख्शी के ऑफिस द्वारा सारे खर्च के ब्यौरे को देखा और मामले को रफा दफा करने की कोशिश की। गौहर को अस्पताल को चार रुपये आठ आना देना था और नगर म्यूनिसपैलिटी को पानी का बकाया अठारह रुपया बारह आना। उनके शेष पैसों में से इन्हें काटकर दे दिया गया। महाराजा की

सरकार ने शरीफन और अब्दुल के अपने घरों की वापसी के लिए रेलवे किराये का खर्च खुद उठाने का फैसला किया। इसके अलावा उन्हें क्रमशः पचास रुपये और सौ रुपये का बोनस दिया जाना था, चूँकि उनकी नौकरानियाँ चली गयी थीं। इसके बाद जो भी राशि बचती उसे किसी कानूनी उत्तराधिकारी को दिया जाना था जो उसका हकदार था।

फिर भी बहुत से लोग थे जिनका कर्ज गौहर पर था ओर वे अपने बकाये की वसूली की माँग करते थे।

डॉ. ए.जे. राम एंड सन्स, 'केमिस्ट, ड्रगिस्ट एंड साइंटिफिक ऑपटीशियंस' जिनकी दुकान मैसूर में सयाजी राव रोड पर थी, ने 20 फरवरी, 1930 को हुजूर सेक्रटरी को लिखकर सूचित किया कि मृतक के यहाँ दवाओं और औजारों की वजह से उनका सतरह रुपया ग्यारह आना बाकी था। उन लोगों ने उन दवाइयों का लम्बा बिल दिया जिन्हें गौहर ने अगस्त 1929 में खरीदा और पैसे बाकी थे। राजभवन के द्वारा इन सारी माँगों को पूरा कर दिया गया। राजभवन के बिजली मिस्त्री ने 13 मार्च, 1930 को सात रुपये पाँच आने की अपनी माँग पेश की। इसी प्रकार की माँगें गुलाम हम्जा एंड सन्स, बेकर्स एंड कनफैक्शनर के मुहम्मद जब्बार के द्वारा तीन रुपये 14 आने के लिए की गईं जिसके लिए 31 पाव रोटियाँ दिलखुश कॉटेज भेजी गयी थीं; आदिशेषराव दर्जी ने कमीजों, जैकेटों और दूसरे कपड़ों के लिए अठारह रुपये छः आने की माँग की, लिंग्गा दूधवाले ने छः रुपये चौदह आने; कृष्णैया धोबी ने 4 रुपये और झाड़ू देने वाले सिद्धा ने 4 रुपये की माँग की। हुजूर सेक्रेटरी के ऑफिस ने ये सारी माँगे पूरी कीं जो कुल मिलाकर 354 रुपये 2 आने था। मृतक के अपने खाते में 156 रुपये 13 आने की राशि बची थी।

शरीफन और अब्दुल ने दिलखुश कॉटेज और मैसूर से विदा ली। कुछ लोग मानते हैं कि गौहर का शरीर कलकत्ता ले जाया और वहीं दफनाया गया, क्योंकि मैसूर में उसकी कब्र की जगह के बारे में कोई पता नहीं चला है। फिर भी मैसूर और कलकत्ते के बीच की दूरी को देखते हुए और दोनों के बीच किसी सीधी रेलगाड़ी या दूसरे साधन न होने से यह बात विश्वसनीय नहीं लगती। अतः यह बिलकुल संभव है कि गौहर को मैसूर में ही दफनाया गया मगर चूँकि उसका कोई परिवार नहीं था, किसी ने उसकी कब्र के ऊपर पक्की संरचना बनाने की चिन्ता भी न की।

गौहर के सारे वित्तीय मसलों को तय करने में दरबार बख्शी कार्यालय को 2-3 महीने लगे और वे अब इस मामले को बन्द करना चाहते थे। कई 'पारिवारिक सदस्यों की चिट्ठियाँ मृत गायिका से अपना नजदीकी रिश्ता जताती और उसकी 'जायदाद' में अपना हक-हिस्सा माँगती दरबार कार्यालय में पहुँच गयीं। गौहर जिसे अपने जीवनकाल में किसी स्नेही रिश्तेदार का कोई सहारा तक न मिला, न कोई

आँसू बहाने वाला दोस्त पर उसकी मृत्यु का शोक मनाते अनगिनत 'रिश्तेदार' मिल गये।

गौहर जान के बारे में 'स्टेट्समैन' में छपे शोक सन्देश को एक आदमी ने देखा जिसने मृतक के बारे में जानकारी के लिए 3 फरवरी 1930 को सीधे मैसूर के महामहिम महाराज को पत्र लिखना उचित समझा—

42,ग्रैण्ड स्क्वायर, दीनापुर कैन्टोन्मेंट,
महामहिम मैसूर महाराज को

महामहिम,

मेरी पुत्री गौहर के विषय में जो महामहिम के दरबार की गायिका थी जानकारी के लिए पत्र लिखने की धृष्टता के लिए क्षमा याचना चाहता हूँ। मैं कहना चाहता हूँ कि मैं, रॉबर्ट विलियम योवार्ड, जिन्दा हूँ और श्रीमती गौहर जान का पिता हूँ। 29.1.1930 के 'स्टेट्समैन' में अपनी पुत्री की मृत्यु का समाचार पढ़ने पर, उसका एकमात्र जीवित पिता होने के नाते मैं महामहिम का अत्यन्त कृतज्ञ होऊँगा यदि आप यह आदेश देने का अनुग्रह करें कि उसकी मृत्यु का पूरा ब्योरा मुझे भेजा जाय और उसकी सम्पत्ति और उसे किसने लिया है इसकी सूचना भी।

आशा में महामहिम को धन्यवाद देते हुए
मैं हूँ महामहिम का आज्ञाकारी दास,
आर.डब्लू. योवॉर्ड

एक ऐसा आदमी जिसने अदालत में उसे अपनी बेटी मानने के लिए 9000 रु. की माँग की थी और उसके बाद उससे सम्पर्क की कोई परवाह नहीं की एकाएक वात्सल्य से ओतप्रोत दिखने लगा!

हुजूर सेक्रेटरी कार्यालय के मिस्टर रामाराव ने 11 फरवरी 1930 को योवॉर्ड को वापसी में यह कहते हुए लिखा कि स्वर्गीया सुश्री गौहर जान की सम्पत्ति मैसूर में सिटी मैजिस्ट्रेट के समक्ष है और अधिक सूचना के लिए उस सम्पत्ति के बारे सीधे उन्हें आवेदन करना चाहिए। पत्र में मृत्यु के कारण के बारे में कोई विशेष बात नहीं है। वास्तव में अस्पताल में छुट्टी के साथ किसी आलेख में गौहर की मृत्यु के कारण का ज़िक्र नहीं है। मैसूर के रेकार्डों (आलेखों) में हर बात का उल्लेख है कि उसे किसको कितना देना था, लेकिन कहीं भी मौत की वजह या दफन होने की जगह की चर्चा नहीं है। न उसके मृत्यु प्रमाण-पत्र (नं. 1559/159) जिसे 18 जनवरी, 1930 को मैसूर के जन्म और मृत्यु के सिटी कॉरपोरेशन के रजिस्ट्रार द्वारा रजिस्टर

किया गया, उसमें ही!

1 फरवरी 1930 को दीवान के कार्यालय को एक दूसरी चिट्ठी मिली, इस बार कलकत्ते के बड़े वकील एन.सी. बोस एंण्ड कं. के ऑफिस से भेजी गयी—

10, हेस्टिंग्स स्ट्रीट, कलकत्ता

सेवा में

दीवान,

मैसूर सरकार

प्रिय महोदय,

मृत गौहर जान की जायदाद

उपर्युक्त नामधारी मृतका के पति और हमारे मुवक्किल श्री एस. जी. अब्बास सब्जवारी के द्वारा हमें उच्च न्यायालय कलकत्ता में उपर्युक्त नामधारी की सम्पत्ति की व्यवस्था के आदेश पत्रों के लिए आवेदन करने को कहा गया है। हमारे मुवक्किल को सूचना दी गयी है कि कथित मृतका के रत्नों, गहनों और दूसरे सामानों को सुरक्षा के लिए आपकी सरकार के कब्जे में रखा गया है। चूँकि हमारे मुवक्किल को अपने शपथ पत्र में उन धरोहरों का ज़िक्र करना होगा, हम आपसे जितनी जल्दी सुविधा हो मृतका के गहनों और दूसरी चीज़ के, जो आपकी सरकार के संरक्षण में है, उनकी सूची भेजने का कृपापूर्वक आग्रह करते हैं।

शीघ्र उत्तर की प्रतीक्षा में

हस्ताक्षरित/-

उन लोगों ने भी योवॉर्ड को भेजे उत्तर की नकल की प्रति प्राप्त की।

लोगों के सामने झगड़ने के उपरांत गौहर से अपना विवाह तोड़ लेने के बाद अपनी मरी पत्नी के प्रति अब्बास में एकाएक प्रेम उमर पड़ा। सिटी मैजिस्ट्रेट से मैसूर में उसकी सम्पत्ति का ब्यौरा माँगने एक तीखा जवाब पाया जिसमें उसे मैसूर आने, जायदाद को देखने और अपने दावे के पहले रिश्ते को जायज साबित करने की सलाह दी गयी। जिद्दी अब्बास ने मैसूर सरकार को राज्य की तरफ से उसके ठहरने के इंतजाम करने की उद्दंडता दिखायी, मानों वह राजकीय मेहमान बनकर मैसूर आ रहा हो! मजे की बात यह 8 मार्च, 1930 को इसी आशय का एक पत्र 34, मार्सडेन स्ट्रीट कलकत्ता से मैसूर पहुँचा- पता वही था जो मदद माँगने के लिए मैसूर के दीवान को गौहर ने अपने पत्र में दिया था।

'महामहिम मैसूर महाराज

राजभवन, मैसूर

आदरणीय महोदय,

मैंने श्रीमान के आप्त सचिव से एक पत्र प्राप्त किया है मैसूर के सिटी मैजिस्ट्रेट के एक पत्र के साथ जिसका आशय है कि पिछले महीने मेरी मृत पत्नी मैडम गौहर जान की छोड़ी सम्पत्ति प्राप्त करने को अदालत में अपना दावा जताने के लिए मुझे व्यक्गित रूप से मैसूर आना चाहिये। अब में मैसूर के लिए निकलना चाहता हूँ, लेकिन चूँकि मैं वहाँ बिल्कुल एक अजनबी होऊँगा, मैं महामहिम से जरूर आशा करता हूँ कि मेरे छोटे ठहराव के लिए राज्य के भवनों में से किसी में मेरे ठहरने की दया कर आदेश देंगे। इसके पहले में आपके द्वारा उसके लिए कृपया दिए घर 'दिलखुश' में मैं ठहरा करता था, किन्तु, अफसोस, अब वह नहीं रही!

शीघ्र और अनुकूल उत्तर के लिए

मैं हूँ

महामहिम का आज्ञाकारी दास

एस.जी. अब्बास सब्ज़वारी।'

पत्र में अब्बास द्वारा की गयी माँग बिल्कुल बेदिमाग थी। 19 मार्च, 1930 के अपने कड़े जवाब में हुजूर सेक्रेटरी ने पलटकर लिखा कि 'उसके ठहराव की जगह के लिए उसकी प्रार्थना नहीं स्वीकारी जा सकती।'

लगभग उसी समय मैसूर में रहने वाले वकील मुहम्मद वली उल्लाह की चिट्ठी पहुँची। उन्होंने अपने मुवक्किल किसी कुम्भरहल अली द्वारा केस को देखने के लिए अटॉर्नी के अधिकार का काग़ज़ भी लगा दिया था। कुम्भरहल अली एक मैसूर-वासी था और उसने दावा किया कि उसने गौहर से शादी की थी जब वह मैसूर में थी! अपने वकील के माध्यम से उसने हुजूर सेक्रेटरी को 8 फरवरी, 1930 को लिखा।

'परमादरणीय महोदय,

कृपया आपके कृपापूर्ण विचार और ध्यानपूर्वक इसे देखने के लिए मुझे कुछ पंक्तियाँ भेजने की छूट दी जाय।

आवेदक की कानूनी रूप से ब्याही पत्नी गौहर जान 500/- रुपये की माहवारी तनख्वाह पर गायन के उद्देश्य से मैसूर राजमहल की कर्मचारी नियुक्त थी। वह अपने एकमात्र उत्तराधिकारी और वसीयतनामे के अनुसार एकमात्र वसीयतदार इस आवेदक पर अपनी सारी सम्पत्ति छोड़कर 18 जनवरी या उसके आस-पास 1930 को दिवंगत हो गयी। आवेदक को जहाँ तक जानकारी है और सूचना है, कानून के मुताबिक गौहर जान का कोई दूसरा उत्तराधिकारी नहीं है।

जब मेरी पत्नी आखिरी बार बीमार पड़ी तो उपचार के लिए, दफन के खर्च

के लिए, उसके तीसरे और दसवें रोज के धार्मिक कर्म के लिए, पति और उत्तराधिकारी के रूप में इस आवेदक ने अपनी जेब से 300 रुपये से ज्यादा से खर्च किये हैं। अभी बीसवें और चालीसवें दिन के कर्म करने को अभी बाकी हैं। इस सब का मानी है 500 रुपये और उससे ज्यादा का और खर्च।

यह विनम्र आवेदक प्रार्थना करना है कि गौहर जान की बाकी जो भी तनख्वाह हो, मृत कर्मचारयों के दफन की क्रियाओं पर सम्बन्धियों को मिलने वाला पैसा और अगर वह जिन्दा होती तो उसकी शादी पर मिलने वाले उपहारों का पैसा आवेदक को दिया जाय।

कहना न होगा कि इस तरह मुझे मिलने वाले पैसे मेरी पत्नी गौहरजान की गुजरी आत्मा की शान्ति और चैन के लिए बची धार्मिक क्रियाओं को पूरा करने पर खर्च किये जाएँगे।

आपके इस दयापूर्ण कार्य के लिए मैं सदा आपका कृतज्ञ रहूँगा। आपको यह तकलीफ देने के लिए माफी माँगता और उम्मीद में आपको हार्दिक धन्यवाद देता

मैं बना रहूँगा
परमादरणीय महोदय
आपका अति आज्ञाकारी दास
मीर कुम्भरहल अली

मजे की बात है कि ऐसा पति जो अपनी पत्नी की मृत्यु की सही तारीख तक नहीं जानता, जो ऊपर वाले पत्र में '17 फरवरी या उसके आसपास' लिखा है वह दफन के बाद के धार्मिक क्रिया-कलापों को पूरा करने को कितना उत्सुक है!

बात को और उलझाने के लिए, सेवक अब्दुल रहमान कलकत्ता लौट गया और आर्थिक सहयाता के लिए अपना प्रार्थना-पत्र भेजा।

'एक शेख अब्दुर्रहमान जो सिराजुद्दौला बाज़ार मुर्शिदाबाद के स्वर्गीय शेख डोमा का पुत्र है और अब 23/1, कनाल ईस्ट रोड़, सेठ बागान, पोस्ट शाम बाजार, कलकत्ता में रह रहा है व्यक्त करता है कि यह स्मरण कराने वाला स्वर्गीया गौहरजान के अधीन सेवक था, यह कि उनकी मृत्यु के बाद इसको अपने परिवार के निर्वाह में बड़ी कठिनाई झेलनी पड़ रही है; यह कि उसे निम्नलिखित के लिए स्वर्गीय गौहर जान की इच्छाओं के मुताबिक उनकी जायदाद और सम्पत्तियों से इन्तज़ाम करना है:

1- सुश्री गौहर जान की कब्र को पक्का बनवाना चाहिये और उस जगह पवित्र कुरान के पाठ के लिए एक मुल्ला बहाल किया जाना चाहिये।

2- कलकत्ते में मुस्लिम अनाथालय के लिए 5000/- रुपये की राशि जानी चाहिये।

3- 2000/-रुपये की राशि मैसूर के शिया फण्ड में भेजी जानी चाहिये और आरजू करता है कि स्व. सुश्री गौहर जान की इच्छाओं को पूरा करने के लिए और उसके परिवार के निर्वाह के लिए आदेश दिए जायें और कुछ आर्थिक सहायता देने की स्वीकृति दी जाय।

इस प्रकार अनेक दावेदारों द्वारा मैसूर सरकार पर पत्रों के धमाके होने लगे। गौहर जान की शोहरत, सफलता, जीवन-शैली और रुचियों को देखते हुए, इन सभी लोगों को विश्वास था कि मैसूर में रहते हुए उसने बहुत सम्पत्ति अर्जित की होगी और उन लोगों ने इस पर दावा करने की कोशिश में कोई कसर छोड़ी नहीं थी। अपनी तरफ से सरकार ने सिटी मैजिस्ट्रेट श्री एम. चेन्नाराज उर्स (बी.ए.एल.एल.बी) के विवेक पर यह छोड़ दिया कि जिसे वे सही कानूनी उत्तराधिकारी समझते हों उसके पक्ष में बात का फैसला कर दें।

श्री उर्स ने दोनों बड़े दावेदारों, अब्बास और मीर कुम्भरहल को अदालत में हाज़िर होने, अपने तर्कों और दावों को रखने का निर्देश दिया जो मसले को तय करने में उनकी मदद करेंगे। एक अनजाने मैसूर वाले से हार न मानने वाले अब्बास ने अपने सारे सम्पर्कों का इस्तेमाल किया और कलकत्ता म्युनिसिपल कॉरपोरेशन के मुख्य कार्यकारी अधिकारी श्री जे.सी. मुखर्जी से मदद का उपाय कर लिया। श्री मुखर्जी को मैसूर आने और मैजिस्ट्रेट के सामने प्रमाणित करने को मनाया गया कि गौहर सचमुच अब्बास की पत्नी थी और वह उसकी अपार सम्पत्ति का एकमात्र उत्तराधिकारी था। श्री उर्स ने दोनों पक्षों के तर्कों को धैर्यपूर्वक सुना किन्तु श्री मुखर्जी उन्हें प्रभावित करने या विश्वास दिलाने में असफल रहे। उन्होंने अन्ततः दोनों पक्षों के दावों को खारिज कर दिया और यह डिगरी दी कि अगर कोई दूसरा दावेदार है तो उसे उनकी अदालत में अगले छः महीने के अन्दर आना होगा सम्पत्ति के सारे जायज प्रमाणों के साथ जिसमें नाकाम होने पर मृतका की वह सम्पत्ति मैसूर सरकार के द्वारा जब्त कर ली जायेगी।

मैसूर में चल रहे इस मजाक के खेल ने कलकत्ते के प्रेस की कल्पना को भी ग्रस लिय। प्रसिद्ध बंगाली पत्र 'खेयाली' ने 17 जनवरी, 1913 को इस पूरे नाटक पर एक विस्तृत निबन्ध प्रकाशित किया। अब्बास की ओर स्पष्ट संकेत के साथ स्व. गौहर जान को संबोधित एक कविता की पंक्ति से शुरू किया:

'कुटिले कुटिल चीनली नाको, श्याम जे की रोतोन'

'चूँकि यह अँधेरे में छिपा हुआ था तूने नहीं समझा कि जिसे रत्न समझा वह कितना कुटिल था।'

इसके बाद रिपोर्ट कहती है कि 'सबसे अच्छी गायिका-नर्तकी मर गयी है। उसकी मृत्यु के बाद, दूर मैसूर में, पौराणिक दानवों जिन्होंने देवी चामुंडी से युद्ध

किया, उन शुंड उपशुंड के बीच लड़ाई शुरू हो चुकी है। सिटी मैजिस्ट्रेट श्री उर्स इस विषय को देख रहे हैं। कलकत्ते के अब्बास सब्ज़वारी ने उसके प्रति और कानूनी उत्तराधिकारी होने का दावा किया है, जबकि मैसूर में मीर कुम्भरहल घोषणा करता है कि वह उसका पति है। उसकी सम्पत्ति पर अब्बास के कानूनी दावे को साबित करने के लिए कलकत्ते के कारपोरेशन के मुख्य कार्यापालक अधिकारी श्री जे.सी. मुखर्जी अदालत के समक्ष गवाही देने लम्बा सफर तय कर मैसूर गये हैं।' अब्बास की कोशिशों की आलोचना करते लेख कहता है, 'स्पष्टत: उसका गवाह बहुत मूल्यवान है। अब्बास सब्जवारी खुद कोई मामूली जौहरी नहीं है और अच्छे गवाह की कीमत जानता है। कोई आश्चर्य नहीं अगर वह कलकत्ते के सबसे अच्छे रत्न, श्री मुखर्जी को मैसूर ले गया है। मगर अफसोस! मुखर्जी की गवाही मैजिस्ट्रेट श्री उर्स के द्वारा खारिज करते हुए आदेश दिया है कि इन दो दावेदारों के अलावा अगर कोई और है जो अपने को उसका कानूनी उत्तराधिकारी होने का दावा करता है तो उसे (पुरुष/स्त्री) उचित साक्ष्य के साथ अगले छ: महीने के भीतर अदालत के सामने गवाही देनी चाहिये।' कैसे अब्बास मियाँ की कोशिशें उसे उदास ओर निराश करते बेकार हो गयीं, लेख इस पर भी टिप्पणी करता है। यह भी लिखता है: 'मैसूर में क्या हुआ? माननीय मुख्य कार्यपालक अधिकारी की गवाही भी नहीं स्वीकारी गयी। यह कलकत्ते के लोगों का अपमान है। हम लोग क्यों नहीं नगर के टाउन हॉल में हमारे प्रमुख नागरिक के अपमान की निन्दा के कारण एक बहुत विशाल विरोध-सभा का आयोजन करते हैं?'

उसी समाचारपत्र में, इस लेख के साथ, एक कविता भी प्रकाशित हुई जिसमें इस सारे विषय की अर्थहीनता उजागर की गयी। इसका शीर्षक था 'चीफ-गौहर जान संवाद' जिसका मुक्त अनुवाद नीचे दिया जाता है—

हर आदमी जानता था कि गौहर जान एक बड़ी गायिका और नर्तकी थी,
लेकिन क्या लोगों ने जाना कि इसके अलावा उसने क्या किया?
कैसा चावल वह खाती थी, कब सोने जाती, क्या वह सोती भी थी,
इसमें से कुछ नहीं आया किसी अखबार में, मासिक, दैनिक या पाक्षिक
किस बड़े अखबार के संवाददाता ने इन व्यौरों को देने की जहमत उठाई?
बस क्योंकि आप नगर कॉरपोरेशन के मुख्य हैं नागरिकों की निजी बातें जानते हैं
अगर आप बड़े भोज के रसोइया हैं क्या आप थालियों की सभी पकवानें चखते हैं?
गौहर स्वर्ग सिधार गयी है छोड़कर दुनिया अपनी बेकार सम्पत्तियों को
लेकिन उसकी पूँजी का विस्तार देखकर लोगों की आशा भविष्य की चमक

उठी है,

क्या उसकी सम्पत्ति ने उसे खुशी दिलायी, कोइे जानता नहीं है पर जरूर दो पति दिए,

मैसूर के मीर कुम्भरहल और अब्बास कलकत्ता का
स्वर्ग के घर से यह नाटक देखती गौहर हँसी उड़ाती लगती है!
तुम किसी के पति हो यह साबित करने को साक्ष्य चाहिये, मेरे प्रिय दोस्तो,
दोनों पति चिन्तित हैं कि कैसे उपाय करें उस साक्ष्य का
बहुत खोज, विचार के बाद अब्बास अली ने कॉरपोरेशन मुखिया में साक्षी पाया
मक्खियाँ चुरा रही हैं बागों के नगर (मैसूर) से मधु
अब्बास को विश्वास है कि माननीय चीफ की गवाही
उसके पक्ष में फैसला देगी और वैवाहिक पद का दावा वजनी होगा
चीफ ने माना अपना बक्सा भरा और मैसूर अदालत को निकल गये
आखिरकार वे हैं मुखिया कॉरपोरेशन के और उन्हें सब मालूम होगा,
क्या हो रहा है नगर में? कौन किसकी पत्नी है या किसका पति?
क्या यह रिश्ता है कानूनी या गैरकानूनी?
किसके बछड़े ने दूध पिया है किसकी गाय की थान से?
किसकी खटिया की दरी है ऐसी जो छोटी है खाट की लम्बाई से?
हाँ सचमुच, चीफ जानकार आदमी हैं और यह सब कुछ जानते हैं।
दोनों पतियों ने पेश की हैं अपनी गवाहियाँ, बहुत नाटक शुरू होता है
किन्तु मुकद्दमा खारिज होता है, वंचित होते हैं, दोनों मियाँ
जज ने एक आदेश दिया, कोई रिश्तेदार जीवित है तो पेश हो आदलत में।'

यह दुखमय था कि गौहर का जीवन स्थानीय समाचारपत्रों और पत्रिकाओं में मखौल का विषय बन गया था।

अड़ियल अब्बास केस खारिज होने के बाद भी लगातार दावे करता रहा। गौहर के मरने के आठ वर्ष बाद भी वह मैसूर की सरकार को आवेदन भेजता रहा। 2 नवम्बर 1938 की एक रिपोर्ट में राजभवन कार्यालय उल्लेख करता है कि एस.जी. अब्बास सब्जेवारी ने मैसूर महाराज के आप्त सचिव को लिखा था:

'आवेदक प्रार्थना करता है कि स्व. गौहर जान की सम्पत्ति उसे सुपुर्द की जाय। मई 1938 में इसी आशय की प्राप्त दरख़्वास्त बंगलोर सरकार के मुख्य सचिव को भेज दी गयी है निष्पादन के लिए। दयापूर्ण आदेश के लिए समर्पित क्या यह भी सरकार को भेजी जा सकती है।' कार्यालयीय उल्लेख में कहा गया है कि कानूनी उत्तराधिकारी नहीं था। अतः सरकार ने सम्पत्ति जब्त की। यह दरख़्वास्त भी सरकार के पास भेजी जा सकती है।'

नवम्बर, 1938 के बाद अब्बास के बारे में मैसूर संचिकाएँ कुछ नहीं बतातीं। दो वर्ष बाद 24 जुलाई, 1940 को अब्दुल रहमान ने मैसूर सरकार से मदद लेने का आखिरी प्रयास किया:

'सेवा में महामहिम मैसूर महाराज

विषय: स्व. गौहर जान की सम्पत्तियाँ

परमआदरणीय, कहता है

'कि आपका आवेदक रानी अस्पताल, मैसूर में उक्त सुश्री गौहर जान की मृत्यु तक उनकी व्यक्तिगत सेवा में उपस्थित था। यह आपका आवेदक श्रीमान को एक दरख़्वास्त समर्पित कर चुका था यह आग्रह करते हुए कि स्व. गौहर जान की सम्पत्ति में से इसे परवरिश के लिए दिया जाय जिस पर आपके आवेदक को सूचित किया गया है कि इस विषय में मैसूर सरकार कुछ नहीं कर सकती।'

'यह कि कथित सुश्री गौहर जान आपके आवेदक के चार सदस्यों वाले परिवार की परवरिश करती थी आपके आवेदक को 18/- महीने भत्ता देने के अलावा।'

'यह कि उसकी सम्पत्ति में से उसके कई उत्तराधिकारियों ने स्व. गौहर जान से अपना हिस्सा पा लिया है लेकिन मेरी लम्बी ईमानदार और वफादार सेवाओं के बदले मुझे गुजारे से वंचित किया गया है।'

'यह कि आपका आवेदक बड़ी कठिनाई में है ओर इन मुश्किल दिनों में अपने परिवार के साथ भूखों मर रहा है।'

'इन परिस्थितियों में आपका आवेदक बहुत विनम्रता से प्राथना करता है कि महाराज दयापूर्वक महाराज के कलकत्ता सम्पत्तियों में से किसी में दरवान बहाल करेंगे या मुझे कुछ आर्थिक सहायता पहुँचाएँगे और इस प्रकार अपने आवेदक को भूखों मरने से बचाएँगे।'

'और आपकी सेवा के लिए प्रतिबद्ध आपका विनम्र सेवक सदा प्रार्थी रहेगा।

अब्दुल रहमान

1, डैमजेन दूसरी गली,

रूम न. 5, तिरेता बाजार, कलकत्ता।'

16 अगस्त,1940 को एक कार्यालय की टिप्पणी के अलावा एक कड़े आदेश 'दायर किया जा सकता है' के साथ यह पता नहीं कि उसे कोई मदद मिली या नहीं। न ही वहाँ इस बात कीकोई सूचना है कि अब्बास और अब्दुल दोनों का क्या हुआ।

यह गौहर जान या उसके परिचितों में से किसी के बारे में मैसूर राज भवन संचिकाओं में आखिरी सूचना है। धीरे-धीरे वह न केवल मैसूर वालों की यादों से

लुप्त हो गयी बल्कि हिन्दुस्तानी संगीतकारों, संगीत प्रेमियों और सारे देश के शौकीनों की यादों से भी।

न पूछ नामये आमाल की दिल आवेजी,
तमाम उम्र का किस्सा लिखा हुआ पाया।

(कितना आकर्षक है मेरे कार्यों का कोष, मत पूछ कैसे
मैंने वहाँ अपने जीवन की पूरी कहानी वर्णित पायी)

हम तो मर कर भी किताबों में रहेंगे ज़िन्दा
गम उन्हीं का है जो मर जायें तो गुज़र जाते हैं।

उपसंहार

रिकॉर्डिंग और मनोरंजन का उद्योग भारत में लम्बी छलांगे लगाता रहा। बिजली रिकॉर्डिंग ने 1925 में यान्त्रिक को अपदस्थ कर दिया। रेडियो लोकप्रिय माध्यम के रूप में उभरा और मूक फिल्मों के एक युग के बाद भारतीय फिल्मों में आवाज का प्रवेश हुआ। ग्रामोफोन कम्पनी लिमिटेड और कोलंबिया ग्रामोफोन कम्पनी लिमिटेड मिलकर एक हो गयीं और इलेक्ट्रिकल एंड म्यूजिकल इंस्ट्रूमेंट्स (इ एम आइ) के रूप में 1931 में एक नियन्त्रक कम्पनी की तरह निबंधित हुई। स्टीरियों रिकॉर्डिंग और रिप्रोडक्शन को पेटेंट किया गया। 1952 तक (ई एम आइ) ने लौंग प्लेइंग (एल पी) और एक्सटेंडेड प्ले (इ पी) विनाइल रेकॉर्डों को बनाना शुरू कर दिया। आजादी के साथ सरकारों और संगीत संगठनों ने इस कला के नये संरक्षकों की भूमिका शुरू कर दी। 1960 तक आखिरी 78 आर पी एम रेकॉर्ड निकाले गये और 1970–80 में बिल्कुल बन्द हो गये। उस समय तक टेलीविजन के आगमन ने मनोरंजन के प्रति भारतीय घरों का दृष्टिकोण बदल दिया।

ई एम आई द्वारा 1986 में इंग्लैंड में प्रथम सी.डी. फैक्टरी से आरम्भ कर 1990 के दशक ने हाई-फाई यन्त्रों, ऑडियो/विडियो कैसेटों, रिकॉर्डरों और वाद्यों के युग की शुरुआत की। ग्रामोफोन रेकॉर्ड अब पुरानी चीज़ें हो गये जो व्यक्तिगत रूप से ईर्ष्यालु संग्रहकर्त्ताओं के द्वारा अच्छी तरह बचा कर रखी चीज़ें हो गयीं, जिनमें प्रत्येक दूसरे के साथ बची सामग्री की मात्रा की प्रतिस्पर्द्धा होती थी। वे बड़े कड़े दामों में दिल्ली, मुम्बई, कलकत्ता और बंगलोर के चोर-बाजारों में बेची जाती थीं और अभी भी बेची जा रही हैं। नयी सदी के आरम्भ और सी.डी. डी.वी.डी., एम पी3 वाद्यों, आईपॉड, आइफोन, आधुनिक अच्छे रिकॉर्डिंग स्टुडियो, डिजिटल मिक्सिंग और पुनः उत्तम करने वाले अनेक तकनीकी विधानों के आगमन से ऊँचे स्वर में तीन मिनट में तेज़ गाये गीत, जैसे गौहर जान के द्वारा, अब तीखे और भोंड़े लग सकते हैं। ऐसे परिवर्तनकारी और भौंचक्का कर देने वाले बदलावों के चलते भारतीय रिकॉर्डिंग उद्योग की बड़ी शख्शियत को याद करने की किसको फ़िक्र

होगी? इस प्रकार वह अब मुश्किल से पहचानी जानी वाली चीज़ बन गयी जिसने संगीत के इतिहास में कभी कभार उललेख को भी निश्चित नहीं किया। हिन्दुस्तानी संगीत ने नयी मशहूर मूर्तियाँ पायीं और उनकी प्रसिद्धि की सीढ़ी में कलकत्ते की ये बुलबुल कहीं नही थी।

फिर भी असली पारखी थे जो कभी-कभी मिलते थे और उसके जीवन और उपलब्धियों का उत्सव मनाते थे। अप्रैल 1968 में एक महमूद भाई के द्वारा प्रस्तुत गौहर जान के चित्र का देवधर स्कूल ऑफ इंडियन म्यूजिक (ट्रिनिटी क्लब मुम्बई) के सभापति सेठ खटाऊ भाई बल्लभ दास द्वारा अनावरण किया गया। अपने उद्बोधन में उन्होंने लोगों से कहा: 'अपने भावपूर्ण, गेय और अपनी मधुर ठुमरियों से जिसकी वह रानी घोषित हुई थी, गौहर जान ने रसिकों का दिल जीता था।' उस कार्यक्रम में उस समय के हिन्दुस्तानी संगीत के मुम्बई में महत्त्वपूर्ण लोग उपस्थित थे 'गायन तपस्विनी' मोघू बाई कुर्दिकर, धोंधू ताई कुलकर्णी, उस्ताद अजमत हुसैन, उस्ताद लताफत हुसैन, मसीत खान, मुहम्मद अहमद खान, गुलू सेठ दसदानवाला, वामन राव देशपाण्डे और अन्य। श्री देशपाण्डे ने स्मरण दिलाया कि कैसे उसकी शैली ने मराठी नाट्य संगीत में पूरबी अंग को लगाने के लिए गोविन्द राव तेम्बे को प्रभावित किया था। महमूद भाई ने जिन्होंने थोड़े समय के लिए गौहर जान से सीखा था उसके कुछ प्रसिद्ध खयालों और ठुमरियों के द्वारा उसके संगीत के विशेष गुणों को प्रदर्शित किया जैसे 'आन बान जिया में लागी,' 'हमसे न बोलो राजा', 'तन मन दिन जा सँवरिया', 'मोइका पिया बिन कछु ना सुहावें', 'रस के भरे तोरे नैना', उसकी ये अपनी ठुमरी रचनाएँ जो बेगम अख्तर और सिद्धेश्वरी देवी जैसी गायिकाओं की बहुत मनपसन्द थीं और 'पिया चल हट तोरी बनावटी बात न माने री।'

जो शोधकर्त्ता गौहर जान के बारे में और ज्यादा जानना चाहते हैं, उनके रास्ते में बड़ी रुकावटे हैं। बात यह है कि उसी नाम की बहुत सी औरतें हुईं जिनके नामों में विवरण का थोड़ा हेर-फेर था, इससे मामला और उलझ जाता है। पाटियाला की गौहर जान, गौहर जान जयपुर वाली, मिस गौहर (मुम्बई के पारसी थियेटर कम्पनी से सम्बन्धित), गौहर ममाजीवाला (गायिका और ऐक्ट्रेस जो मुम्बई के रंजीत स्टूडियो के निर्माणकर्त्ता चंदूलाल साह की प्रेमिका थी) और मिस गौहर बाई कर्नाटकी बीजापुर वाली (जो बाल गन्धर्व से सम्बन्धित थी और बहुत दिनों तक उनकी प्रेमिका थी) ये सभी मशहूर हस्तियाँ थीं जिनके नाम एक जैसे थे। शोध में विद्वानों के द्वारा एक से दूसरे को पहचानने में गलती हो जाती है और उसके जीवन के बारे में वह विपरीत बातें कह देते हैं। उदाहरण के लिए कहा गया है कि जब वह कलकत्ता और मुम्बई में थी तो 1924-27 में गौहर ने फिल्मों और नाटकों में काम किया था। उसकी शारीरिक और मानसिक स्थिति को देखते हुए यह बिल्कुल गलत

लगता है और उनके गलत परिचय का कारण बनता है। अधिक से अधिक कुछ संगीत प्रस्तुति के लिए कलकत्ते में गौहर ने अपना स्वर दिया होगा। किन्तु उनमें भूमिका अदा करना और वह भी अपने जीवन के अन्त में जब भावात्मक रूप से एक टूटी हुई औरत लगती है, बिल्कुल असंभव लगता है।

एक दूसरा मतभेद जो गौहर के जातिगत जन्म के बारे में है उसमें बार-बार कहा जाता है कि गौहर एक अमरीकी यहूदी थी। यह बात भी गलत है। यद्यपि वह आर्मीनियाँ के ईसाई खानदान की थी, उसके पिता का भला हो, और अपनी माता के मिले-जुले वंश के कारण ऐंग्लो इण्डियन मूल की थी, इसका कोई संकेत नहीं बताता है कि वह यहूदी वंश की थी। इसको जरूर याद रखना चाहिए कि यहूदी बहुत मुश्किल से या कभी भी इस्लाम कबूल नहीं करते हैं और इसलिए कि गौहर और उसकी माँ ने इस्लाम कबूल किया यहूदी उत्पत्ति की बात झूठी साबित होती है।

इस बीच अपने नये भारतीय रूप एच.एम.वी सा रे ग म में ग्रामोफोन कम्पनी ने ऑडियो टेप और सीडी 'चेयरमैन की पसन्द' के नाम से 1994 में गौहर जान के 18 गाने निकाले जो दुखद रूप से ज्यादा नहीं बिके। इस बीच सोसायटी ऑफ इंडियन रेकॉर्डस कलैक्टर्स संगठन के समर्पित लोगों ने और उत्साही तथा समर्पित अवैतनिक सचिव श्री सुरेश चंदवंकर और अन्य भाषण-प्रदर्शन और गौहर की संगीत की प्रस्तुतियों को संचालित करने का प्रयास कर रहे हैं जिससे वे गौहर की स्मृति को कुछ हद तक जीवित रखने में सफल हो पाये हैं। किन्तु सूचना विस्फोट और मीडिया आक्रमण के इस युग में ग्रामोफोन के दिग्गजों पर जनता का ध्यान मुश्किल से जाता है।

●●●

मैंने उस भड़कीले, लाल भवन पर देर तक नज़र डाली जिसे अब 'सलीम मंज़िल' नाम दिया गया है। मेरी कार को उस सड़क से गुज़रने में दिक्क त हो रही थी जिसे कभी चितपुर रोड कहा जाता था, लेकिन आज उसे रवीन्द्र सरणी नाम से जाना जाता है। अपने दोनों किनारों अनेक फेरीवालों, दुकानदारों, भोजनालयों, गाड़ियों और मवेशीयों से भरी यह सड़क, जहां सब जगह के लिये धक्कामुक्की कर रहे थे, किसी भी कार चालक के लिए एक दुःस्वप्न होती।

अभी तक मेरे अच्छे ड्राइवर पाण्डेय जी ने उन तंग राहों में जाने से इनकार कर दिया था और नाखोदा मस्जिद के दरवाज़े से बहुत दूर कार रोक दी। कलकत्ता 45 डिग्री की मई में उबल रहा था। अपनी टोपी और धूपचश्मा पहनकर मैंने पैदल निकलने का फैसला किया। 'गौहर बिल्डिंग' नामक भवन की जगह का सही अन्दाजा न होने से मैंने दो-एक पूछताछ की। सड़क किनारे चप्पल बेचते हुए, दुकानदारों में एक चुक्की दाढ़ी और खोपड़ी-टोपी में झुर्रियों भरे चेहरे वाला बूढ़ा

आदमी था। जब उसने मेरा सवाल सुना उसका चेहरा खिल गया और बड़ी मुस्कराहट के साथ बोला 'गौहर बाई? क्या आप उसका घर खोज रहे हैं? आखिर किसलिए? क्या आप एक पत्रकार हैं?' मैंने हाँ में जवाब दिया और उससे कहा कि मैं तुरन्त उसके बारे में एक कहानी लिखने जा रहा हूँ। 'हाँ साहब, अब तो आप पत्रकारों के लिए वह सिर्फ़ एक कहानी रह गयी है। लेकिन अपने शोहरत के दिनों मे उसने इस सड़क, इस शहर और सचमुच पूरे हिन्दुस्तान पर शासन किया। मैं अब करीब 90 साल की उम्र का हूँ और गौहर बाई के दिलकश गानों की खूबसूरत यादें अभी भी रखता हूँ। मेरे माँ बाप भी लोगों के द्वारा सार्वजनिक जगहों पर बजाये जाते ग्रामोफोन से उसे सुनने की कोशि करते थे। वाह साहब! क्या जमाना था! उसने उन दिनों की याद करके आँखें बन्द कर लीं। मैंने उसे स्वप्न से जगाया और उससे पूछा कि मुझे 'गौहर बिल्डिंग' कहाँ मिलेगी। उसने बड़ी और प्रभावशाली नाखोदा मस्जिद की दाहिनी तरफ एक बड़े मकान की ओर इशारा किया।

जब मैं मकान की ओर बढ़ रहा था मैं बहुत सी अज्ञात भावनाओं से प्रभावित था। बिना किसी रास्ते के नक्शे और उद्देश्य की एक यात्रा पर निकलकर मैं अब ठीक मनचाहे स्थान के सामने खड़ा था वह स्थान जहाँ 'कलकत्ते की कोयल' ने अपनी ज़िन्दगी का बड़ा हिस्सा बिताया। इन्हीं सड़कों पर उसकी मशहूर दौड़ती घोड़ा-गाड़ी, उन दीवारों के पीछे से निकली उसके मधुर गीत के स्वर जो अनेक महफिलों में इस जगह ने देखा था और भीतर घुसने की माँग करते मेहमानों के कोलाहल मेरे मन की आँखों में कल्पना चित्र बन कर दौड़ने लगे। जब मैंने पूछा कि क्यों यह मकान अब 'गौहर बिल्डिंग' नहीं 'सलीम मंजिल' कहा जाता है तो एक बूढ़े मुस्लिम आदमी ने जो ठेले पर मशीन से फल का रस बेच रहा था मुझसे बोला कि अब्बास के साथ अदालती केसों के बाद गौहर को यह घर बेचने को मजबूर होना पड़ा। तब से यह कई हाथों में बिका है और अब इसका यही नाम है। तीन मंजिली इमारत की ऊपरी मंजिल की मुंडेरों पर कपड़े सूख रहे थे जबकि निचले हिस्से में कई दुकानें बर्तन से लेकर विदेशी मुद्रा तक कई वस्तुएँ बेंच रही थीं! मैं सोच रहा था कि जिस मकान को उन्होंने लिया है क्या उसके ऐतिहासिक महत्त्व को उसमें से कोई जानता है।

जब गौहर ने इसे मैसूर के लिए छोड़ा तब से कलकत्ता बहुत दूर निकल गया है। इसका नाम बदल गया है, पुश्तें गुजर गयीं हैं और नये संगीत की रुचियाँ, इसके प्रसिद्ध गायक और संरक्षकों ने अपना स्थान ले लिया है। किन्तु जब गौहर की यादें नगर के अधिकतर भागों से, जिसे उसने अपना घर कहा था गायब हो चुकी हैं इस पतली गली में वह अभी भी जीवित है। लोगों ने यहाँ न तो उसका जीवन भुलाया है न उसका बेजोड़ संगीत। वह आज भी बहुत से चाय के अड्डों पर विमर्श का विषय

होगी।

पाण्डेय जी ने अपना पुराना सरल स्वभाव रखने का फैसला किया। जब मैं वहाँ विचारों में खोया खड़ा था वे पतली भीड़ भरी गलियों से कार निकाल लाये और उसे खड़ा कर दिया उस जगह के नजदीक जहाँ मैं खड़ा था। हॉर्न की उनकी आवाज ने मेरे विचारों की कड़ी रोक दी। 'बाबू क्या आप यहाँ खड़े रहने और उस बदसूरत मकान को घूरते रहने की योजना बना कर आये हैं? इसके बारे में आपको क्या आकर्षक लगता है कि इसके लिए इतनी दूर से चलकर आप आयें हैं? हमलोग को अब तुरन्त निकलना चाहिए: सवारियों की भीड़ शाम में और बढ़ जायेगी।' मैं मुस्कराया, उनके किसी सवाल का जवाब नहीं दिया, उस लाल मकान पर एक लम्बी गहरी नजर डाली और कार में बैठ गया।

बड़ी मलका जान के 'मखजान-ए-उल्फत-ए-मल्लिका' की आरम्भिक पंक्तियाँ मेरे दिमाग से गुजरीं। वे केवल उन्हीं पर लागू नहीं होती थीं बल्कि उनकी प्रिय बेटी गौहर पर भी।

अपनी कब्र के सन्नाटे में मैंने अपनी आँखें खोलीं और चारों तरफ देखा
मातम मनाने वाले आये थे,
रोये और मेरे दफन का काम किया और रवाना हुए।

(ये वो वक्त था जब मैं अकेली हो गयी थी ज़िन्दगी की रंगीनियों से दूर
मेरी ज़िन्दगी पर चोट बड़ी गहरी लगी थी।
मैंने ज़िन्दगी का मातम किया जबकि मेरे अपनों ने मौत का।
अपनी कब्र के अकेलेपन में मेरा मातम मनता रहा लेकिन
क्या बहुत देर नहीं हो गयी)

परिशिष्ट-1

विविध प्रकार के मूल दस्तावेज़

1.1 अदालत में भगलू के ऐफिडेविट

मुकद्दमा नं. 92/1910

49 लोअर चितपुर रोड कलकत्ता के शेख भगलू, जी.एन. दत्ता कम्पनी के द्वारा 49 लोअर चितपुर रोड बनाम कलकत्ता की गौहर जान, जी.सी. चंदर ऐण्ड कम्पनी के द्वारा

29.1.1010 का अभियोग-पत्र लिखता है:

1. सुन्नी सम्प्रदाय की एक स्त्री मलका जान का विवाह 1868 में संयुक्त प्रांत और अवध के आज़मगढ़ में शेख वज़ीर के साथ हुआ था।
2. करीब 1869 में या इसके आसपास हुए विवाह से पैदा लड़का मुद्दई है। मलका जान की मृत्यु तक मुद्दई मलका जान के साथ रहा और उसका पुत्र माना गया।
3. करीब 1870 या उसके आसपास शेख वज़ीर मर गया और मलका जान कलकत्ता आयी, उसने एक नर्तकी का पेशा किया और चल-अचल बहुत सम्पत्ति कमायी।
4. जब मलका जान एक नर्तकी बाला थी, वह एक आर्मीनियन भद्र पुरुष की रखैल थी और इस गैर-कानूनी सम्बन्ध से 1873 या उसके आस-पास मुद्दालह गौहर जान पैदा हुई।
5. अपने कथित मुद्दई बेटे और नाज़ायज लड़की मुद्दालह गौहरजान को छोड़कर 1906 में मर गई और इसलिए मुद्दई मलका जान की सारी जायदाद का हकदार है और मुद्दालह को उसका कोई हक या वास्ता नहीं है।
6. मलका जान की मौत के बाद 49 लोअर चितपुर रोड के घर का एक हिस्सा

मुद्दई के कब्जे में है और बाकी आधा हिस्सा मुद्दालह के 1 मुद्दई को मालूम हुआ कि मुद्दालह ने जमीन रजिस्ट्री ऑफिस में अपना नाम देकर पूरी मिल्कियत घोषित की है।

7. मुद्दालह का कब्जा गलत है और वह गलती से किराया वसूल रही है। 17.1.1910 को मुद्दालह ने एस. सी कचहरी में मुद्दई को निकालने के लिए गलत मुकद्दमा दायर किया है।

8. मुद्दई माँग करता है :

(क.) अपनी मौत के समय मलका जान के पास क्या जायदाद थी।

(ख.) यह घोषणा की जाय कि मुद्दई पूरी जायदाद का मालिक है और मुद्दालह की कोई हकीकत नहीं है।

(ग.) पूरी जायदाद वापस करने का हुक्म मुद्दालह को दिया जाय।

(घ.) एकाउण्ट (ब्यौरा)

(ड.) पाने की चीजें

(च.) रोक का आदेश

(छ.) खर्चा

(ज.) इसके बदले घोषणा कि मुद्दई दो–तिहाई का मालिक है और मुद्दालह एक तिहाई की मालकिन।

(झ.) सम्पत्तियाँ, 49, लोअर चितपुर रोड़; 22 बेंटिंक स्ट्रीट 7, बेलिया घाट रोड; 11/1 कोयला सड़क, खिदिदरपुर

गुलाम जहूर लेखक द्वारा बताया गया और मुद्दई ने उर्दू में हस्ताक्षर किया।

1.2 इसके विरुद्ध अदालत में गौहर जान द्वारा दाखिल ऐफिडेविट

गौहर जान का लिखित बयान, 19.3.1910 को दाखिल

1. मुद्दई का बयान झूठा और मुद्दालह को ठगने के लिए।
2. मुद्दालह मलका जान की एकमात्र और जायज लड़की है। मुद्दालह ने जाना कि उसकी माँ ने अपने शुरू के जीवन में ईसाई धर्म स्वीकार किया क्योंकि वह ईसाई माँ–बाप से पैदा हुई थी और उसका शुरू का नाम विक्टोरिया हेमिंग्स है।
3. 10.9.1872 को पन्द्रह साल की कुँआरी के रूप में ईसाई धर्म के अनुसार इलाहाबाद के होली ट्रिनिटी चर्च में वरीय पादरी जे. स्टीवेन्सन के द्वारा उसका विवाह रॉबर्ट विलियम योवर्ड से कराया गया। मुद्दालह 26.6.1873 को पैदा हुई और 3.6.1875 को मेथोडिस्ट एपिस्कोपल

चर्च में ऐलेन एंजेलिना नाम से उसका बपतिस्मा हुआ।

4. मुद्दालह ने अपने जन्म के कुछ समय बाद जाना कि उसके पिता ने उसकी माँ के खिलाफ तलाक का मुकद्दमा किया और अपने हक में फैसला पाया तो उसकी देख-रेख उसकी माँ को सौंपी गयी। उसके बाद उसकी माँ बनारस आ गयी, मुसलमान हो गयी और उसका नाम मलका जान हुआ। उसने मुद्दालह को भी उसी धर्म की मानने वाली बनाया। मलका जान ने एक नाचने वाली लड़की का पेशा अपनाया और मुद्दालह को प्रशिक्षण देने लगी।

5. यह कि 1883 में जब मुद्दालह 10 वर्ष की थी और उसने एक गायिका और नर्तकी के रूप में बहुत कुशलता प्राप्त कर ली तो उसकी माँ उसके साथ कलकत्ता आ गयी और कालू टोला स्ट्रीट में रहने लगी।

6. कलकत्ता में उसकी माँ ने बहुत कुशलता और शोहरत प्राप्त की और मुद्दालह ने भी, और दोनों ने प्रदर्शन से काफी धन अर्जित किया।

7. 1887 में मुद्दालह की माँ ने लोअर चितपुर रोड में एक आदमी हाजी मुहम्मद करीम सीराजी से 49/1, 49/2 खरीदा और अपनी बेटी के साथ वहाँ चली गयी।

8. 1887 से उसकी माँ की मृत्यु तक दोनों ने नर्त्तकियों की तरह काम किया और 1903 में बेलियाघाट में बागीचे वाला एक मकान और 11/1, कोयला सड़क रोड, खिद्दिरपुर में एक जमीन मलका जान ने खरीदी और उस काल में बहुत कीमती पत्थर और रत्न खरीदे।

9. अपनी माँ की मौत के बाद मुद्दालह ने जमीन रजिस्ट्री के रेकॉर्ड में कानूनी और एकमात्र उत्तराधिकारी के रूप में अपना नाम दर्ज कराया।

10. अगस्त 1906 में अपनी कमाई से बेंटिक स्ट्रीट में मकान नं. 22, 15750 रुपये में खरीदा। 22.9.1909 को मुद्दालह ने किराया वसूली में कठिनाई के कारण अपनी खिद्दिरपुर वाली सम्पत्ति सर्कुलर जी.आर. रोड वाले राजकुमार कमरकादर को बेच दी।

11. मुद्दालह नहीं जानती है कि शेख वजीर कौन है जैसा कि अभियोग पत्र में दिया है।

12. मुद्दालह ने अपनी माँ से जाना है कि मुद्दई आसिया नामक चमार औरत का बेटा है जो आज़मगढ़ में मुद्दालह की माँ के एक सम्बन्धी ईसाई परिवार के घर में काम करती थी। मुद्दई का पिता भी उसी परिवार में एक साईस का काम करता था। बनारस में मुद्दई और उसकी

माँ मलका जान के द्वारा नौकर और नौकरानी बहाल किये गये थे।

13. फिर जब मलका जान कलकत्ता आई तो उसी काम में मुद्दई और उसकी माँ बहाल हुए। इसके बाद मुद्दई और उसकी माँ, जो जन्म से चमार थे, मुसलमान हो गये। मुद्दई की माँ की मौत के बाद मुद्दालह की माँ ने उसे नौकरी पर रख लिया, उसका विवाह कराया और पत्नी के साथ अपने मकान में रहने की इजाज़त दी। मुद्दालह की माँ की मौत के बाद भी मुद्दालह ने दस रुपये हर महीने पर उसको नौकर रख लिया।

14. 1907 में मुद्दालह प्रदर्शन के लिए बम्बई गयी और लौटने के बाद उसे मालूम हुआ कि उसका मैनेजर सैयद वाजिद हसन और दरबान दिल नारायण सिंह मुद्दई से मिलकर उसका धन लूटकर उसे ठगना चाहते थे। मुद्दई के व्यवहार से पता चलता था कि वह मुद्दालह को जल्दी मौत देना चाहता था। मुद्दालह ने अपने डॉक्टर मासूम (स्व.) के कहने पर वाज़िद हसन को नौकरी से निकाल दिया और पैसे-कौड़ी के व्यापार को देखने के लिए एक शिक्षित मुसलमान युवक गुलाम अब्बास को बहाल किया। इस व्यवस्था से मुद्दई गुस्से में आ गया। मुद्दालह ने पुलिस अदालत और छोटे मुकदमे वाली अदालत में उसे हटाने के लिए अर्जी दायर की।

    मुद्दई A/D : कुछ लिखने को नहीं।

    मुद्दालह A/D : 29.7.1903 असली पत्राचार, सत्यशंकर घोष, रामगोलपूरजी देवी, सत्यभूषण घोषाल, तारा सुन्दरी देवी और मलका जान और गौहरजान।

1.3 प्रदर्शनों और गवाहियों की सूची :

मुद्दई के गवाह :

1. वली मुहम्मद
2. मिर्जा नूर अली
3. नाटी दाई (नौकरानी)
4. शेख जंगी (घरों के लिए दलाल)
5. सैयद वाजिद हसन
6. के. अहमद
7. शेख नब्बन
8. असगर खाँ

9. मुहम्मद वाजिद
10. धीरेन्द्रनाथ बनर्जी

मुद्दालह के गवाह :

1. गौहरजान
2. आर.डब्लू योवर्ड
3. एकरामुद्दीन
4. एस्थर मॉर्डेकाई
5. सैयद फिदा हुसैन
6. गुलाम मोहिउद्दीन
7. फैयाज हसन

1.4 भगलू केस में लैशिंगटन के द्वारा दिया गया फैसला

फैसले की प्रति

1910 का मुकद्दमा नं. 92
बंगाल फोर्ट विलियम में उच्च न्यायालय
सामान्य असली दीवानी क्षेत्राधिकार

उपस्थितः	शेख भगलू
माननीय न्यायाधीश श्रीमान स्टीफन	बनाम
अगस्त 2, 1911	गौहर जान

न्यायालय : इस मुकदमे में मुद्दई कहता है कि वह 1869 में पैदा हुआ था, वह मलका जान और शेख वजीर का पुत्र है, जिन दोनों का विवाह 1868 में संयुक्त प्रान्त के आज़मगढ़ में हुआ था। 1879 में उसके पिता मर गये और उसके बाद उसकी माँ से गौहर जान नाम की नाजायज बेटी पैदा हुई। मुद्दई अपनी माँ और गौहर जान के साथ रहता था जब एक नर्तकी के रूप में बहुत सम्पत्ति अर्जित कर उसकी माँ 1906 में मर गयी। उसकी मृत्यु के बाद उसकी सम्पत्ति के कुछ हिस्से पर मुद्दई काबिज रहा है, लेकिन उसके दूसरे हिस्से पर, जो मुद्दई का है, मुद्दालह ने नाजायज कब्जा किया है। वह मुद्दालह के जायज होने को इनकार करता है, लेकिन अगर वह जायज होती है तो वह जायदाद के दो-तिहाई पर अपना दावा रखने का अधिकार रखता है। वह अपने पक्ष में घोषणा के लिए और अन्य सुविधाओं के लिए मुकद्दमा करता है। दूसरी तरफ मुद्दालह मुद्दई के दोषारोपण को इनकार करती है और कहती है कि एक औरत जो शुरू में ईसाई थी और उसका नाम विक्टोरिया हेमिंग्स था जिसका विवाह रॉबर्ट विलियम से 10 सितम्बर, 1872 को इलाहाबाद में

हुआ था, उन्हीं दोनों की वह एकमात्र पुत्री है। उस विवाह से मुद्दालह 26 जून, 1873 को पैदा हुई थी जब उसके माता-पिता साथ रह रहे थे और 2 जून, 1875 को मेथोडिस्ट एपिस्कोपल चर्च में ऐलेन ऐंजेलिना नाम से उसका बपतिस्मा हुआ था। इसके बाद जिसे मुद्दालह तलाक कहती है, उसके माता-पिता दोनों के बीच मुकद्दमा चला और दोनों अलग हो गये। माँ और बेटी दोनों बनारस गये जहाँ माँ मुसलमान हो गई और उसका नाम मलका जान हुआ। मुद्दालह का केस है कि वह भी उसी समय मुसलमान हुई और उसका नाम गौहर जान हुआ, हालाँकि इसका बयान दिया नहीं गया है। वह आगे कहती है कि करीब 1883 में, उसकी माँ जो एक नर्तकी थी, उसे लेकर कलकत्ता आई और जहाँ मुद्दई ने भी वही पेशा अख़्तियार किया। 1906 में अपनी मौत तक मलका जान कलकत्ते में रहीं जब उसकी सारी सम्पत्ति जो बहुत मूल्यवान थी उसका उत्तराधिकार मुद्दालह को मिला। मुद्दई के बारे में वह कहती है कि वह आसिया जो आज़मगढ़ में एक नौकरानी थी उसका बेटा है और अपने बेटे को साथ लेकर एक नौकरानी के रूप में वह बनारस मलका जान के पास आयी। वह मलका जान के साथ कलकत्ता आई और मैं, वह और मुद्दई मुसलमान हो गये। आसिया मलका जान की सेविका के रूप में मरी। मुद्दई जिसे सेवा से निकाल दिया गया था, अपना लिया गया और उसे सेवा जारी रखने का हुक्म मिला। वह नौकर के सिवाय किसी रूप में मलका जान के घर में कभी नहीं रहा। निम्नलिखित अनुसार मामला तय किया गया है:

1. क्या मुद्दई मलका जान का बेटा है, जायज या नाजायज?

2. क्या मुद्दालह मलका जान की असली बेटी है?

3. क्या मलका जान के बारे में अपनी जानकारी देकर क्या मुद्दई को कानूनी अधिकार मिल सकता है? क्या ऐसी स्वीकृति कहीं थी?

किसी सम्पत्ति में दोनों पक्षों के अधिकार के बारे में सवाल अभी रिजर्व किये गये हैं।

पहला और मुख्य सवाल जो इस मुकदमें में है वह है कि क्या मुद्दई मलका जान का बेटा है, अगर नहीं है तो यह मुकद्दमा असफल होगा।

इस बात पर वह जो अपना केस बनाता है उसे नीचे दिया जाता है :

पहले रिश्ते जिन्हें वह याद करता है वे हैं उसकी दादी रुक्मिणी और माँ मलका जान और इसके पहले की जानकारी उन्हीं से मिलती है और एक गवाह वली मुहम्मद से जिसको बुलाकर परीक्षण किया गया। फलतः उसकी दादी एक भारतीय थी, उसकी माँ एक युरेशियन और उसका पिता हार्डी नामक व्यक्ति। वह खुद चालीस या पैंतालिस साल पहले आज़मगढ़ में पैदा हुआ था मगर उसे अपने बाप की

याद नहीं है लेकिन आज़मगढ़ में रहना याद है। वहाँ से वह इलाहाबाद गया, फिर आज़मगढ़, चार-पाँच वर्ष के लिए बनारस और अन्त में कलकत्ता, हमेशा अपनी माँ के साथ। कलकत्ता में वे दो घरों में रहे, कालू टोला और बाद में चितपुर रोड में जिस समय परिवार उसकी माँ, उसकी दादी, उसकी चाची, मुद्दालह और उसके खुद से बना था। मलका जान के कलकत्ता आने के बाद परिवार की स्थिति अच्छी हुई और उसे हमेशा अच्छे कपड़े दिए गये और बाद में रुपया पैसा। वह अपने परिवार के साथ खाना खाता था और जिन नौकरों का वह नाम लेता है वे औरों के अलावा उसकी भी सेवा करते थे। 20 या 21 साल पहले उसकी शादी तय हुई थी। परिवार के रसोईयादार के द्वारा इसकी बातचीत तय हुई थी जो विवाह कराने का पेशा भी करता था, और मलका जान के खर्च पर काफी प्रदर्शन के साथ यह विवाह सम्पन्न हुआ। उसकी पत्नी ने मलका जान और मुद्दालह से गहने प्राप्त किये और वह और उसके बच्चे उनके द्वारा अपने सम्बन्धियों की तरह माने गये। वह अपने बच्चों का बाप है और उसके सबसे बड़े बच्चे की शिक्षा के साथ सभी खर्चे एक पोते के रूप में मलका जान ने किया। दूसरे बच्चों का खर्च मलका जान ने उठाया लेकिन हम लोगों ने उनकी शिक्षा के बारे में नहीं सुना। मलका जान की मौत पर मुद्दई ने ही उनकी कब्र तक उनका शरीर उठाया और मुद्दालह के साथ उसने फिलपान की रस्म अदा की और मिट्टी देने वालों को प्रार्थना के लिए कहा। परिवार में उसे मियाँ कहा जाता था, एक शब्द जो कभी नौकर के लिए नहीं कहा जाता है और मलका जान और मुद्दालह ने उसको और उसके परिवार को सम्बन्धी कहकर ही पुकारा। अपनी तरफ से मुद्दई के द्वारा यह कहानी कही गयी है।

यह विचारने के पहले कि उसकी जिरह और मुद्दालह की गवाही से यह कितना प्रभावित है, मैं विचार करूँगा कि दूसरे गवाहों के द्वारा इसका कितना समर्थन होता है। इसमें से पहला है वली मुहम्मद जिसकी गवाही कमीशन पर हुई है, वह 80 वर्ष का है और आज़मगढ़ में वेश्याओं का चौकीदार है। मलका के माता-पिता के बारे में वह मुद्दई का साथ देता है और कहता है कि हार्डी की मौत के बाद मलका जिसको उस समय बिका कहा जाता था, आज़मगढ़ में एक वेश्या हो गई। समय आने पर वह वज़ीर, एक खानसामा के साथ हो गई और जब वजीर और उसके लोगों के बीच दिक्कत पैदा हुई क्योंकि वह एक ईसाई थी, तो वह मुसलमान हो गयी और उसने वज़ीर से विवाह किया और उसका नाम मलका रखा गया। जब वे शादीशुदा थे मगलू पैदा हुआ और छः महीने बाद वज़ीर मर गया। मलका ने तब एक खुर्शीद नामक आदमी से परिचय किया जो उसके साथ उसकी माँ-बेटे को छोड़कर आज़मगढ़ से निकल गया। इसके बाद गवाह ने मलका को कलकत्ता में

देखा जहाँ उसने भगलू के बारे में पूछा जिसे उसको दिखाया गया, और उसने मुद्दालह को भी देखा जिसके बारे में मलका ने कहा कि वह एक साहब की बेटी थी। उसने मलका और भगलू को करीब एक बरस बाद देखा। इस कहानी में कोई तारीख नहीं है, लेकिन ज़िरह में यह खरी उतरी है।

महत्त्व का दूसरा गवाह है मिर्ज़ा नूर अली जिसकी दत्तक पुत्री से मुद्दई ने विवाह किया। वह कहता है कि कैसे जोड़ी बनाने वाले नजीबा के बारे में यह शादी बताई गयी, जिसने कहा कि भगलू वज़ीर खान से मलका का बेटा था, और कैसे पहले उसने ऐसी शादी से इनकार किया क्योंकि 'दूल्हे की माँ एक नाचने वाली लड़की थी'। फिर भी मलका के द्वारा उस पर माने जाने का दबाव हुआ जिन्होंने भगलू को अपना बेटा कहा और कहा कि वह शादी से पैदा हुआ था, शादी के खर्चे के रूप में पाँच सौ रुपये देने को कहा और बोली कि मुद्दालह बहू की ननद होगी, उसके साथ रहेगी और अच्छा व्यवहार करेगी। इसके बाद कार्यक्रम के रूप में मलका और गौहर उसके घर गयीं और फिर वे विवाह के दिन आयीं। भगलू और मिर्जानूर अली के साथ नाभा का विचार किया जा सकता है क्योंकि पारिवारिक गवाहों की सूची वह पूरी करता है। जबानी गवाही के रूप में, पहले क्या हुआ, इस पर वह ज्यादा नहीं बोलता है लेकिन वह शिक्षित होने और मेडिकल सेवा प्राप्त करने की बात करता है मानो वह परिवार का सदस्य हो।

दूसरे गवाह जो मुद्दई की कहानी का समर्थन करते हैं वे हैं नौकरानी, नत्थू बाई, शेख जंगी जो बनारस में और उसके बाद भी मलका जान को जानता था, वाजिद हुसैन काफी समय तक मलका जान और मुद्दालह का विश्वासपात्र दोस्त और नौकर था। हुसैन अहमद असगर खाँ जिसने कभी मलका जान को रखा और मुहम्मद वाजिद जिसने मुद्दई की शादी करायी ये लोग तरह-तरह की जानकारी से बताते हैं मुद्दई का बेटे के रूप में मलका जान के घर में रहना और उसके और मुद्दालह के द्वारा एक सम्बन्धी के रूप में सम्बोधित होना, इस असर का कुछ दस्तावेजी गवाही के पत्र हैं। ये कुछ चिट्ठियाँ हैं, ई, एफ, जी प्रदर्शनों को देखिये कुछ खाता-बहियों को, एच, एल, एन और ओ के प्रदर्शन देखें जिनमें हम प्रविष्टियाँ पाते हैं जहाँ मुद्दई को परिवार का सदस्य कहा जा सकता होगा, गहनों की लिस्ट जिसमें भगलू की पत्नी को जो दिया गया उसका ब्यौरा है और नौकरों की सूची जिसमें उसका नाम नहीं पाया जाता है। इनमें से कुछ प्रविष्टियों को संतोषप्रद रूप में मलका जान और मुद्दालह के पास पाया गया है, खासकर के, एन और ओ श्रेणी और मैं विश्वास करना चाहता हूँ एल सीरीज, दूसरे नहीं। लेकिन मेरी राय में गवाही का समर्थन करने के लिए ये काफी है जहाँ मुद्दई को मलका जान के

घर में उचित व्यवहार और सम्बोधन मिला। इस प्रकार मुद्दई का केस सबसे अच्छे रूप में लगता है, और यह बिल्कुल साफ है कि कहानी के हर अन्त में एक कमजोर बात है। प्रथमत: वली मुहम्मद की गवाही ही पूरी गवाही है जो मुद्दई के बाप के रहने न रहने की बात कहती है। यह बेशक लगता है कि 45 वर्ष मौत के बाद ऐसे आदमी के बारे में गवाही असम्भव होगी और मैं नहीं कहता हूँ कि इस गवाही में शंका होगी, लेकिन यह मुद्दई के केस को कमजोर जरूर करती है। दूसरी बात कि अगर मुद्दई मलका का बेटा था तो वह उसकी सम्पत्ति का हकदार क्यों नहीं है? उसका जवाब है कि मुद्दालह ने सारे बक्सों की चाबी उसे लौटा देने को मनाया इत्यादि जिससे कि उसकी सम्पत्ति अलग हो गयी और उसके सामने कुछ मुकदमे थे वह जिनसे अपने कर्जदारों को हरा सकता था, मैं इसका विश्वास नहीं करता हूँ। कोई साक्ष्य नहीं है कि मलका जान के जीवन-काल में उसकी सम्पत्ति पर उसका नियन्त्रण हो, और मैं इस बात को मानने की कोई वजह नहीं देखता कि उसने गौहर को कभी कुछ दिया है।

मुद्दई के केस में इस अन्दरूनी खराबियों के अलावा उन स्वीकारोक्तियों पर भी विचार होना चाहिए जो जिरह में कहने को वह मजबूर हुआ है। इनमें सबसे पहले महत्त्वपूर्ण है वह वक्तव्य जो 1905 में अलीपुर में जमीन खरीदारी के बारे में और पहले पुलिस कोर्ट में 1907 में उसने दिया और 1909 के प्रेसिडेन्सी मैजिस्ट्रेट की अदालत में। पहले अवसर पर उसने कहा कि वह शेख वजीर जान का बेटा था और रहता था मलका जान के घर में जिसे उसने नर्तकी लड़की बताया, यह कहते हुए कि, 'मैं उसकी सेवा नहीं करता... मैं तीन वर्ष से उसके मकान में हूँ।'

दूसरे में दिये गये पिता का नाम शेख वज़ीर जैसा हो सकता है, लेकिन वह कहता है, 'मैं मलका जान (बाई जी) के मकान में एक किरायेदार के रूप में रहता हूँ—वह गौहरजान की माँ है'। तीसरे, पर वह अपने को 'मलका जान का दत्तक पुत्र और उत्तराधिकारी' बताता है। मुद्दई का केस अभी जैसा है उसे देखते हुए मैं समझता हूँ इसे यह कहते हुए संक्षेप किया जा सकता है कि यह पूरा का पूरा इस बात पर आधारित है कि वह मलका जान के घर में परिचित के रूप में रहता था जो सम्बन्ध बताता है, और कई मौकों पर उसने उसे अपना बेटा बताया था। वली मुहम्मद की गवाही को मैं उतना महत्त्व नहीं देता हूँ लेकिन मैं नूर अली और दूसरों की गवाही को नज़र अंदाज नहीं कर सकता जो कहते हैं कि मुद्दई के साथ कैसा व्यवहार होता था। मुद्दई ने ऐसा केस बनाया है जिस पर मैं उसे डिग्री दे सकूँ इस निर्णय की मुझे कोई जरूरत नहीं है क्योंकि मुझे मुद्दालह की गवाही पर बात करनी होगी और सोचना होगा कि क्या उसने मुद्दई के केस का जवाब दिया है। वास्तव

में इन बयानों से ये साबित होता है कि मुद्दई सारी उम्र मलका के घर में रहा, उसके परिचय खर्चे पर रहा और उसका परिचित था जिससे सम्बन्ध स्थापित होता है।

आगे बढ़ने के पहले मैं फिर भी अन्तिम रूप से इस केस में उपस्थित गवाहों के व्यक्तित्व और चरित्र पर अपनी सामान्य राय देना चाहता हूँ। मुद्दालह अपनी जवानी से ही एक वेश्या रही है जैसा कि स्पष्टत: उसके पहले उसकी माँ थी। इसलिए यह माना जा सकता है कि वह गवाह के रूप में वह एक समान रही है और जहाँ तक इस केस की बात है मेरे पास उसके ख़िलाफ़ सोचने का कोई कारण नहीं है। यही करीब मलका जान के बारे में भी कहा जा सकता है। मुद्दई अपनी वेश्या माँ और बहन के द्वारा पाला गया है और उनसे सहायता पायी है; उसने वेश्यावृत्ति से प्राप्त इस धन को लेने के लिए यह मुकद्दमा किया है। गौहर की जिरह के एक हिस्से से मुझे लगता है कि वह सोचता है कि गौहर उसकी बेटी को वेश्या बनाने में विफल रही। मैं सम्भवत: इस बात में जायज हूँ कि एक वेश्या और दूसरी अनैतिक बातों की खराबियों के लिए उसे दोषी मानता हूँ जिस पर मैंने गहरा विचार नहीं किया है। मैं यह भी समझता हूँ कि मलका के घर की व्यवस्था परम्परागत नहीं थी और कम-से-कम गम्भीर गलतियों से बरी नहीं थी पर नैतिक दोषों का दाग उस पर है जिसे कमोबेश मैंने लगाया है और परिणामत: इस केस में मैं सोचता हूँ और आसानी से कह सकता हूँ कि सारे दूसरे गवाहों पर नैतिक दोषों का दाग है। ऐसी बातों पर विशेष ध्यान देना बहुत आवश्यक है बजाय उन बातों के जो ज्यादा अनिश्चित और देखने में मामूली हैं। केस के इस पहलू के बारे में इतना कहने पर अब मुझे इसकी चर्चा करने की जरूरत नहीं है।

मुद्दालह की कहानी जिसमें वह साबित करना चाहती है कि मुद्दई मलका जान का बेटा नहीं है और यह कि वह उसकी जायज बेटी हैं, इसका पिता योवर्ड नामक गवाह से चलता है जिसके बारे में इसके बाद कुछ ज्यादा कहूँगा। 10 अक्टूबर, 1872 को एक 20 वर्ष के युरेशियन योवर्ड ने 15 वर्ष की एक युरेरिशन ईसाई लड़की विक्टोरिया हेमिंग्स से शादी की। इसके पहले उस लड़की की शादी नहीं हुई थी। वह मिस्टर हेमिंग्स जिसे योवर्ड नहीं जानता है की बेटी थी और एक अँग्रेजी नाम जो हार्डी था उसका उल्लेख उसके माता-पिता के सम्बन्ध में किया गया था। 26 जून 1873 को इस विवाह से एक लड़की पैदा हुई और बाद में मेथोडिस्ट एपिस्कोपल चर्च में ईसाई बनाई गयी। योवर्ड की पत्नी मुद्दालह के अनुसार बाद में मलका जान हुई, और उसकी बेटी मुद्दालह है।

योवर्ड कई जगहों पर कृत्रिम बर्फ बनाने का काम करता था और अपने परिवार के साथ ज्यादा नहीं रहता था; लेकिन 1876 में किसी शुफुज्जिल हुसैन द्वारा

उसे आज़मगढ़ से चार मील दूर नील की खेती के लिए बुलाया गया और इसलिए वह वहाँ चला गया जबकि उसकी पत्नी और बेटी आज़मगढ़ में ही रहीं। यहाँ उसने पत्नी के बारे में कुछ सुना जिससे दूसरी जगह काम करने के लिए उसने वह जगह छोड़ दी। 1879 में वह फिर भी लौटा और एक जोगेश्वर भारती के ख़िलाफ़ बदचलनी का दोष लगाया। यह दोष हटा दिया गया जैसा कि हमें रजिस्टर की एक प्रति से पता चलता है। योवर्ड कहता है कि सुलह हो गई और यही अवसर था जिसे लिखित रूप में तलाक की डिग्री कहा गया। कागज साक्ष्य दिखाने के लिए दिया गया कि क्या हुआ था, लेकिन सारी बात इतनी अनियमित थी कि इसे मानना असम्भव था। लगता है पति-पत्नि दोनों ने इस विश्वास से काम लिया कि दोनों का तलाक़ हो गया और यह मानते हुए कि यह कहानी सत्य है मैं नहीं मानता कि यह विश्वास सही नहीं था। इसके बाद योवर्ड का पत्नी से कोई पत्रचार नहीं हुआ और उसने जनवरी 1910 तक अपनी बेटी के बारे में भी नहीं सुना था जब इस केस के सिलसिले में गौहर जान का पत्र उसे मिला।

गौहर जान की कहानी, कुछ समय को छोड़कर, इस बात को बढ़ाती है जिसके बारे में साक्ष्य है जो मैं बाद में देखूँगा। उसकी कहानी में जो उसे याद है वह है उसका बनारस में होना जब वह छः या सात साल की थी। वह अपनी माँ, दादी और कुछ नौकरों के साथ रहती थी जिनका वह नाम देती है असिया, (एक नौकरानी) और उसका बेटा मुद्दई जो एक लड़का था और घर में नौकर का काम करता था। उसकी माँ की सेवा में ही असिया की मौत हो गयी, लेकिन उसके सम्बन्ध में गवाही महत्त्वपूर्ण है और इस पर खुद विचार किया जा सकता है। पहली निश्चित घटना जो गौहर को याद है वह है माँ और उसकी दादी का किसी खुर्शीद के द्वारा मुसलमान बनाया जाना, उस समय जब वह और उसकी माँ नृत्य सीख रही थीं। कुछ समय बाद मुद्दई के साथ यह दल कलकत्ता आया लेकिन असिया आज़मगढ़ में अपने पति से मिलकर बाद में आई। पहले वे कई घरों में रहे जिसकी जानकारी जरूरी नही है मगर मलका जान के लिखित सूचना-पत्र के अनुसार अन्तत: 20 दिसम्बर, 1887 को 49, लोअर चितपुर रोड, कलकत्ता वाले घर में वे रहने आये। इसे परिवार वाला घर कहा जा सकता है और मुकद्दमा वाली सम्पत्ति का यह एक हिस्सा है। उनके जाने के पहले, फिर भी, दो घटनाएँ हुईं, दादी की मौत जो बहुत महत्त्वपूर्ण नहीं है और मुद्दई का इकरामुद्दीन के द्वारा मुसलमान बनाया जाना जो सचमुच महत्त्वपूर्ण है क्योंकि यह मुद्दई के केस का नाश करता है अगर, ऐसा सचमुच हुआ है तो। एक अनिश्चित तारीख को गौहर जान बनारस में पहले एक आदमी और फिर दूसरे आदमी की रखैल रही, लेकिन कहती है कि वह फिर

भी लगातार कलकत्ता आती रही। 1889 में वह और उसकी माँ कपड़े के लिए दाम न देने के उन पर किये गये मुकद्दमों के लिए बनारस गयीं, यह एक बहुत महत्त्वपूर्ण बात है क्योंकि मलका जान ने उसमें लड़की के बच्ची होने की बात कही थी और अगर उसकी गवाही मानी जाए तो योवर्ड बच्ची का पिता था और उसने विवाह का प्रमाण-पत्र भी दिखाया। इन मुकद्दमों के बाद 1906 में मलका जान की मौत तक कोई बड़ी घटना नहीं हुई, लेकिन इस काल में, लगता है गौहर जान मुख्यत: अपनी माँ के घर रहती थी, और काफी धन कमाती थी जिसे, वह अपनी माँ को देती थी। अपनी माँ की मौत के बाद उसने सम्पत्ति अपने कब्जे में की जिससे मुद्दई को कोई आपत्ति नहीं थी, और माँ के वकील से बात करके जो अभी भी उसके लिये काम कर रहे हैं, अलीपुर रजिस्ट्री से उसका दाखिल खारिज कराया उसके आदेश से मलका जान के दफन की क्रिया हुई और उस काम में मुद्दई ने कोई हिस्सा नहीं लिया। सामान्यत: गौहर भगलू को परिवार का सदस्य माने जाने से भी इनकार करती है, हालाँकि उसे कोई रोक-टोक नहीं थी। वह इनकार करती है कि उसे कभी मियाँ कहा गया, लेकिन कहती है कि नौकर मानकर उससे बात की जाती थी। भगलू की शादी में हाजिर होने से वह इनकार करती है या यह कि वह या उसकी पत्नी ने कोई उपहार कभी उसे दिया जिस मूल्य की चर्चा वह करता है। वह अपनी तनख़्वाह नियमित पाता था, और एक बार उसे हटा दिया गया था, जब मलका जान से वह अलग दूसरी जगह काम करने लगा था।

योवर्ड और गौहरजान की बातों के समर्थन में जो दूसरे गवाह हैं उनमें सबसे महत्त्वपूर्ण दो हैं—गुलाम खाँ और कादिर हुसैन। इनमें से पहले की गवाही मुद्दई द्वारा निकाले गये कमीशन पर हुई जिसने वह गवाही के रूप में नहीं दी। फिर भी खान राम महतो बनाम मुरली महतो 36 कैल. 466 के फैसले कुसुम कुमारी राय बनाम सत्त रंजन दास 30 कैल. 999 में दिए आदेश के विपरीत और हेमन्त कुमार बनाम बाँके बिहारी सिकदर, 9बी. डब्लू. एन. 794 में पालित नियम को देखते मैंने इसे साक्ष्य के रूप में स्वीकार किया। और यदि यह गलत हो तो स्वयं मैंने इसे माना है और आगे मैं कहना चाहता हूँ कि मुद्दालह के लिए इसे कुछ मामलों में और कुछ में गलत या सही मानने की छूट है। वह कहता है कि मलका जान उर्फ़ बेकी रुक्मिणी की लड़की थी जो हार्डी नामक साहब के साथ रही थी जिसके द्वारा उसे ईसाई धर्म में दीक्षित कराया गया था। हार्डी की मौत के बाद बेकी एक वेश्या के रूप में बेला के साथ बनारस में रही। बाद में बेकी, बेला और उनकी माँ बनारस चली गयी जहाँ बेकी ने 'राबर्ट साहब' से शादी की। हवजाह हुसैन के द्वारा बेकी और रॉबर्ट साहब को बर्फ की फैक्टरी में काम पर लगाया गया। कादर हुसैन से या कहा

गया है कि वह एक मुहर्रिर है। 1879 या 1880 में वह बनारस में एक सरकारी वकील का मुहर्रिर है जव वह कहता है कि मलका जान उसकी माँ विक्टोरिया हेमिंग्स और गौहर जान वहाँ आईं। आठ साल के लिए वह विक्टोरिया हेमिंग्स की माँ का मुता शौहर बना बनारस में करीब एक बरस आने के बाद उसे मुसलमानी धर्म दिलाने के लिए। मलका और गौहर जान को उसने फ़ारसी पढ़ाई, लेकिन भगलू को नहीं पढ़ाई क्योंकि वह केवल बच्चा था जो एक चमार औरत का बेटा था जो चिलम भरता था और उसकी माँ असिया थी। 1883 में मुता पत्नी के साथ पूरा दल कलकत्ता आया जहाँ वह कभी-कभी उनके यहाँ जाते थे। विक्टोरिया हेमिंग्स की माँ जिसने धर्मपरिवर्तन से नाम बदल लिया था उनकी शादी के कुछ समय बाद बनारस में मर गई। उसने उनके कलकत्ता आने के बाद परिवार को देखा और हमेशा भगलू को एक नौकर के रूप में पाया।

इकरामुद्दीन भगलू की सुन्नत-क्रिया के बारे में कहते हैं कि वह उस समय 14 या 15 साल का था। एस्थेन मॉर्डेकाइ भगलू को पहचानती है जो 22 साल पहले उनके घर में एक लड़के के रूप में काम करता था; और इस बात की तसदीक मोहिउद्दीन तैयक हुसैन करते हैं और 1890 या 1891 में अपनी बहन अब्बासीजान की सेवा में भी उसका होना बताते हैं।

यह गवाही जिरह में कहाँ तक टूटी है इस पर विचार करने से पहले असिया के बारे में गवाही को अलग से सुनने के लिए छोड़कर, मैं मुद्दालह द्वारा दी गयी लिखित गवाही पर विचार करूँगा। रेकार्ड में सबसे पहले का कागज रॉबर्ट विलियम और विक्टोरिया हेमिंग्स की शादी की प्रतिलिपि है यह दिखाती हुई कि इसमें नामित सदस्यों की शादी इलाहाबाद में 11 सितम्बर, 1872 को हुई थी। 21 जुलाई, 1879 को इसकी एक नकल बनायी गयी थी कहा गया है कि इसका इस्तेमाल बनारस में मलका जान के केस में होना था। दूसरी नकल इस मुकद्दमे के लिए 3 दिसम्बर, 1910 को बनायी गयी हमलोगों के पास बनारस में मलका जान के मुकदमे की दो और गवाहियाँ हैं। दोनों में इलाहाबाद में शादी की चर्चा है, और एक में लिखा है कि गवाही देने वाली का पति योवर्ड है और एक उल्लेख कि उसके साथ उसकी शादी टूट गयी थी। इन दस्तावेज़ों के ख़िलाफ़ कई आपत्तियाँ हैं। जहाँ जक संख्या का सवाल है, दोनों उसी मुकदमे में बनाये गये, लंकिन दोनों मुकद्दमों में मुंसिफ का नाम भिनन है। अन्य छोटी गलतियाँ हैं, और लगता है कि संयुक्त प्रान्त में नियम के मुताबिक इन नकलों को बनाने के पहले गवाहियों को खत्म कर देना चाहिए था। फिर भी, लगता है कि ये नकल नियमत: बनाई गयी है और कोई विपरीत साक्ष्य नहीं है। मैंने तीन अवसरों पर पहले ही मुद्दालह के द्वारा गवाहियों

की चर्चा की है।

मुद्दालह और उसके गवाहों की जिरह के असर के बाद मैं इस निष्कर्ष पर पहुँचता हूँ, जैसा कि मैंने पहले ही कहा है, कि मुद्दई को परिवार के सदस्य के रूप में माना जाता था जिसे मुद्दालह ने स्वीकार किया है और गौहर के एल. सीरीज के दस्तावेज़ों को मैं मानता हूँ। मैं इस बात को साबित करने की जरूरत नहीं समझता कि घर के जिस भाग में वह रहता था उसका भी कोई किराया देता था। इसके अलावा उसकी बात से ही लगता है कि उन आदमियों में के किसी एक से पाता था जिन्होंने गौहर को रखा था। फिर भी अपने आप में मैं इन बातों का बहुत महत्त्व नहीं देता जब मलका के घर की बनावट को देखा जाय और आसिया से सम्बन्धित गवाही को विचार कर मैंने देखा कि मुद्दई का साफतौर पर मुद्दालह से परिचय था।

मुद्दालह द्वारा प्रस्तुत मूल मुकद्दमा के बारे में यह जरूरी नहीं, शायद सम्भव भी नहीं कि मलका जान के अलावे दोनों पार्टियों के इतिहास के बारे में जाना जाय। यह स्वीकार किया गया है कि वह अंशतः यूरोपियन थी जिसका मुद्दई के चेहरे से मुझे कोई मेल नहीं दिखता। अगर वह योवर्ड से ब्याही थी जैसा कि वह कहता है, शारीरिक रूप से यह सम्भव है कि उसके पहले उसने अपने मुद्दई को जन्म दिया हो, यह देखते हुए कि कुछ बातों में योवर्ड को बहुत ठगा गया था। लेकिन योवर्ड की कहानी वली मुहम्मद से नहीं मिलती है और अगर योवर्ड को माना जाय तो मुद्दई का पितृत्व अगर गलत नहीं तो बहुत मान्य भी नहीं है। कुल मिलाकर मैं मानता हूँ कि योवर्ड की कहानी को झूठी मानना असम्भव है। उसके कहने के मुताबिक अपनी मुख्य बातों में यह असम्भव नहीं है, शादी का प्रमाण-पत्र इसे सही बताता है जिसकी मुझे कोई शंका नहीं होती और इसे 1898 में मलका जान द्वारा प्रस्तुत किया गया जब उसके पास योवर्ड को सहमति देने कि लिए कोई मौका नहीं था और उसे बुलाने को कोई प्रयास नहीं किया गया मेरे सामने का गवाह रॉबर्ट योवर्ड नहीं है, मुझसे नहीं कहा गया और इस बात पर उसने जिरह को चुनौती दी। विवाह के प्रमाणपत्र में एकमात्र गलती थी कि उसके बाप की जगह योवर्ड के दादा का नाम था और मलका जान के पिता के नाम के पास एलिजा हेमिंग्स लिखा गया है, ये सब योवर्ड की कहानी के अनुकूल हैं। अतः योवर्ड की विक्टोरिया हेमिंग्स से विवाह की मुख्य बात को न मानना मैं असम्भव समझता हूँ।

अगर यह ऐसा है तो गौहर के जन्म और पत्नी से उसके अलगाव की उसकी कहानी को मानने में कोई कठिनाई नहीं है, हालाँकि इधर-उधर भ्रम की जगहें हैं। मैं उसकी गवाही के इस हिस्से को आसानी से मानता हूँ क्योंकि उसने अपने गवाही के

प्रमाण में एक नकल लगाई है जो नियमपूर्ण है। इस गवाही को जैसी यह है मैं इसके मुख्य बिन्दुओं को स्वीकार करता हूँ और जैसा मैंने कहा है कि मुद्दई की कही बात से इसका ताल-मेल नहीं है फिर भी योवर्ड के बारे में जरूरी जानकारी के लिए एक बात है।

यह केस सुनवाई के लिए मेरे पास आया उसके तुरत पहले योवर्ड के अरेस्ट के लिए गौहर जान से इस आधार पर आवेदन मिला कि वह गवाही के लिए नौ हजार रुपये माँग रहा है और यह कि अगर उसको दिया गया तो वह कलकत्ता से 200 मील दूर हट जिस स्थिति में उसकी कमीशन द्वारा ही हो सकती है। मैंने उसे हाजिर होने को कहा और उसने वचन दिया कि वह जरूरत होने पर हाजिर होगा। अब लगता है कि 9000 रुपये दीनापुर के एक मकान की कीमत थी, लेकिन कोई शक नहीं कि वह पैसा अपनी गवाही के लिए लेने की कोशिश कर रहा था। सौभाग्य से गौहर जान इस बात की सही जानकार थी और आगे सोचकर मुझे भय लगता है कि इस प्रकार के केस में कोर्ट के पास कोई कानूनी धारा नहीं है। मुझे कोई शंका नहीं है कि उसने बिना पैसे के गवाही दी है, हालाँकि वह इसमें स्वार्थी गवाह है। उसकी गवाही के विषय में कुछ बातें दिमाग में रखनी चाहिए और मैं कह सकता हूँ कि वह एक अजीब स्थिति को स्वीकार करता लगता है बिना किसी भावना के। उसकी स्थिति को देखते हुए व्यक्तिगत या कानूनी किसी रूप में किसी दूसरे महत्त्वपूर्ण गवाह से मैं उतनी दूरी रखता हूँ। विश्वास के साथ मैं यही कह सकता हूँ कि मैं उसकी गवाही के सबसे महत्त्वपूर्ण हिस्सों में विश्वास करता हूँ।

इन परिस्थितियों में मैं सोचता हूँ कि जैसा मुकद्दमा मुद्दई ने बनाया है वह फेल कर जाएगा। फिर भी असिया नाम की औरत जो मुद्दई की माँ कही जाती है उसके बारे में मुद्दालह की बात अभी देखनी है। यह कहानी निम्नलिखित है.....

जब आज़मगढ़ के नजदीक योवर्ड नील की खेती की जगह रह रहा था और उसकी पत्नी और बच्चे शहर में थे, उसका एक साईस हेमराज था जिसकी शादी एक औरत बोदिसिया से हुई थी जिससे उसको एक बेटा था जो भगलू है। जब विक्टोरिया हेमिंग्स या मलका जान ने अपने पति को छोड़ दिया तब बोदिसिया जो असिया ही है उसने भी अपने पति को छोड़ दिया और उसके बाद मलका जान की नौकरानी हो गयी और मलका जान के घर में 1888 में अपनी मौत तक रही। अगर यह कहानी सच्ची है तो यह मुद्दई की मदद करती है और उस परिचय को बताती है जिसका व्यवहार भगलू के प्रति मलका जान और गौहर करती थीं। बाप, औरत और बच्चे का आज़मगढ़ में होना योवर्ड के द्वारा कहा गया है। मुझे यह मानने में कठिनाई महसूस होती है कि जो वह कहता है वह उसके पक्ष में है ओर उसे याद है,

हालाँकि औरत के बारे में असिया न कहकर दूसरा नाम लेता है वह उसके पक्ष में है। बाद में असिया का बनारस में होना और मलका जान के बाद उसका कलकत्ता आना गौहर जान के द्वारा कहा गया है जो उसे तब और बाद में एक नौकरानी कहती है। इस बात में तेदर हुसैन उसका समर्थन करते हैं और एक फोटो रखा गया है जिसमें दूसरे नौकरों के साथ असिया बैठी है। असिया के बारे में सबसे जरूरी प्रमाण है—कॉरपोरेशन के रजिस्टर में मृत्यु वाला भाग, जहाँ असिया की मौत लिखी है। तारीख है 8 अगस्त 1888 लेकिन चूँकि यह किसी गवाह के द्वारा नहीं कहा गया है इसका ज्यादा महत्त्व नहीं है, हालाँकि यह मुद्दालह की कहानी का ही शेष भाग है और उसका समर्थन करता है। उसकी उम्र 70 लिखी है, उसके मेडिकल सहायक राखालबाबू हैं जिन्हें डॉक्टर बताया गया है और जिन्होंने भगलू को देखा उस औरत का घर 39 लोअर चितपुर रोड बताया गया है जो 49 की जगह गलत है, सूचक का घर 'भगलू घर नं. 39' और उसके हस्ताक्षर और सूचना है। मुकद्दमे का यह भाग असिया की ज़िन्दगी से इनकार से है और कुछ उसके गवाहों और फोटो वाली औरत को दूसरे नाम का बताया गया है। अगर यह मौत का प्रमाणपत्र नहीं होता तो मैं मुद्दई और उसके गवाहों की बात को मुद्दालह की प्रस्तुति के बराबर मान लेता, लेकिन केस की जो हालत है, प्रमाणपत्र के द्वारा मुद्दालह की कहानी जो समर्थित है वह मुझे सचमुच सही लगती है। परिणामत: मैं इस राय का हूँ कि असिया के बारे में गवाही मुद्दई की कहानी को झुठलाती है।

तद्नुसार मैं मानता हूँ कि मुद्दई मलका जान का बेटा नहीं है और उसके ख़िलाफ़ पहले प्रश्न पर फैसला देता हूँ। योवर्ड की कहानी को, जैसा मैं मानता हूँ, मानते हुए मुद्दालह मलका जान की जायज बेटी है और दूसरी बात का फैसला मैं उसके पक्ष में करता हूँ।

अत: मुकद्दमा खर्चे के साथ डिसमिस किया जाता है।

एच.एस.स्टीफ न

10.8.1911

परिशिष्ट - 2

गौहर जान की प्रसिद्ध रचना, 'रस के भरे तोरे नैन'

अरे पथिक गिरधारी सूँ इतनी कहियो टेर
दिग झर लई राधिका अब बृज भूलत फेर
आ जा सँवरिया तो हे गरवा लगा लूँ
रस के भरे तोरे नैन, सँवरिया
रस के भरे तोरे नैन
जेही चितवत ते ही बस करि राखत
नाहीं पड़े मैका चैन सँवरिया
रस के भरे तोरे नैन

मख़जाने-ए-उल्फते-ए-मल्लिका से चुनी कविताएँ

(मलका जान का प्रेम-कोष)

बड़ी मलका जान ने अपनी कविताओं का संग्रह 22 अक्टूबर, 1886 को प्रकाशित किया। उसका दीवान सुन्दर है और विषय-विस्तार को अपनाता है। आध्यात्मिकता और दर्शन से लेकर कामुकता, विरहयुक्त प्रेम, निराशावाद, छलावा, प्रणय जैसे विस्तृत विषय इस दीवान में शामिल हैं। यह कवयित्री की संवेदनशीलता दर्शाता है और यह भी बताता है कि कैसे उनके जीवन के अनुभवों ने उन्हें एक पहुँचा हुआ कलाकार और काव्य-रचनाकार बनाया। अल्लाह और पवित्र पैगम्बर से जुड़ाव, किये पापों के लिए पश्चात्ताप और क्षमा के लिए हार्दिक प्रार्थना भी इस संग्रह में संवेदित हैं। उर्दू में गज़लों के अलावा, जिनकी संख्या करीब 600 है, इस संग्रह में उनकी कुछ ठुमरियाँ भी हैं। उनमें से कुछ नीचे दी जाती हैं :

1. मेरो मन लियो छीन, अँखियाँ रसीली वाकी
   मोरी आली वोह बाँकी चितवन, बतियाँ करत प्यारी प्यारी
   मूरख निपट अनाड़ी बात चलत भोली भोली बोली-ठोली कि मगमग
   तक तक मोहे मुस्का दे
   डगर चलत नित गरवा लगावे बारी बसी,
   वाको कृष्ण भेष हम उन्हीं पर तन मन मलका तज दें

2. बाँसुरी बाज रही धुन मधुर,
   कन्हैया खेलत जावत होरी अन्तर जन
   जाओ सखी संग मलका वह तो नित
   कहत थक थक अंग बोरी ना छोड़ी गोरी

3. घर आये भोर तुम मोर पीर वा प्रीत तिहारी न्यारी
मलका पिया तो रहे सौतन घर तड़प-तड़प हम रैन गुजारी

दीवान में जीवन के अनेक क्षेत्रों से लोगों के प्रशंसात्मक सन्देशों की शृंखलाएँ भी हैं जो संग्रह की साहित्यिक सुन्दरता को और मलका के काव्य-कौशल को निखारते हैं। उर्दू कविता में लोगों के प्रशंसात्मक सन्देशों का सामान्य रिवाज़ रचना की तिथि के निर्द्धारण की भी कोशिश है। कविता में शब्दों की बुद्धियुक्त सजावट, अक्षरों के इस्तेमाल की खूबी को गिनते हुए, तारीख जानी जाती है- इस जगह तारीख है हिज़री 1303 या ईस्वी सन 1886

शेरे मैसूर टीपू सुल्तान के वंशज मुहम्मद करीम शाह से लेकर रियासतों के शासकों, समकालीन कवियों, ढाका के डिप्टी मैजिस्ट्रेट के बेटे, कलकत्ते के मौलवी मुहम्मद 'शम्स' से लेकर उस समय की तवायफ़ों, जैसे उमराव जान, बीवी नसीरनजान, चत्ता जान, बीवी मंजु साहिबा यहूदन, खुर्शीद जान, दरभंगे की गुना जान, लखनऊ की शीरीन जान, बीवी अजूबा जान और देश के बहुत से मशहूर लोगों तक ने इस रचना की तारीफ में लिखा है। अपनी माँ की कविता की प्रशंसा में गौहर जान के लिखे कुछ पदों के साथ इन्हें नीचे दिया जाता है। यह गौहर के भी उर्दू काव्य-कौशल को प्रदर्शित करता है।

1. लिखके मलका ने जो छपवाया यह दिलचस्प कलाम, लबे हासिद पे भी है सोज़े तरन्नुम लारायेब।
2. फ़िक्र तारीख की जब होने लगेगी गौहर, रंग लायेगी बहुत मौजे तवस्सुम लारायेब।
3. न मिलेगा कहीं तारीख का कोसों जो पता; होंगे उस राह में सब होश व खिरद गुम लारायेब।
4. नुक्ताचीन बनके फिरेगी जो तमन्नाएँ दिली; माहिरे इल्मो हुनर समझेंगे हरदम लारायेब।
5. बन्द हो जाएँगे हातिफ की निदा के लब भी; हैं जबाँ दानी में वोह शीरीने तकल्लुम लारायेब।

बनैली, भागलपुर जिला खड़गपुर के महाराजा पद्मनाभ सिंह साहब बहादुर लिखते हैं :

मुकर्रर है ये दीवाने मुरास्सा
गुले उम्मीद बागे फ़िक्रेनादिर
मकौला सच है ये हातिफ का 'अफसर'
तरक्की कर रहे अखलाक-ए-शायर

पंजाब के किशनकोट के शासक साहिबे दीवान महाराज युवराज वीरवर ठाकुर हरकिशन सिंह बहादुर शुद्ध फ़ारसी में एक लम्बा प्रशंसापत्र लिखते हैं और नवाब गुलशनुद्दौला बहादुर के शिष्य मीर 'असगर' अली लखनवी लिखते हैं :

गुले मजमून तरह-तरह के हैं;
यह चमन दोस्तों की खातिर है;
है ये मिसरा-ए-साल, ऐ 'असगर'
फ़िक्रे मलका की खूब नादिर है।

ऐसी ही प्रशंसाएं हजरत शम्स लखनवी, अवध के मुंशी याकूब साहब 'असर', हाफिज अली नजफ (दाग देहलवी के शिष्य) पटना के अजीमाबाद के रघुनाथ सहाय 'इबरत', मुंशी अब्दुस्समद 'कसीर' बनारसी (मुगल साहिबे आलम बहादुर के शिष्य), गुलाम हैदर खान 'मजतर' और अन्य भी की हैं।

कविताओं की खूबी के बारे में रिपन प्रेस, कलकत्ता के प्रकाशक मुहम्मद वज़ीर लिखते हैं:

बन्दिश में खूबियाँ हैं, मानी में शोखियाँ है ;
क्यूँ न हो इस सुखन के अहले कमाल तालिब?
मगलूब बनके हातिफ बोला 'वजीर' मुझसे
है रंगे शायरी में मलका का रंग गालिब।

कई विषयों को छूते बड़ी मलका जान की चुनी उर्दू कविताओं से कुछ संकलन नीचे दिए जाते हैं :

1. बनाया हामिलाने अर्श ने मैदान नबूव्वत का;
   बिछाया अक्स ज़ाते हक ने उसमें फ़र्श कुदरत का।
2. हुए जुज्वे बदन सब पाक सीले अश्के फुरकत से;
   के आलम अब्रे रहमत का हुआ चश्माने उम्मत का।
3. अजब हिकमत से ख़ाके लामकाँ बुनियाद में डाली;
   बनाया जब खुदा के कस्द ने ऐवान रिसालत का।
4. निगाहे लुत्फ से मलका की जानिब आप अगर देखें;
   रहे नज्जारा फिर मुहताज क्यों चश्मे इनायत का।
5. वो तो गर्दन पर छुरी फेरा किये;
   मैंने शहादत के मज़े चखा किये।
6. लाखों लहदें आ गयीं ठोकर के मुकाबिल;
   इस पर भी मसीहाई का दावा नहीं होता।

7. देखकर तेगे सितम ये बददुआ देता हूँ मैं;
नूर मिट जाये इलाही दीदये सैयाद का।
8. दुज़्दीदा निगाहों से न अगयार को देखो;
खुलता है ढका रहने दो पर्दा मेरे दिल का।
9. सर खोले हुए साथ तमन्ना की हैं फौजें;
किस धूम से उठता है जनाज़ा मेरे दिल का।
10. मेरी तरह बेचैन करेगा तुझे ज़ालिम;
गर ज़िक्र तेरी बज़्म में आया मेरे दिल का।
11. उम्मीद रोती थी, आरज़ू भी रूठ गयी;
जो हमने दिल पे कभी ज़ब्र इख्तियार किया।
12. शोबदाबाज़ अभी दस्ते दुआ बन जाये;
गर निकाले निकलती असर की सूरत।
13. दिल निकल आयेगा पहलू से मेरे तीर न खींच;
रूहे बेरब्त तू मर्गे गुलोगीर न खींच।
14. मुझे शामेवस्लत की उम्मीद होगी;
दिखाये जो मुँह सुबहे रौशन किसी का।
15. तेरा नाश हो जाये ऐ सुबहे पीरी;
ढला जाता है हाय जोबन किसी का।
16. दो वार में मलका नज़र आया नया आलम;
दम भर भी न खंजर से सितमगर के लगी चोट।
17. नामावर से पूछते हैं लेके खत बशौक वो;
क्या शबे तारीक फुरकत का अफसाना मिजाज़।
18. गैर ठोकर से सताते हैं निशाने तुरबत;
जो न होता था सितम मुझपे हुआ मेरे बाद।
19. गर फसे दफ्न रहेंगे यूँ ही आहों के हुजूम;
शमाबाली ने लहद होगी खफा मेरे बाद।
20. मलका सितम मौत का देख के घबराई;
जीने पे साहिब करे ख़ाक न इंसान धमण्ड करे।
21. सोज़े जिगर का आपने लिखा था हाल उसमें;
ऐ नामाबर न होता क्यूँ शोलाबार काग़ज़।
22. उनको यकीन जज़्बे मुहब्बत पे कुछ न था;
कायल हुए हैं आह की तासीर देखकर।
23. युसुफ अजीजे मिस्र जुलेखा कनीज़ हो;

हैरान हूँ मैं हुस्न की तौकीर देखकर।

24. पासबान हैं दीदए लैला इलाही खैर हो;
कैस का साया खड़ा है पर्दये महफिल के पास।

25. सख्तियाँ कीं जौफ की शिद्दत ने इतनी हिज्र में;
साँस लेने से भी आजिज़ है कलेजा दिल के पास।

26. देखा फिर गैर को दुज़दीदा नज़र से उसने;
तेरी तासीर हुई आहे शरर बार गलत।

27. नाज से चलती है रुक-रुक के गले पर वक्त-ए-कत्ल,
तेरे कातिल को नहीं है चश्म-ए-बिसमिल का लिहाज।

28. आइना हंगामा अराइश है क्यूँ पेश-ए-नजर,
है निगाहें शौक को गर व बातिल का लिहाज।

29. सुबह शबे फिराक ने ये लूट मार की,
उजड़ा हुआ पड़ा है वो देखो दयारे शमा।

30. आँखों से खून रुलायेगा दर्दे निहाँ जरूर,
लिल्लाह देखिये न दिल दागदार शमा।

31. बहारे फसले गुल में गर रिहा कर दे तो बेहतर है,
कफ़स से बादे मौसम गो किया आजाद क्या हासिल।

32. तेरी किस्मत में दोज़ख है नहीं तू लायके जन्नत,
बनाने से तुझे बागे इरम शद्दाद क्या हासिल।

33. किसने बेहबूदी बुतों से पायी है,
दिल लगायें खाक इन पत्थरों से हम।

34. आप आये मुझे सेहत है कुछ आज़ार नहीं,
जिसको ईसा की हो ख्वाहिश ये वो बीमार नहीं।

35. मोतरिज़ नज्म पर मेरी ना हो अरबाबे सुखन,
मलका इसमें सलीका मुझे ज़िनहार नहीं।

36. लज्ज़ते कत्ल जो है दिल में मेरे ऐ कातिल,
हाँ गले से तेरी शमशीर लगा लूँ तो कहूँ।

37. दिल साद चाक पे ऐ जाने जहाँ फुरकत में,
क्या गुजरती है जरा होश में आ लूँ तो कहूँ।

38. बहाना इश्क का है रश्क से परवाने जलते हैं,
जो देखा शमा को साबित कदम है सर कटाने में।

39. नहीं मालूम क्यों गारत वो करते हैं मेरे दिल को,
बुतों को फायदा क्या है खुदा का घर गिराने में।

40. कभी तुम आशिकों को मारते हो, घर जलाते हो,
बुतों तुम दखल देते हो खुदा के कारखाने में।
41. अभी दस्ते हिनाई देखिये क्या रंग लाती है,
हजारों पिस गये पामाल हैं मेंहदी लगाने में।
42. अभी नामे खुदा आगाज़े शौके कत्ल आशिक है,
हजारों सर तसद्दुक हो गये तेग आजमाने में।
43. चैन से सोये कयामत तक ना कुछ खटका रहा,
जब किया ऐ मौत हमने अपना बिस्तर खाक में।
44. न शहादत का निशाँ पायें फारिशते बादे क़त्ल,
दफन कर देना हमारे साथ खंजर खाक में।
45. नूरे ईमान से झुकी आँखें फरिश्ते चल दिए,
याद थी जो सुरये बल फज्र अजबर खाक में।
46. मेरे होने ने मुझे रुसवा किया,
मैं ना होती तो कुछ नहीं होता।
47. दिल के लेने पे है आमादा वो बुत ऐ मलका,
कोई नाला सरे बाजार करूँ या न करूँ।
48. मय है माशूक है गुलजार हे स़ाकी भी है,
गरजें ऐसे में जो बादल वो मजा देते हैं।
49. चौक पड़ते हैं, शबेवस्ल अरु कहते हैं,
किसके नाले हैं ये गुस्ताख़ जगा देते हैं।
50. हसरत आलूद निगाहों से असीराने क़फस,
दो इज़ाजत तो नज़र जानिबे सय्याद करें।
51. मासीयत का जो मैं पाबन्द हुआ भूल गये,
आप हैं अहलेकरम अपना करम याद करें।
52. फिर किससे हम कहें शबेग़म दिल का इज़्तराब,
तीरे खयाले यार भी दर्द आशना नहीं।
53. वो बज्मे गैर में हो है इसका क्या इलाज,
वादे मेरे वफ़ा ना हों इसका गिला नहीं।
54. ऐ महविशो ना हुस्न पे इतराओ इस कदर,
बस निस्फ शब की चांदनी समझो शबाब को।
55. खत आते ही कलफ सा चढ़ा रूयेयार पर,
अब माहताब कहना पड़ा आफताब को।
56. हम बखूबी याद हैं फरहाद को,

वो नहीं भूला अभी उस्ताद को।

57. तेरे कूचे से निकलने नहीं देती जो जफा,
हजरते खिज्र भी आये मुझे बहकाने को।

58. कत्ल पर वो मेरे खंजर ना उठाएँगे कभी,
कुछ मुरव्वत भी है कुछ पासे नजाकत भी है।

59. अश्कों से ताजा रखते हैं दागों का गुलिस्तां,
मोहताज हम कभी नहीं अब्रे-बहार के।

60. अब जीते जी तो उठते नहीं उनके दर से हम
ए चर्ख मर के निकलेंगे हम कूचे से यार के।

61. पहलू से मेरे डर के वो उठकर चले गये,
कुरबान अपने नालए बेइख्तियार के।

62. था ज़फाकार कोई तुमसे ना बढकर कोई
पर गिरांबारे वफा था कोई हम से पहले।

63. हाये ए उम्र जवानी में दिखायी पीरी,
वस्ल की रात कटी सुबहे आलम से पहले।

64. मलका अब आता है तौबा का जमाना नजदीक,
वस्ल की लुत्फ उड़ा लीजिये अपनी कसम से पहले।

65. उस जंगजू का दिल ना पसीजा ये कहर है,
अफसाने सोजे हिज्र के लाखों सुना चुके।

66. जुम्बिशे पा को हवस कूचए सय्याद की है,
ये भी यक ताजा हवस दिले नाशाद की है।

67. जो राज़दारों के मुँह खुल गये गजब होगा,
जबान को रोक ले ए बदजबाँ खुदा के लिए।

68. भूले भटके जो मेरी कब्र पे आ निकले हो,
नाज की कहती तो दो हाथ उठाते जाते।

□□□

णाणं
पयासयं

वीर नि.सं. 2470

ई. सन् 1944

भारतीय ज्ञानपीठ